구속사의 관점에서 본

고린도전·후서 파노라마

유 도 순 목사 지음

도서출판 머릿돌

고린도전·후서 머리말

고린도전서와, 후서는 사도 바울에 의해서 1년 정도의 간격을 두고 보내진 서신입니다.

그런데 기록하게 된 동기, 즉 주제(主題)는 전연 다릅니다.

고린도교회는 문제가 많은 교회입니다.

교회 내의 문제는 왜 발생하는가?

바울은 그 원인을 복음을 잃어버렸기 때문으로 보고 있습니다.

그래서 “너희가 알지 못하느냐” 하고 복음을 상기시킴으로

여러 가지 문제들을 복음으로 치료하고 있습니다.

그러므로 고린도전서는 현대교회 내의 문제들을 치료하는 지침서가 됩니다.

또한 고린도교회는 바울을 배척한 교회로도 유명합니다.

어찌하여 이런 일이 벌어졌는가?

복음이 변질(變質)이 되었기 때문입니다.

복음을 잃어버린 것과, 복음이 변질된 것은 동전 앞뒤와도 같습니다.

고린도후서는,
고린도교회를 무대로 하여
수건이 마음에서 벗어진 선생과,
"오늘까지도" 벗어지지 않고 있는 선생간의 충돌입니다.
모세가 광채 나는 얼굴을 수건으로 가린 것 같이,
구약시대란 복음이 의문에 가려져 있던 시대입니다.
1500년 동안이나 막혔던 휘장을 찢으심을 통해서 보여주셨듯이,
신약시대란 의문의 수건은 벗어지고 복음은 찬란한 빛을 발하는 시대입니다.
그런데 "오늘까지"(신약시대) 수건이 마음을 덮고 있는 설교자들이 있었던 것입니다.

그로부터 2천년이 지난 "오늘까지도"(현대교회), 수건이 마음을 덮고 있는 설교자는 우리 중에 없는가?
바울은 그를 가리켜 "다른 예수, 다른 복음"을 전하는 자요,
복음의 빛을 가리고 있는 사탄의 일군(11:4, 15)이라고 고발합니다.

본서는
수건이 마음에서 벗어진 자와, 벗어지지 않은 자의 특성을 예리하게 보여줍니다.
그리하여 나 자신이 수건이 벗어진 자인가 여부를 검증케 합니다.
오늘의 설교가 참 복음인지, 다른 복음인지의 시금석이 됩니다.
교회 내에 있는 파(破)해야 할 "견고한 진"(陣)이 무엇인가를 보여줍니다.

어느 시대나 심각한 오류는 잘못하고 있으면서도, 충성하고 있는 줄

로 착각하고 있다는 점입니다. 그 대표적인 인물이 고린도전후서를 기록한 바울입니다.

이 책은 우리의 실상을 벌거벗은 것처럼 드러내게 될 것입니다.

그런 의미에서 본서를 읽고 난 후에 큰 충격에 빠질 수도 있습니다.

저는 "잃어버린 복음"을 회복하고, "변질된 복음"을 보수하고자 하는 두 가지 목적을 가지고 이 책을 썼습니다.

이 책을 "복음과 함께 고난을 받고자" 하는 동역자들에게 드립니다.

우리교회 원로목사 유 도 순

목 차

【고린도후서】

고린도전서

고린도전서 파노라마

주제 : 교회 내의 문제들을 복음으로 치유함

고린도교회는 바울에 의하여 설립된 교회입니다. 바울은 2차 선교 여행 당시에 고린도에 이르러 복음을 전파했습니다. 당시의 심경을 "내가 너희 가운데 거할 때에 약하며 두려워하며 심히 떨었노라"(2:3) 하고 표현합니다. 왜 그랬을까? 첫째는 도덕적으로 문란한 고린도라는 거대한 도시를 복음으로 정복해야할 것을 생각할 때에 두려운 마음이 들었을 것입니다. 둘째로 추측할 수 있는 것은, 방금 경유해온 아덴 선교에서의 빈약한 성과(행 17:17-34) 때문으로 "떨리는" 심정이었을 것으로 여겨집니다. 누가는 바울이 고린도에 "일년 육 개월을 유하며 그들 가운데서 하나님의 말씀을 가르쳤다"(행 18:11)고 전해줍니다. 이렇게 복음 전한 것을 가리켜, "나는 심었고"(3:6), "터를 닦아 두매"(3:10), "내가 너희를 낳았음이라"(4:15) 하고 표현합니다. 이렇게 말씀함은 그들이 "자라야 하고, 세워져야 하고, 양육되어야" 함을 나타냅니다. 그 후 본 서신을 보내기까지는 약 5년이 경과한 것으로 보고 있는데, 그동안 고린도교회는 얼마나 성장했는가?

바울이 씨를 뿌린 고린도교회

바울이 고린도전서를 쓰게 된 동기는 크게 두 가지로 요약할 수가 있습니다. 첫째는, "글로에의 집 편으로서 너희에게 대한 말이 내게 들리니 곧 너희 가운데 분쟁이 있다"(1:11, 11:18)는 소식을 듣게 된 것입니다. 분쟁만이 아니라, "너희 중에 심지어 음행이 있다 함을 들으니"(5:1) 한 "음행"입니다. "너희 중에 누가 다른 이로 더불어 일이 있는데 구태여 불의한 자들 앞에서 송사하고 성도 앞에서 하지 아니하느냐"(6:1) 한 형제간의 법정 소송사건입니다. 바울은 이를 치유하기 위해서 고린도전서를 기록했습니다.

둘째 동기는, "너희의 쓴 말에 대하여는"(7:1) 한 고린도교회로부터 보내온 질문서에 답을 주기 위해서입니다. 이 질문서는 "내가 스데바나와 브드나도와 아가이고의 온 것을 기뻐하노니"(16:17) 한 것으로 보아 이들이 가지고 온 것으로 여겨집니다. 고린도교회가 제기한 질문들에는, "결혼과 독신 문제"(7:1), "처녀에 대하여"(7:25), "우상의 제물에 대하여"(8:1) "신령한 것에 대하여"(12:1), "성도를 위하는 연보에 대하여"(16:1) 등이 있었습니다.

이상에서 보는 바와 같이 고린도전서는 로마서와 같은 교리적인 서신은 아닙니다. 교회 내에서 일어나고 있는 문제에 해답을 주기 위해서 기록한 실제적인 서신입니다. 그런데 간과해서는 아니 될 점은 교회 내의 모든 문제들을 복음으로 치유하고 있다는 점입니다. 이점을 소홀히 다루게 되면 본 서신의 핵심을 놓친 것이 되고 맙니다. 바울은 고린도전후서 외에도 "전전서"(고전 5:9)와, "많은 눈물로 쓴 편지"(고후 2:4) 등을 보낸 것으로 여겨집니다.

고린도전서를 기록한 동기

분명 고린도교회는 많은 문제로 어려움을 겪고 있었습니다. 그런데 바울은 교회가 직면한 문제로 직행을 하고 있지 아니합니다. 그렇게 한다면 문제를 더욱 악화시킬 수도 있습니다. 그러므로 주목해야할 점은 본 서신의 서두에는 의외라 싶게 "그리스도와, 십자가"가 강조되어 있다는 점입니다. "그리스도"가 10번(1:1, 2, 4, 6, 12, 13, 17, 23, 24, 30), "십자가"가 6번(1:13, 17, 18, 23, 2:2, 2:8)이나 등장합니다. 바울은, 이렇게 말씀하고 있는 셈입니다. "교회가 시험에 빠지게 된 것은 복음을 상실했기 때문이다. 그러므로 예수 그리스도와 그의 십자가 외에는 다른 것으로는 치유될 수가 없다."

그러므로 고린도전서의 전체적인 구도는 "십자가의 도가 멸망하는 자들에게는 미련한 것이요 구원을 얻는 우리에게는 하나님의 능력이라"(1:18) 하고 "십자가"로 시작하여, "그리스도께서 죽은 자 가운데서 다시 살아나셨다 전파되었거늘 너희 중에서 어떤 이들은 어찌하여 죽은 자 가운데서 부활이 없다 하느냐"(15:12) 하고 "부활"로 마치고 있는 구도(構圖)라는 사실입니다. 즉 주님께서 죽으시고 살아나셨다는 복음에서 해답을 찾고 있는 것입니다. 다시 말하면 구속원리(救贖原理)에 의하여 풀어나가고 있다는 말씀입니다. 이는 불변의 진리입니다. 교회 내에 문제가 있습니까? 여기에 해답이 있습니다.

복음 안에 해답이 있다

바울의 치유 방법을 보십시오. 바울은 저들에게 반문(反問)을 함으로 치료를 합니다. 이는 저들이 받은 복음을 상기시키고, 정체성을 일깨워주는 방법입니다. ① "너희가 하나님의 성전인 것과 하나님의 성령이 너희 안에 거하시는 것을 알지 못하느뇨"(3:16) 하고 질문을 합니다. 이 질문 형식의 치료법은 분열을 책망하는 문맥에서 주어졌습니다. 고린도 형제들은 교회가 하나님의 성전임을 배워서 알고 있었습니다. 다만 망각하고 있었기 때문에 분쟁을 하게 된 것입니다. "너희가 하나님의 성전"이라 함은 교회 공동체를 가리킵니다. 그리고 "성전"이라고 번역된 말은 "나오스", 즉 지성소라는 뜻입니다. 생각해 보라는 것입니다. 교회가 하나님의 성령을 모신 지성소임을 인식한다면 어찌 사분오열(四分五裂) 찢을 수가 있단 말이냐는 것입니다.

② "성도가 세상을 판단할 것을 너희가 알지 못하느냐, 우리가 천사를 판단할 것을 너희가 알지 못하느냐"(6:2-3) 하고 묻습니다. 이 질문 형식의 치료법은 형제간의 소송사건을 책망하는 문맥에서 주어졌습니다. 바울은 성도들이 왕 같은 제사장들임을 가르쳐주었음이 분명합니다. 그래서 설명을 하고 있는 것이 아니라 다만 상기시키고 있을 뿐입니다. 그런데 고린도 형제들은 이를 망각하고 있었던 것입니다. 이를 인식한다면 "너희가 세상 사건이 있을 때에 교회에서 경히 여김을 받는 자들을 세우느냐, 너희 가운데 그 형제간 일을 판단할 만한 지혜 있는 자가 이같이 하나도 없느냐"(6:4-5) 하고 책망합니다.

③ "너희 몸이 그리스도의 지체인줄을 알지 못하느냐, 너희 몸은 너희가 하나님께로부터 받은 바 너희 가운데 계신 성령의 전인 줄을 알지 못하느냐"(6:15, 19) 하고 묻습니다. 이 질문형식의 치료법은 "음행"을 책망하는 문맥에서 주어진 것입니다. 3:16절에서 "너희가 하나님의 성전"이라고 말할 때는 교회 공동체를 가리키는 것이었으나, 6:19절에서 "너희 몸이 성령의 전"이라고 말하는 것은 성도 개개인을 가리킵니다. 고린도 형제들은 자신의 몸이 어떻게 해서 하나님의 성전이 되었는가를 알고 있었습니다. 다만 망각하고 있었을 뿐입니다. 이를 인식하는 자라면 어찌 "그리스도의 지체를 가지고 창기의 지체를 만들겠느냐"(6:15

하) 하고 책망을 합니다. 이처럼 하나님께서 나 같은 죄인을 위해서 행해주신 일을 상기시켜주는 것이 병든 신앙을 치료하는 최상의 방법입니다.

하나님의 미쁘심

고린도교회는 분명 문제가 많은 교회였습니다. 그러나 바울은 결코 절망하고 있지 아니합니다. 이는 고린도에 교회가 세워지게 된 것이 우연의 산물이 아니라, 하나님께서 택하시고 불러내셔서 이루신 "하나님의 교회"임을 믿기 때문이요, 이처럼 시작하신 이가 또한 완성하실 하나님의 신실하심을 믿기 때문입니다. 그런 의미에서 본 서의 서두(1:1-9)는 영광스럽기 비할 데가 없습니다. ㉠ "고린도에 있는 하나님의 교회"(2상)라고 말씀합니다. ㉡ "성도라 부르심을 입은 자들"(2중)이라고 부르고 있습니다. ㉢ "주께서 너희를 우리 주 예수의 날에 책망할 것이 없는 자로 끝까지 견고케 하시리라"(8) 하고, 완성하실 것에 대한 확신을 나타냅니다. ㉣ 그리하여 "그리스도 예수 안에서 너희에게 주신 하나님의 은혜를 인하여 내가 너희를 위하여 항상 하나님께 감사하노니"(4) 하고, "감사"를 드립니다.

이 문제 많은 교회를 인하여 어떻게 감사할 수가 있단 말인가? "너희를 불러 그의 아들 예수 그리스도 우리 주로 더불어 교제케 하시는 하나님은 미쁘시도다"(9) 하고, 하나님의 "미쁘심"을 믿기 때문입니다. 이를 믿기에 바울은 고린도 성도들을 "형제들아" 하고 22번이나 부르고 있습니다. "그러므로 내 사랑하는 형제들아 견고하며 흔들리지 말며 항상 주의 일에 더욱 힘쓰는 자들이 되라 이는 너희 수고가 주안에서 헛되지 않은 줄을 앎이니라"(15:58) 하고 격려해줍니다.

현대교회의 거울

현대교회가 신약성경에 등장하는 여러 교회 중에서 고린도교회를 제일 많이 닮았다고 말합니다. 바울은 고린도교회 앞에 광야교회(출애굽 당시)를 거울로 제시하여, "저희에게 당한 이런 일이 거울이 되고 또한 말세를 만난 우리의 경계로 기록하였느니라"(10:11) 하고 말씀합니다. 그렇다면 현대교회를 향해서도 광야교회가 당한 일과, 고린도교회가 당한 이런 일들을 거울로 제시하여, 말세를 만난 우리의 경계로 기록하였느니라 하고 적용하는 것은 동일하게 진리입니다. 이런 의미에서 고린도전서를 통해서 ㉠ 고린도교회 문제가 무엇이며, 현대교회의 문제는 무엇인가? ㉡ 고린도교회 문제의 원인은 어디에 있으며, 현대교회 문제의 원인은 어디에 있는가를 진단하고, ㉢ 바울의 치료방법을 통해서, 현대교회가 당면한 여러 가지 문제들에 대한 해답을 얻는다는 것은 적실성이 있으면서도 유익한 일이라 하겠습니다.

고린도전서 1:1-17절 개관도표

주제 : 같은 마음과 같은 뜻으로 온전히 합하라

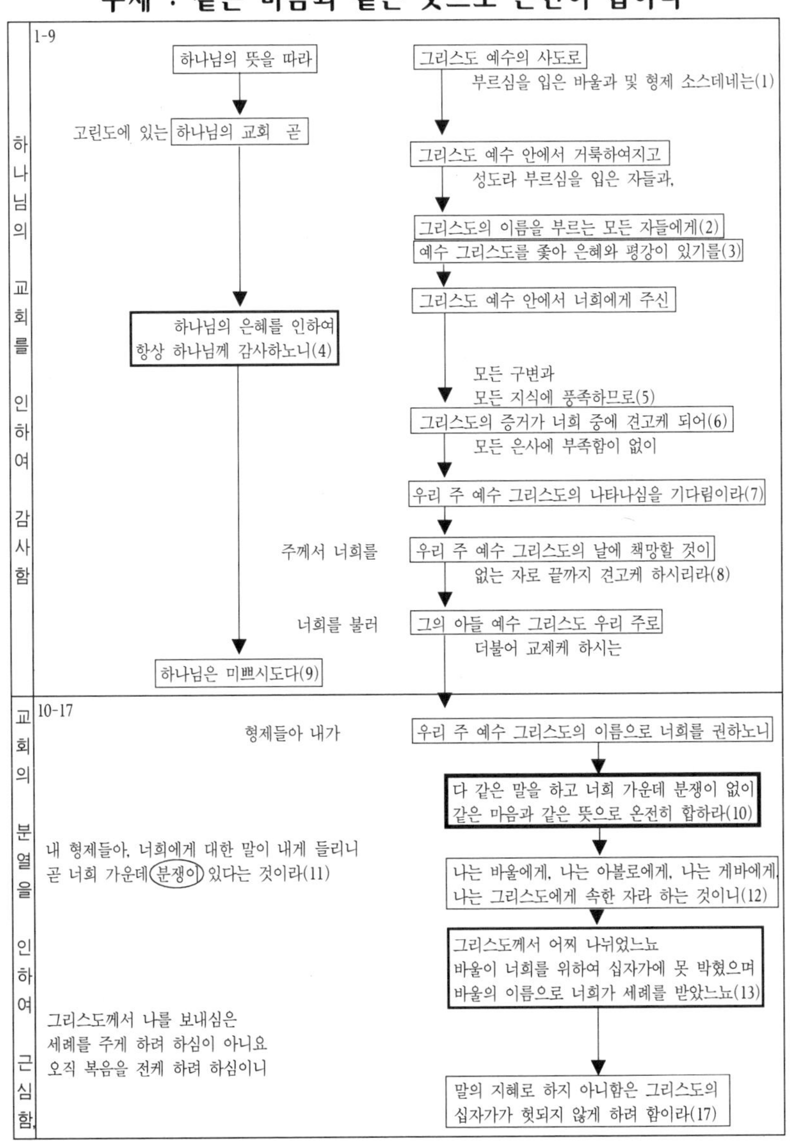

1:1-17절

같은 마음 같은 뜻으로 온전히 합하라

[10]형제들아 내가 우리 주 예수 그리스도의 이름으로 너희를 권하노니 다 같은 말을 하고 너희 가운데 분쟁이 없이 같은 마음과 같은 뜻으로 온전히 합하라.

본 문단(1-17)의 중심점은 "온전히 합하라"는 데 있습니다. 바울이 고린도전서를 쓰게 된 동기는 당면한 여러 가지 문제들을 치유하기 위해서입니다만, 바울로 하여금 긴급히 펜을 들지 않을 수 없게 만든 가장 큰 이유는 고린도교회가 사분 오열로 분쟁에 휘말려 있다는 소식을 듣게 되었기 때문입니다. 그러므로 첫 문제제기로 "너희에게 대한 말이 내게 들리니 곧 너희 가운데 분쟁이 있다는 것이라"(11) 하고 "분쟁"을 들고 있는 것입니다. 그런데 언제나 그러하듯이 바울은 인간이 저지른 문제로 직행을 하고 있는 것이 아니라, 하나님이 그리스도를 통하여 해주신 일, 즉 복음으로부터 출발을 합니다. 첫 단원의 도표를 보십시오. 왼편에는 "하나님의 뜻, 하나님의 교회, 하나님의 은혜, 하나님의 미쁘심" 등, "하나님"의 주권이 강조되어 있고, 오른 편에는 "예수 그리스도"가 강조되어 있습니다. 이처럼 하나님과 그리스도로부터 출발을 하노라면 현실은 어둡고 답답하다 하여도 "너희를 위하여 항상 하나님께 감사하노니"(4) 하고 "감사"(첫째 단원)가 나오게 되는 것입니다. 이것이 우리와 다른 점입니다. 이는 어떤 경우에서도 하나님의 주권과 선수적인 사랑, 은혜 등, 하나님의 신실하심을 붙잡고 있기 때문에 가능한 것입니다. 그런 후에 "그리스도께서 어찌 나뉘었느냐"(13) 하고 "분쟁"(둘째 단원)을 인하여 근심하는 것입니다. 1장을 두 문단(1-17, 18-31)으로, 그리고 첫 문단을 두 단원으로 나누어 상고하겠습니다.

첫째 단원(1-9) **하나님의 교회를 인하여 감사함**
둘째 단원(10-17) **교회의 분열을 인하여 근심함**

첫째 단원(1-9) 하나님의 교회를 인하여 감사함

"하나님의 뜻을 따라 그리스도 예수의 사도로 부르심을 입은 바울과 및 형제 소스데네는"(1),

① 바울은 첫 마디로, "하나님의 뜻"을 내세우고 있습니다. 이는 모든 주권이 하나님에게 있음을 나타냅니다. 언제나 바울은 인간의 책임보다 먼저 하나님의 주권을 앞세웁니다. "하나님의 뜻으로 말미암아" 라는 고백은, 마치 모세가 발에서 신을 벗고 하나님 앞에 서듯이, 자신과 함께 고린도 형제들을 "하나님의 존전"에 서게 하는 표현입니다. 첫 단원에는 "하나님의 뜻(1), 하나님의 교회(2), 하나님의 은혜(4), 하나님의 미쁘심"(9) 등 실로 영광스러운 말씀으로 가득합니다.

② 두 번째로, "부르심"을 들고 있습니다. 바울은 "부르심"에 남다른

감격이 있는 사람입니다. "하나님의 뜻을 따라 그리스도 예수의 사도로 부르심을 입은 바울"(1)이라고 말씀합니다. 그런데 이 "부르심"의 감격을 자신에게만 국한시키고 있는 것이 아니라, 고린도 형제들도, "성도라 부르심을 입은 자들"(2)이라는 것입니다. 그렇습니다. "부르심"을 입지 않고 그리스도인이, 하나님의 자녀가 될 수 있는 사람은 한 사람도 없습니다.

③ "고린도에 있는 하나님의 교회"(2상)라고 말씀합니다. "교회"란, 불러냄을 받은 사람들의 공동체를 의미합니다. 이는 듣기만 해도 가슴이 벅차 오르고 감격스러운 표현입니다. 왜냐하면 하나님께서 바울을 사도로 부르셔서 고린도에 보내 복음을 전하게 하시기 전에는, 그리하여 "곧 그리스도 예수 안에서 거룩하여 지고 성도라 부르심을 입은 자들"(2중)이 나타나기 전에는 고린도에는 "하나님의 교회"란 없었습니다. "거룩하여 지고 성도라 부르심을 입은 자"라는 표현은 구별(區別)된 자임을 의미합니다. 고린도에 복음이 전해지자 "구별"됨이 나타나기 시작했다는 것입니다.

④ 바울이 고린도 선교 중에 박해를 당하게 되자 주님께서 나타나셔서, "두려워하지 말며 잠잠하지 말고 말하라 내가 너와 함께 있으매 아무 사람도 너를 대적하여 해롭게 할 자가 없을 것이니 이는 이 성중에 내 백성이 많음이라"(행 18:9-10) 하고 격려해주셨습니다. 하나님은 그들을 불러내셔서 "하나님의 교회"를 이루게 하셨던 것입니다. 바울은 빌립보교회에 보낸 편지에서도, "그리스도 예수 안에서 빌립보에 사는 모든 성도"(빌 1:1)라고 부르고 있습니다. 그들은 성도로 부르심을 입자 빌립보를 떠난 것이 아닙니다. 그들은 여전히 빌립보에 살고 있었으나, "그리스도 예수 안에서" 빌립보에 살고 있는 자와, 그리스도 밖에서 살고 있는 자로 구별이 되었던 것입니다.

⑤ 이처럼 갈라짐은 복음이 이르는 곳마다 나타나게 됩니다. 그러므

로 "각처(各處)에서 우리의 주 곧 저희와 우리 주되신 예수 그리스도의 이름을 부르는 모든 자들"(2하)이라고 말씀합니다. 고린도 성도들은 고립되어 있는 것이 아니라, 오직 유일한 하나님의 교회에 속해 있는 지교회(枝敎會)라는 것입니다. 이것이 "각처(各處)에서 우리의 주 곧 저희와 우리의 주되신 예수 그리스도의 이름을 부르는 모든 자"라는 묘사 속에 함의 된 뜻입니다. 구원서정으로 보면 "부르심"에 앞서서 "미리 아시고, 미리 정하심"(롬 8:29), 즉 "택하심"(27-28)이 있었던 것입니다. 하나님께서 택하시고 불러주셨다는 이보다 더 영광스러움이 무엇이 있겠습니까?

⑥ 때로 우리가 부르심을 입기 이전 상태를 회상해본다는 것은 신앙생활에 있어서 청량제가 됩니다. 하나님께서 다윗에게 언약을 세워주실 때에, "내가 너를 목장 곧 양을 따르는 데서 취하여 내 백성 이스라엘의 주권자를 삼았다"(삼하 7:8) 하고 다윗의 이전 상태를 상기시키셨습니다. 만일 하나님의 택하심이 아니었다면 다윗은 평생을 목동으로 지냈을 것입니다. 다윗에게 이런 감격이 있었기에, "여호와 앞에 들어가 앉아서 가로되 주 여호와여 나는 누구오며 내 집은 무엇이관대 나로 이에 이르게 하셨나이까"(삼하 7:18) 하고 감사를 드리게 되는 것입니다. 형제는 어떤 상태에서 부르심을 입었습니까? "그 때에 너희는 그리스도 밖에 있었고 이스라엘 나라 밖의 사람이라 약속의 언약들에 대하여 외인이요 세상에서 소망이 없고 하나님도 없는 자이더니"(엡 2:12) "이제는", 우리의 신분이 하나님의 자녀, 하나님의 후사가 되었고, 지위는 "왕 같은 제사장"이 된 것입니다. 그래도 부족합니까?

⑦ 바울은 허물 많은 고린도교회를 이처럼 영광스러운 이름으로 부르고 있습니다. 이렇게 하는 데는 첫째로, 주권적인 "하나님의 뜻"(1상)을 믿는 믿음의 눈으로 바라보기 때문이요, 둘째로, 고린도교회의 정체성을 일깨워줌으로, 셋째로, 분쟁하고 있는 저들의 잘못을 묵시적으로

드러내기 위해서입니다.

항상 하나님께 감사하노니

① "그리스도 예수 안에서 너희에게 주신 하나님의 은혜를 인하여 내가 너희를 위하여 항상 하나님께 감사하노니"(4) 합니다. 1-3절의 중심점이 "하나님의 교회"에 있다면, 4-9절까지의 중심점은 "하나님의 은혜"에 있습니다. "하나님의 교회"란, "하나님의 은혜"를 입은 사람들의 공동체입니다. 바울은 하나님께서 허물 많은 고린도교회에 베푸신 은혜를 생각하며 하나님께 감사를 드리고 있는 것입니다.

② 그런데 4절을 좀 더 음미해보아야만 합니다. 왜냐하면 그냥 "하나님의 은혜"라고 말씀하는 것이 아니라, "그리스도 예수 안에서 너희에게 주신 하나님의 은혜"(4상)라고 말씀하고 있기 때문입니다. 하나님의 은혜는 직통(直通)으로 우리에게 임하는 것이 아닙니다. "그리스도 예수 안에서", 다시 말하면 그리스도를 통해서 임하게 된다는 말씀입니다. 이를 인식한다는 것은 중요한 요점이 됩니다. 구약을 설교할 때에, "우리도 아브라함처럼 순종하여 복을 받자" 하는 식으로 성도들에게 직통으로 적용하는 것을 봅니다. 직통으로 적용을 시키면 어떻게 되는가? 교훈이 되고, 의문이 되고 맙니다. 하나님께서 아브라함에게 "네 아들 네 사랑하는 독자 이삭을 내가 네게 지시하는 한 산 거기서 번제로 드리라"(창 22:2) 하신 말씀이 예수 그리스도를 통해서 임하게 될 때 비로소 "은혜"가 되는 것입니다.

③ 그래서 바울 신학의 핵심을 "그리스도 안에" 라고 말하는 것입니다. 우리를 택하신 것도 "그리스도 예수 안에서"(엡 1:4)요, 우리에게 복을 주신 것도 "그리스도 안에서 하늘에 속한 모든 신령한 복으로 우리에게 복주시되"(엡 1:3) 합니다. "그 안에는 지혜와 지식의 모든 보화

가 감춰어 있느니라"(골 2:3) 하고 말씀합니다. 이를 달리 표현하면 하나님의 은혜와 복이 복음 안에 다 들어 있다는 뜻입니다. 1-10절까지에서 "그리스도 예수"를 몇 번이나 거론하고 있는가를 주목해보시기 바랍니다. "그리스도 예수"를 5번(1, 2, 4, 7, 9), 더 좋은 이름인 "우리 주 예수 그리스도"라 부르기를 4번(2, 3, 8, 10)이나 하고 있습니다. 하나님은 우리들에게 "그리스도 예수 안에서" 은혜를 베풀어주셨습니다. 그리스도 예수 안에만 은혜가 있습니다. 밖에는 없습니다.

그리스도 예수 안에 있는 은혜

① 5-8절에는 고린도교회에 주신 은혜와 은사들이 열거되어 있습니다. ㉠ "모든 구변(口辯)과, ㉡ 모든 지식에 풍족함으로(5), ㉢ 모든 은사에 부족함이 없다"(7) 하고, "모든"이 4번이나 강조되어 있습니다. 모든 은사를 다 주신 양 말씀합니다. 여기에는 복선(伏線)이 있는 것입니다. "모든 지식, 모든 은사"가 풍족함으로 교만하여진 고린도 형제들을 꼬집는 암시가 깔려 있기 때문입니다.

② 그리하여 "그리스도의 증거가 너희 중에 견고케"(6) 되었다고 말씀합니다. 사탄은 먼저 고린도 시에 "그리스도의 영광의 복음의 광채가 비취지 못하게"(고후 4:4), 즉 복음이 전파되지 못하게 대적을 했습니다. 복음이 전파되자 다음은 "흔들려고"(15:58) 합니다. 그런데 "그리스도의 증거가 너희 중에 견고케", 즉 "하나님의 교회"가 굳게 세워졌다는 것입니다. 바울은 이를 인하여 감사를 하고 있습니다.

③ 나아가 "주께서 너희를 우리 주 예수 그리스도의 날에 책망할 것이 없는 자로 끝까지 견고케 하시리라"(8) 합니다. 이 말씀 속에는 깊은 암시가 들어 있습니다. ㉠ 지금은 책망할 것이 많지만, 주 예수의 날에는 "책망할 것이 없는 자"로, ㉡ 지금은 흔들리는 가운데 있지만, "끝까

지 견고케 하시리라", 그리고 ㉢ "주 예수의 날"을 생각하라, 이것이 모든 문제에 대한 해답이다, 라는 뜻이 함의되어 있는 것입니다.

④ 바울은 이 감사의 대목을, "너희를 불러 그의 아들 예수 그리스도 우리 주로 더불어 교제케 하시는 하나님은 미쁘시도다"(9) 하고, "미쁘심"으로 마치고 있습니다. 우리 구원의 안정성은 하나님의 "미쁘심"에 있습니다. ㉠ 너희를 택하시고, ㉡ 부르셔서 예수 그리스도 우리 주로 더불어 교제케 하신 하나님이시라면, 시작하신 이가 "끝까지 견고케"(8) 해주실 것을 확신하면서 감사로 첫째 단원을 마치고 있는 것입니다. 이것이, ㉢ "하나님은 미쁘시도다"의 뜻입니다. "하나님의 뜻, 하나님의 교회, 하나님의 은혜, 하나님의 미쁘심"을 깨닫고 확신하는 자라면 어떠한 상황에서도 "감사"를 드릴 수가 있는 것입니다.

둘째 단원(10-17) 교회의 분열을 인하여 근심함

"내 형제들아 글로에의 집 편으로서 너희에게 대한 말이 내게 들리니 곧 너희 가운데 분쟁이 있다는 것이라"(11).

① 둘째 단원의 중심점은 "온전히 합하라"에 있습니다. 이 말은 바울이 고린도전서를 통해서 하고자하는 핵심적인 말씀이라 할 수 있습니다. 그런데 바울은 이를, "우리 주 예수 그리스도의 이름"(10상)으로 권면 한다고 말씀합니다. 그러니까 이는 바울의 말이 아니라 "주 예수 그리스도"께서 하시는 권면이라는 뜻이 됩니다. 이 말씀을 하기 위해서였을까요? 앞에서 말씀드린 바와 같이 1-9절 안에는 "예수 그리스도"라는 호칭이 8번이나 나옵니다. 문제를 바라보는 중심에 "주 예수 그리스도"가 자리잡고 있는 것입니다. 이것이 바른 치료책입니다.

② "우리 주 예수 그리스도"의 이름으로 권하는 것이 무엇인가? "같

은 말, 같은 마음, 같은 뜻"으로 온전히 합하라 말씀합니다. 이 말씀 속에는 교훈적(윤리)인 의미만 있는 것일까요? 신학적인 의도는 없는 것이겠습니까? 이점을 생각하지 않을 수 없는, 즉 무조건 합할 수 없는 것이 오늘의 비극적인 현실입니다. 분명히 말씀드릴 수 있는 것은 윤리적인 측면에서는 합해야함을 알면서도, 신학적인 면에서는 합할 수 없는 것이 있다는 것입니다. 고린도교회의 "분쟁"은 "바울, 아볼로, 게바" 등 지도자를 중심으로 한 파당, 즉 윤리적인 문제로 여겨집니다. 이것은 "온전히 합해야만" 합니다. 그런데 후서에 나타난 양상은 전연 다른 것을 보게 됩니다. "누가 너희로 종을 삼거나 잡아먹거나 사로잡거나 자고하다 하거나 뺨을 칠지라도 너희가 용납하는도다"(고후 11:20) 하고 책망합니다. 이런 자와는 합할 수가 없는 것입니다. 우리는 바울이, "그러나 우리나 혹 하늘로부터 온 천사라도 우리가 너희에게 전한 복음 외에 다른 복음을 전하면 저주를 받을지어다"(갈 1:8) 한 말씀을 기억하고 있습니다. "이는 가만히 들어온 거짓 형제 까닭이라"(갈 2:4) 합니다. "온전히 합하라" 하고 권면하는 바울도 이런 거짓 형제와는 추호도 타협해서는 안 된다고 말씀하는 것입니다. 이점을 집고 넘어가지 않을 수 없습니다.

③ "이는 다름이 아니라 너희가 각각 이르되 나는 바울에게, 나는 아볼로에게, 나는 게바에게, 나는 그리스도에게 속한 자라 하는 것이니"(12) 하고, 고린도교회의 분열상을 드러냅니다. 어찌하여 고린도교회가 이처럼 분열되었을까? 바울, 아볼로, 베드로가 분열을 조장한 것이 아님은 분명합니다. 바울은 그 원인을 어떻게 진단하고 있는가? 그 점이 이어지는 말씀에 드러납니다. 첫 말씀이, "그리스도께서 어찌 나뉘었느냐"(13상) 합니다. 두 번째 말씀이, "바울이 너희를 위하여 십자가에 못 박혔으며"(13중) 하고, "그리스도와 그의 죽으심"을 상기시킵니다. 이는 분열하게 된 원인을 그리스도 중심에서 사람중심으로, 즉 복음을 망각

했기 때문으로 보고 있다는 말씀입니다.

④ 복음을 무엇으로 바꿔치기 했단 말인가? "지혜"입니다. 지혜라는 말이 1장에만 8번, 2-3장까지를 합치면 20번 정도나 등장합니다. 그러니까 고린도교회가 "나는 바울에게, 나는 아볼로에게, 나는 게바에게" 하고 분열하게 된 원인은 누가 더 지식적이고 웅변적이고 설득력 있는 설교를 하느냐로 갈라졌다는 뜻이 됩니다. 사도행전은 아볼로가 학문이 많고 유력한 웅변가였다(행 18:24, 28)고 말씀합니다. 또한 분열하게 된 데는 저들이 처한 문화적인 배경도 한 원인으로 작용했을 것입니다. 헬라 철학은 인물중심으로 여러 학파들이 생겨난다는 것은 극히 자연스러운 일이었기 때문입니다.

⑤ 그런데 "바울의 이름으로 세례를 받았느뇨"(13하) 하고, "세례"를 언급하는 의도가 무엇일까? "바울이 너희를 위하여 십자가에 못 박혔느냐" 하고 말하면서, 저들이 "그렇지만 나는 바울에게, 나는 아볼로에게 세례를 받았다" 하고 말할지도 모르겠다는 마음이 들었기 때문일 것입니다. 그래서 "그리스도께서 나를 보내심은 세례를 주게 하려 하심이 아니요 오직 복음을 전하게 하려 하심이니"(17상) 하면서, "이는 아무도 나의 이름으로 세례를 받았다 말하지 못하게 하려 함이라"(15) 합니다. 이는 세례가 필요 없다는 뜻이 아닙니다. 누구에게 세례를 받았느냐가 분열의 원인이 될 수 없음을 말씀하기 위해서입니다.

⑥ 바울은 복음을 전할 때에, "말의 지혜로 하지 아니했다"(17중)고 말씀합니다. 바울은 "지혜의 말"로 하지 않았음을 반복적으로(1:17, 2:1, 4, 13) 강조합니다. 이 말은 누군가는 "말의 지혜"로 하는 사람들이 있다는 뜻이 암시되어 있는 것입니다. 어찌하여 지혜의 말로 설득하려 하지 않았는가? "그리스도의 십자가가 헛되지 않게 하려 함"(17하)에서라고 말씀합니다. "지혜의 권하는 말"로 하려는 전도자는 불신앙의 사람이라고 말할 수밖에 없습니다. 왜냐하면, "복음의 능력"도, "성령의

역사"(2:5)도 믿지 못하기 때문에 자기 말로 설득하려 하기 때문입니다. 그렇게 한다면 "그리스도의 십자가를 헛되게"(17하) 하는 것이라고 말씀합니다.

그리스도의 십자가를 헛되게 하는 설교

① 이 점은 설교할 때, 그리고 글을 쓸 때 명심해야할 황금률이라 하겠습니다. 성경본문보다 설교나 강해가 화려해서는 아니 된다는 점에서입니다. 왜냐하면 주객이 전도되어 시선이 그리로 쏠릴 것이기 때문입니다. 이는 우려가 아니라 설교현장에서 목격하게 되는 바입니다. 본문을 통해서가 아니라 예화를 통해서 감동시키려는 것이 아닌가 하는 의구심을 갖게 하는 설교가 유행하고 있습니다. 그러므로 설교할 때 너무 긴 예화나 자극적인 것은 삼가야 하고, 강해할 때 "지혜의 말"을 늘어놓고자 하는 유혹을 떨쳐버려야만 마땅합니다. 십자가 복음은 "미련한"(18, 23, 2:14) 것입니다. 그런데 현대교회의 설교는 너무 "지혜롭다"는 생각이 들지 않습니까?

② 우리는 뒤에 가서 바울이 "그리스도의 복음에 아무 장애가 없게 하려 하여"(9:12) 얼마나 삼가고 조심했는가를 대하게 될 것입니다. 복음이 누구에 의하여 어떻게 해서 가능해졌는가를 아는 전도자라면, 복음에 장애를 주는 일을 어찌 감행할 수가 있단 말인가? 지혜의 아름다운 말을 토함으로 그리스도의 십자가를 무색(無色)하게 만드는 일을 어찌 감히 범할 수가 있단 말인가?

③ 끝으로 "같은 말, 같은 뜻으로 온전히 합하라"는 말씀을 되새겨봅니다. 바울은 에베소교회에 보낸 편지에서 "성령의 하나 되게 한 것을 힘써 지키라"(엡 4:3) 명하고 있습니다. 이 말은 하나되도록 힘쓰라는 뜻이 아닙니다. 오순절 성령강림으로 탄생한 교회는 본래 "하나"였습니

다. 그런데 이를 갈라놓으려는 자가 있다는 것입니다. 사탄입니다. 그래서 성령께서 하나되게 하신 것을 힘써 지키라는 것입니다. 그렇게 말씀한 바울이 베드로를 면책하는 것을 봅니다. 이는 교회의 하나 됨을 파괴하는 일이 아닙니다. 바울은 윤리적인 문제 때문이 아니라 복음을 보수하기 위한 신학적인 문제 때문에 책망한 것입니다. 그러므로 바울이 베드로를 면책한 결과는 하나됨을 파괴한 것으로 나타난 것이 아니라, "유대인과 이방인"의 하나됨을 지키는(행 15:6-11) 결과를 낳았던 것입니다. 그러므로 "우리가 다 하나님의 아들을 믿는 것과 아는 일에 하나가 되어 온전한 사람을 이루는 것"(엡 4:13), 이것이 온전히 합하는 것이라 말할 수가 있습니다.

④ 이제 묵상해보십시다.

㉠ "하나님의 뜻, 하나님의 은혜, 하나님의 미쁘심"을 놓치지 않고 있는지?

㉡ 어려움 속에서도 "하나님의 교회"를 인하여 감사하고 있는지?

㉢ "합해야 하는 것과, 합할 수 없는 것"의 분별을 지키고 있는지?

고린도전서 1:18-31절 개관도표

주제 : 하나님의 지혜요 능력인 십자가의 도

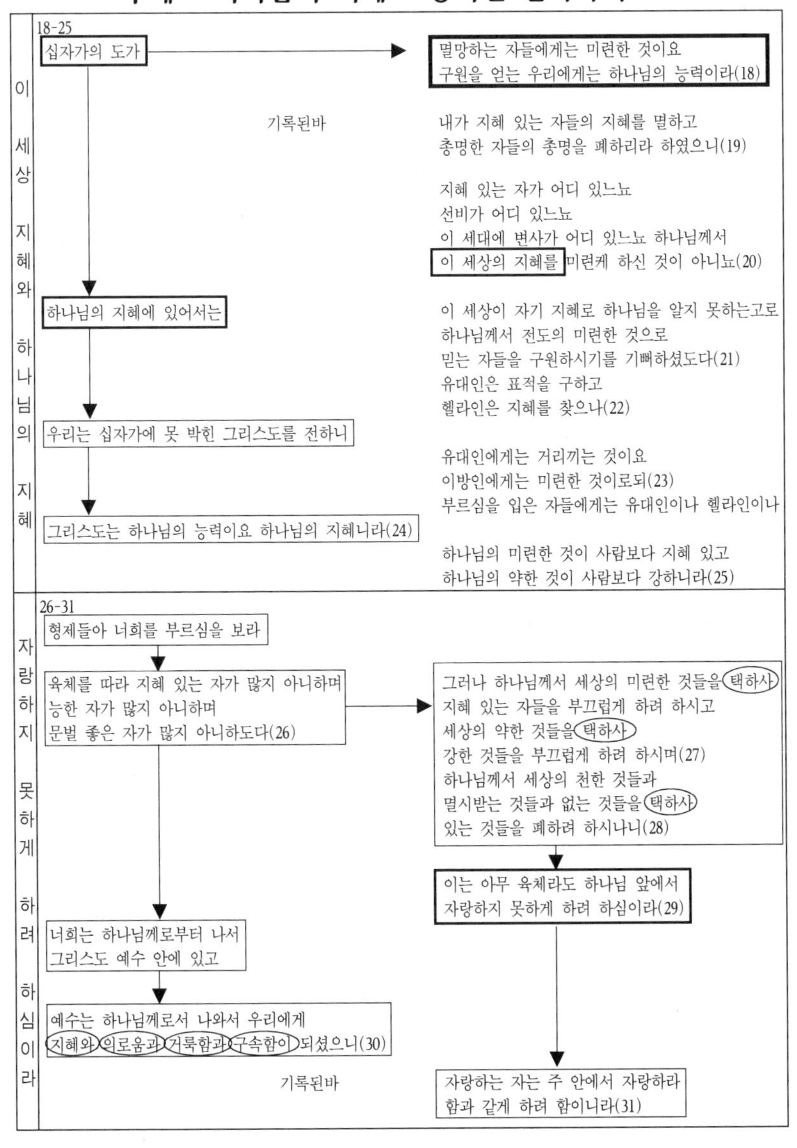

1:18-31절

하나님의 지혜요 능력인 십자가의 도

[18]십자가의 도가 멸망하는 자들에게는 미련한 것이요 구원을 얻는 우리에게는 하나님의 능력이라.

본 문단(18-31)의 중심점은 "십자가의 도", 즉 복음에 있습니다. 바울은 지금 "분쟁"문제를 다루고 있는 중입니다. 그런데, "복음"(17)이라는 말이 나오자 "십자가의 도가"(18상) 하고 복음에 미친 사람이 되고 마는 것입니다. "분쟁"은 3:3절에 가서야 다시 등장을 합니다. 이런 모습은 여기서뿐만이 아닙니다. 로마서에서도, "예수 그리스도의 종 바울은 사도로 부르심을 받아 하나님의 복음을 위하여 택정함을 입었으니"(롬 1:1) 하고 "복음"이라는 말이 나오자 인사하려던 문맥을 이탈하여, "이 복음은"(롬 1:2상) 하고, 복음에 빨려 들어가는 것을 대하게 됩니다.

그러므로 고린도전서가 실천윤리를 다루고 있는 서신임에도 불구하고 1:18-2:16절까지의 내용을 상고해보십시오. 삼위일체(三位一體) 하나님의 심오한 사역을 어느 서신보다도 심층적으로 증거하고 있는 것을 보게 됩니다. 그리고 이 복음을 어떻게 증거하는 것이 바른 전도방법인가 하는 점을 이곳만큼 깊이 있게 다루고 있는 곳은 달리는 없다 하겠습니다. 바울은 앞 문단(1:1-17)을, "나를 보내심은 오직 복음을 전케 하려 하심"이라는 것과, "말의 지혜로 하지 아니했다"(17)는 말씀으로 끝을 맺었습니다. 이제 1:18-2:16절까지를 통해서 어찌하여 복음을 "지혜의 아름다운 말"로 전해서는 아니 되는가를 진술합니다. 바울이 이렇게 하는 까닭은 고린도교회가 분열하게 된 원인이 복음을 "지혜"로 변질시켰기 때문임을 인식했기 때문입니다. 그러므로 본 문단은 현대교회 설교자들에게 큰 충격과 도전으로 다가오게 될 것입니다. 이 문단(18-31)을 두 단원으로 나누어 상고하겠습니다.

첫째 단원(18-25) **이 세상의 지혜와 하나님의 지혜**
둘째 단원(26-31) **자랑하지 못하게 하려 하심이라**

첫째 단원(18-25) 이 세상의 지혜와 하나님의 지혜

"기록된 바 내가 지혜 있는 자들의 지혜를 멸하고 총명한 자들의 총명을 폐하리라 하였으니(19),

① 첫째 문단의 중심점은 "이 세상의 지혜와, 하나님의 지혜"의 대조에 있습니다. 왜 이렇게 하고 있는가? "십자가의 도"는 "하나님의 지혜"의 산물인데, 이를 "이 세상의 지혜"로 깨달을 수가 있단 말이냐 하는 말씀을 하기 위해서입니다. 그래서 첫 말씀이, "십자가의 도가"(18상) 하는 것입니다. 바울은 "십자가의 도", 즉 "복음"을 어떻게 보고 있는가? ㉠ "미련한 것"(18상)이라고 말씀합니다. 바울은 베스도 총독으로부터

"네 많은 학문이 너를 미치게 한다"(행 26:24)는 말을 들을 정도로 지성인입니다. 그러므로 복음이 "멸망하는 자들", 즉 불신자들에게는 미련하게 들릴 것임을 너무나 잘 알고 있었습니다. 그래서 23절에서도 "미련한 것이로되" 하고, 2:14절에서도 "받지 아니하나니 저희에게는 미련하게 보임이요" 하고 거듭거듭 말씀합니다. 그러나, ㉡ "구원을 얻는 우리에게는 하나님의 능력이요"(18하) 합니다. 21절에서는 "하나님의 지혜"라고 말씀합니다. 지성인이요, 박해자였던 자신이 "그리스도의 영광의 복음의 광채"(고후 4:4)에 비췸을 받았기 때문에 이렇게 말할 수가 있었던 것입니다.

② 그렇다면 "미련하게 보이면서도 영광스러운" 양면성이 있는 복음을 어떻게 전해야만 하는가? 전도자는 먼저, ㉠ "하나님의 지혜에 있어서는 이 세상이 자기 지혜로 하나님을 알지 못한다"(21상)는 점에 확고해야만 합니다. 다시 말하면 인간의 이성(理性)이나 합리주의적(合理主義的)인 사고로는 복음을 깨닫는다는 것이 불가능하다는 점을 인식해야만 합니다. 이를 망각하기 때문에 지혜의 아름다운 말로 설득을 하려고 애를 쓰는 것입니다. 그렇게 해서 설득을 했다면 그것은 복음을 전한 것이 아니라는 것입니다. 그러면 하나님은 어떻게 하시는가? ㉡ "전도의 미련한 것으로 믿는 자들을 구원하시기를 기뻐하셨도다"(21하), 즉 미련한 십자가의 도를, 미련한 전도방법을 통해서 구원하시기를 기뻐하신다는 말씀입니다.

③ 본 단원(18-25)에는 "지혜"라는 말이 9번이나 강조되어 있습니다. 이처럼 지혜를 거론하는 의도가 어디에 있는가? 여기에는 양면이 있다 하겠습니다. 첫째는 "복음"을 지혜의 권하는 말로 설득하려는 전도자들이 있기 때문입니다. 이점은 오늘날이 더욱 그러하다 하겠습니다. 둘째는, 그런데 고린도 형제들이 여기에 홀딱 빠져서 "십자가의 도"보다는 "지혜"를 자랑하고 있었기 때문에 그 어리석음을 드러내기 위해서입니

다. "내가 지혜 있는 자들의 지혜를 멸하고 총명한 자들의 총명을 폐하리라 하였으니 지혜 있는 자가 어디 있느뇨 선비가 어디 있느뇨 이 세대의 변사(辯士)가 어디 있느뇨 하나님이 이 세상의 지혜를 미련케 하신 것이 아니뇨"(20) 하십니다.

④ 20절에는 "이 세상의 지혜"가 있고, 21절에는 "하나님의 지혜"가 있습니다. ㉠ "하나님의 지혜"란 무엇인가? 18절에서 말씀한 "십자가의 도"입니다. 한 알의 밀이 땅에 떨어져 죽음으로 많은 열매를 맺게, 즉 구원 얻게 하시려는 여기에 하나님의 감추었던 지혜가 숨어 있다는 것입니다. 즉 독생자를 보내셔서 죽으시고 다시 사심을 통해서 인류를 구원하시려는 하나님의 계획은 유사 이래로 인류가 추구해오던 모든 지혜와 총명을 단 번에 뒤엎어버린 사건이라는 뜻입니다. 그러면, ㉡ "이 세상 지혜"란 무엇인가? 이점을 골로새서에서는 "누가 철학과 헛된 속임수로 너희를 노략할까 주의하라 이것이 사람의 유전과 세상의 초등학문을 좇음이요 그리스도를 좇음이 아니니라"(골 2:8) 하고 말씀합니다.

미련한 전도방법

① "유대인은 표적을 구하고 헬라인은 지혜를 찾으나 우리는 십자가에 못 박힌 그리스도를 전하니 유대인에게는 거리끼는 것이요 이방인에게는 미련한 것이로되"(22-23) 합니다. ㉠ "유대인은 표적을 구하고 헬라인은 지혜를 찾으나" 합니다. 고린도인들은 헬라 문화권에 사는 사람들입니다. 그래서 "지혜"를 선호했던 것입니다. 그런데 바울이 전한 복음은 어떤 "예수"를 전했는가? 나사로를 살리신 예수를 전한 것이 아닙니다. 빈들에서 오병이어로 5천명을 먹이신 예수를 전한 것이 아닙니다. 그랬다면 표적을 구하는 유대인들이 관심을 기울였을 것입니다. 그렇다고 산상설교나 탕자의 비유를 전한 것도 아닙니다. 이를 전했다면 헬라

인들이 관심을 나타냈을 것입니다.

② 어떤 예수를 전했는가? 눈을 크게 뜨고 주목해보시기를 바랍니다. "우리는 십자가에 못 박힌 그리스도"를 전했다고 말씀합니다. 유대인들이 십자가에 못 박아 죽인 예수가 "그리스도"(메시아)시다, 그 분이 죽은 자 가운데서 다시 "살아났다"고 전했다는 것입니다. 그러니까 유대인들에게는 "거리끼는 것"이 될 수밖에 없었을 것이요, 지혜를 추구하는 헬라인들에게는 "미련한 것"이 될 수밖에 없다는 것입니다. 다시 강조합니다. "십자가에 못 박힌 그리스도"를 전했다고 말씀합니다. 2:2절에서는 "내가 너희 중에서 예수 그리스도와 그의 십자가에 못 박히신 것 외에는 다른 것은 알지 아니하기로 작정하였음이라" 합니다. 왜냐하면 그리스도께서 이 땅에 오셔서 죽으시고 다시 살아나셨다는 이것이 복음이요, 여기에 구원이 있기 때문입니다.

③ 그러나, "오직 부르심을 입은 자들에게는 유대인이나 헬라인이나 그리스도는 하나님의 능력이요 지혜니라"(24) 합니다. 어찌하여 "능력이요 지혜니라" 하는가? 이는 역설적인 표현입니다. 십자가에 달려 죽었다는 것은 최대로 "약하고 천하고 멸시"(27-28)받은 일입니다. 그런데 여기가 끝이 아니라 주님의 부활사건은 이를 단번에 뒤집어버린 "능력"이 되었던 것입니다. "지혜"란 무엇인가? 죽으시고 다시 사심을 통하여 인류를 구원해주셨기 때문입니다. "또 죽기를 무서워하므로 일생에 매여 종노릇하는 모든 자를 놓아주는"(히 2:15) 비결이 있기 때문입니다. 한 분의 죽음으로 말미암아 천하만민을 구원 얻게 하신 이보다 더 큰 지혜가 무엇이란 말인가? 얼마나 큰 지혜였으면 하나님께서 감추어 놓으신 비밀이라 말씀하겠는가?

④ 그런데 고린도 형제들은 바울이 5절에서, "모든 구변(口辯)과 모든 지식(知識)에 풍족함으로" 하고 간접적으로 꼬집은 데서 나타나듯이 "말 잘함과, 헬라의 철학적인 지혜" 등을 자랑하고 있었던 것입니다.

오늘날도 이런 설교자들이 인기몰이를 하고 판을 치고 있습니다.

둘째 단원(26-31) 자랑하지 못하게 하려 하심이라

"형제들아 너희를 부르심을 보라 육체를 따라 지혜 있는 자가 많지 아니하며 능한 자가 많지 아니하며 문벌 좋은 자가 많지 아니하도다"(26).

① 둘째 단원의 중심점은 "자랑하지 못하게 하려 하심"에 있습니다. 그래서 "형제들아 너희를 부르심을 보라"(26상) 하고 자신들을 돌아보게 합니다. 바울은 24절에서 "오직 부르심을 입은 자들에게는 유대인이나 헬라인이나 그리스도는 하나님의 능력이요 하나님의 지혜니라" 한 말씀을 고린도 형제들에게 적용을 시키고 있는 것입니다. 그렇다면 하나님은 어떤 자들을 부르셨는가?

㉠ "지혜 있는 자가 많지 아니하며",

㉡ "능한 자가 많지 아니하며",

㉢ "문벌 좋은 자가 많지 아니하도다" 합니다.

② 바울의 묘사로 볼 때 고린도 형제들 중에는 "지혜 있노라 하는 자, 능하다 하는 자, 문벌이 좋다 하는 자들"도 있었던 것으로 여겨집니다. 예를 들면 바울이 고린도에서 기록한 로마서에는, "나와 온 교회 식주인(食主人) 가이오도 너희에게 문안하고 이 성의 재무 에라스도와 형제 구아도도 문안하느니라"(롬 16:23) 한 인물들입니다. 이런 사람들은 고린도의 유력한 인물들이었던 것이 분명합니다. 그러나 고린도 형제들의 절대다수는 별 볼일이 없는 자들입니다.

㉠ "그러나 하나님께서 세상의 미련한 것들을 택하사 지혜 있는 자들을 부끄럽게 하려 하시고",

ㄴ "세상의 약한 것들을 택하사 강한 것들을 부끄럽게 하려 하시며"(27),

ㄷ "하나님께서 세상의 천한 것들과 멸시받는 것들과 없는 것들을 택하사 있는 것들을 폐하려 하시나니"(28) 합니다.

③ 왜 그렇게 하셨는가? "이는 아무 육체라도 하나님 앞에서 자랑하지 못하게 하려 하심이라"(29) 합니다. 여기 "자랑"이라는 말이 등장하는데 자랑은, 열심 있는 사람, 주의 일을 많이 하는 사람, 헌금을 많이 하는 사람 등, 무엇인가 성취하는 사람들에게 따르기 마련입니다. 그렇다면 일도 많이 하고 자랑도 많이 하면 되는 것이 아닌가? 아닙니다. 이는 육에 속한 자들이 추구하는 삶의 원리일 뿐입니다. "자랑"이란 신앙생활에 있어서는 치명적인 "죽음에 이르는 병"입니다. 왜냐하면 "인간의 자랑"은 "하나님의 은혜"와 양립(兩立) 될 수가 없기 때문입니다. "자랑"을 세우던가? 아니면 "오직 은혜"만을 의지하던가 택일을 해야만 하는 것입니다. 그러므로 성경은, "행위에서 난 것이 아니니 이는 누구든지 자랑치 못하게 함이니라"(엡 2:9), "그런즉 자랑할 데가 어디뇨 있을 수가 없느니라"(롬 3:27) 하고, 자랑이 발붙일 곳이 없도록 만들고 있습니다.

④ "자랑하지 못하게 하려 함이라" 말씀한 바울은 마지막 절에서, "기록된바 자랑하는 자는 주 안에서 자랑하라"(31) 하고 말씀합니다. 이는 예레미야 선지자로 하신 말씀, "여호와께서 이같이 말씀하시되 지혜로운 자는 그 지혜를 자랑치 말라 용사는 그 용맹을 자랑치 말라 부자는 그 부함을 자랑치 말라 자랑하는 자는 이것으로 자랑할지니 곧 명철하여 나를 아는 것과 나 여호와는 인애와 공평과 정직을 땅에 행하는 자인 줄 깨닫는 것이라 나는 이 일을 기뻐하노라"(렘 9:23-24) 하신 말씀을 요약해서 인용한 것입니다. 즉 사람이 한 일이 아니라 하나님이 해주신 일을 자랑하라는 뜻입니다. 그러면 무엇을 자랑해야하는가?

너희를 부리심을 보라

① "너희는 하나님께로부터 나서 그리스도 예수 안에 있고"(30상) 합니다. 30절은 1장의 결론적인 말씀이면서 우리가 자랑해야할 것의 요약이라 할 수가 있습니다. ㉠ "너희는 하나님께로부터 나서" 합니다. "하나님께로부터 났다"는 말은, 27-28절에서 3번이나 강조한 하나님의 "택하심"을 가리킵니다. 주님은 "너희가 나를 택한 것이 아니요 내가 너희를 택하여 세웠나니"(요 15:16) 하십니다. 형제가 하나님을 택한 것이 아닙니다. 하나님이 형제를 택하셨습니다. 택하신 자들을 어떻게 해주셨는가? ㉡ "그리스도 예수 안에 있고" 합니다. 하나님은 택하신 자들을 "그리스도 예수 안에" 집어 넣어주셨다는 것입니다. 그리하여 우리가 "그리스도 안에" 있게 된 것입니다. 이점을 에베소서에서는 "곧 창세 전에 그리스도 안에서 우리를 택하사" 라고 말씀합니다. 그러면 "그리스도 안에 있다"는 것이 어째서 중요한가?

② 묻습니다. 주님께서 십자가에 달리셨을 때 형제는 어디 있었습니까? "그리스도 안에" 있었습니다. 이점을 로마서에서는 "우리 옛 사람이 예수와 함께 십자가에 못 박히고, 함께 죽고, 함께 장사지낸바 되었다가, 함께 살리심을 받았다(롬 6:4-8)고 말씀합니다. 놀라지 마십시오. "또 함께 일으키사 그리스도 안에서 함께 하늘에 앉히시니"(엡 2:6) 합니다. 이것이 자랑해야할 연합교리의 신비입니다.

③ 또 있습니다. "예수는 하나님께로 나와서 우리에게 지혜와 의로움과 거룩함과 구속함이 되셨으니"(30하) 합니다. "예수는, 우리에게" 무엇이 되어주셨는가? "지혜, 의로움, 거룩함, 구속", 네 가지를 말씀하고 있는데 핵심은, ㉠ "구속"(救贖)에 있습니다. 그렇다면 "의로움과 거룩함"이 무엇을 뜻하는가는 자명해집니다. 구속으로 말미암아, ㉡ "의롭다 함"을 주신 분도 그리스도시요, ㉢ "거룩함", 즉 성화의 삶을 살게 하신

분도 예수 그리스도로 말미암아 가능해진다는 말씀입니다. 6:11절에서 도 "거룩함과 의롭다 하심을 얻었느니라" 하고, "의로움과 거룩"이 함께 등장합니다. 성화의 원동력도 복음에서 나온다는 점을 유념해야만 합니다. 율법은 우리에게 칭의 만을 주지 못한 것이 아니라 성화까지도 주지 못했던 것입니다. 거룩한 삶은 복음이 이끄는 삶입니다.

④ 그런데 바울이 "지혜"를 제일 먼저 꼽고 있는 것은 진술하는 문맥이 "이 세상 지혜와 하나님의 지혜"를 대조해서 논증하는 문맥이기 때문이요, 고린도 형제들이 지혜를 자랑하고 있었기 때문으로 여겨집니다. 바울은 이렇게 말하고 있는 셈입니다. "지혜를 원하느냐? 예수 그리스도가 우리의 지혜가 되시느니라". 그러므로 "자랑하는 자는 주 안에서 자랑하라"(31) 합니다. 문맥적으로 보면 오직 "십자가의 도"만 자랑하게, 다시 말하면 "미련한 전도방법"만 의지하게 하심이라는 뜻이 됩니다. 그래서 "천한 것, 멸시받는 것, 없는 것"들을 택하셨는데도 "지혜와 명철"을 자랑하고 있다니 얼마나 통탄할 노릇입니까? 문제는 오늘의 전도자들입니다. 자랑할 것이 너무 많아 십자가의 도를 옆으로 밀어놓고 있는 것은 아닌가?

⑤ 이제 묵상해보십시다.

㉠ 나는 어떤 처지에서 부름을 받았는가?

㉡ 그런 내가 지금 의지하고 자랑하고 있는 것이 무엇인지?

㉢ "너희는 하나님께로부터 나서 그리스도 예수 안에 있다"는 의미를!

고린도전서 2장 개관도표

주제 : 삼위일체 하나님의 사역인 구원계획

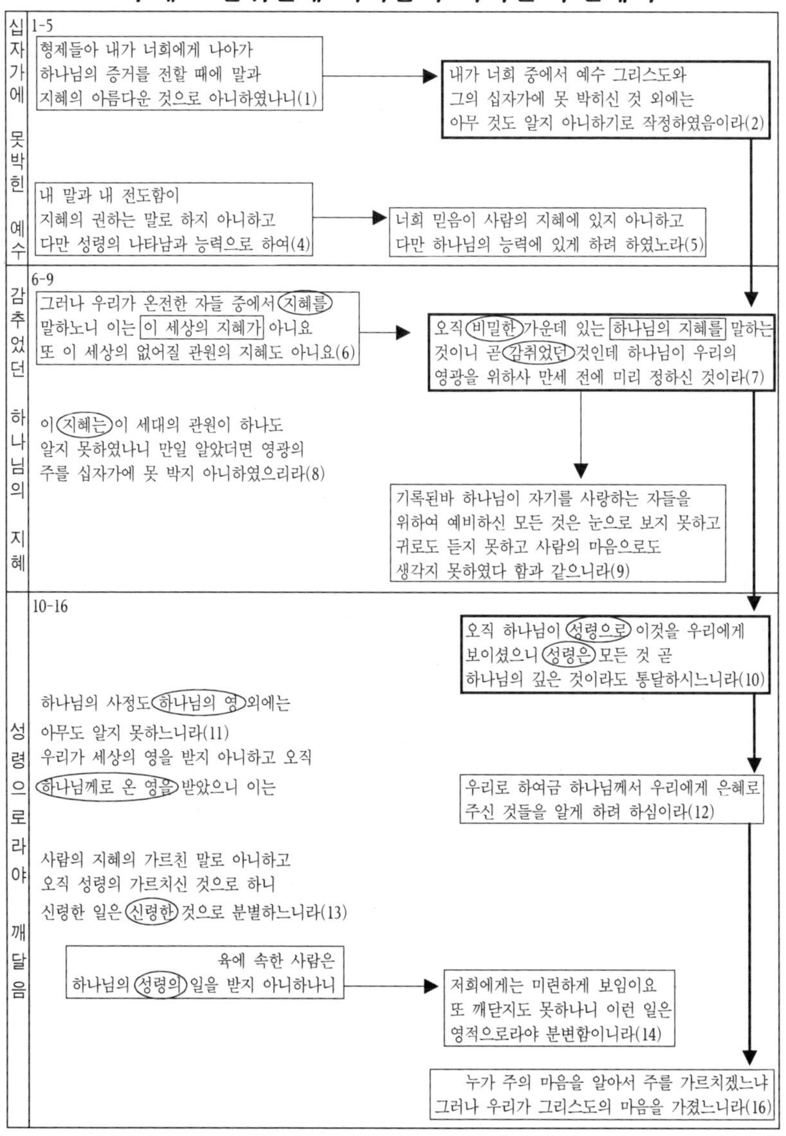

2장

삼위일체 하나님의 사역인 구원계획

[7]오직 비밀한 가운데 있는 하나님의 지혜를 말하는 것이니 곧 감취었던 것인데 하나님이 우리의 영광을 위하사 만세 전에 미리 정하신 것이라.

2장의 중심점은, 도표 오른 편에 나타난 대로 구원계획이 삼위일체(三位一體) 하나님의 사역임을 드러내는데 있습니다. 우리의 구원은 어떻게 해서 주어졌는가? ① 예수 그리스도께서 십자가에 못 박히심(첫째 단원, 2, 8, 1:23)으로 말미암아 가능하여졌음을 말씀합니다. ② 그런데 이것이 비밀한 가운데 있는 "하나님의 지혜, 하나님의 정하심(7), 하나님의 예비하심(9), 하나님의 은혜"(둘째 단원, 12)라고 말씀합니다. ③ 그리고 이 비밀을 "성령으로 보이심(10), 성령으로 알게 하심(12), 성령으로 가르쳐"(셋째 단원, 13)주신다고 말씀합니다. 이처럼 구원계획은 성 삼위 하나님의 사역입니다. 이는 1:18절에서, "십자가의 도가 멸망하는 자들에게는 미련한 것이요 구원을 얻는 우리에게는 하나님의 능력이라"고 선언한 "십자가의 도와, 구원"에 대한 상론(詳論)이라 할 수가 있습니다. 이러한 복음을 전도할 때에, "말과 지혜의 아름다운 것으로 하지 않았다"(1)는 것은, 인간의 "말과 지혜의 아름다운 것"으로는 전할 길이 없음을 인식했기 때문입니다. 그러면 무엇으로 했는가? "다만 성령의 나타남과 능력으로"(4) 하였다고 말씀합니다. 왜 이렇게 해야만 하는가? "너희 믿음이 사람의 지혜에 있지 아니하고 다만 하나님의 능력에 있게 하려"(5) 함에서라고 말씀합니다. 이를 세 단원으로 나누어 상고하겠습니다.

첫째 단원(1-5) **십자가에 못 박힌 그리스도**
둘째 단원(6-9) **감추었던 하나님의 비밀**
셋째 단원(10-16) **성령으로라야 깨달을 수가 있음**

첫째 단원(1-5) 십자가에 못 박히신 그리스도

"형제들아 내가 너희에게 나아가 하나님의 증거를 전할 때에 말과 지혜의 아름다운 것으로 아니 하였나니(1).

① 첫째 단원의 중심점은 "하나님의 증거"(1), 즉 "전도"(4)에 있습니다. "형제들아 내가 너희에게 나아가 하나님의 증거를 전할 때에"(1상) 합니다. 바울은 약 5년 전 2차 선교여행 때 "아덴을 떠나 고린도에 이르러"(행 18:1) 복음을 전했습니다. 그런데 어찌하여 "하나님의 증거"라 말하는가? 1:6절에서는 "그리스도의 증거"라고 말씀합니다. 복음 전도란 냉장고나 텔레비전과 같은 상품을 선전하는 그런 것이 아닙니다. 하나님께서 그리스도를 통해서 이루어주신 "하나님의 증거, 그리스도의 증거"인 것입니다.

② "말과 지혜의 아름다운 것으로 아니하였나니"(1하) 합니다. 다른 번역은, "형제 여러분 내가 여러분에게 하나님의 말씀을 전할 때 고상한 말이나 인간의 지혜로 하지 않았습니다"(현대인의 성경) 합니다. 본 단원에서는 인간의 "지혜"를 3번이나 부정적인 의미로 사용하고 있습니다. "지혜의 아름다운 말로 하지 아니하였다(1), 지혜의 권하는 말로 하지 아니 하고(4), 너희 믿음이 사람의 지혜에 있지 아니하고"(5) 합니다. 13절에서도 "사람의 지혜의 가르친 말로 아니하고" 합니다. 이미 1:17절에서도 "말의 지혜로 하지 아니함은" 합니다. 복음증거에 있어서 인간의 지혜란 무용지물임을 얼마나 강조하고 있습니까? 그러면 무엇으로 했단 말인가?

③ "다만 성령의 나타남과 능력으로 하였다"(4하)고 말씀합니다. 이는 두 마디로 되어 있는데 첫째로, ㉠ "성령의 나타남"입니다. 복음을 믿게 하여 구원 얻게 하는 것은 사람이 할 수 있는 일이 아니라 "성령"의 사역이라는 것입니다. 다시 한번 명심해야할 점은 성령은 주님께서 십자가상에서 "다 이루었다" 하신 구속사역을 증거하기 위해서 오셨다는 사실입니다. 자세한 설명을 셋째 단원에 가서 보게 될 것입니다만, 그러므로 "성령으로 하지 아니하고는 누구든지 예수를 주시라 할 수 없느니라"(12:3), 즉 믿을 수가 없다고 말씀합니다. 바울은 데살로니가교회에 보낸 편지에서도, "이는 우리 복음이 말로만 너희에게 이른 것이 아니라 오직 능력과 성령과 큰 확신으로 된 것이니"(살전 1:5) 합니다. 그래도 복음전도를 사람의 지혜로 설득할 수가 있다고 생각한단 말인가?

④ 다음은 "능력"이라는 뜻입니다. 이를 대뜸 기사이적으로 보아서는 아니 됩니다. "능력으로 했다"는 말은 "이 복음은 모든 믿는 자를 구원하시는 하나님의 능력이 됨이라"(롬 1:16) 한 복음의 능력을 가리킵니다. "십자가의 도가 멸망하는 자들에게는 미련한 것이지만 구원을 얻는

우리에게는 하나님의 능력"(1:18)이라고 말씀합니다. 복음증거가 성령의 사역이라면 최대의 능력이 무엇인가?

⑤ "너희의 허물과 죄로 죽었던 너희를 살리셨도다"(엡 2:1) 한 중생(重生), 즉 거듭남임을 확신하시기를 바랍니다. 죽은 나사로가 살아났으나 또 죽었습니다. 그러나 중생한 자는 영생(永生)을 합니다. 진정 어느 능력이 큰 것인가? 중생의 능력을 어떻게 표현하고 있는가를 보십시오. "그의 힘의 강력(强力)으로 역사하심을 따라 믿는 우리에게 베푸신 능력(能力)의 지극히 크심"(엡 1:19), 즉 능력의 최상급(最上級)이라고 말씀합니다. 그래도 안심이 되지 않았기 때문일까요? "그 능력이 그리스도 안에서 역사하사 죽은 자들 가운데서 다시 살리시고"(엡 1:20) 하고, 주님을 다시 살리신 능력과, 우리를 거듭나게 하신 그 능력이 동일한 능력임을 강조합니다. 이것이 바울이 말씀하는 "성령의 나타남과 능력으로" 하였다는 뜻입니다.

성령의 나타남과 능력

① 이를 알았기에 "내가 너희 중에서 예수 그리스도와 그의 십자가에 못 박히신 것 외에는 아무것도 알지 아니하기로 작정하였음이라"(2) 하는 것입니다. 현대교회는 "거듭남"의 중대성을 너무나 모르고 평가절하하고 있지 아니한가 여겨집니다. 거듭남은 언제 일어나는가? "진리의 말씀 곧 너희의 구원의 복음을 듣고 그 안에서 또한 믿어 약속의 성령으로 인치심을 받았으니"(엡 1:13) 합니다. 이는 세 마디로 되어 있는데 첫째는, ㉠ "진리의 말씀 곧 구원의 복음을 들어야" 합니다. 둘째는, ㉡ "그 안에서 또한 믿어" 합니다. 셋째는, "약속의 성령으로 인치심을 받았으니" 합니다. 이런 뜻입니다. 자신은 "예수 그리스도와 그의 십자가에 못 박히신"(2) "십자가의 도"(구원의 복음)를 전하고, 성령은 이

말씀과 함께 능력으로 역사 하셔서 믿음과 거듭남을 주셨다는 것입니다. 아무 설교나 듣기만 하면 거듭남의 역사가 일어나는 것이 아닙니다. 오직 "진리의 말씀 곧 구원의 복음", 다시 말하면 "십자가의 도"를 들을 때만이 일어나는 역사란 말씀입니다. 명심하십시다. "진리의 말씀 곧 구원의 복음"을 증거해야함은 전도자의 몫입니다. 그리고 "믿음과 거듭남"을 주시는 것은 성령께서 하실 사역입니다. 그러므로 "우리는 하나님의 동역자"(3:9)라고 말씀하는 것입니다. 그런데 문제의 심각성은 현대교회의 강단에서 "진리의 말씀 곧 구원의 복음"이 점점 살아져가고 있다는 사실입니다. 이것은 다름 아닌 거듭날 기회가 살아져가고 있다는 뜻이 됩니다. 성경은, "듣지도 못한 이를 어찌 믿으리요 전파하는 자가 없이 어찌 들으리요"(롬 10:14) 합니다.

② 5절은 본 단원의 결론입니다. "너희 믿음이 사람의 지혜에 있지 아니하고 다만 하나님의 능력에 있게 하려 하였노라"(5) 합니다. 이는 사활(死活)이 달려있는 그토록 중요한 대목입니다. 이를 풀어서 말씀을 드리면, "믿음"에는 사람에게서 난 믿음이 있고, 성령으로 말미암은 믿음도 있다는 것이 됩니다. 사람을 예배당에 모으는데는 고상한 말이나 어떤 프로그램에 의해서도 할 수가 있다는 것입니다. 그러나 그런 믿음은 죽었던 영혼을 거듭나게 하여 구원에 이르게 하는 믿음이 아니라는 것입니다. 만일 그런 믿음으로도 구원을 얻을 수 있다면 "그리스도의 십자가가 헛되게"(1:17하), 즉 공연히 죽으신 것이 되고 만다는 것입니다.

③ 요한복음에 이에 대한 빛을 비춰주는 대목이 있습니다. "많은 사람이 그 행하시는 표적을 보고 그 이름을 믿었으나" 합니다. 그러면 된 것이 아닌가? 그러나 "예수는 그 몸을 저희에게 의탁지 아니하셨으니 이는 친히 모든 사람을 아심이요"(요 2:23-24) 합니다. 무슨 뜻인가? 표적을 보고 따르는 그들의 믿음을 인정하지 않으셨다는 그런 뜻입니다.

그렇다면 어떤 믿음이 인정을 받는 믿음인가? 이어지는 말씀을 보십시오. 주님은 니고데모에게 "진실로 진실로 네게 이르노니 사람이 거듭나지 아니하면 하나님나라를 볼 수 없느니라"(요 3:3) 하십니다. 즉 "성령의 나타남과 능력"에 의한 믿음이라야 하나님의 나라에 들어갈 수가 있다는 것입니다. 이를 알았기에 바울은 "다만 하나님의 능력에 있게 하려 하였노라"(5하) 하는 것입니다.

④ 바울의 설교관(說教觀), 전도관(傳道觀)은 오늘의 목회와 성도들의 신앙을 점검하게 합니다. 첫째로, ㉠ 나 자신은 회중들의 사활이 달려 있는 십자가의 도, 전하기를 얼마나 열망하고 있는가를 점검해보아야만 합니다. 둘째는, ㉡ 자신에게 위탁하신 성도들이 거듭났는지 여부를 주목해보아야만 합니다. 물론 거듭남은 인간이 판단할 수 있는 영역이 아닙니다. 그러나 그 특성은 분명히 다르게 나타납니다. 성경은 말씀합니다. "육신을 좇는 자는 육신의 일을, 영을 좇는 자는 영의 일을 생각하나니"(롬 8:5), 그의 생각이 영, 육 어느 쪽에 기울어져 있는가가 나타난다는 말씀입니다. 마치 에서와 야곱의 특성이 다르게 나타나듯 말입니다. 바울은 3:10절에서 "어떻게 세우기를 조심할지니라" 경고하고 있는데, 건축에 있어서 하자보수(瑕疵補修)와 부실공사(不實工事)는 전연 다른 차원입니다. 삼풍백화점이 무너지고, 성수대교가 주저앉게 된 원인은 부실공사입니다. "부실공사"란 보수하면 되는 문제가 아닙니다. 헐고 다시 지어야 하는 치명적인 결함을 뜻합니다. 오늘의 설교나, 전도방법이 부실공사란 생각이 들지 않습니까? "너희 믿음이"(5상), 즉 성도들의 믿음이 "하나님의 능력에 있지 아니하고, 사람의 지혜에 있다면" 이는 언젠가는 무너지게 될 부실공사라고 말할 수밖에 없는 것입니다.

성경의 주제

① 그렇다면 주일마다, "예수 그리스도와 그의 십자가에 못 박히신 것"만을 전해야 된단 말이냐 하고 묻고 싶은 분이 계실 것입니다. 주님이 친히 하신 말씀으로 대답을 할 것입니다. "너희가 성경에서 영생을 얻는 줄 생각하고 성경을 상고하거니와 이 성경이 곧 내게 대하여 증거하는 것이로다"(요 5:39). 신약성경은 물론이거니와, 구약성경의 주제(主題)와 기록목적도 그리스도를 증거 하는데 있다는 것입니다. 그렇다면 구약성경 어느 본문을 설교할 때에도 그리스도를 증거하여 만나게 해주어야 한다는 뜻이 됩니다. 왜냐하면 성경의 중심이 그리스도라면 설교의 중심에도 그리스도가 와야 함은 너무나 당연한 것이기 때문입니다.

② 한두 가지 예를 들어보겠습니다. ㉠ "네 아들 네 사랑하는 독자 이삭을 번제로 드리라" 하신 창세기 22장을 설교할 때에, "우리도 아브라함처럼 순종하여 복을 받자" 라고 말한다면 주제에서 벗어난 것입니다. 이를 문맥적으로 보십시오. 지금 하나님은 아브라함의 자손으로 그리스도를 보내셔서 천하만민이 구원의 복을 받게 하시려는 구원계획을 이루어 나가시는 중입니다. 그리스도가 아브라함의 자손으로 오실 것은 분명해졌으나, 어떤 방도로 천하만민이 구원을 얻게 되는가는 아직 말씀하시지 않으셨습니다. 이를 보여주시려는 것이 22장의 주제입니다. 그것이 "네 아들 네 사랑하는 독자 이삭을 번제로 드리라(창 22:2), 대신하여 번제로 드렸더라"(22:13) 한 "번제와, 대속"으로 말미암아 가능하여짐을 계시하시려는 것입니다.

③ 갈멜산에 불이 임한 주제가 무엇인가? 그것은 "이 밤에 불이 임하게 하자"는 "불"이 아닙니다. 엘리야는 하나님을 "아브라함과 이삭과 이스라엘의 하나님 여호와여"(왕상 18:36) 하고 부르고 있습니다. 이는

조상들에게 언약하신 언약의 하나님이심을 고백하는 뜻입니다. 아브라함, 이삭, 야곱에게 언약하신 바가 무엇인가? "메시아언약"입니다. 그런데 이스라엘은 이를 버리고 바알을 섬겼던 것입니다. 하나님은 "저희의 마음이 돌아오기를"(왕상 18:37) 원하시는 것입니다. 왜냐하면 여기에 구원이 있기 때문입니다.

④ 복음서를 설교할 때에 어떻게 해야만 하는가? 복음이란, ㉠ 그리스도가 탄생하신 1장으로부터 시작하여, ㉡ 3년의 공생애와, ㉢ 죽으시고 다시 사신 마지막 장까지가 합하여 한 편의 복음임을 명심해야만 합니다. 그러므로 어느 부분을 설교하든지 주어진 본문이 전체 문맥에서 어떤 의미가 있는가를 놓치지를 말아야만 하는 것입니다. 즉 복음서는 점들의 집합체가 아니라 하나의 선(線)이라는 말씀입니다. 이 선을 무시하고 거두절미(去頭截尾)하기 때문에 "복음"이 교훈, 병 고침, 축복 등으로 둔갑을 하게 되는 것입니다. 이 말은 교훈이나 축복을 전해서는 안 된다는 뜻이 아닙니다. 주객(主客)이 전도(顚倒)되어서는 아니 된다는 말씀입니다. 그런데 "그리스도의 증인"으로 세움 받은 설교자들이 축복이나, 불은 보면서 어찌하여 그리스도와 그의 십자가에 못 박히심은 보지를 못한단 말인가? 그렇게 한다면 그것은 부실공사가 될 수밖에 없다는 말씀입니다.

둘째 단원(6-9) 감추었던 하나님의 비밀

"그러나 우리가 온전한 자들 중에서 지혜를 말하노니 이는 이 세상의 지혜가 아니요 또 이 세상의 없어질 관원의 지혜도 아니요"(6).

① 둘째 단원의 중심점은 "만세 전에 미리 정하신"(7) 하나님의 구원계획에 있습니다. 본 단원은, ㉠ "그러나"(6상) 하고 시작이 됩니다. 이

는 이제까지 한 말을 뒤집는 뜻이 있습니다. 바울은 이제까지 "지혜의 권하는 말로 하지 아니했다" 하고, "지혜"를 쓸데없는 양 부정적으로 말했습니다. 그런데 바울이 부정한 것은 "이 세상의 지혜"(6)이지, "하나님의 지혜"(7)는 아니었던 것입니다. ㉡ "그러나 우리가 온전한 자들 중에서 지혜를 말하노니"(6중) 합니다. 바울은 이렇게 말씀하고 있는 셈입니다. "지혜를 알고 싶은가? 이제부터 하나님의 지혜를 말하리라". 어찌하여 "없어질 관원의 지혜"라고 말하는가? 본질적인 문제에 해답을 주지 못하기 때문입니다. 참 지혜란 "죄와, 사망"을 해결해주고, 하나님 앞으로 돌아가는 것이 어떻게 해서 가능하여지는가에 해답을 줄 수 있어야만 하는 것입니다. 이에 대한 해답을 주지 못한다면, "이 세상의 없어질 지혜"일 뿐입니다.

② "오직 비밀한 가운데 있는 하나님의 지혜를 말하는 것이니 곧 감취었던 것인데"(7상) 합니다. 바울은 다른 곳에서도 복음을 이렇게 부르고 있습니다. 골로새서에서는 "이 비밀은 만세와 만대로부터 옴으로 감취었던 것인데 이제는 그의 성도들에게 나타났고"(골 1:26) 합니다. 에베소서에서는, "영원부터 만물을 창조하신 하나님 속에 감취었던 비밀의 경륜"(엡 3:9)이라고 말씀합니다. 이것이 우리가 그렇게도 쉽게 말하는 "복음"입니다. "비밀의 경륜"이라 했는데, "경륜"이런 어떤 일을 계획하여 조직적으로 이루어 나가는 것을 뜻합니다. 복음은 임기응변으로 주어진 것이 아닙니다. 영원 전부터 계획하시고 역사 속에서 성취해 오신 경륜입니다. 그래서 복음을, "하나님의 지혜"라 말씀하는 것입니다.

③ 그렇다면 누구를 위해서 이처럼 비밀한 가운데 감추어두셨단 말인가? "하나님이 우리의 영광을 위하사 만세 전에 미리 정하신 것이라"(7하) 합니다. 얼마나 심오한 지혜인가? "기록된바 하나님이 자기를 사랑하는 자들을 위하여 예비하신 모든 것은 눈으로 보지 못하고 귀로

도 듣지 못하고 사람의 마음으로도 생각지 못하였다 함과 같으니라"(9) 합니다. 학자들은 이 말씀을 어디서 인용한 것인가 하는 문제로 고심합니다. 이사야 64:4절을 자유롭게 인용한 것으로 여겨지지만, 제가 깨닫기로는 구약성경에 나타난 "하나님의 지혜"를 집약(集約)한 것으로 볼 수가 있습니다. "예비하신 모든 것"이란 말은 구약상경을 요약한 표현이라 할 수가 있기 때문입니다.

④ "이 지혜는 이 세대의 관원이 하나도 알지 못하였나니"(8상) 합니다. 왜냐하면 "비밀한 가운데 있는 하나님의 지혜"(7상)이기 때문입니다. "만일 알았더면 영광의 주를 십자가에 못 박지 아니하였으리라"(8하) 합니다. 여기에는 두 가지 해석이 가능합니다. 첫째는, 빌라도 총독, 헤롯왕은 말할 것도 없고 대제사장, 서기관, 장로와 같은 종교지도들까지도 "하나님의 지혜"를 알지 못하여 영광의 주를 십자가에 못 박았다는 것입니다. 그런데, 또 다른 가능한 해석은, "감취었던 비밀"의 핵심이 무엇인가 하는 점입니다. "한 알의 밀이 죽음으로 많은 열매를 맺게" 하시려는데 있습니다. 이를 누구에게 "비밀로, 감추어" 두셨단 말인가? 궁극적으로는 사탄입니다. 그리고 그리스도를 죽이도록 배후에서 "관원들"을 사주한 자가 "사탄"(요 13:2)이라는 사실입니다. 그렇다면 감추어두신 목적이 사탄이 모르게 하기 위해서라는 것이 됩니다. 만일 사탄이 십자가를 통해서 자신의 머리가 상하게 될 것을 알았다면 영광의 주를 십자가에 못 박았을 것인가?

⑤ 본 단원을 마치기 전에 바울이 둘째 단원, 즉 복음을 "하나님의 지혜, 만세 전에 미리 정하신 것(7), 사랑하는 자들을 위하여 예비하신 모든 것"(9)이라고 말씀하는 의도가 무엇인가 하는 점을 생각하게 합니다. 이는 바른 전도방법을 깨닫기 위해서는 복음에 대한 바른 인식이 선행(先行)이 되어야만 하기 때문입니다. "복음"을 서푼짜리 싸구려로 생각하기 때문에 전하는 방법도 개그맨처럼 전하게 된다는 말씀입니다.

복음의 영광스러움도 모르고, 전하는 방법도 잘못하고 있다면, 이를 듣는 자들이 "하나님이 자기를 사랑하시는 자들을 위하여 예비하신 모든 것"을 어찌 알 수가 있겠는가?

셋째 단원(10-16) 성령으로라야 깨달을 수가 있음

"오직 하나님의 성령으로 이것을 우리에게 보이셨나니 성령은 하나님의 깊은 것이라도 통달하시느니라"(10).

① 셋째 단원의 핵심은 "성령"입니다. "성령"이 4번, "하나님의 영"이 2번, 도합 6번이나 등장합니다. 어찌하여 바울은 전도할 때에 지혜의 말로 하지 아니하고 "성령"만을 의지하였는가? 10절을 통해서는 긍정적으로, 11절을 통해서는 부정적인 표현으로 답변을 합니다. 먼저 긍정적으로, ㉠ "오직 하나님의 성령으로 이것을 우리에게 보이셨나니"(10상), ㉡ "성령은 하나님의 깊은 것이라도 통달하시느니라"(10하) 합니다. "성령으로 보이셨다", 즉 성령으로 하지 않고는 "하나님의 지혜", 즉 복음을 깨달을 수가 없음을 알았기 때문이라는 것입니다.

② 그리고 부정적으로 설명하기를, "사람의 사정을 사람의 속에 있는 영 외에는 누가 알리요 이와 같이 하나님의 사정도 하나님의 영 외에는 아무도 알지 못하느니라"(11) 합니다. 즉 성령으로 하지 않고는 "아무도 알지 못한다" 하고 단언을 합니다. 이렇게 말하는 바울의 심중에는 "우리도 전에는 어리석은 자요 순종치 아니한 자요 속은 자"(딛 3:3)였던 자신의 과거상태를 생각했을 것입니다. 이를 아는 자라면 "하나님의 증거를 전할 때에" 성령을 의지하지 않고 "말과 지혜의 아름다운 것으로"(1) 할 수가 있단 말인가?

③ 12절에서는 다시 긍정적으로 강조하기를, ㉠ "우리가 세상의 영을

받지 아니하고 오직 하나님께로 온 영을 받았으니"(12상) 합니다. 성령을 "하나님께로 온 영"이라고 말씀함을 주목하시기를 바랍니다. 그리고 하나님은 성령보다 먼저, "독생자"를 보내주셨음을 기억하시기를 바랍니다. ㉡ "우리에게 은혜로 주신 것"은 독생자의 죽으심을 통해서 주셨고, 이를 "알게 하심"은 성령을 통해서 해주신 것이라는 말씀입니다.

④ 주님은 잡히시던 밤에 제자들에게 "보혜사 곧 아버지께서 내 이름으로 보내실 성령 그가 너희에게 모든 것을 가르치시고 내가 너희에게 말한 모든 것을 생각나게 하시리라"(요 14:26), "내가 아버지께로서 너희에게 보낼 보혜사 성령 곧 아버지께로서 나오시는 진리의 성령이 오실 때에 그가 나를 증거하실 것이요"(요 15:26) 하고, 성령의 사역이 복음증거에 있음을 분명히 말씀하셨습니다. 그리고 "내가 떠나가지 아니하면 보혜사가 너희에게 오시지 아니할 것이요"(요 16:7) 하십니다. 즉 주님의 죽으심이 없다면 성령이 오실 필요가 없으시다 는 뜻입니다. 주님은 죽으시고 다시 살아나시어 승천하셨고 약속하신 대로 성령은 오셨습니다. 이제까지도 성령은 떠나시지 아니하시고 이 사역을 계속하고 있는 것입니다. 바울과 동역 하셨던 성령은 이제 형제와 동역 하기를 원하십니다.

⑤ 이를 믿기에 바울은 13절에서 "우리가 이것을 말하거니와 사람의 지혜의 가르친 말로 아니하고 오직 성령의 가르친 것으로 하니"(13상) 하고 재차 강조합니다. 그런 후에 14절에서는, "육에 속한 사람은 하나님의 성령의 일을 받지 아니하나니"(14상) 합니다. 왜냐하면 "저희에게는 미련하게 보이기" 때문이라는 것입니다. 무슨 뜻인가? 복음을 인간의 이성(理性)이나 지혜(知慧)에 호소해보아야 알 수가 없다는 말씀입니다. 그래서 "또 깨닫지도 못하나니"(14) 하는 것입니다. 그렇다면 결론은 분명해진 것입니다. 복음전도는 "지혜의 권하는 말로는 불가능하고 성령의 나타남과 능력"으로만이 가능하다는 것입니다.

성령의 고유사역

① 여기에 성 삼위하나님의 구원사역이 나타납니다. 하나님은 먼저 "독생자"(요 3:16)를 보내셔서 "은혜"를 주셨습니다. 주님은 십자가상에서 "다 이루었다"(요 19:30) 선언하십니다. 그렇다고 사람들이 이 은혜, 복음을 자동적으로 알게 되는 것은 아닙니다. 그래서 하나님은 성령을 보내주셨습니다. 주님은 승천하시면서 "예루살렘을 떠나지 말고 내게 들은 바 아버지의 약속하신 것을 기다리라, 성령이 너희에게 임하시면, 땅 끝까지 이르러 내 증인이 되리라"(행 1:4, 8) 하셨습니다. 그리고 주님은 사도행전 1장에서 승천하시고, 2장에서 성령은 강림하시는 것입니다. 즉 임무교대가 이루어진 것입니다. 이를 요약을 하면, ㉠ "우리의 영광을 위하사 만세 전에 미리 정하신"(7) 하나님의 계획이 있습니다. ㉡ "십자가에 못 박히신"(8) 그리스도의 구속이 있습니다. ㉢ "이것을 우리에게 알게 하시는"(10, 12, 13) 성령의 사역이 있습니다. 우리의 영광을 위하여 삼위 하나님께서 역사 하여주셨습니다.

② 바울은 "신령한 자는 모든 것을 판단한다"(15)고 말씀합니다. 이는 14절의 "육에 속한 자"와 대조되는 사람, 곧 성숙한 그리스도인을 가리킵니다. 그리고 "판단"이라는 말은 앞에 있는 "분변함이니라"(14하) 한 "분변"과 같은 단어입니다. 그렇다면 "신령한 자"란 어떤 자인가? 방언을 말하고 귀신을 좇아내는 그런 뜻이 아닙니다. 그리스도의 영과 말씀을 가지고 분변력을 행사하는 자인 것입니다. 이렇게 말씀하는 바울의 의도는 고린도 성도들의 분변력의 미숙함을 간접적으로 드러내고 있는 것입니다.

③ 바울은 "누가 주의 마음을 알아서 주를 가르치겠느냐"(16상) 하고 묻고 있습니다. 이 말씀 속에는 바울의 착잡한 심정이 담겨있습니다. 왜냐하면 묻는 대상이 설교를 듣는 성도가 아니라, "가르치는 자"에게 맞

춰져있기 때문입니다. 만일 바울이 복음의 씨를 뿌리고, 복음으로 태어나게 한 고린도에 다른 사람이 가서 말씀을 전하지 않았다고 하면, 그리고 전할 때에 그리스도의 마음을 알아서 전했다면, "나는 바울에게, 나는 아볼로에게, 나는 게바에게, 나는 그리스도에게"(1:12) 하는 분열은 일어나지 아니했을 것입니다. 그래서 "누가 주의 마음을 알아서 주를 가르치겠느냐" 묻고 있는 것입니다.

② 마지막에 이르러 바울은, ㉠ "그러나 우리가"(16하) 하고 단호하게 말합니다. "그러나"는 차별화의 뜻이 있습니다. 이는 다른 사람은 어떠하든지 달라야 한다는 것입니다. 바울은 순교 직전에 기록한 마지막 서신에서 디모데에게, "그러나 너는 배우고 확신한 일에 거하라 네가 뉘게서 배운 것을 알며"(딤후 3:14, 4:5) 하고 차별화를 명합니다. "너는" 달라야 한다는 것입니다. ㉡ "우리가 그리스도의 마음을 가졌느니라"(16하) 합니다. "그리스도의 마음을 가졌다"는 것은, 그리스도의 영(12)과, 그리스도의 말씀"(6) 둘 다를 가졌다는 뜻이 됩니다. 왜냐하면 "주의 마음"은 말씀과 성령을 통해서만 알 수가 있기 때문입니다. 바울은 "그리스도의 정신을 가졌다"고 말씀하고 있지 아니합니다. 즉 성경을 머리로만 알고 지식적으로만 전한 것이 아니라는 말씀입니다. 빌립보교회에 보낸 편지에서는 "내가 예수 그리스도의 심장으로 너희 무리를 어떻게 사모하는지 하나님이 내 증인이시니라"(빌 1:8) 합니다.

③ 바울이 2장을 "누가 주의 마음을 알아서 주를 가르치겠느냐" 하고 질문하는 것으로 마치고 있다는 것은 모든 시대의 설교자들에게 던지는 질문으로 다가옵니다. 우리는 주의 마음을 알아서 주를 가르치고 있는가? 아브라함에게 사랑하는 독자 이삭을 번제로 드리라 명하시는 주의 마음을 바로 전하고 있는가? 유월절, 오순절, 초막절 삼대절기를 지키라 명하시는 주의 마음을 알아서 전하고 있는가? 조석으로 상번제를 드리라, 안식일을 지키라 명하시는 주의 마음은 무엇인가? 삭개오를 향해서

"내가 오늘 네 집에 유하여야 하겠다" 하시는 주의 마음은 무엇인가? 간음 현장에서 끌려온 여인을 향하여 "나도 너를 정죄하지 아니하노니" 하시는 주의 마음은 무엇인가? 그러므로 그가 "그리스도의 마음을 가졌느냐"는 여부는 설교할 수 있는 자격이 걸려있는 문제라 해도 과언이 아닙니다.

④ 이제 묵상해보십시다.

㉠ "십자가의 도" 전하기를 얼마나 열망하고 있는지?

㉡ 성령과 동역하고 있다는 확신이 있는지?

㉢ 성도들에게 영합하기보다는 거듭남에 더욱 관심을 기울이고 있는지?

㉣ 본문에 나타난 주의 마음을 알아서 주를 가르치기를 사모하고 있는지?

고린도전서 3장 개관도표

주제 : 하나님의 밭, 하나님의 집, 하나님의 성전

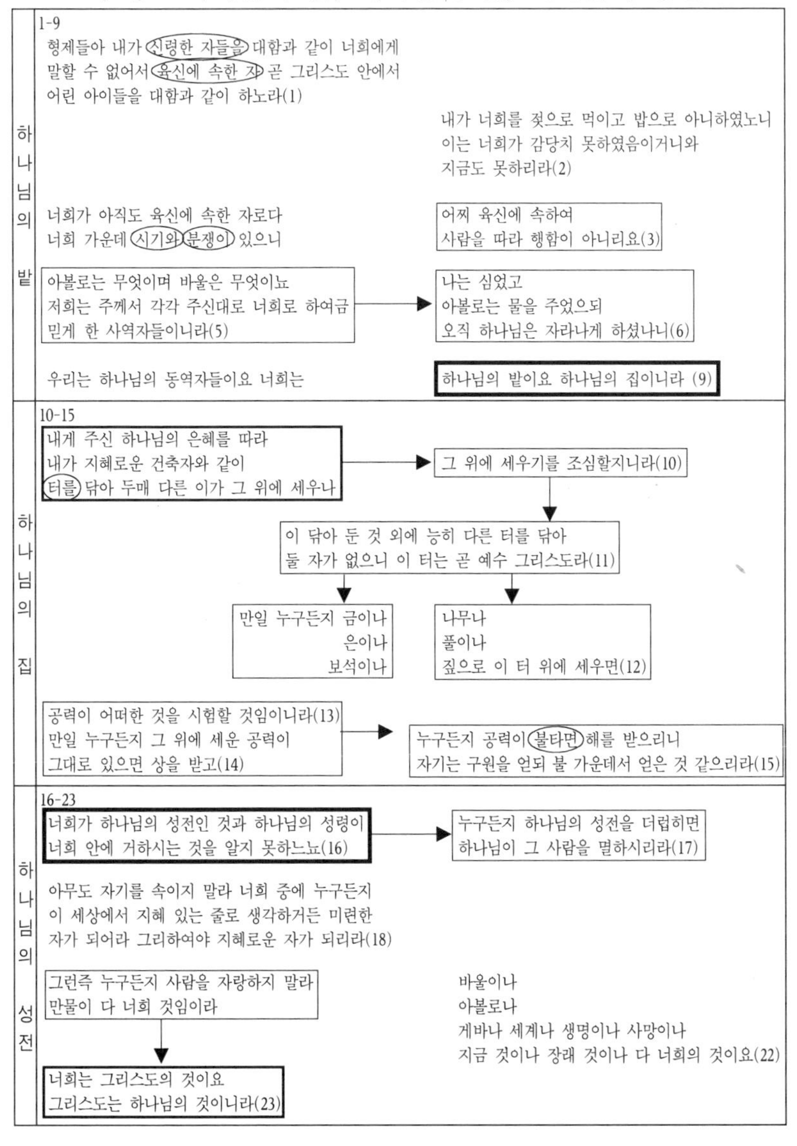

3장

하나님의 밭, 하나님의 집, 하나님의 성전

[16]너희가 하나님의 성전인 것과 하나님의 성령이 너희 안에 거하시는 것을 알지 못하느뇨.

바울은 3장에 이르러 1장에서 제기했던 "분쟁"(3)이라는 주제로 돌아옵니다. 그러면 그 사이(1:18-2:16)에서 무슨 말씀을 했으며, 어떤 의미가 있는가? 한마디로 "십자가의 도"를 말씀했으며 이는 고린도교회가 안고 있는 문제들을 치료하기 위한 준비작업이라 할 수가 있습니다. 바울은 교회 내의 모든 문제의 원인이 복음을 상실했기 때문으로 보고 있는 것입니다. 그렇게 한 후에 교회를, "하나님의 밭, 하나님의 집(9), 하나님의 성전"(16)이라는 유비를 통해서 분쟁의 부당성을 깨우쳐줍니다. 교회를 "밭과, 집"에다 비유하는 이유는, 그들이 편을 가르고 있는 바울이나 아볼로가 "하나님의 밭, 하나님의 집"에서 일하는 종들에 지나지 않음을 말해주기 위해서입니다. 그러므로 3장의 주체는 "하나님"

입니다. 13번이나 등장합니다. 그리고 마지막 절에 이르러, "너희는 그리스도의 것이요 그리스도는 하나님의 것이니라"(23) 하고, "하나님"으로 결론을 맺고 있습니다. 이를 세 단원으로 나누어 상고하겠습니다.

첫째 단원(1-9) **하나님의 밭**
둘째 단원(10-15) **하나님의 집**
셋째 단원(16-23) **하나님의 성전**

첫째 단원(1-9) 하나님의 밭

① 첫째 단원의 중심점은 교회를 "하나님의 밭"에 비유함에 있습니다. 그런데 바울은 이 말씀을 하기에 앞서서, "형제들아 내가 신령한 자들(성숙한 자)을 대함과 같이 너희에게 말할 수 없어서 육신에 속한 자 곧 그리스도 안에서 어린 아이들을 대함과 같이 하노라"(1) 하고, 비유로 말할 수밖에 없는 이유를 밝힙니다. 바울은 드디어 고린도 성도들을, ㉠ "육신에 속한 자 곧 그리스도 안에서 어린 아이들"이라고 지적합니다. 왜 어린아이들이라고 말하는가? ㉡ "너희 가운데 시기와 분쟁"(3)이 있는 것을 보아서 알 수가 있다는 것입니다. 자식들이 어렸을 때에는 형제들 간에도 자주 싸우듯 말입니다.

② 그런데 바울이 고린도 성도들을 "어린아이"라고 지적하기를 매우 신중을 기하는 것으로 여겨집니다. 왜냐하면 "너희 가운데 시기와 분쟁이 있으니"(3) 한 것은, 이미 1:11절에서 "너희 가운데 분쟁이 있는 것이라" 하고 말씀했기 때문입니다. 그렇다면 바울은 1장에서 "어린아이"임을 지적하고 싶었을 것입니다. 그런데 참고 있다가 이제 와서야 말씀한다는 것은 그만큼 신중을 기했다는 뜻이 되는 것입니다. 그러므로 그

사이(1:18-2:16)에서 무슨 말씀을 하고 있는가를 주목해본다는 것은 목회학적인 면에서 유익이 됩니다. 왜냐하면 교회 내에서 일어나는 모든 문제를 치유하는 지혜를 얻을 수가 있기 때문입니다.

③ 바울은 분쟁문제를 치유하기 위해서, "십자가의 도"를 말씀했습니다. 이렇게 함으로 고린도 성도들 스스로가 자신들이 지혜 있는 신령한 자가 아니라, "육신에 속한 자 곧 그리스도 안에서 어린아이들"임을 인식하도록 유도한 셈입니다. 만일 바울이 1:10절에서 대뜸 "너희는 어린아이들"이라고 말했다면, "모든 구변, 모든 지식, 모든 은사"가 풍족하여 신령한 자들로 자부하던 고린도 성도들의 감정을 상하게 하여 반발했을 지도 모릅니다. 생각해 보십시오. 노회나 총회에 모인 회원들을 향해서, "어린아이요, 육신에 속한 자"라고 말한다면 어떻게 반응할 것인가? 모든 사람은 거듭날 때에 "어린아이"로 태어납니다. 그런데 문제는 약 5년이 지난 "지금도"(2하) 자라지를 못하고 어린아이 상태에 머물러 있다는 점입니다. 그 증거로 "시기와 분쟁"(3)을 들고 있는 것입니다.

④ 그런데 혼동하지 말아야 할 점은, "시기와 분쟁"이 뜨듯 미지근한 상태를 의미하는 것이 아니라는 점입니다. "시기와 분쟁"이란 열심의 부산물이기도 합니다. 희미한 사람에게는 시기도 분쟁도 없는 것입니다. 우리가 생각하듯 고린도교회는 형편없는 교회만은 아니었습니다. "모든 은사"(1:5-7)가 풍족한 교회일 뿐만이 아니라, 12장에 열거한 은사들과, 14장을 통해서 추측컨대 고린도교회는 역동적인 교회였으리라는 것을 짐작할 수가 있습니다. 그래서 그들 자신은 지혜 있는 자, 신령한 자인 양 착각을 했던 것입니다. 그런데 바울은 이들을 가리켜서 "육신에 속한 자 곧 그리스도 안에서 어린아이"라고 말하고 있는 것입니다.

육신에 속한 자의 특성

① 바울은 "육에 속한 사람(2:14), 신령한 자, 육신에 속한 자"(1)로 구분해서 말씀하고 있습니다. ㉠ "육에 속한 사람"이란 성령으로 거듭나지 못한(유 1:19) 불신자를 가리키고, ㉡ "육신에 속한 자"란 육체의 소욕 대로 행하는 영적 어린아이를, ㉢ "신령한 자"란 성령의 소욕을 좇아 행하는(갈 5:17) 성숙한 그리스도인을 가리킵니다. 그러면 육신에 속한 자"의 특성이 무엇인가? 2:13-14절이 이에 대한 빛을 비춰줍니다. "신령한 것으로 분별하느니라(13), 영적으로라야 분변함이니라"(14) 한 "분별력"이 없다는 것입니다. 이점을 히브리서에서는 "대저 젖을 먹는 자마다 어린아이니 의의 말씀을 경험하지 못한 자요 단단한 식물은 장성한 자의 것이니 저희는 지각을 사용하므로 연단을 받아 선악을 분변(分辨)하는 자들이니라"(히 5:13-14) 하고 말씀합니다. 교회 내에서 발생하는 모든 문제는 한마디로 분별력이 없기 때문이라 말해도 과언이 아닙니다.

② 분별력이 없으면 어떻게 되는가? 감정에 지배를 받게 되는 것입니다. 그러므로 영적 어린아이는 "사람의 궤술과 간사한 유혹에 빠져 모든 교훈의 풍조에 밀려 요동"(엡 4:14) 하게 됩니다. 그런 신앙수준에 있기 때문에 "누가 너희로 종을 삼거나 잡아먹거나 사로잡거나 자고하다 하거나 뺨을 칠지라도 너희가 용납하는도다"(고후 11:20) 하게 되는 것입니다. "용납"만 한 것이 아니라 열광을 했을 것입니다. 바울은 고린도교회가 분열하게 된 원인을 영적 미숙(未熟)에서 오는 무분별함 때문으로 진단을 하고 있는 것입니다.

③ "어떤 이는 말하되 나는 바울에게라 하고 다른 이는 나는 아볼로에게라 하니 너희가 사람이 아니리요"(4) 합니다. 다른 번역에서는 "여러분 가운데 어떤 사람은 나는 바울 파다, 또 어떤 사람은 나는 아볼로

파다하고 말한다니 여러분이 세상 사람과 다를 게 무엇입니까?"(현대인의 성경) 합니다.

분별력의 중요성

① 이렇게 진단을 내린 후에 "그런즉 아볼로는 무엇이며 바울은 무엇이뇨"(5상) 하고 저들이 줄을 서기를 좋아하는 두 장본인을 거론합니다. ㉠ "저희는 주께서 각각 주신대로 너희로 하여금 믿게 한 사역자들이니라"(5하) 합니다. 사역자들이라는 말은 격을 높여 번역한 것이고 사실은 "종"이란 뜻입니다. "하나님의 밭"에다가, ㉡ 바울은 "심었고, 아볼로는 물을 주었으되 오직 하나님은 자라나게 하셨나니"(6) 합니다. 교회를 "하나님의 밭"에 비유하는 것은 첫째로, 하나님이 주인이시라는 것과, 둘째로, 사역자들은 그 밭에서 일하는 종에 불과함을 드러내기 위해서입니다.

② "그런즉 심는 이나 물주는 이는 아무것도 아니로되"(7상) 합니다. "아무것도 아니로되" 라는 말은 어느 파의 우두머리와 같은 자가 아니라 "종"에 불과하다는 말입니다. 바울은 자신이 하나님의 종일 뿐만이 아니라, "예수를 위하여 우리가 너희의 종"(고후 4:5)이 되었다고까지 말씀합니다. 심은 씨는 복음이요, 물을 주었다는 것은 양육한 것을 가리키는데, 저들을 종으로 삼으셔서 씨를 뿌리라 명하신 분도, 물을 주라 명하신 분도 하나님이시라는 것입니다. 그리하여 "오직 자라나게 하시는 하나님뿐이니라"(7하) 하고, 모든 초점이 하나님에게 모아지고 있는 것입니다.

③ 그렇다면 바울과 아볼로는 어떤 관계인가? ㉠ "심는 이와 물주는 이가 일반이요"(8상) 합니다. ㉡ "우리는 하나님의 동역자들이요"(9상) 합니다. 그리고 고린도교회를 ㉢ "너희는 하나님의 밭이요 하나님의 집

이니라"(9하) 합니다.

둘째 단원(10-15) **하나님의 집**

"내게 주신 하나님의 은혜를 따라 내가 지혜로운 건축자와 같이 터를 닦아 두매 다른 이가 그 위에 세우나 그러나 각각 어떻게 그 위에 세우기를 조심할지니라"(10).

① 둘째 단원의 중심점은 "하나님의 집"에 있습니다. 바울은 교회를 "하나님의 밭이요 하나님의 집"(9)이라"고 말씀했는데, "밭"의 비유는 첫째 단원에서 다루었고, 둘째 단원에서는 "하나님의 집"이라는 비유로 전환을 하고 있는 것입니다. 바울은 자신의 임무를 하나님의 집을 세우는데 있어서 "터를 닦는 자"(10상)라고 말씀합니다. 이는 고린도교회를 개척했다는 좁은 의미만은 아닙니다. ㉠ "내게 주신 하나님의 은혜"란, "하나님의 뜻을 따라 그리스도 예수의 사도로 부르심을 입은"(1:1) "사도"됨을 가리킵니다. 사도란, ㉡ "너희는 사도와 선지자의 터 위에 세움을 입은 자라"(엡 2:20) 한 "터를 닦은 자들"입니다. 그래서 "이 닦아 둔 것 외에 능히 다른 터를 닦아 둘 자가 없으니 이 터는 곧 예수 그리스도라"(11) 하는 것입니다.

② 주님은 박해자 사울을 특별한 섭리 중에 부르셔서, "십자가의 도"의 견고한 터를 닦게 하셨던 것입니다. 바울은 말씀 증거와, 기록한 서신을 통해서 터를 닦아놓았습니다. 만일 바울을 세우심이 아니었다면, "십자가의 도"의 터는 심각한 위기에 봉착했을 것이 분명합니다. 바울은 그의 마지막 서신에서 "그러나 하나님의 견고한 터는 섰으니"(딤후 2:19) 하고 선언합니다. 그러니까 사도 이후의 모든 목회자들이란 사도들이 닦아놓은 터 위에 세우는 자들인 것입니다.

③ 그런데 여기 주목해야할 다른 점이 나타납니다. "하나님의 밭"의 비유에서는 "나는 심었고 아볼로는 물을 주었으되"(6) 하고 말했으나, "하나님의 집"의 유비에서는 자신은 터를 닦아 둔 자로, 아볼로는 세우는 사람으로 말씀하고 있는 것이 아니라, "다른 이"라고 말씀하고 있다는 점입니다. 왜 그랬을까요? "세우기를 조심할지니라"(10하) 한 경고 때문입니다. 이는 누구에게 하는 경고인가? 본 단원(10-15)은 고린도 성도들과는 무관한 말씀처럼 여겨질 수가 있습니다. 왜냐하면 "세우는 자", 즉 지도자들에게 하는 경고이기 때문입니다. 그러므로 이 경고는 바울, 아볼로까지를 포함하여 각 시대의 모든 건축자들에게 하시는 경고라 할 수가 있습니다.

④ "만일 누구든지 금이나 은이나 보석이나 나무나 풀이나 짚으로 이 터 위에 세우면"(12) 합니다. 열거한 자재들은 여섯 가지지만 이어지는 말씀, 즉 "불이 각 사람의 공력이 어떠한 것을 시험할 것임이니라"(13하) 한 말씀에 의하여, ㉠ 불에 타 없어질 것(나무, 풀, 짚)과, ㉡ 불에 타지 않을 것(금, 은, 보석)으로 둘로 구분이 됩니다.

⑤ "각각 공력이 나타날 터인데 그 날이 공력을 밝히리니"(13상) 합니다. 자재를 올바로 써서 설계도대로 건축을 했는가? 아니면 부실공사를 했는가 하는 공력을 밝힐 "그 날"이 온다는 것입니다. "그 날"은 어떤 날인가? "이는 불로 나타내고 그 불이 각 사람의 공력이 어떠한 것을 시험할 것임이니라"(13하) 한 "심판의 날"입니다. 그래서 "어떻게 그 위에 세우기를 조심할지니라" 하고 경고하는 것입니다.

⑥ 성경에는 이에 대한 거울이 있는데 그것은 모세가 세운 성막이 우리의 경계가 됩니다. 성막은 모세 마음대로 세운 것이 아닙니다. "내가 네게 보이는 대로 장막의 식양과 그 기구의 식양을 따라 지을지니라"(출 25:89) 하고 명하셨습니다. 성막을 세우는 일에 여러 사람들이 분담을 했습니다. 완성이 되자 명하신 대로 되었는가 점검을 합니다. 이는

세우기를 얼마나 조심했는가를 말씀해줍니다. "모세가 그 필한 모든 것을 본즉 여호와께서 명하신 대로 되었으므로 그들에게 축복하였더라"(출 39:43) 합니다. "그 후에" 하나님의 영광은 성막에 충만했습니다. 만일 "명하신 대로" 하지 않았다면 어찌 되었겠는가?. 이제도 "세우기를 조심할지니" 한 건축물은 하나님이 거하실 "하나님의 성전"인 것입니다.

⑦ 그렇다면 건축자재(建築資材)인 "금, 은, 보석"과, "나무, 풀, 짚"은 무엇을 염두에 두고 한 말씀인가 하는 점입니다. 이를 문맥적으로 보면 "말씀"임을 알 수가 있습니다. 바울이 "나는 심었고 아볼로는 물을 주었으되"(6) 한 "심고, 물주는" 사역도 "말씀"으로 하는 것이요, 4:15절의 "스승과, 아비"가 "낳고, 가르치는"일도 "복음으로써 내가 너희를 낳았음이라" 한 말씀으로 한 것입니다. 건축자들은 하나님의 말씀으로 하나님의 집을 세우는 자들입니다. 그래서 "사람이 우리를 그리스도의 일군이요 하나님의 비밀을 맡은 자로 여길지어다"(4:1) 하는 것입니다.

세우기를 조심할지니라

① 그렇다면, "어떻게 세우기를 조심할지니라" 하는 말은, "어떻게 설교하기를 조심할지니라"는 뜻이 되는 것입니다. 이런 맥락에서 본다면 설교 중에는 "금, 은, 보석"과 같은 설교가 있는가하면, "나무, 풀, 짚"과 같은 설교도 있다는 것이 됩니다. 이점을 예레미야 선지자를 통해서는 "나 여호와가 말하노라 몽사를 얻은 선지자는 몽사(夢事)를 말할 것이요 내 말을 받은 자는 성실함으로 내 말을 말할 것이라 겨와 밀을 어찌 비교하겠느냐"(렘 23:28) 하고, "겨와 밀"에 비유하고 있습니다.

② 참 교회와 거짓 교회의 표지(標識)가 무엇인가? 그것은 분명합니다. "말씀"이 바르게 선포되고 있느냐 여부로 분별이 되는 것입니다. 어찌하여 바울은, "내 말과 내 전도함이 지혜의 권하는 말로 하지 아니하고 다만 성령의 나타남과 능력"(2:4)에 의존하였는가? 오직 "너희 믿음이 사람의 지혜에 있지 아니하고 다만 하나님의 능력에 있게"(2:5) 하기 위해서라고 말씀합니다. 이를 본 단원의 표현대로 하면 그 날에, "불에 타 없어지지 않는 금, 은, 보석으로 건축하기 위해서"라는 뜻이 됩니다. 지금이 아닙니다. 심판 날에 드러나게 된다는 말씀입니다. 그렇다면 공력을 시험할 때에 불에 타 없어질 것들이란 "성령의 나타남과 능력으로 하지 아니한 모든 것", 다시 말하면 사람의 수단과 방법으로 세운 것이라 할 수가 있습니다.

③ 계시록에 나오는 일곱 교회들의 모습은 각각 다릅니다. 그러니까 "금, 은, 보석"으로 세운 교회가 있는가하면, "나무, 풀, 짚'으로 세운 교회도 있다는 말씀입니다. 라오디게아교회는 "나는 부자라 부요하여 부족한 것이 없다"고 자부했습니다. 그러나 주님은 "네 곤고한 것과 가련한 것과 가난한 것과 눈 먼 것과 벌거벗은 것을 알지 못하도다"(계 3:17) 하십니다. 반면 서머나교회는 환난과 궁핍에 처해있는 교회였습니다. 그런데 "실상은 네가 부요한 자니라" 하십니다. 어떤 차이입니까? 무엇으로 세웠느냐 의 차이입니다. 형제의 모델은 어느 교회입니까?

나무나 풀이나 짚으로 세우면

① 좀 더 말씀을 드려야만 하겠습니다. 바울은 갈라디아서에서, "육체의 일과, 성령의 열매"(갈 5:19, 22)를 구분(區分)을 해서 말씀합니다. 사람이 하는 모든 일에는 "성령의 열매"가 있는가 하면, 인간의 노

력의 산물인 "육체의 일"도 있다는 것입니다. 이 말은 악한 일과 선한 일이 있다는 그런 뜻이 아닙니다. 바울은 "성령의 열매"라 말씀하고 있는데 이는 성령과 동역한 과실을 의미합니다. 불신자들의 행사에도 선한 일은 많이 있습니다. 그러나 그것은 자신의 영광을 위하여 한 "육체의 일"일뿐 "성령의 열매"는 아닌 것입니다. 공력을 시험하는 그 날에 "육체의 일"로 쌓아 올린 성과들이 허무하게 불타버리고 마는 것을 목격하게 되리라는 경고입니다. 만일 우리가 "말과 지혜의 아름다운 것(2:1), 지혜의 권하는 말"(2:4상)로 건축을 한다면 "나무, 풀, 짚"처럼 크고, 빨리, 쉽게 세울 수도 있을 것입니다. 그러나 명심해야할 점은 "불이 각 사람의 공력(功力)이 어떠한 것을 시험할"(13) 날이 온다는 점입니다. 공력이 불에 탄다는 것은 부실공사를 했다는 뜻입니다.

② 그렇다면 건축자들은 누구들이란 말인가? 모든 목회자들입니다. 그리고 나름대로 "하나님의 집"을 세우노라고 많은 수고를 하고 있습니다. 그런데 "조심할지니" 하는 경고를 무시해서는 아니 됩니다. 이 예민함을 보십시오. "하나님의 밭"의 비유에서는 "나는 심었고 아볼로는 물을 주었으되" 한 바울은, 이 대목에서는 "다른 이"(10)라고만 말씀할 뿐 누구라는 말이 없습니다. 왜냐하면 "심는 자와 물을 주는 자"란 동역(同役)관계를 뜻하지만, 어떻게 세우느냐 여부는 "참과, 거짓"의 문제이기 때문입니다. 그래서 "만일 누구든지 그 위에 세운 공력이 그대로 있으면 상을 받고 누구든지 공력이 불타면 해를 받으리니"(15) 하는 것입니다.

③ 바울은 이 대목에서 매우 조심성 있게 말씀하고 있는 것으로 여겨집니다. 왜냐하면, "누구든지 공력이 불타면 해를 받으리니"(15상) 하고 끝마치는 것이 아니라, "그러나 자기는 구원을 얻되 불 가운데서 얻은 것 같으리라"(15하) 말씀하고 있기 때문입니다. 바울은 조심성 있게 말씀했다 하여도 우리는 심각하게 고민을 해야할 것입니다. 왜냐하면

"자기는 구원을 얻는다" 해도 불타버릴 공력이 예배당 건물이라면 몰라도, 만일 나의 가르침을 따른 "성도들"이라면 어찌 되겠느냐 하는 점 때문입니다. 이것 때문에 바울은 복음을 보수하기 위한 타협이 없는 선한 싸움을 싸웠던 것입니다.

④ 앞에서도 지적한 대로 본 단원은 고린도 교인들에게는 해당이 안 되는 말씀입니다. 그럼에도 불구하고 이 말씀을 기록하고 있는 의도가 무엇인가? ㉠ "건축자"가 무엇으로 건축하는지 분별력을 행사하라는 요청인 것입니다. ㉡ 그리고 지도자들에게는 경각심을 갖게 하기 위해서입니다. 어찌하여 혼잡 된 말씀이 기승을 부리게 되는가? 회중들이 분별력을 행사하지 못하고 열광하기 때문입니다.

⑤ 마지막으로 부언할 말씀은 바울 자신은, "또 내가 그리스도의 이름을 부르는 곳에는 복음을 전하지 않기로 힘썼노니 이는 남의 터 위에 건축하지 아니하려 함이라"(롬 15:20) 하고 말씀하고 있다는 점입니다. "남의 터"란 다른 사람이 복음의 씨를 뿌린 곳을 가리킵니다. "개척"이라는 말을 합니다. 이는 새로 시작한다는 말이 아닙니다. 복음이 들어가지 아니한 불모지(不毛地)에 들어가서 씨를 뿌리는 일이요, 교두보(橋頭堡)를 확보하는 일입니다. 가나안 땅을 분배할 때에 평안히 기업을 얻고자 하는 요셉 지파에게 여호수아는 말합니다. "그 산지도 네 것이 되리니 비록 삼림이라도 네가 개척(開拓)하라 그 끝까지 네 것이 되리라 가나안 사람이 비록 철병거를 가졌고 강할지라도 네가 능히 그를 쫓아내리라"(수 17:18) 하고, "스스로 개척하라" 합니다. 이 말씀은 오늘의 목회윤리를 돌아보게 합니다.

셋째 단원(16-23) 하나님의 성전

"너희가 하나님의 성전인 것과 하나님의 성령이 너희 안에 거하시는 것을 알지 못하느뇨"(16).

① 셋째 단원의 중심점은 "하나님의 성전"에 있습니다. 바울은 앵글을 "건축자들"에게서 "너희가 하나님의 성전이라" 하고 건축물, 즉 성도들로 전환을 하고 있는 것입니다. "하나님의 집, 하나님의 성전"이란 어떤 건축물을 가리키는 것이 아닙니다. "하나님의 교회 곧 그리스도 예수 안에서 거룩하여지고 성도라 부르심을 입은 자들"(1:2)의 공동체, 즉 교회를 가리킵니다. "너희가 하나님의 성전인 것과 하나님의 성령이 너희 안에 거하신다"는 말씀은 죄인 된 우리가 들을 수 있는 지고(至高)지선(至善)의 영광스러움입니다. 이는 저들에게 "하나님의 성전"이 되도록 노력하라, "하나님의 성령을 모시도록 사모하라"는 말씀이 아닙니다. 고린도 성도들은 이미 "하나님의 성전"이 되었고, "하나님의 성령"을 모신 자들이라는 것입니다. 다만 이 영광스러움을 망각했기 때문에 분쟁에 휘말려 있을 뿐이라는 뜻입니다. 그러므로 16-17절은 3절에서 제기한 "분쟁"에 대한 적절한 결론이라 할 수가 있습니다.

② "너희가 하나님의 성전이라"는 주제를 구속사의 맥락에서 고찰해 보아야만 그 영광스러움이 드러납니다. 하나님께서는 모세에게, ㉠ "내가 그들 중에 거할 성소"(출 25:8)를 지으라 명하셨습니다. 그리하여 세워진 것이 "성막"입니다. 성막이 완성이 되자, "그 후에 구름이 회막에 덮이고 여호와의 영광이 성막에 충만하매 모세가 회막에 들어갈 수 없었으니"(출 40:34-35) 합니다. 가나안 땅에 정착한 후에는 하나님의 성막이 솔로몬의 성전으로 세워졌습니다. ㉡ "여호와의 영광이 그 전에 가득하니 여호와의 영광이 여호와의 전에 가득하므로 제사장이 그 전에 능히 들어가지 못하였고"(대하 7:1-2) 합니다. 이 두 경우는 하나님의

성전의 영광스러움이 어떠한가를 나타내는 묘사입니다. 그런데 이는 모형이었던 것입니다.

③ 이 모형이, ㉠ "말씀이 육신이 되어 우리 가운데 거하시매 우리가 그 영광을 보니 아버지의 독생자의 영광이요 은혜와 진리가 충만하더라"(요 1:14) 하고 실체로 성취가 된 것입니다. 그런데 여기서 멈춰서는 아니 됩니다. 예수 그리스도의 구속으로 말미암아 어떤 일이 가능해졌는가? ㉡ "너희가 하나님의 성전인 것과 하나님의 성령이 너희 안에 거하시는 것"이 가능하여졌다는 것이 구속사의 맥락인 것입니다.

④ 바울이 고린도에 이르러 "예수 그리스도와 그의 십자가에 못 박히신 것 외에는 아무것도 알지 아니하기로 작정"(2:2) 했다는 것은 이 사실을 전해주었음을 나타냅니다. 이제도 1:1-3:15절까지에서 이를 말씀했다 해도 과언이 아닙니다. 문제는 이를 망각하기 때문에 발생하게 된다는 것입니다. 그래서 "알지 못하느뇨" 하고 상기시켜주고 있는 것입니다. 이 영광스러움을 생각한다면 어찌 분열할 수가 있느냐는 뜻입니다.

하나님의 성전을 더럽히면

① 그런데 여기에는 영광만 있는 것이 아니라 그에 상응하는 책임이 따르는 것입니다. "너희가 하나님의 성전이라" 한 16절이 교회의 영광스러움을 말씀하는 것이라면, "누구든지 하나님의 성전을 더럽히면 하나님이 그 사람을 멸하시리라" 한 17절은 교회의 책임을 말씀함입니다. 그러면 어떻게 하는 것이 "하나님의 성전을 더럽히는" 것인가? 성전을 더럽히는 여러 문제 중에서 첫째로 "분쟁"을 꼽고 있습니다.

② 이점에서 조심성 있게, 그러나 단호하게 집고 넘어가야 할 점은 "누구든지 하나님의 성전을 더럽히면" 한, "누구든지"는 "누구들"을 염

두에 두고 한 말씀이냐는 점입니다. 그것은 본문 그대로 "누구든지"입니다. 즉 성도들과 지도자 모두를 염두에 두고 한 말씀입니다. 성도들의 입장에서는 사람을 따라 행하여 "분열"을 한다면, 지도자들의 입장에서는 집을 "세우기를 조심" 없이 한다면, 이는 모두가 "하나님의 성전을 더럽히는" 결과를 가져오게 되는 것입니다. 그렇다해도 문맥적으로 보면 무게는 지도자 편으로 쏠리고 있다 하겠습니다. 이 대목에서는 "자기는 구원을 얻되"(15) 하고 말씀하는 것이 아니라, "그 사람을 멸하시리라"(17) 하고 단호합니다. 이것이 하나님의 엄위(롬 11:22)입니다. 광야교회 때 제사장 나답과 아비후가 "여호와의 명하시지 않은 다른 불을 담아 여호와 앞에 분향"(레 10:1)하다가 불에 삼킨 바 된 것이 그 하나의 예라 하겠습니다.

③ 그러므로 경각심을 갖기 위해서 다시 한번 우리에게 주신 예표를 말씀드려야만 하겠습니다. 출애굽기 39-40장에는 "명하신 대로하였더라"는 말씀이 18번이나 반복적으로 강조되어 있습니다. 만일 명하신 대로하지 않았다면 이는 "하나님의 성막을 더럽힌 것"이 되었을 것입니다. 그래도 "여호와의 영광이 성막에 충만"했을 것인가? 바울은 지금 이 말씀을 하고 있는 셈입니다. 주님은 "그 날에 많은 사람이 나더러 이르되 주여 주여 우리가 주의 이름으로 선지자 노릇하며 주의 이름으로 귀신을 좇아내며 주의 이름으로 많은 권능을 행치 아니하였나이까 하리니 그 때에 내가 저희에게 밝히 말하되 불법을 행하는 자들아 내게서 떠나가라 하리라"(마 7:22-23) 하십니다.

④ 이렇게 경고한 후에, "아무도 자기를 속이지 말라"(18상) 합니다. 이제 바울은 마무리 말씀을 하고 있는 것입니다. 어떻게 하는 것이 자기를 속이는 것인가? 바울은 갈라디아서에서 "만일 누가 아무것도 되지 못하고 된 줄로 생각하면 스스로 속임이니라"(갈 6:3) 합니다. 그런가하면 "내가 이것을 말함은 아무도 공교한 말로 너희를 속이지 못하게

하려 함이니"(골 2:4) 하고 말씀하기도 합니다. 그러니까 거짓된 인간은 "속이기도 하고 속기도 한다"(딤후 3:13)는 것입니다. 스스로 자신을 속이지만 않는 다면, 누구도 그를 속일 수는 없을 것입니다. 그런데 고린도 성도들은 자신들이 지혜로운 줄로, 신령한 줄로 자기에게 속고 있었다는 것이 됩니다. 그래서 "너희 중에 누구든지 이 세상에서 지혜 있는 줄로 생각하거든 미련한 자가 되어라 그리하여야 지혜로운 자가 되리라"(18) 하는 것입니다.

⑤ "그런즉 누구든지 사람을 자랑하지 말라"(21상) 합니다. 이는 "그런즉 아볼로는 무엇이며 바울은 무엇이뇨"(5) 한 말씀과 결부됩니다. "만물이 다 너희 것임이라"(21하) 합니다. 어찌하여 갑자기 "만물이 다 너희 것"이라 하는가? 고린도 형제들이 우물 안 개구리들처럼 나는 바울 파다, 나는 아볼로 파다, 나는 게바 파다" 하고 복작거리고 있기 때문입니다. 그들을 향해서 이렇게 말씀하고 있는 셈입니다. 바울만이 아니라 "아볼로도, 게바도" 네 것이다. "생명에서부터 사망까지, 지금 것이나 장래 것이나" 그 안에 들어 있는 모든 것이 "다 너희의 것이요"(22), "만물이 다 네 것이다" 하는 것입니다.

⑥ 바울은 여기서 멈추는 것이 아니라, ㉠ "너희는 그리스도의 것이요", ㉡ "그리스도는 하나님의 것이니라"(23) 하고 "하나님"으로 총 결론을 맺고 있습니다. 여기서 아리우스처럼 "성자의 종속설"을 들고 나오는 것은 어리석은 짓입니다. "하나님의 뜻"(1:1)으로 시작한 바울은, "하나님의 것"으로 마치고 있을 뿐입니다. 이는 일종의 송영이라 할 수가 있습니다. 이점을 로마서에서는 "이는 만물이 주에게서 나오고 주로 말미암고 주에게로 돌아감이라 영광이 그에게 세세에 있으리로다 아멘"(롬 11:36) 하고 영광스러운 교리 편을 마치고 있음과 같은 것입니다. 바울의 안목은 우주적인데 고린도 성도들의 시야는 근시안적이었던 것입니다. 이 말씀을 듣고는 얼마나 부끄러워했을 것인가?

⑦ 이제 묵상해보십시다.

㉠ 나는 신령한 자인가? 아니면 육신에 속한 자인가?

㉡ 하나님의 집을 "금, 은, 보석"으로 세우고 있는가? 아니면 "나무, 풀, 짚"으로 세우고 있는가?

㉢ 어떻게 해서 하나님의 성전이 되는 것이 가능하여졌는가를 망각하고 있지는 아니한가?

고린도전서 4장 개관도표

주제 : 아비가 자녀에게 하는 권면의 말씀

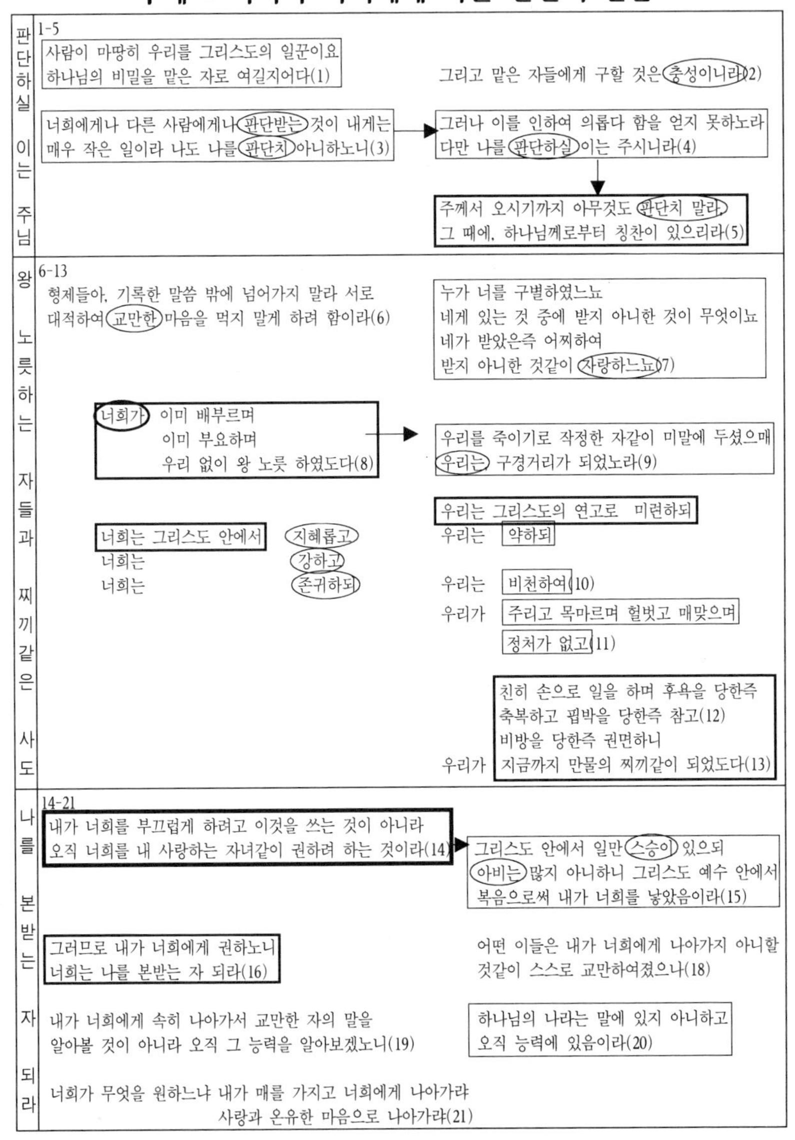

아비가 자녀에게 하는 권면의 말씀

> [14-15]내가 너희를 부끄럽게 하려고 이것을 쓰는 것이 아니라 오직 너희를 내 사랑하는 자녀같이 권하려 하는 것이라. 그리스도 안에서 일만 스승이 있으되 아비는 많지 아니하니 그리스도 예수 안에서 복음으로써 내가 너희를 낳았음이라.

4장의 중심점은 "성도는 왕 노릇, 주의 종은 찌끼"같이 되었다는데 있습니다. 본 장에는 바울의 고뇌와 인간적인 외로움 같은 것이 진실한 모습 그대로 표출되고 있는 귀중한 자료입니다. 통상적으로 1:10절부터 4장까지를 "분쟁"이라는 주제로 분류하나, 분쟁문제는 "너희는 그리스도의 것이요 그리스도는 하나님의 것이니라"(3:23) 한 3장으로 대단원(大團圓)을 내리고, 5장부터는 교회 내의 도덕적인 문제를 다루는 구도입니다. 그런데 그 사이에 4장이 끼어있는데, 자신과 고린도 성도들를 "아비와 자녀"관계로 진술하면서 자신의 심정을 숨김없이 쏟아놓고 있는 것입니다. "내가 너희를 부끄럽게 하려고 이것을 쓰는 것이 아니라 오직 너희를 내 사랑하는 자녀같이 권하려 하는 것"(14)이라 말씀합니다. 그러므로 본 장을 상고하노라면 불효 막심한 자식을 희생적으로 사랑하는 부모의 진실한 모습이 눈물겹도록 그려져 있습니다. 이러쿵저러쿵 하는 저들을 향해 "판단치 말라, 판단하실 이는 주시니라"(첫째 단원) 합니다. 둘째 단원에서는 "왕 노릇 하는 성도와, 찌끼같이 된 사도"가 대조되어 있습니다. 그러나 바울은 "너희는 나를 본받는 자 되라"(셋째 단원) 하고 자세를 흐트러뜨림이 없이 끝까지 사랑을 합니다.

첫째 단원(1-5) **판단하실 이는 주시니라**
둘째 단원(6-13) **왕 노릇 하는 성도와 찌끼같이 된 사도**
셋째 단원(14-21) **너희는 나를 본받는 자 되라**

첫째 단원(1-5) 판단하실 이는 주시니라

"사람이 마땅히 우리를 그리스도의 일군이요 하나님의 비밀을 맡은 자로 여길지어다"(1).

① 첫째 단원의 핵심적인 주제는 "판단"(判斷)입니다. 5절 안에 4번이나 등장합니다. 먼저 바울은 "우리를 그리스도의 일군"으로 여기라고 말씀합니다. 여기서 말하는 "우리"는, "바울, 아볼로, 게바" 등 지도자들을 가리킵니다. 이렇게 말씀하는 의도가 무엇인가? "그리스도의 일군들"을 "판단치 말라"(5)는 말씀을 하기 위해서입니다. 고린도 성도들은 목회자들을 비교하여 이러쿵저러쿵 판단하면서 그에 따라 분열을 했기 때문입니다. 그러면 판단하실 이는 누구인가? "나를 판단하실 이는 주인 되시는 주시니라"(4하) 합니다.

② 바울은 자신을, "하나님의 비밀을 맡은 자"(1하)라고 말씀합니다.

"하나님의 비밀"이란 복음을 가리키는 데, 여기서의 강조점은 복음에 있는 것이 아니라 "맡은 자"라는 일군에 있습니다. 주님은 "축성되고 지혜 있는 종이 되어 주인에게 그 집 사람을 맡아 때를 따라 양식을 나눠 줄 자가 누구뇨 주인이 올 때에 그 종의 이렇게 하는 것을 보면 그 종이 복이 있으리로다"(마 24:45-46) 하고 말씀하셨습니다. 이를 알았기에, "그리고 맡은 자들에게 구할 것은 충성이니라"(2) 하는 것입니다. 이렇게 말하고 있는 셈입니다. "나는 그리스도의 일군, 하나님의 비밀을 맡은 자로 충성을 다하고 있는 것이지, 사람에게 평가받기 위해서 일을 하고 있는 것이 아니다".

③ 그러므로, "너희에게나 다른 사람에게나 판단 받는 것이 내게는 매우 작은 일이라"(3상) 합니다. 이렇게 말씀함은 고린도교회 내에 바울을 "힐문하는 자들"(9:3)이 있었다는 것이 됩니다. "매우 작다"는 말은 대수롭지 않게 여긴다는 뜻인데, 저들을 무시한다는 것과는 다른 것입니다. 이는 상대적으로 한 말인데 그렇다면 누구를 "매우 큰 일"로 여기고 있다는 말인가? 자신을 일군으로 불러주신 "주님"입니다. "이는 우리가 다 반드시 그리스도의 심판대 앞에 드러나 각각 선악간에 그 몸으로 행한 것을 따라 받을 것"을 확신하고 있는 자라면, 그리하여 "우리가 주의 두려우심을 알므로 사람을 권하노니"(고후 5:10-11) 하고 권면하는 자라면 사람들이 자신을 어떻게 판단할까 하는 것쯤은 "매우 작은 일"로 여기게 될 것이 분명합니다.

④ "나도 나를 판단치 아니하노라"(3하) 합니다. 이는 가히 달관자(達觀者)의 말이라 할 수가 있습니다. 목회자는 두 방면의 판단에 시달리기가 쉽습니다. 첫째는, "사람들"의 판단에 시달립니다. 그래서 사람이 나를 어떻게 평가할까 눈치를 보며, 변명을 하고, 외식을 하기도 하는 것입니다. 둘째는, 자신의 판단, 즉 자책감(自責感)에 시달리게 됩니다. 그리고 경험적으로 볼 때 자책감에 빠지는 것이 더욱 견디기 어려운

것입니다. 그런데 바울은, "내가 자책할 아무 것도 깨닫지 못하나"(4상) 합니다. 이는 교만의 말이 아니라, 매사에 자책할 여지를 남겨둠이 없이 최선을 다 한 자의 말입니다. 바울은 옥중서신에서, "이를 위하여 나도 내 속에서 능력으로 역사하시는 자의 역사를 따라 힘을 다하여 수고하노라"(골 1:29) 하고 전심전력을 다 하고 있다고 말씀합니다. "그러나 이를 인하여 의롭다 함을 얻지 못하노라" 하고 겸비를 나타냅니다. 이렇게 말할 수 있는 목회자는 자유할 수가 있을 것입니다. 참으로 충성스런 목회자라 할 것입니다.

⑤ 5절은 본 단원의 결론인데, ㉠ "그러므로 때가 이르기 전 곧 주께서 오시기까지 아무것도 판단치 말라" 합니다. 그 때에는 모든 것이 벌거벗은 것같이 드러나게 될 것이기 때문입니다. 바울은 로마서에서도 "판단하지 말라" 하면서, "남의 하인을 판단하는 너는 누구뇨 그 섰는 것이나 넘어지는 것이 제 주인에게 있으매 저가 세움을 받으리니"(롬 14:3-4) 합니다. ㉡ "그가 어두움에 감추인 것들을 드러내고 마음의 뜻을 나타내시리니"(5중) 합니다. "지으신 것이 하나라도 그 앞에 나타나지 않음이 없고 오직 만물이 우리를 상관하시는 자의 눈앞에 벌거벗은 것같이 드러나느니라"(히 4:13)는 뜻입니다. ㉢ "그 때에 각 사람에게 하나님께로부터 칭찬이 있으리라"(5하) 합니다. 바울의 시선은 "주께서 오시는, 그 때", 그 날을 응시하고 있는 것입니다.

⑥ 이제 생각해보아야만 하겠습니다. 인구(人口), 즉 입이 모인 곳에는 말이 많기 마련입니다. 무슨 말을 하게 되는가? "예단(豫斷), 판단(判斷), 정죄(定罪)"하는 말입니다. 그런데 바울은 마지막 말을 "하나님께로부터 칭찬이 있으리라" 하고, 심판이 아니라 "칭찬"으로 마치고 있음은 유념해야할 점입니다. 이는 의도적으로 여겨집니다. "판단하지 말고, 칭찬을 하라"는 뜻으로 다가오기 때문입니다. 동역자들이여, 우리도 하나님 두려운 줄을 알고 매사에 최선을 다 하노라면, "너희에게나

다른 사람에게나 판단 받는 것이 내게는 매우 작은 일이라 나도 나를 판단치 아니하노니"(3) 하고, 강박관념에서 자유로울 수가 있을 것입니다.

둘째 단원(6-13) 왕 노릇 하는 성도와 찌끼같이 된 사도

"우리는 그리스도의 연고로 미련하되 너희는 그리스도의 안에서 지혜롭고 우리는 약하되 너희는 강하고 너희는 존귀하되 우리는 비천하여"(10).

① 둘째 단원의 핵심적인 말씀은 "교만(6)과, 자랑"(7)입니다. 고린도 성도들은 자신들이 지혜 있는 자, 신령한 자인 양 자랑했고 교만하였던 것입니다. 바울은 이를 시정해주기 위해서, "나와 아볼로를 가지고 본을 보였으니"(6상) 합니다. 이 대목에서 아볼로를 거명(擧名)하는 것으로 보아 고린도교회가 분열하게 된 배경에는 아볼로로 말미암은 영향이 있었던 것으로 여겨집니다. 사도행전 18:27-28절에 의하면 아볼로가 고린도에, "가매 은혜로 말미암아 믿는 자들에게 많은 유익을 주니 이는 성경으로써 예수는 그리스도라고 증거하여 공중 앞에서 유력하게 유대인의 말을 이김일러라" 합니다. 아볼로는 "학문이 많고 성경에 능한 자라"(행 18:24) 합니다. 아볼로의 웅변적인 설교를 듣게 되자, 바울의 말과 비교하여 "말이 시원치 않다"(고후 10:10) 하고 판단하면서, 아볼로 줄과, 바울 줄로 갈라지게 되었던 모양입니다.

② 그러나 "본을 보였다"는 말은, 바울과 아볼로가 경쟁관계에 있었던 것이 아니라, 좋은 동역관계(3:9)에 있었음을 말씀해줍니다. "이는 너희로 기록한 말씀 밖에 넘어가지 말라 한 것을 우리에게 배우게"(6중) 하기 위해서라고 말씀하는데, "기록한 말씀(성경)을 넘어가지" 않

는다는 것이 중요합니다. 바울과 아볼로는 동역관계에 있었지만 사명과 은사에 있어서는 달랐음이 분명합니다. 그런데 주께서 맡겨주신 상호간의 경계를 "넘어가지" 않고 지킴으로 동역관계를 유지해나갔던 것입니다. 이런 점이 마지막 장에 나타나는데, 고린도 성도들은 아볼로 보기를 간절히 원했던 것으로 여겨집니다. 그리하여 바울도 그에게 갈 것을 "내가 많이 권하되 지금은 갈 뜻이 일절 없으나 기회가 있으면 가리라" (16:12) 하는 것입니다. 그런 바울과 아볼로를 마치 경쟁관계에 있는 양 판단한다면 이는 "교만"하기 때문이라는 것입니다. "넘어가지 말라"는 권면은 로마교회를 향해서도, "내게 주신 은혜로 말미암아 너희 중 각 사람에게 말하노니 마땅히 생각할 그 이상의 생각을 품지 말고 오직 하나님께서 각 사람에게 나눠주신 믿음의 분량대로 지혜롭게 생각하라" (롬 12:3) 합니다.

③ 7-13절은 바울의 마음에 쌓여서 응어리가 되었던 말을 비로소 털어놓는 내용입니다.

㉠ "누가 너를 구별하였느뇨" 합니다. 우리를 부르셔서 성도로 "구별"하여주신 분은 하나님이십니다.

㉡ "네게 있는 것 중에 받지 아니한 것이 무엇이뇨", 하나님께로 나지 않은 것이 있으면 말해보라는 것입니다. 저들에게 있는 모든 것이 "하나님이 주신 은혜"(1:4)라는 것입니다.

㉢ "네가 받았은즉 어찌하여 받지 아니한 것같이 자랑하느뇨"(7), 마치 "나의 나된 것은" 내가 잘나서 된 것인 양 자랑한단 말이냐?

④ "너희가",

㉠ "이미 배부르며,

㉡ 이미 부요하며,

㉢ 우리 없이 왕 노릇하였도다"(8상) 합니다. 8절에는 "왕 노릇"이라는 말이 세 번 등장하는데, 첫 번째 "왕 노릇"은 그 의미가 전연 다른

것입니다. "교만"이 상투 끝까지 올라간 상태를 가리킵니다. "왕 노릇" 할 날이 옵니다. 그래서 "우리가 너희와 함께 왕 노릇하기 위하여 참으로 너희의 왕 노릇하기를 원하노라(8하) 하는 것입니다. 그러나 지금은 "그리스도의 "종노릇"할 때입니다.

⑤ "내가 생각건대 하나님이 사도인 우리를",

㉠ 죽이기로 작정한 자 같이 미말에 두셨으매,

㉡ 우리는 세계 곧 천사와 사람에게 구경거리가 되었노라(9) 합니다.

⑥ ㉠ 우리는 그리스도의 연고로 미련하되, 너희는 그리스도 안에서 지혜롭고,

㉡ 우리는 약하되, 너희는 강하고,

너희는 존귀하되

㉢ 우리는 비천하여(10) 바로 이 시간까지,

㉣ 우리가 주리고 목마르며 헐벗고 매 맞으며 정처가 없고(11), 또 수고하여 친히 손으로 일을 하며 후욕을 당한즉 축복하고 핍박을 당한즉 참고(12),

비방을 당한즉 권면하니

㉤ 우리가 지금까지 세상의 더러운 것과 만물의 찌끼같이 되었도다(13) 합니다.

⑦ 10-13절을 해석하는 키워드는 "그리스도의 연고로, 그리스도 안에서"(10) 라는 말씀입니다. "하나님의 사도"가 어찌하여 이처럼 "만물의 찌끼같이" 되었단 말인가? 이유는 단 한 가지 "그리스도의 연고" 때문이라는 것입니다. 반면 고린도 인들이 어떻게 해서 그토록 "존귀하게" 되는 것이 가능해졌단 말인가? 오직 한 가지 "그리스도 안에서" 라는 것입니다.

그리스도의 연고와, 그리스도 안에서

① 바울은 옥중서신에서 "그러나 무엇이든지 내게 유익하던 것을 내가 그리스도를 위하여 다 해로 여길뿐더러 또한 모든 것을 해로 여김은 내 주 그리스도 예수를 아는 지식이 가장 고상함을 인함이라 내가 그를 위하여 모든 것을 잃어버리고 배설물"(빌 3:7-8)로 여긴다고 말씀합니다. 바울은 유능한 인물이었습니다. 그러나 이 모든 것을 던져버리고 부르심을 좇아 떠났던 것입니다. 이렇게 한 구약시대 대표자를 꼽는다면 모세일 것입니다. 성경은 말씀합니다. "믿음으로 모세는 장성하여 바로의 공주의 아들이라 칭함을 거절하고 도리어 하나님의 백성과 함께 고난 받기를 잠시 죄악의 낙을 누리는 것보다 더 좋아하고 그리스도를 위하여 받는 능욕을 애굽의 모든 보화보다 더 큰 재물로 여겼다"(히 11:24-26)고 말씀합니다.

② 이제 생각해보십시다. "왕 노릇" 하는 목회자들이 있는가 하면, 이제도 어느 구석에서 이처럼 만물의 찌끼 같은 길을 가고 있는 목회자가 있을 것입니다. 그 분을 만나보고 싶습니다. 만나서 이 말씀을 전해드리고 싶습니다.

찬송하리로다 그는 우리 주 예수 그리스도의 하나님이시요,
자비의 아버지시오 모든 위로의 하나님이시며,
우리의 모든 환난 중에서 우리를 위로하사
우리로 하여금 하나님께 받는 위로로써
모든 환난 중에 있는 자들을 능히 위로하게 하시는 이시로다
그리스도의 고난이 우리에게 넘친 것같이
우리의 위로도 그리스도로 말미암아 넘치는 도다(고후 1:3-5).

셋째 단원(14-21) **너희는 나를 본받는 자 되라**

"그러므로 내가 너희를 권하노니 너희는 나를 본받는 자 되라"(16).

① 셋째 단원의 중심점은 "자녀(14)와, 아비"(15)라는 관계 속에 나타납니다. 바울은 이제까지 고린도 성도들을, "형제들아"(1:10, 26, 2:1, 3:1, 4:6) 하고 불렀습니다. 이후에도 그렇게 부르고 있습니다. 그런데 고린도전서를 통해서 여기서 한 번, "내 사랑하는 자녀"(14)라는 호칭을 사용하고 있습니다. 후서에서도 한 번, "내가 자녀에게 말하듯 하노니 보답하는 양으로 너희도 마음을 넓히라"(고후 6:13) 합니다. 두 번 모두가 저들로 인하여 괴로워하면서 간절한 사랑을 나타낼 때입니다.

② "사랑하는 자녀"라 말함은 "그리스도 예수 안에서 복음으로써 내가 너희를 낳았다"(15하)는 말씀을 하기 위해서입니다. 15절에 "스승과, 아비"가 등장합니다. "스승"은 양육하는 자고, "아비"란 낳은 자입니다. 이는 고린도교회의 개척자라는 단순한 뜻이 아닙니다. 지금 한국에 천만을 헤아리는 그리스도인들이 있다고 합니다. 그들이 어느 교회에 출석하고 있는가를 말씀하는 것이 아닙니다. 중요한 것은 그들에게 복음을 전해주어서 거듭나도록 해준 전도자가 누구인가를 말씀하는 것입니다. 그 "아비"는 한 사람뿐이라는 말씀입니다.

③ 바울은 "일만 스승이 있으되 아비는 많지 아니하다"고 말씀합니다. 이제도 더욱 그러합니다. 형제는 스승입니까? 아비입니까? 여기에 "우선순위와, 완급"(緩急)이 있습니다 바울은 "스승과, 아비" 외에도, "터를 닦는 자와, 세우는 자", "심는 자와, 물을 주는 자"를 구별하여 말씀합니다. ㉠ 우선순위가 무엇인가 하는 점은 분명해집니다. "심는 것, 터를 닦는 것, 낳는 것"입니다. ㉡ 어느 편이 보다 화급(火急)한 일인가도 분명합니다. 싹이 나야, 태어나야, 물도 주고 양육할 것이 아닌가? ㉢ 어느 일을 하고 있는 자가 많은 가도 분명해집니다. 오늘의 성도들은 스

승만 있고 아비는 만나기가 쉽지 않은 시대를 살아가고 있습니다.

아비는 한 사람뿐이다

① 복음으로써 내가 너희를 낳은 "아비"가 맞는다면, "그러므로 내가 너희를 권하노니 너희는 나를 본받는 자 되라"(16) 합니다. 어찌하여 바울은 나를 본받는 자 되라 하는가? 아비와 자녀의 관계는 닮음의 관계입니다. 그런데 궁극적인 "본"은 바울이 아닙니다. "나를 본 받으라" 말할 수 있는 것은, "내가 그리스도를 본 받는 자"(11:1)이기 때문에, "너희는 나를 본 받는 자 되라" 하는 것입니다. 그러므로 궁극적으로 본받아야 할 분은, "사랑을 입은 자녀같이 너희는 하나님을 본받는 자 되라"(엡 5:1)는 말씀이 되는 것입니다.

② 그런데 복음으로 태어날 때에는 그토록 어여쁘던 고린도의 자녀들이 5년이 지난 지금은 어떤 모습으로 변하고 말았는가? "너희가 이미 배부르며 이미 부요하며 우리 없이 왕 노릇 하였도다"(8) 합니다. 그들을 향하여 "나를 본 받는 자 되라" 함은, 바울을 통해서 태어났음에도 도무지 닮지 않은 모습을 하고 있기 때문이 아니겠습니까? 너희가 도대체 누구를 닮았단 말이냐, 묻고 있는 셈입니다. 하나님은 이사야 선지자를 통해서, "내가 자식을 양육하였거늘 그들이 나를 거역하였도다 소는 그 임자를 알고 나귀는 주인의 구유를 알건마는 이스라엘은 알지 못하고 나의 백성은 깨닫지 못하는도다"(사 1:2-3) 하고 탄식하십니다. 예레미야 선지자를 통해서는, "내 산업(백성)이 삼림 중의 사자같이 되어서 나를 향하여 그 소리를 발한다"(렘 12:8), 즉 으르렁거리며 덤벼들고 있다고 말씀합니다.

③ 바울은 디모데를 보내면서 저가, "나의 행사 곧 내가 각처 각 교회에서 가르치는 것을 생각나게 하리라"(17) 합니다. 이는 앞 절의 "나를

본받는 자 되라"는 것과 결부되는 말씀입니다. 바울은 자신이 어떻게 본이 되는 삶을 살고 있는가를 자신의 입으로 구차하게 설명하려 하지 않고 디모데의 입을 통해서 듣게 되기를 원했던 것입니다. "각처 각 교회"라 말함은 "우물 안 물고기" 같이 행동하는 고린도 성도들의 시야를 넓혀주기 위한 의도이기도 합니다. 바울은 이렇게 말하고 있는 셈입니다. "내가 복음으로써 낳은 자녀들은 너희뿐만이 아니다. 각처 각 교회가 어떻게 나를 본받는 자 되고 있는지 디모데를 통해서 듣게 될 것이다."

④ "어떤 이들은 내가 너희에게 나아가지 아니할 것같이 스스로 교만하여졌으나"(18) 합니다. 이로 보건대 일부 교만한 자는 바울이 마치 패퇴(敗退)한 장수인 양 고린도에 다시는 오지 못할 것이라 말하면서 기고만장했던 모양입니다. "그러나 주께서 허락하시면 내가 너희에게 속히 나아가서 교만한 자의 말을 알아볼 것이 아니라 그 능력을 알아보겠노니 하나님의 나라는 말에 있지 아니하고 오직 능력에 있음이라"(19-20) 합니다. "능력과, 말"이 대조가 되어 있는데, 고린도에 가서 기사이적을 보여주겠다는 그런 뜻이 아닙니다. "지혜의 권하는 말로 하지 아니하고 다만 성령의 나타남과 능력으로 하였다"(2:4)는 것이 바울의 일관된 전도관(傳道觀)입니다. 이는 복음의 능력, 말씀의 권위를 의미합니다. "그러나 주께서 허락하시면", 기사와 이적이 수반될 수도 있는 것입니다.

⑤ "너희가 무엇을 원하느냐 내가 매를 가지고 너희에게 나아가랴 사랑과 온유한 마음으로 나아가랴"(21). 바울은 후서에서, "내가 갈 때에 너희를 나의 원하는 것과 같이 보지 못하고 또 내가 너희에게 너희의 원치 않는 것과 같이 보일까 두려워"(고후 12:20) 한다고 말씀합니다. 물론 "사랑과 온유한 마음"으로 나아가게 되기를 원하지만, "매"를 가지고 나아가게 된다하여도 그것은, "아비가 자식에게 가하는 사랑의 매"

임에 분명합니다.

⑥ 이제 묵상해보십시다.

㉠ 하나님의 아들을 십자가에 못을 박은 이 땅에서 "이미 배부르며 이미 부요하며 왕 노릇하고 있는 것"은 아닌지?

㉡ 나는 아비인가? 아니면 스승인가?

㉢ "너희는 나를 본 받는 자 되라" 하고 말할 수 있는 삶을 살아가고 있는지?

고린도전서 5장 개관도표

주제 : 유월절 양 그리스도와 묵은 누룩

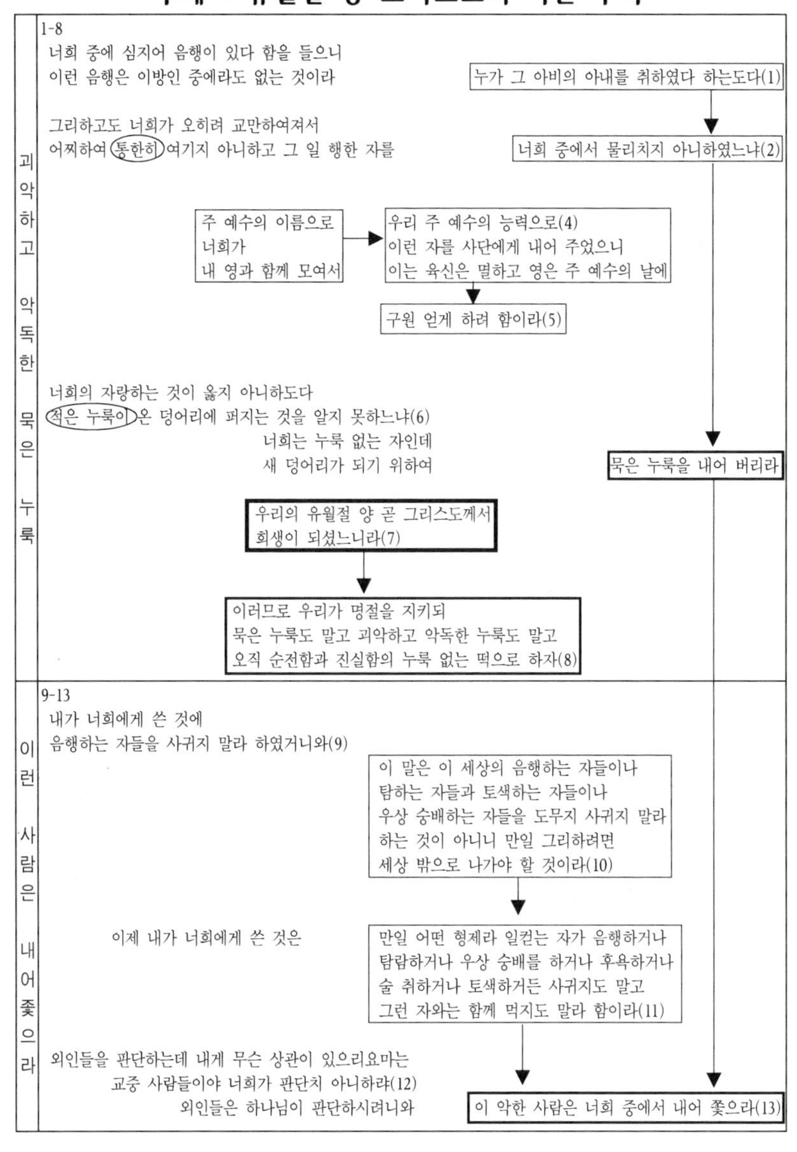

5장

유월절 양 그리스도와 묵은 누룩

[7]너희는 누룩 없는 자인데 새 덩어리가 되기 위하여 묵은 누룩을 내어 버리라 우리의 유월절 양 곧 그리스도께서 희생이 되셨느니라.

5-6장은 교회 내의 도덕적인 문제를 다루는 내용입니다. 5장에서 다루고 있는 문제는 "음행"입니다. 그런데 핵심은 "유월절 양"에 있음을 간과해서는 아니 됩니다. 바울은 "외인"(外人)의 음행문제를 다루고 있는 것이 아니라, "교중(敎中) 사람들"(12)을 다루고 있기 때문입니다. 어찌하여 그리스도인들은 음행을 해서는 아니 되는가? "우리의 유월절 양 그리스도께서 희생"(7)이 되셨기 때문이라는 것입니다. 도표 오른편을 보십시오. "묵은 누룩을 내어 버리라, 이 악한 사람은 너희 중에서 내어 좇으라" 합니다. 이를 두 단원으로 나누어 상고하겠습니다.

첫째 단원(1-8) **괴악하고 악독한 묵은 누룩**

둘째 단원(9-13) **이런 사람은 내어 쫓으라**

첫째 단원(1-8) **괴악하고 악독한 묵은 누룩**

"너희 중에 심지어 음행이 있다 함을 들으니 이런 음행은 이방인 중에라도 없는 것이라 누가 그 아비의 아내를 취하였다 하는도다"(1).

① 첫째 단원의 문제는 고린도교회 교인 중 어떤 자가 서모와 간통을 한 "음행" 사건입니다. ㉠ "이런 음행은 이방인 중에도 없는 것이라"(1하) 합니다. 우선적으로 주목을 끄는 점은, "이방인"이라는 말입니다. 본래 고린도 사람들은 "이방인들"입니다. 그런데 그들을 향해서 "이런 음행은 이방인 중에라도 없는 것이라" 하고 말하고 있다면, 고린도 성도들은 더 이상 이방인들이 아니라는 뜻이 되기 때문입니다. 그렇습니다. 전에는 "육체로 이방인이요 손으로 육체에 행한 할례당이라 칭하는 자들에게 무할례당이라 칭하는 자들"(엡 2:11)이었습니다. 그러나 "이제부터 너희가 외인도 아니요 손도 아니요 오직 성도들과 동일한 시민이요 하나님의 권속이라"(엡 2:19) 합니다. 그렇다면 하나님의 가문의 명예에 합당한 행동을 해야 하는 것입니다. 그런데 이방인 중에도 없는 수치스러운 일이 교회 내에서 벌어지다니!

② 그러므로 바울은 이 문제를 법정에서처럼 "법"(法)으로 다스리는 것이 아니라, "유월절 양 곧 그리스도께서 희생이 되셨느니라"(7하) 하고, 복음에 입각해서 다루고 있음을 주목해야만 합니다. 그냥 "유월절 양"이 아니라, ㉠ "유월절 양 = 곧 그리스도"라고 말씀합니다. 그리고 ㉡ "희생이 되셨느니라", 즉 죽임을 당하셨다고 말씀합니다. 누구를 위해서인가? 이방인들로 구성된 고린도 성도들에게, ㉢ "우리의 유월절 양"이라 말씀합니다. 더 이상 유대인들의 유월절 양이 아닙니다. "우리

의 유월절 양", 다시 말하면 "너희를 위하여 죽어주셨다"고 말씀하는 것입니다. 그렇다면 어떠한 삶을 살아야만 마땅한가는 자명해집니다.

③ 이 대목에서 "유월절 양"을 거론하는 의도가 무엇인가? "누룩"이라는 말씀을 하기 위해서입니다. 6-8절 안에 "누룩"이라는 말이 6번(6, 7, 7, 8, 8, 8)이나 등장합니다. 출애굽기 12장에 "유월절 양의 희생"이 등장하는데 하나님께서 유월절 규례를, "너희는 칠 일 동안 무교병을 먹을지니 그 첫날에 누룩을 너희 집에서 제하라 무릇 첫날부터 칠 일까지 유교병을 먹는 자는 이스라엘에서 끊쳐지리라"(출 12:15) 하고 명하셨던 것입니다. 고린도 성도들은 이것이 무엇을 의미하는가를 바울로부터 배워서 알고 있었습니다. 그러므로 여기서는 설명은 하지 않고 다만 상기시키고 있을 뿐입니다.

④ "너희는 누룩 없는 자인데"(7상) 합니다. 이는 저들에게 흠이 없다는 뜻이 아닙니다. 여기서 말하는 "너희"는 "그리스도 예수 안에서 거룩하여지고 성도라 부르심을 입은 자들"(1:2), 곧 "하나님의 교회"를 의미합니다. ㉠ "거룩한 무리"를 의미하는 성도(聖徒)란 하나님에 의하여 구별(區別)이 되었다는 뜻입니다. 그래서 누룩이 없는 자라 말씀하는 것입니다. 그런데 고린도에 있는 하나님의 교회에 "누룩"이 침투한 것입니다. 바울은 이를 가리켜, ㉡ "묵은 누룩(7-8), 괴악하고 악독한 누룩"(8)이라고 부르고 있습니다. 어찌하여 "묵은 누룩"인가? 이것이 고린도인들이 전에 행하던 "구습"(엡 4:22)이었기 때문입니다. "묵은 누룩"이라 말하는 바울은 "르우벤이 서모 빌하와 통간"(창 35:22)한 고사(古事)를 생각했을지도 모릅니다. 타락한 인간의 심성에는 "만물보다 거짓 되고 심히 부패한"(렘 17:9) 묵은 누룩이 남아 있는 것입니다.

⑤ "그리하고도 너희가 오히려 교만하여져서 어찌하여 통한이 여기지 아니하고 그 일 행한 자를 너희 중에서 물리치지 아니하였느냐"(2) 하고 책망합니다. 바울은 이 사건을 개인문제로 보고 있지 아니합니다.

교회라는 공동체에서 일어난 교회 전체의 문제로 간주하고 있는 것입니다. 이것이 하나님의 관점이기도 합니다. 그 대표적인 예가 "아간" 사건입니다. 그럼에도 불구하고 통한이 여기지 아니할 뿐만이 아니라, 지혜있는 자, 신령한 자로 자처하고 있다니, 그래서 "교만하여졌다"고 말씀하는 것입니다. "너희의 자랑하는 것이 옳지 아니하도다 적은 누룩이 온 덩어리에 퍼지는 것을 알지 못하느냐"(6) 하고 책망합니다.

적은 누룩이 온 덩어리에 퍼짐

① 3-5절은 이에 대한 징계의 내용입니다. 그런데 문제는 5절입니다. ㉠ "사단에게 내어주었다"는 것이 무엇을 뜻하는 것인지, ㉡ "육신은 멸하고" 라는 뜻이 죽음을 의미하는 것인지 분명치 않다는데 있습니다. 고린도 성도들은 알아들었을 터인데, 시대적인 차이, 문화적인 변천으로 인하여 우리들은 이해에 어려움을 겪게 되는 것입니다. 이럴 경우, 분명한데서 불분명한 것으로, 중요한 것에서 덜 중요한 것으로 살펴보아야 하는 것이 해석의 원리입니다.

② 분명한 것은, ㉠ "이 일 행한 자를 너희 중에서 물리치지 아니하였느냐(2), 이 악한 사람은 너희 중에서 내어 쫓으라"(13하) 하는 명입니다. 그래야만 적은 누룩이 온 덩어리에 퍼지지 않게 되기 때문입니다. 그렇다면, ㉡ 사탄에게 내어주었다는 말은 "내어쫓음", 즉 출교를 가리킨다고 볼 수가 있습니다. 사탄에게 내어주었다는 말이 디모데전서 1:20절에서도 등장하는데, "내가 사단에게 내어준 것은 저희로 징계를 받아 훼방치 말게 하려 함이니라" 합니다.

③ 그렇다면, ㉡ "육신은 멸하고"는 무슨 뜻일까? "음행"은 육신의 소행입니다. "육체의 소욕"(갈 5:17)은 북돋을 것이 아니라 "멸해야"할 대상입니다. 바울까지도 "내가 내 몸을 쳐 복종하게 한다"(9:27)고 말씀

합니다. 그런데 음행을 범한 자는 자신의 몸을 쳐서 복종케 하지를 못하고 도리어 종노릇한 자입니다. 그렇다면 징계를 통해서라도 육체의 소욕을 멸하게 해야하지 않겠는가? 로마서 6:6절은, "죄의 몸을 멸하여 다시는 우리가 죄에게 종노릇하지 아니하려 함이니" 합니다. 육신의 소욕을 스스로 쳐 복종시키지 못하는 사람은 징계라는 타의에 의해서라도 제재를 해야한다는 뜻으로 여겨집니다.

④ "주 예수의 이름으로 너희가 내 영과 함께 모여서 우리 주 예수의 능력으로 이런 자를 사탄에게 내어주었다"(4-5)고 말씀합니다. 여기 "내 영과 함께 모여서" 라는 말은 징계위원회의 모임을 연상하게 합니다. 그렇다고 징계는 사람이 하는 것이 아닙니다. "주 예수의 이름으로, 우리 주 예수의 능력으로", 즉 위임된 권위로 하는 것입니다. 주님은 교회에 "주님의 이름"을 위임하셨습니다. 그러므로 징계도 "그리스도의 마음"(2:16)으로 시행되어야 하고, 징벌을 받은 자는, "매를 순히 받는"(미 6:9) 심정으로 받아 "육신을 멸할" 회개의 기회로 삼아야 하는 것입니다.

⑤ 징계의 목적이 무엇인가? 여기 중요한 요점이 나타나는데, "영은 주 예수의 날에 구원을 얻게 하려 함이라"(5하) 합니다. 징계의 목적은 죽이는 것이 아니라, 살리려는데 있습니다. "바울은 후서에서, "이러한 사람이 많은 사람에게 벌받은 것이 족하도다, 그러므로 너희를 권하노니 사랑을 저희에게 나타내라, 이는 우리로 사단에게 속지 않게 하려 함이라"(고후 2:6, 8, 11) 말씀함을 대하게 됩니다. "이 사람"이, 음행 한 그 사람인지는 알 길이 없지만, 어떻든 이것이 징벌을 명하는 바울의 심정이요, 곧 주님의 마음이라는 점입니다. 사탄의 궤계는 징벌을 받은 자를 낙망케 하여 영영 돌아가지 못하게 하려 한다는 뜻입니다. 그러나 "받아드려짐"(용서)은 엄정한 징계를 통한 회개의 열매가 확증된 후에 이루어져야 할 것입니다.

⑥ 이러므로 우리가 명절을 지키되"(8상) 합니다. 이처럼 암울한 문맥에서 어떻게 "명절"이 등장하게 되는가? 유월절 양의 희생은 곧 그리스도의 죽으심을 뜻합니다. 이는 비극적인 일임에 틀림이 없습니다. 그런데, ㉠ 그리스도의 죽으심으로 말미암아 우리에게는 천국잔치라는 명절이 가능해졌기 때문입니다. 그렇다면 명절을 어떻게 지켜야만 하는가? ㉡ "유월절"은 "저녁" 하루뿐이었으나, "무교절"은 칠일이나 계속되었습니다. 이는 "구속"은 단 번에 이루어졌으나, 성화의 삶은 주님 오시는 날까지 계속되어야함을 나타냅니다. 무교절 명절을 지키기 위해서는 누룩을 제거하는 대청소를 했던 것입니다. 이 예표에 근거하여, "묵은 누룩, 괴악한 누룩, 악독한 누룩"은 내어버리고, ㉢ "오직 순전함과 진실함의 누룩 없는 떡으로 하자"(8하) 하고 격려를 합니다. 유월절 양의 희생은 하나님이 해주신 일이요, 묵은 누룩을 내어 버려야하는 것은 명절을 지킬 성도들이 해야할 책임입니다. 새 언약 하에 있는 성도들은 매일 매일이 명절이요, 특히 예배가, 그리고 "우리가 축복하는 바 축복의 잔과 떡"(10:16)인 성찬은 무엇에 비할 수 없는 잔치인 것입니다.

둘째 단원(9-13) 이런 사람은 내어 쫓으라

"내가 너희에게 쓴 것에 음행하는 자들을 사귀지 말라 하였거니와"(9),

① 본 단원의 중심점은, "내어 쫓으라"는 데 있습니다. 이는 교제를 끊으라는 말씀입니다. 그런데, ㉠ "내가 너희에게 쓴 것에 음행하는 자들을 사귀지 말라 하였거니와"(9) 합니다. 이 말에 오해가 있었던 것으로 여겨집니다. 그래서 "이 말은 이 세상의 음행하는 자들이나 탐하는 자들과 토색하는 자들이나 우상 숭배하는 자들을 도무지 사귀지 말라

하는 것이 아니니"(10상) 합니다. ㉡ "만일 그리하려면 세상 밖으로 나가야 할 것이라"(10하) 합니다. 이렇게 살아야 하는 줄로 여긴 사람들이 있었습니다. 그들이 쿰란 공동체입니다.

② "이제 내가 너희에게 쓴 것은 만일 어떤 형제라 일컫는 자가 음행하거나 탐람하거나 우상숭배를 하거나 후욕하거나 술 취하거나 토색하거든 사귀지도 말고 그런 자와는 함께 먹지도 말라 함이라"(11) 합니다. 왜 그래야만 하는가? 하나님의 백성이 되었다는 것은 특권만이 아니라 그에 수반하는 책임이 따르기 때문입니다. 그러므로 하나님의 나라와 가문의 명예를 더럽히는 자와는 "사귀지도 말고 그런 자와는 함께 먹지도 말라 함이라", 차별화를 선언하라는 것입니다. 또한 이것이 그에게 회개할 기회를 주는 긍휼이기도 합니다.

③ 성경에는 오늘날과 같은 교회 이름이 없습니다. 다만 "고린도에 있는, 빌립보에 있는", "하나님의 교회"라고 말씀할 뿐입니다. 이 말은 교회란 세상을 등지고 사는 사람들이 아니라, 세상 안에 살고 있으되 세상에 속한 사람들이 아니라는 뜻입니다. 그래서 주님은, "너희는 세상의 소금이요, 세상의 빛이라"(마 5:13-14) 하십니다. "외인들을 판단하는데 내게 무슨 상관이 있으리요 마는 교중 사람들이야 너희가 판단치 아니하랴 외인들은 하나님이 판단하시려니와 이 악한 사람은 너희 중에서 내어 쫓으라"(12-13) 합니다. "내어 쫓으라" 하심은 신약교회만이 아니라 광야교회 때에도, "너는 이같이 하여 너희 중에서 악을 제할지니라"(신 13:5, 17:7, 12, 19:19, 21:21, 22:21, 24:7) 하신 동일한 엄명입니다.

④ 현대교회의 양상은 어떠한가? 유일한 하나님의 교회라는 공동체 의식이 희박해지고, 개 교회주의로 남남이 되어가고 있습니다. 한 교회 안에서도 기관과, 구역과, 셀 조직으로 핵분열을 하고 있습니다. 그리하여 내 교회, 내 구역, 나 자신만을 생각하게 만듭니다. 이런 사고는 이웃과 직장에서 어떻게 하던 교회 안에서만 충성을 하면 된다는 폐쇄성으

로 나타납니다. "만일 한 지체가 고통을 받으면 모든 지체도 함께 고통을 받고 한 지체가 영광을 얻으면 모든 지체도 함께 즐거워하나니"(12:26) 하는 공동체의식이 무너져가고 있는 것입니다. 그리하여 다른 지체의 연약을 나의 연약으로, 한 지체의 실수를 나의 실수로 받아드리고 통한이 여김이 없어져가고 있습니다. 이것이 그리스도의 몸 된 교회의 지체라 할 수가 있을 것인가? 나 하나 잘 하기만 하면 족한 것도 아니고, 나 하나 잘못한다고 괜찮은 것도 아닙니다.

⑤ 이제 묵상해보십시다.

㉠ 교회 성장보다 교회의 신성을 우선시 하고 있는지?

㉡ 교회에서 권징이 시행되고 있는지?

㉢ 나에게 있는 묵은 누룩은 무엇인지?

고린도전서 6장 개관도표

주제 : 정체성을 망각한 그리스도인들

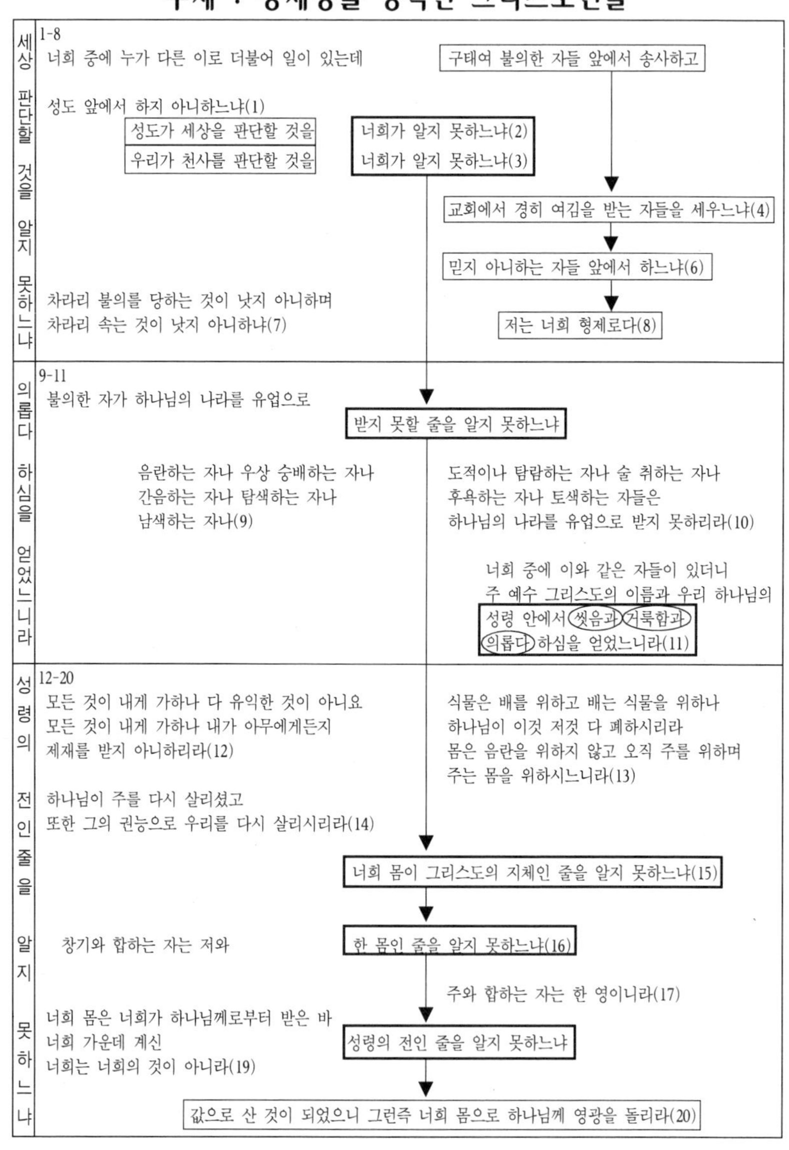

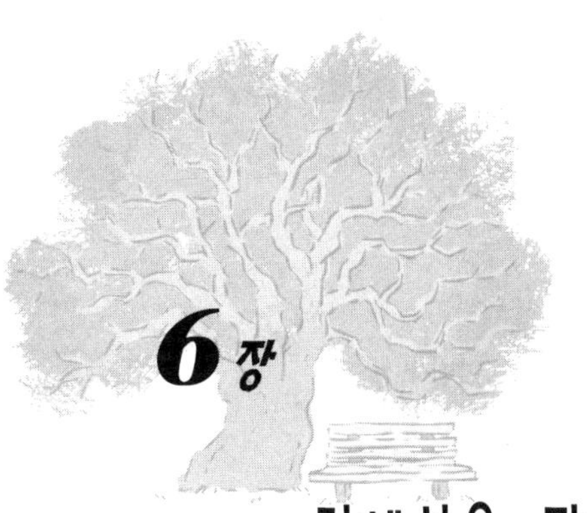

6장

정체성을 망각한 그리스도인들

> [19]너희 몸은 너희가 하나님께로부터 받은바 너희 가운데 계신 성령의 전인 줄을 알지 못하느냐 너희는 너희 것이 아니라.

6장의 중심점은 성도 상호간의 소송문제(1-8)와, 방탕한 생활(12-20)을 책망하는 내용입니다. 그런데 바울은 그 원인을, 자신의 신분과 지위가 무엇인가 하는 정체성을 망각했기 때문으로 보고 있는 것입니다. 그러므로 6장에는, "알지 못하느냐" 하고 저들의 정체성을 일깨워주는 말씀이 무려 6번(2, 3, 9, 15, 16, 19)이나 강조되어 있습니다. 속담에 "범에게 물려가도 정신만 차리면 산다"는 말이 있습니다만, 세상이 아무리 혼란하다하여도 그리스도인들이 정체성만 망각하지 않는다면 능히 승리의 삶을 살수가 있는 것입니다. 이점은 바울 당시보다 오늘날이 더욱 절실하다 하겠습니다. 이를 세 단원으로 나누어 상고하겠습니다.

첫째 단원(1-8) **세상을 판단할 것을 알지 못하느냐**

"너희 중에 누가 다른 이로 더불어 일이 있는데 구태여 불의한 자들 앞에서 송사하고 성도 앞에서 하지 아니하느냐"(1).

① 첫째 단원의 중심점은 성도 상호간의 "송사" 문제입니다. 5장은, "너희 중에 심지어 음행이 있다함을 들으니"(1) 하고 시작이 되었는데, 6장은, "너희 중에 누가 다른 이로 더불어 일이 있는데 구태여 불의한 자들 앞에서 송사 하느냐"(1) 하는, "송사"로 시작이 됩니다. 소송 내용은 "차라리 불의를 당하는 것이, 차라리 속는 것이 낫지 아니하냐"(7) 한 것으로 미루어보아 민사사건이었던 것으로 여겨집니다.

② 고린도 형제들은, 그리고 우리들은 5장에서 제기한 "음행"을 책망함에 대해서는 이의가 없어도, 소송문제에 이처럼 분개하는 바울을 이해할 수가 없었을 것입니다. 왜냐하면 "소송"은 당연한 권리주장으로 여기고 있기 때문입니다. 그런데 바울은 이 문제를, "하나님의 나라"라는 관점, 다시 말하면 "하나님의 백성들"이 불신자들 앞에서 판단을 받는 관점으로 보고 있는 것입니다. 이점이 "하나님의 나라를 유업으로 얻지 못하리라" 하고, 두 번(9, 10)이나 강조하고 있는데서 드러납니다. 이것이 우리와 다른 점입니다.

③ 그러므로 이를 책망하는 데는 두 가지 이유 때문입니다. 첫째로, ㉠ "형제가 형제로 더불어 송사 한다"는 자체도 잘못되었고, 둘째로, ㉡ 더욱 잘못된 것은 이 송사를 교회 내에서 해결하는 것이 아니라 "믿지

아니하는 자들 앞에서" 하고 있다는 것 때문입니다. 생각해보십시오. 교회를 "하나님의 나라"라고 말합니다. 그렇다면 하나님의 나라 안에서 하나님의 나라 법으로 처리해야 마땅하지, 어찌하여 세상 나라 법에 호소하느냐는 말입니다. 이점을 바울은 묵과할 수가 없었던 것입니다. "형제가 형제로 더불어 송사할뿐더러 믿지 아니하는 자들 앞에서 한다"(6)는 것은, "하나님의 교회 곧 그리스도 예수 안에서 거룩하여지고 성도라 부르심을 입은 자들"(1:2)이라는 정체성(正體性)을 망각한 처사요, 하나님의 이름을 모독을 받으시게 하고, 교회의 영광스러움에 손상을 입히는 일이기 때문에 분개하고 있는 것입니다.

④ 바울은 무슨 일 어떤 경우에도, "먼저 하나님의 나라와 그의 의를 구하라" 하신 관점으로 보고 있는 것입니다. 이런 관점으로 보게 되면, ㉠ "구태여 불의한 자들 앞에서 하느냐"(1), ㉡ "교회에서 경히 여김을 받는 자들을 세우느냐"(4) 하게 되는 것입니다. 베드로는 로마 총독을 "법 없는 자"(행 2:23)라고 말하고 있습니다. "하나님의 교회"란 하나님의 통치와, 머리되시는 그리스도의 다스림을 받는 곳입니다. 그런데 하나님의 자녀들이 불신자들 앞에서 머리를 숙이고 재판을 받는다는 것을 바울은 용납이 되지 않았던 것입니다. 하나님의 이름과 명예와 권위가 어떻게 된단 말이냐? 교회가 이처럼 정체성을 지키기 위해서는 고도의 윤리성이 요청된다 하겠습니다.

그리스도인의 전체성

① 그리하여 책망은 질문형식으로 주어지고 있습니다. 왜냐하면 저들이 망각하고 있는 정체성을 일깨워주기 위해서입니다. 본 장에는 "알지 못하느냐" 하는 질문이 6번(2, 3, 9, 15, 16, 19)이나 나옵니다. 첫 마디가, "성도가 세상을 판단할 것을 너희가 알지 못하느냐 세상도 너희에

게 판단을 받겠거든 지극히 작은 일 판단하기를 감당치 못하겠느냐"(2) 합니다. 이는 거꾸로 된 일이라는 것입니다. "성도가 세상을 판단한다"는 말은, "내가 진실로 너희에게 이르노니 세상이 새롭게 되어 인자가 자기 영광의 보좌에 앉을 때에 나를 좇는 너희도 열 두 보좌에 앉아 이스라엘 열 두 지파를 심판하리라"(마 19:28) 하신 말씀을 염두에 두고 한 말일 것입니다.

② "우리가 천사를 판단할 것을 너희가 알지 못하느냐 그러하거든 하물며 세상일이랴"(3) 합니다. "우리가 천사를 판단한다"는 말은, "하나님이 범죄한 천사들을 용서치 아니하시고 지옥에 던져 어두운 구덩이에 두어 심판 때까지 지키게 하셨으며"(벧후 2:4) 한 말씀에 근거했을 것입니다. 우리에게 무슨 자격이나 공로가 있어서가 아니라, 사활적으로 중요한 것은 우리들이 "그리스도 안에"(1:30, 4:10) 있기 때문에 이런 권세가 가능하여진다는 사실입니다.

③ 그러므로 "내가 너희를 부끄럽게 하려 하여 이 말을 하노니"(5상) 합니다. 이는 4:14절에서 "내가 너희를 부끄럽게 하려고 이것을 쓰는 것이 아니라 오직 내 사랑하는 자녀같이 권하려 하는 것이라" 한 말씀과는 대조를 이루고 있습니다. "너희 가운데 그 형제 간 일을 판단할 만한 지혜 있는 자가 이같이 하나도 없느냐"(5하) 합니다. 고린도 형제들은 참으로 부끄러움을 느꼈을 것입니다. 왜냐하면 "지혜 있는 자, 신령한 자"로 자처한 자신들의 영적 상태가 너무나 초라함을 깨달았기 때문입니다.

④ "너희가 피차 송사함으로 너희 가운데 이미 완연한 허물이 있나니"(7상) 합니다. 이 뜻은 잘잘못은 고사하고 형제가 형제로 더불어 송사할뿐더러 믿지 아니하는 자들 앞에서 했다는 자체가 "완연한 허물"이라는 것입니다. 그렇게 하느니, "차라리 불의를 당하는 것이 낫지 아니하며 차라리 속는 것이 낫지 아니하냐"(7하) 합니다. 무엇을 위해서 "불

의를 당하고, 속는" 편을 택하라는 말인가? "하나님의 이름과 영예를 위해서"! 그러므로 송사의 결과는 더 큰 손해를 입게 된다는 것입니다. 결국 승자는 없이 모두가 패자(敗者)가 된다는 말씀입니다. 이것이 "너희는 불의를 행하고 속이는구나 저는 너희 형제로다"(8) 하는 말씀 속에 함의 된 뜻입니다.

둘째 단원(9-11) 거룩함과 의롭다 하심을 얻었느니라

"불의한 자가 하나님의 나라를 유업으로 받지 못할 줄을 알지 못하느냐"(9상).

① 둘째 단원(9-11)은 첫째 단원과, 셋째 단원 사이에 놓여있으면서 원리를 제공해주고 있는 중요한 내용입니다. 중심점은, "너희 중에 이와 같은 자들이 있더니 주 예수 그리스도의 이름과 우리 하나님의 성령 안에서 씻음과 거룩함과 의롭다 하심을 얻었느니라"(11)에 있습니다. 바울은 저들이 망각하고 있는 복음을 상기시킴으로 정체성을 일깨워주려는 것입니다.

② "불의한 자가 하나님의 나라를 유업으로 받지 못할 줄을 알지 못하느냐"(9상) 하면서, "음란 하는 자, 우상 숭배하는 자, 간음하는 자, 탐색하는 자, 남색 하는 자, 도적이나, 탐람이나, 술 취하는 자나, 후욕하는 자나 토색 하는 자들" 하고 10가지 불의(不義)의 목록들을 열거합니다. 그런 후에 이러한 "자들은 하나님의 나라를 유업으로 받지 못하리라"(10하) 하고 재차 강조합니다. 이는 행위 구원론을 말씀함이 아닙니다. 그 점이 이어지는 말씀에 분명하게 나타납니다.

③ "너희 중에 이와 같은 자들이 있더니"(11상) 합니다. 이는 고린도 형제들도 "성도라 부르심을 입기" 전에는 고린도의 다른 사람들과 다를

바가 없던 자들이라는 뜻입니다. 그런데 이제는 "씻음과 거룩함과 의롭다 하심을 얻었다"는 것입니다. 이는 성별(聖別)이 되었음을 의미합니다. 이런 성별이 어떻게 해서 가능하여졌다고 말씀하는가? ㉠ "주 예수 그리스도의 이름"과, ㉡ "우리 하나님의 성령 안에서"(11중), 즉 복음으로 말미암아 가능하여졌다고 말씀합니다. 이를 좀 더 구체적으로 살펴볼 필요가 있습니다.

④ "씻음과 거룩함과 의롭다 하심을 얻었다"는 것은 복음의 요약입니다. ㉠ "씻음"이란 그리스도의 피로 씻음 받은 죄 사함을 가리킵니다. 이로 말미암아 "거룩함과, 의롭다 하심을 얻었다"고 말씀하는데, ㉡ "의롭다 함"은 칭의입니다. 그리고 ㉡ "거룩함"은 변화된 삶, 곧 성화를 가리킵니다. 바울은 이 둘을 한 짝으로 함께 말씀합니다. 1:30절에서도 그렇게 하고 있습니다. 칭의와 성화는 둘이 아니요 하나입니다. 자신이 어떻게 해서 의롭다함을 얻었는가를 아는 자만이 성화의 삶을 살기를 열망하게 되기 때문입니다.

⑤ 이를 가능하게 하기 위해서 11절 한 절 안에는, "하나님, 주 예수 그리스도, 성령", 삼위일체 하나님이 다 관여하고 있음을 주목해야만 합니다. 교리가 아닌 윤리의 책으로 알려진 본서 1-3장 안에 "하나님, 그리스도 예수, 성령"이 몇 번이나 강조되어 있는지를 한 번 확인해보시기를 바랍니다. 하나님께서 우리를 택하시고, 주님께서 구속하시고, 성령께서 부르시고 인 치심으로, "성령 안에서 씻음과 거룩함과 의롭다 하심"을 얻은 것입니다.

⑥ 그렇다면 "성령 안에서 씻음과 거룩함과 의롭다 하심을 얻었느니라" 하고 둘째 단원을 말씀하는 의도가 무엇인가? 앞 단원의 형제가 형제로 더불어 송사 하되 믿지 아니하는 자들 앞에서 행하는 부당성과, 뒤 단원의 창기와 합하는 방탕한 문제의 잘못을 깨닫게 하는 원리를 제공해주기 위해서입니다.

셋째 단원(12-20) 성령의 전인 줄을 알지 못하느냐

"너희 몸은 너희가 하나님께로부터 받은바 너희 가운데 계신 성령의 전인 줄을 알지 못하느냐 너희는 너희의 것이 아니라"(19).

① 둘째 단원의 중심점은 "창기와 합하는 자", 즉 방탕을 책망함에 있습니다. 고린도는 음란으로 악명이 높은 도시입니다. 그 영향이 교회까지 침투했던 것입니다. 본 단원을 관찰해보면 "몸"이라는 말이 무려 8번(13, 13, 15, 16, 18, 18, 19, 20)이나 등장합니다. 이는 무엇을 말씀해주고 있느냐 하면 신령한 자로 자처하는 자들이 "몸"은 벗을 것이기 때문에 아무렇게 해도 상관이 없다 하고 방탕했음을 말해주는 것입니다. 이는 헬라 사상의 이원론(二元論)의 영향이기도 합니다.

② 그러므로 "모든 것이 내게 가하다"(12상) 한 것은 저들이 주장한 일종의 구호처럼 여겨집니다. 이는 바울이 강조한 바, "그리스도께서 우리로 자유케 하려고 자유를 주셨으니 그러므로 굳세게 서서 다시는 종의 멍에를 메지 말라"(갈 5:1) 한 신앙자유주의를 곡해했기 때문입니다. 사탄은 우리를 결박하려 하나, 그리스도께서는 자유함을 주셨습니다. 이점을 갈라디아서에게 얼마나 강조하고 있는지요. 바울은 이 자유함을 고린도 형제들에게도 전해주었을 것입니다. 그런데 이를 곡해하여 나는 무엇을 하든지 자유 하다는 식으로 악용을 했던 것입니다. 이것이 무율법주의자들의 방종입니다.

③ 그래서, ㉠ "모든 것이 가하나, 다 유익한 것은 아니다"(12상) 하고 시정을 해주는 것입니다. 나아가, ㉡ "모든 것이 내게 가하나 내가 아무에게든지 제재를 받지 아니하리라"(12하) 합니다. "제재를 받지 아니한다"는 말은 내 마음대로 할 수 있다는 뜻이 아닙니다. 내가 너희에게 말한 자유는 그런 자유가 아니다. 진정한 자유인이라면 율법의 지배만 받지 않는 자가 아니라, 죄의 지배도 받지 않는 자라는 뜻입니다. 몸

을 방탕에 방임(放任)하는 것은 자유가 아니라 죄의 노예라는 것입니다.

④ "식물은 배를 위하고 배는 식물을 위하나"(13) 합니다. 여기서, ㉠ "배와 식물"이 짝이 되어 있습니다. 이는 어느 정도 맞는 말이라 할 수가 있습니다. 이 유추를 통해서, ㉡ "몸은 음란을 위하지 않고", 즉 "몸과 음란"이 짝이 아니라, ㉢ "오직 주를 위하며 주는 몸을 위하시느니라"(13하) 하고 "몸과 주"가 짝이라는 것입니다. 이점은 대단히 중요한 깨달음이라 할 것입니다.

⑤ "주는 몸을 위하시느니라"는 뜻은, 주님은 구원 얻은 성도들의 몸을 필요로 하신다는 뜻입니다. 즉 나는 주님 안에서 구원을 얻었으며, 이제 주님은 내 안에 거하셔서 나를 통하여 역사하신다는 것입니다. 로마서 6:13절이 이에 대해 잘 설명을 해주고 있는데, 한 절 속에는 "불의의 병기와, 의의 병기"라는 말이 함께 나타납니다. 우리의 몸, 지체가 "불의의 병기"로 악용을 당할 수도 있고, "의의 병기"로 선용될 수도 있다는 것입니다. "병기"(兵器)라 말씀함을 주목해야만 합니다. 병기는 적을 공격하는 무기입니다. 만일 몸을 음란의 도구로 사용한다면 이는 거룩한 공회인 교회를 파괴하려는 사탄의 병기노릇을 하게 된다는 것입니다. 소극적으로 불의의 병기로 죄에게 드려서는 안 될 뿐만이 아니라, 적극적으로 의의 병기로 하나님께 드리라 하는 것입니다. 이것이 6장 결론에서 "그런즉 너희 몸으로 하나님께 영광을 돌리라"는 뜻입니다.

주는 몸을 위하시느니라

① "하나님이 주를 다시 살리셨고 또한 그의 권능으로 우리를 다시 살리시리라"(14) 합니다. 이는 몸의 유용성을 깨우치기 위해서 하는 말씀입니다. 그럴 듯 하면서도 잘못된 가르침은 "몸과, 영"을 싸움을 붙이

는 일입니다. 영은 귀한 것이요, 몸은 천한 것, 영은 영원한 것이고, 몸은 벗어버려야 할 것, 그러므로 몸은 아무렇게 해도 괜찮다고 말합니다. 그런데 주님의 죽으셨던 몸이 다시 살아나셨습니다. 그의 권능으로 우리의 죽을 몸도 다시 살리시리라, 즉 영화롭게 하실 것이라는 말씀입니다. 이를 믿는 자라면 우리의 몸을 소중하게 관리해야할 뿐만이 아니라, "너희 몸으로 하나님께 영광을 돌리라"(20)는 결론에 이르게 되는 것입니다.

② 이런 맥락에서, "음행을 피하라 사람이 범하는 죄마다 몸밖에 있거니와 음행 하는 자는 자기 몸에게 죄를 범하느니라" 한 18절은 이해되어야할 것입니다. "사람이 범하는 죄마다 몸밖에 있다"는 말은 무율법주의자들의 주장으로 여겨집니다. 이렇게 재구성한다면 이해에 도움이 될 것입니다.

바울 : "음행을 피하라",

무율법주의자들 : "사람이 범하는 죄마다 몸 밖에 있지 아니한가",

바울 : "음행하는 자는 자기 몸에게 죄를 범하느니라"(18).

분명한 것은 음행이란 몸과 불가분의 관계에 있다는 점입니다.

③ 그런데 바울은, "너희 몸은 너희가 하나님께로부터 받은 바 너희 가운데 계신 성령의 전인 줄을 알지 못하느냐"(19상) 하고 말씀합니다. 3:16절에서 "너희가 하나님의 성전"이라 했을 때는 교회 공동체 전체를 가리키는 것이었습니다. 왜냐하면 "분열"과 결부시켜 한 말씀이기 때문입니다. 그런데 본문에서는 성도 개개인의 몸을 가리킵니다. 왜냐하면 "음란"과 결부된 문맥이기 때문입니다. 우리 몸이 "성령의 전"이라는 깨달음은 당시도 그랬을 것이요, 이제도 더욱 혁명적인 말씀입니다. "말씀이 육신이 되심"같이, 성령은 인간의 몸을 입으시고 역사하십니다. 형제는 형제의 몸이 성령의 전임을 확신하는데 거하고 있습니까? 그 여부는 몸을 어떻게 관리하고 있는가? 그리고 몸을 무엇을 위해서 사용하고 있

는가를 보면 알 수가 있습니다. 음란을 위한 몸이 아닙니다. 그렇다고 음식을 위한 몸도 아닙니다. "하나님의 영광"을 위해서 필요한 몸이란 말씀입니다.

④ 그러므로, ㉠ "주와 합하는 자는 한 영이니라"(17) 합니다. 이는 바울이 말씀한 바 "이 비밀이 크도다"(엡 5:32) 한 "연합교리"입니다. 같은 원리로, ㉡ "창기와 합하는 자는 저와 한 몸인 줄을 알지 못하느냐" (16상) 합니다. 바울은 연합교리의 신비를 어디서 깨달을 수가 있었을까? "일렀으되 둘이 한 육체가 된다 하셨나니"(16하) 한 창세기 2:24절에 근거해서입니다. 하나님은 "주와 합하는 자는 한 영"이라는 신비를 계시하시기 위해서 아담의 배필을 특이한 방법으로 지어주셨던 것입니다. 그러므로 연합교리는 큰 비밀에 속하는 것만이 아니라, 큰 능력에 속하는 것이기도 합니다. 누군가 나에게 기독교가 무엇이요 하고 묻는다면 나는 대답하리라. "나는 주 안에 거하고, 주는 내 안에 거하시는 것이요." 그렇습니다. 하나님께서 우리 옛사람을 주 안에서 처리하여 주셨고, 이제는 주님이 내 안에 거하셔서 이 몸을 의의 병기로 사용하신다는 말씀입니다.

⑤ 이를 알았기에 "너희는 너희 것이 아니라 값으로 산 것이 되었으니 그런즉 너희 몸으로 하나님께 영광을 돌리라"(20) 합니다. 복음의 승리가 여기에 있습니다. 어찌하여 그리스도인들은 "몸으로" 하나님께 영광을 돌리는 삶을 살아야만 하는가? 바울은 대답하기를, "그리스도의 사랑이 우리를 강권하시는도다"(고후 5:14상) 합니다. 생각해보라는 것입니다. "한 사람이 모든 사람을 대신하여 죽었은즉 모든 사람이 죽은 것이라 저가 모든 사람을 대신하여 죽으심은 산 자들로 하여금 다시는 저희 자신을 위하여 살지 않고 오직 저희를 대신하여 죽었다가 다시 사신 자를 위하여 살게 하려 함이니라"(고후 5:14-15) 합니다. 이것이 "너희는 너희 것이 아니라 값으로 산 것이 되었으니"의 뜻입니다. 다시 한

번 6장에 6번이나 강조되어 있는 "알지 못하느냐" 하는 각성 구(句)를 생각하시기 바랍니다. 이를 아는 자라면, 그리하여 믿는 자라면 모든 결론은 "하나님께 영광을 돌리라"로 모아지는 것입니다. 이것이 정체성을 망각한 모든 시대의 그리스도인들을 각성시키는 성경적인 방법입니다.

⑥ 이제 묵상해보십시다.

㉠ 성도가 세상과 천사까지도 판단할 것을 믿고 있는지?

㉡ 죄의 권세로부터 자유인이라 말할 수가 있는지?

㉢ 주와 합하여 한 몸을 이룬 자임을 망각하지 않고 있는지?

㉣ 자신의 유익과 하나님의 나라 유익이 상치(相値) 될 때 어느 편을 우선시 하고 있는지?

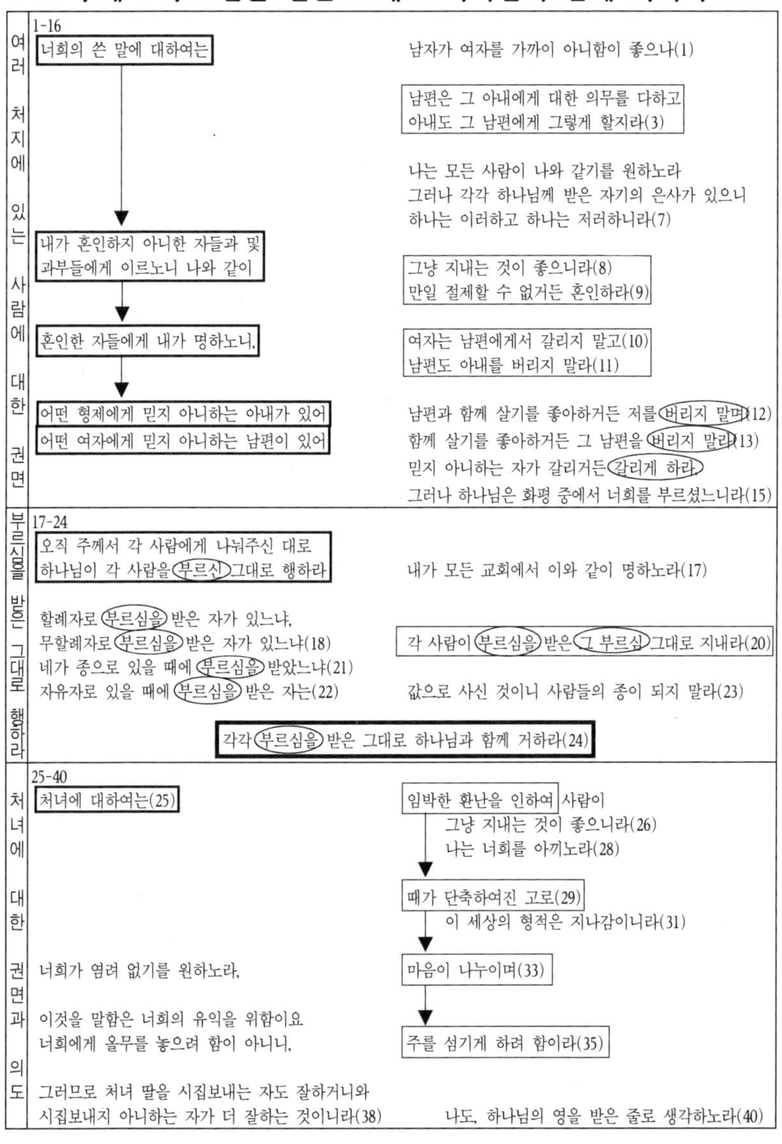
고린도전서 7장 개관도표
주제 : 부르심을 받은 그대로 하나님과 함께 거하라
여러 처지에 있는 사람에 대한 권면
1-16
너희의 쓴 말에 대하여는
남자가 여자를 가까이 아니함이 좋으나(1)
남편은 그 아내에게 대한 의무를 다하고
아내도 그 남편에게 그렇게 할지라(3)
나는 모든 사람이 나와 같기를 원하노라
그러나 각각 하나님께 받은 자기의 은사가 있으니
하나는 이러하고 하나는 저러하니라(7)
내가 혼인하지 아니한 자들과 및
과부들에게 이르노니 나와 같이
그냥 지내는 것이 좋으니라(8)
만일 절제할 수 없거든 혼인하라(9)
혼인한 자들에게 내가 명하노니,
여자는 남편에게서 갈리지 말고(10)
남편도 아내를 버리지 말라(11)
어떤 형제에게 믿지 아니하는 아내가 있어
어떤 여자에게 믿지 아니하는 남편이 있어
남편과 함께 살기를 좋아하거든 저를 버리지 말며(12)
함께 살기를 좋아하거든 그 남편을 버리지 말라(13)
믿지 아니하는 자가 갈리거든 갈리게 하라,
그러나 하나님은 화평 중에서 너희를 부르셨느니라(15)
부르심을 받은 그대로 행하라
17-24
오직 주께서 각 사람에게 나눠주신 대로
하나님이 각 사람을 부르신 그대로 행하라
내가 모든 교회에서 이와 같이 명하노라(17)
할례자로 부르심을 받은 자가 있느냐,
무할례자로 부르심을 받은 자가 있느냐(18)
각 사람이 부르심을 받은 그 부르심 그대로 지내라(20)
네가 종으로 있을 때에 부르심을 받았느냐(21)
자유자로 있을 때에 부르심을 받은 자는(22)
값으로 사신 것이니 사람들의 종이 되지 말라(23)
각각 부르심을 받은 그대로 하나님과 함께 거하라(24)
처녀에 대한 권면과 의도
25-40
처녀에 대하여는(25)
임박한 환난을 인하여 사람이
그냥 지내는 것이 좋으니라(26)
나는 너희를 아끼노라(28)
때가 단축하여진 고로(29)
이 세상의 형적은 지나감이니라(31)
너희가 염려 없기를 원하노라,
마음이 나누이며(33)
이것을 말함은 너희의 유익을 위함이요
너희에게 올무를 놓으려 함이 아니니,
주를 섬기게 하려 함이라(35)
그러므로 처녀 딸을 시집보내는 자도 잘하거니와
시집보내지 아니하는 자가 더 잘하는 것이니라(38)
나도, 하나님의 영을 받은 줄로 생각하노라(40)

7장

부르심을 받은 그대로 하나님과 함께 거하라

[24]형제들아 각각 부르심을 받은 그대로 하나님과 함께 거하라.

바울이 고린도교회에 편지를 쓰는 목적은 크게 두 가지로 요약이 됩니다. 첫째는 고린도교회가 안고 있는 "분쟁, 음행, 소송문제" 등을 시정해주기 위한 것과, 둘째는 저들이 제기한 질의에 답을 주기 위해서입니다. 바울은 1-6장을 통해서 교회가 안고 있는 문제부터 다루었습니다. 문제들을 복음에 입각해서 치료하는 것을 보았습니다. 그렇게 한 후에 7장부터는, "너희의 쓴 말에 대하여는"(1) 하고 질문에 답을 하고 있는 것입니다. 7장에서 다루고 있는 문제는, ㉠ 기혼자의 부부관계(1), ㉡ 홀아비와 과부문제(8), ㉢ 이혼문제(10), ㉣ 부부가 합심되지 못했을 경우(12), ㉤ 처녀에 대한 문제(25) 등에 답변을 하고 있습니다. 한마디로 "부르심을 받은 그대로 행하라" 하십니다. 이를 세 단원으로 나누어 상고하겠습니다.

첫째 단원(1-16) **여러 처지에 있는 사람들에 대한 권면**
둘째 단원(17-24) **부르심을 받은 그대로 행하라**
셋째 단원(25-40) **처녀에 대한 권면과 그 의도**

첫째 단원(1-16) **여러 처지에 있는 사람들에 대한 권면**

"너희의 쓴 말에 대하여는 남자가 여자를 가까이 아니함이 좋으나" (1).

① 7장을 해석하는 키워드는, "오직 주께서 각 사람에게 나눠주신 대로 하나님이 각 사람을 부르신 그대로 행하라"(17)는 말씀입니다. 본장에는 "부르심"이 9번이나 강조되어 있습니다. 다양한 처지에 있는 사람들에게 "부르심을 받은 그대로 행하라"는 것 이상의 명답이 없다 하겠습니다. 이를 놓치게 되면, 바울을 독신주의자인 양, 또는 성생활을 불결한 것으로 여기고 있는 양 곡해하게 되는 것입니다.

② 1-7절의 내용은 성생활에 관한 권면입니다. 내용을 살펴보면 믿는 남편과 아내 사이에 성생활을 불결한 것으로 여기고 기피하는 쪽이 있었던 것으로 여겨집니다. 이는 6장에서 본 "무율법주의자"와는 반대되는 "금욕주의자"들입니다. 이런 갈등은 어느 시대나 있어 왔고, 특히 신령한 자로 자처하는 사람들에게서 두드러지게 나타나는 현상이기도 합니다. 권면의 말씀은 결혼을 한 처지에서 부르심을 받았다면, "남편은 그 아내에게 대한 의무를 다하고 아내도 그 남편에게 그렇게 할지라"(3) 합니다. 5절에서도 "서로 분방하지 말라" 합니다. 왜냐하면 "너희의 절제 못함을 인하여 사단으로 너희를 시험하지 못하게 하려 함이

라" 합니다. 이렇게 권면하는 바울의 의중에는 5장에서 언급한 창기와 합하는 죄를 범하게 되는 경우를 생각했을 것입니다.

③ 바울은 방종(放縱)도 엄격히 경계(7)하고 있지만 금욕주의자(禁慾主義者)는 아닙니다. 목회서신에서, "어떤 사람들이 믿음에서 떠나 미혹케 하는 영과 귀신의 가르침을 좇아, 혼인을 금하고 식물을 폐하라 할 터이나"(딤전 4:1-3) 하고 금욕주의를 반박하고 있는 것을 보게 됩니다. 바울이 "부부관계"에 대하여 언급하지 않을 수 없었던 이유는, 불결하게 여겨서 기피하는 쪽은 "신령한 자"고, 그렇지 아니한 자는 "육신에 속한 자"로, 이것이 가정의 불화와 갈등의 원인이 되었기 때문으로 여겨집니다. 초대교회가 "먹어도 된다, 먹어서는 안 된다" 하는 음식문제로 갈등하고 있었다면 성문제로도 갈등하고 있었다고 볼 수가 있는 것입니다.

④ 이점에서 분명히 해두어야 할 점은 그렇다고 바울은 성생활을 장려하고 있는 것은 아니라는 점입니다. ㉠ "가까이 아니함이 좋으나"(1하) 하고 절제를 전제로 하고 있습니다. 다만 "절제 못함"(5중)을 알기 때문에 허용을 하고 있을 뿐입니다. 그래서 이 단락을, "나는 모든 사람이 나와 같기를 원하노라"(7상) 하고 마치고 있음은 유념해야할 점이라 하겠습니다. 바울은 데살로니가교회에게, "각각 거룩함과 존귀함으로 자기의 아내 취할 줄을 알고 하나님을 모르는 이방인과 같이 색욕을 좇지 말고 이 일에 분수를 넘어서 형제를 해하지 말라"(살전 4:4-6) 하고 권면하고 있는데 일맥상통한다 하겠습니다.

성생활에 대한 권면

① "내가 혼인하지 아니한 자들과 과부들에게 이르노니"(8상) 합니다. 이는 처녀 총각에 대한 권면이 아니라 "과부와 홀아비"에 대한 권면

으로 여겨집니다. "나와 같이 그냥 지내는 것이 좋으니라"(8하) 합니다. 이렇게 말씀함은 재혼을 불결한 것으로 보기 때문이 아니라 두 가지 이유 때문일 것입니다. 첫째는, 결혼하게 되면 독신보다는 "육신의 고난이 있으리니 나는 너희를 아끼노라"(28하) 한 때문이요, 둘째는, 염려 없이 주를 섬기기 위해서(32-33)입니다. "만일 절제할 수 없거든 혼인하라 정욕이 불같이 타는 것보다 혼인하는 것이 나으니라"(9) 합니다.

② "혼인한 자들에게 명하노니"(10) 합니다. 이 단락(10-16)의 중심점은 "이혼문제"에 있습니다. 그리스도를 믿음으로 말미암은 변화는 부부생활에까지 영향을 미쳤을 것입니다. 우선적으로 믿는 부부에 대해 언급합니다. "여자는 남편에게 갈리지 말고, 남편도 아내를 버리지 말라"(10-11) 합니다. 명하는 자는 내가 아니요 주시라 함으로 권위를 더해줍니다. "이혼"이란 하나님이 짝지어주신 것을 사람이 나누는 행위로 하나님은 세우시고자 하는데, 이혼은 파괴하는 일이기 때문입니다. 이는 한 가정의 깨어짐에 국한 된 것이 아니라, 교회라는 공동체와 나아가 하나님의 나라건설이라는 뜻에 역행하는 일이기 때문에 불가하다는 것이 성경의 확고한 가르침입니다.

③ 그런데 다음으로, "그 남은 사람에게 내가 말하노니"(12상) 합니다. 이는 합심되지 못한 부부에 대한 언급입니다. 결혼을 하나님이 짝지어 주신 것으로 인정하지 않는 불신자 배우자일 경우는 어찌해야 하는가? ㉠ "만일 어떤 형제에게 믿지 아니하는 아내가 있어 남편과 함께 살기를 좋아하거든 저를 버리지 말며 어떤 여자에게 믿지 아니하는 남편이 있어 아내와 함께 살기를 좋아하거든 그 남편을 버리지 말라"(12-13) 합니다. 왜냐하면, ㉡ "믿지 아니하는 남편이 아내로 인하여 거룩하게 되고 믿지 아니하는 아내가 남편으로 인하여 거룩하게 되나니"(14상) 합니다.

④ 의식법(儀式法)에서는, 부정(不淨)한 것에 접촉을 하면 부정해

지고(민 19:22), 반대로 거룩한 것에 접촉을 하면 거룩하여 진다는 두 가지 경우를 다 말씀하고 있는데, 고린도 성도들은, ㉠ 불신 배우자와 접촉하는 자는 부정해진다고 생각한 반면, 바울은 적극적인 의미로 취하여 도리어, ㉡ 믿는 사람으로 인하여 불신 배우자가 "거룩하여 진다"고 말씀하고 있는 것입니다. 이 가능성을 부모로 인하여 자녀들이 믿게 되는 것을 들어서, 불신 배우자도 구원에 이르게 될 것이라 말씀하는 것입니다. 이것이, "그렇지 아니하면 너희 자녀도 깨끗지 못하니라 그러나 이제 거룩하니라"(14하)의 뜻입니다.

⑤ 그런데 여기 의외의 말씀이 있습니다. ㉠ "혹 믿지 아니하는 자가 갈리거든 갈리게 하라"(15상) 합니다. 이 경우는 믿는 자 편에서 이혼을 요구하는 것이 아니라, 불신자 편에서 믿는 것을 이혼사유로 들고 나왔을 경우를 상정하는 말씀입니다. "형제나 자매나 이런 일에 구속받을 것이 없느니라"(15중) 합니다. ㉡ "그러나 하나님은 화평 중에서 너희를 부르셨느니라"(15하) 합니다. 이 말은 가능한 한 이혼을 막아보라는 뜻입니다. 그런 후에, "아내 된 자여 네가 남편을 구원할는지 어찌 알 수 있으며 남편 된 자여 네가 네 아내를 구원할는지 어찌 알 수 있으리요"(16) 합니다. 이는 "참고 기다리라"는 뜻입니다. 이점이 "하나님은 너희를 화평 중에 부르셨다"(15하)는 말씀이 뒷받침해줍니다.

둘째 단원(17-24) **부르심을 받은 그대로 행하라**

"오직 주께서 각 사람에게 나눠주신 대로 하나님이 각 사람을 부르신 그대로 행하라 내가 모든 교회에서 이와 같이 명하노라"(17).

① 본 단원의 중심점은 "부르심"에 있습니다. "부르심"이라는 말이 여덟 절 속에 8번이나 나옵니다. 어떤 사람이 그리스도인이 된다는 것은

자원해서, 또는 인간의 선택으로 되는 것이 아닙니다. 하나님께서 "세상의 미련한 것들을 택하사"(1:27) 하신 대로 "택하심"으로, "성도라 부르심을 입은 자들"(1:2)이라 하신 대로, "부르심"을 통해서만 가능하여지는 것입니다. 하나님이 우리를 택하신 것은 역사 이전에 되어진 일입니다. 그런데 "부르심"은 역사 속에서 이루어진 일입니다. 박해자 사울이 다메섹 도상에서 부르심을 받듯 말입니다.

② 7장의 구도를 보면 다양한 처지에 놓여있는 사람들에게 권면하는 첫째 단원과, 셋째 단원 중간(둘째 단원)에 "부르심"의 교리를 배치함으로 저들을 세워줄 지주(支柱)로 삼고 있는 구도입니다. 그러므로 "하나님이 각 사람을 부르신 그대로 행하라" 하고 세 번(17, 20, 24)이나 강조합니다. ㉠ "할례자로 부르심을 받은 자가 있느냐 무할례자가 되지 말며 무할례자로 부르심을 받은 자가 있느냐 할례를 받지 말며"(18) 합니다. 심지어, ㉡ "네가 종(노예)으로 있을 때에 부르심을 받았느냐 염려하지 말라" 하고 일단 감사와 기쁨과 만족을 표한 후에, "그러나 자유할 수 있거든 차라리 사용하라"(21) 합니다.

③ 그런데 노예신분으로 있는 그리스도인이 자유자가 된다는 것이 용이한 일이 아님을 인식했기 때문일까요? "주 안에서 부르심을 받은 자는 종이라도 주께 속한 자유자요 또 이와 같이 자유자로 있을 때에 부르심을 받은 자는 그리스도의 종이니라"(22) 하고 위로하면서, "너희는 값으로 사신 것이니 사람들의 종이 되지 말라"(23) 하고 격려합니다. "종이 되지 말라"는 말은 당장 뛰쳐나오라는 그런 뜻이 아닙니다. 몸은 부르심을 받은 그대로 종으로 있으되, 그의 정체성은 종이 아니라 자유자요, 하나님의 자녀라는 신분임을 망각하지 말라는 뜻입니다.

④ 그리고 결론은, "형제들아 각각 부르심을 받은 그대로 하나님과 함께 행하라"(24) 합니다. 바울은 옥중에서 밖에 있는 성도들을 위하여 간구하는 중에, "마음 눈을 밝히사 그의 부르심의 소망이 무엇인지"(엡

1:18) 알게 해달라고 구하고 있음을 봅니다. 부르심을 입었다는 그 영광스러움과 감사와 감격은 잊은 체, 환경만을 불평하고 개선되기를 갈망하기가 쉽습니다. 그렇게 한다면 항상 기뻐하고, 범사에 감사하기는 커녕, 항상 근심하고 범사에 불평하게 될 것입니다. “부르심을 받은 그대로 하나님과 함께 거하는” 그곳이 천국일 수가 있습니다. 이런 뜻입니다. 각 사람은 부르심을 받은 때의 그 처지와 그 위치에서 “하나님과 함께 거하라”(24하), 즉 최선을 다 하라, 그 처지 그 형편 그대로가 하나님을 섬기라고 부름을 받은 나의 위치(位置)가 된다는 그런 뜻입니다. 미가 선지자도 “사람아 주께서 선한 것이 무엇임을 네게 보이셨나니…겸손히 네 하나님과 함께 하는 것이 아니냐”(미 6:8) 합니다. 이것이 “부르심을 받은 그대로 하나님과 함께 거하는”(23하) 행복입니다.

⑤ 바울의 청지기론은 두 가지로 요약이 된다 하겠습니다. 첫째는 “부르신 그대로 행하라”는 것이고, 둘째는, “무슨 일을 하든지 마음을 다하여 주께 하듯 하라”(골 3:23)는 것입니다. ㉠ 아내에게는 남편에게 “주께 하듯 하라”(엡 5:22) 합니다. ㉡ 남편들에게는 아내에게 “그리스도께서 교회를 사랑하시고 위하여 자신을 주심같이 하라”(엡 5:25) 합니다. ㉢ 종들에게도 “육체의 상전에게 순종하기를 그리스도께 하듯 하라”(엡 6:5) 합니다. ㉣ 상전에게는 “저희와 너희의 상전이 하늘에 계심”(엡 6:9)을 명심하라고 말씀합니다. 왜 이렇게 해야만 하는가? “이는 범사에 우리 구주 하나님의 교훈을 빛나게 하려 함이라”(딛 2:10) 합니다. 그렇게 하노라면 “이는 각 사람이 무슨 선을 행하든지 종이나 자유 하는 자나 주에게 그대로 받을 줄을 앎이니라”(엡 6:8), 즉 주께서 그 노고를 갚아주신다는 말씀입니다.

셋째 단원(25-40) **처녀에 대한 권면과 그 의도**

"처녀에 대하여는 내가 주께 받은 계명이 없으되 주의 자비하심을 받아서 충성된 자가 되어 의견을 고하노니"(25).

① 셋째 단원의 중심점은 "처녀에 대한"(25) 문제입니다. "내 생각에는 이것이 좋으니 곧 임박한 환난을 인하여 사람이 그냥 지내는 것이 좋으니라"(26) 합니다. 먼저 생각할 점은, "임박한 환난(26), 때가 단축하여진 고로"(29) 라는 인식입니다. 이는 좁은 의미로는 네로의 박해와 같은 "임박한 환난"을 예감하는 것으로 볼 수가 있지만, 바울은 두 장면, 즉 예루살렘에 임할 환난과, 종말적인 환난을 겹쳐진 장면으로 보고 있는 것입니다. 바울 자신도 재림의 시기를 알고 있었던 것은 아닙니다. 그러므로 성경적인 입장은 "오직 오늘이라 일컫는 동안"(히 3:13)이 "그 날"인 것입니다. 그러므로 이 사상은 오늘날도 적실성이 있는 것입니다.

② 어찌하여 "그냥 지내는 것이 좋으니라" 하는가? 본문에 나타난 바울의 사상을 요약하면 첫째는, ㉠ "임박한 환난" 때문이요, 둘째는, ㉡ "육체의 고난"(28) 때문이요, 그리고 결정적인 이유는, ㉢ "마음이 나누이기"(33) 때문이라는 것입니다. "장가가지 않은 자는 주의 일을 염려하여 어찌하여야 주를 기쁘시게 할꼬 하되 장가간 자는 세상일을 염려하여 어찌하여야 아내를 기쁘게 할꼬 하여 마음이 나누이며"(32-33) 합니다. 바울의 일편단심은, "그런즉 먹든지 마시든지 무엇을 하든지 다 하나님의 영광을 위하여 하라"(10:31)에 있는 것입니다. 결혼을 해도 하나님의 영광을 위하여, 하지 않는 자도 하나님의 영광을 위하여 라는 뜻입니다. 이점이 로마서에도 나타나 있는데, "날을 중히 여기는 자도 주를 위하여 중히 여기고 먹는 자도 주를 위하여 먹으니 이는 하나님께 감사함이요 먹지 않는 자도 주를 위하여 먹지 아니하며 하나님께 감사

하느니라"(롬 14:6) 합니다.

③ 권면의 의도가, "너희의 유익을 위함이요 올무를 놓으려 함이 아니니 오직 너희로 하여금 이치에 합하게 하여 분요함이 없이 주를 섬기게 하려 함이라"(35)는 말씀 속에 나타나 있다 하겠습니다. 그러므로 다 "잘하는 것"이라고 말씀합니다. 그런데 "더 잘하는 것"(38)이 무엇인가 하는 선택은 각자의 믿음의 분량이 내릴 일입니다.

④ 7장의 권면이 현대교회에는 어떤 의미가 있는가? 문화적인 면은 변할 수가 있어도 그리스도인의 인생관이나 가치관은 변할 수가 없는 것입니다. "너희는 너희의 것이 아니라 값으로 산 것이 되었으니 그런즉 너희 몸으로 하나님께 영광을 돌리라"(6:20)는 말씀이 불변의 진리라면, 7장의 말씀도 더욱 적실성이 있다 하겠습니다. "마음이 나누이며"라는 말씀에 공감을 하여, "나는 모든 사람이 나와 같기를 원하노라"(7상, 8하) 한 독신으로 부름을 받는 목회자들이 있다면 "더 잘하는 것이니라"(38) 말할 수가 있을 것입니다. "그러나 각각 하나님께 받은 자기의 은사가 있으니 하나는 이러하고 하나는 저러하니라"(7하) 한 "은사"로 될 일이지 가톨릭과 같은 의문으로 되는 것은 아닌 것입니다.

⑤ 이제 묵상해보십시다.

㉠ 부르심을 받은 그대로 최선을 다하고 있는지?

㉡ 부부 사이에 갈등은 없는지?

㉢ 바울과 같은 독신을 생각해 본적이 있는지?

고린도전서 8장 개관도표

주제 : 지식을 통한 자유와, 사랑을 통한 종노릇

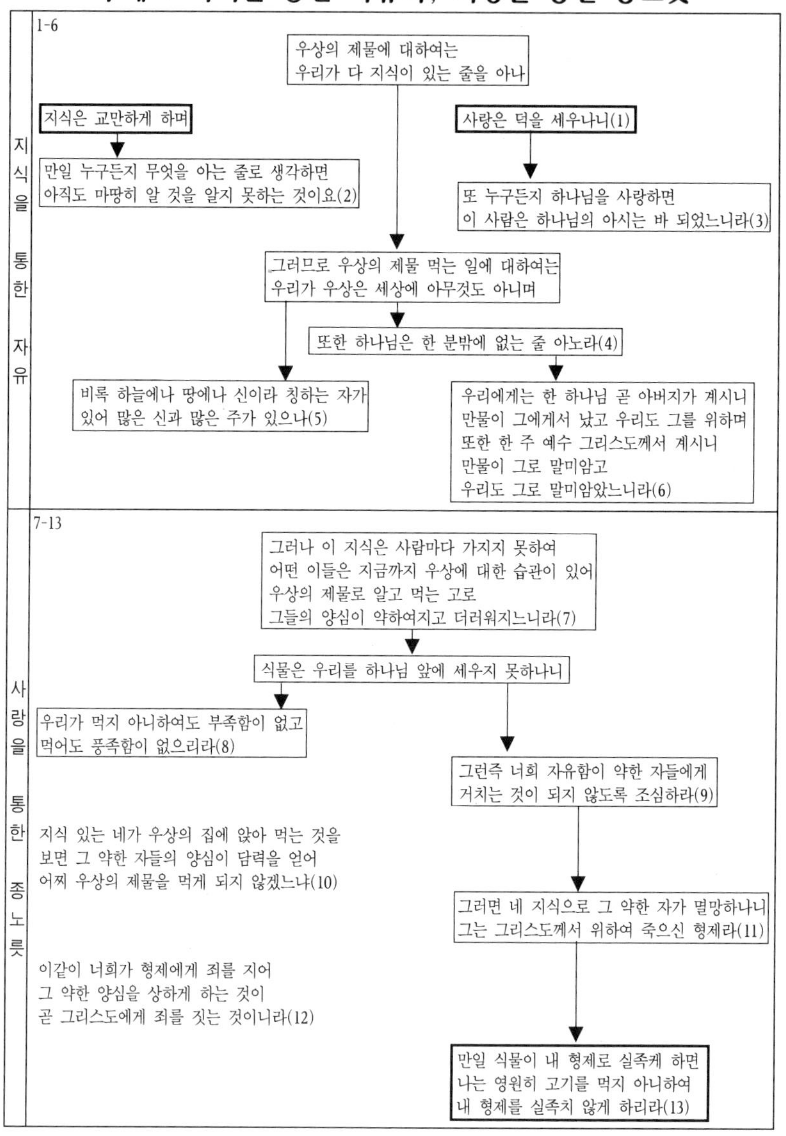

지식을 통한 자유와, 사랑을 통한 종노릇

[1]우상의 제물에 대하여는 우리가 다 지식이 있는 줄을 아나 지식은 교만하게 하며 사랑은 덕을 세우나니.

8장은 고린도교회 형제들이 질의한 두 번째 문제인 "우상의 제물"에 관한 답변입니다. 복음이 이방인들에게 전해지자 고린도교회만이 아니라 이방교회들은 주변에 널려있는 "우상의 제물"을 먹어도 되느냐 여부를 놓고 "강한 자와, 약한 자" 사이에 많은 갈등이 있었던 것입니다. 그 점을 로마서에서도 대하게 됩니다. 바울은 어느 한 편의 손을 들어주는 것이 아니라 이 갈등을 "지식을 뛰어넘는 사랑"(엡 3:18)으로 하나 되게 해주고 있습니다. 이 원리는 비단 우상의 제물뿐만이 아니라 모든 아디아포라에 대한 해답인 것입니다. 이를 두 단원으로 나누어 상고하겠습니다.

첫째 단원(1-6) **지식을 통한 자유**
둘째 단원(7-13) **사랑을 통한 종노릇**

첫째 단원(1-6) 지식을 통한 자유

"그러므로 우상의 제물 먹는 일에 대하여는 우리가 우상은 세상에 아무것도 아니며 또한 하나님은 한 분밖에 없는 줄 아노라"(4).

① 첫 절은 8장의 명제(命題)라 할 수가 있습니다. "우상의 제물에 대하여는" 합니다. 당시는 우상에게 제사했던 고기들이 시장에 많이 유통이 되었던 것입니다. 이를 먹어도 되느냐 여부에 대하여, "지식"으로 대하느냐? "사랑"으로 대하느냐? 두 가지 방면이 있다는 것입니다. 그런데 ㉠ 지식으로만 대하게 되면 "교만"하게 되어 남을 판단하게 만들고 결국 분열을 초래하게 되고, ㉡ 사랑으로 대하게 되면 "덕"을 세우게 되어 화합하게 된다는 것입니다. 그렇다면 문제는 분명해진 것입니다. 어찌하여 "우상의 제물"로 인하여 갈등이 있게 되었는가? 이를 "지식"으로만 접근하고, 사랑으로 대하지 않았기 때문이라는 결론에 이르게 됩니다.

② 바울은, "우리가 다 지식이 있는 줄을 아나"(1중) 합니다. 고린도 성도들은 바울에게 배워서 우상에 대한 지식을 갖고 있었습니다. 그렇다고 모든 사람들에게 동일한 믿음이 있는 것은 아닙니다. 그래서 "누구든지 무엇을 아는 줄로 생각하면 아직도 마땅히 알 것을 알지 못하는 것이요"(2) 하는 것입니다. 무슨 뜻인가? 고린도의 일부 형제들은 지식을 내세워 우상의 제물을 먹으면서, 먹지 못하는 형제들을 판단하고 비웃었을 것입니다. 그런데 이처럼 "무엇을 아는 줄로" 자랑하는 정도는 "아직도 마땅히 알 것을 알지 못하는" 수준이라는 것입니다. 그것은 곧

식이 익기 전에는 이삭이 빳빳하게 서 있다가 익은 후에야 고개를 숙이는 것과 같다 하겠습니다. 그들의 지식에는 결함이 있다는 말씀입니다.

③ 그렇다면 "지식"에 무엇을 더해야만 온전해질 수가 있는가? "사랑은 덕을 세우나니"(1하) 한 "사랑"입니다. 3절에서도, "또 누구든지 하나님을 사랑하면"(3상) 하고, 믿음이라 하지 않고 "사랑하면" 하고 말씀합니다. 여기 예민함이 있는데, "아직도 마땅히 알 것을 알지 못하는 것이요" 한 2절을 중심으로 앞에도 "사랑은 덕을 세우나니"(1하) 하고, 뒤에서도 "하나님을 사랑하면"(3상) 하고 "사랑"을 배치하고 있다는 점입니다. 이 둘을 결합해보십시오. 이웃을 사랑하는 것(1하)이, 하나님을 사랑하는 것(3상)이 됩니다. 이것이 마땅히 알아야할 것을 아는 경지라는 뜻입니다. 그래서 "이 사람은 하나님의 아시는 바 되었느니라"(3하) 합니다. 그러므로 "사랑"을 "최고의 법"(약 2:8)이라, "사랑은 율법의 완성이니라"(롬 13:10) 하는 것입니다.

④ 이 균형과 조화를 보십시오. 1-3절을 통해서 "사랑"의 우월성을 말씀한 바울은, 4-6절에서는 "지식", 즉 교리적인 말씀을 합니다. 왜냐하면 "지식과, 사랑"은 양자택일의 문제가 아니라 조화와 구비(具備)하여 온전해져야 하는 문제이기 때문입니다. ㉠ "우상은 세상에 아무것도 아니며"(4상) 합니다. 헛것이라는 말입니다. "저희 우상은 은과 금이요 사람의 수공물이라"(시 115:4), "과연 그들의 모든 행사는 공허하며 허무하며 그들의 부어 만든 우상은 바람이요 허탄한 것뿐이라"(사 41:29), 그야말로 아무 것도 아니라는 말입니다. 이것이 바울에게 배워서 알고 있는 우상에 대한 지식입니다. 그런데 바울은 여기서 끝이는 것이 아니라 적극적으로, ㉡ "또한 하나님은 한 분밖에 없는 줄 아노라"(4하) 하고, 하나님의 유일성을 고백하는데 까지 나아가고 있습니다.

⑤ "비록 하늘이나 땅에나 신이라 칭하는 자가 있어 많은 신과 많은 주가 있으나"(5), 이것들이 모두 우상들입니다. ㉠ "그러나 우리에게는

한 하나님 곧 아버지가 계시니 만물이 그에게서 났고 우리도 그를 위하며 또한 한 주 예수 그리스도께서 계시니 만물이 그로 말미암고 우리도 그로 말미암았느니라"(6) 합니다. "많은 신, 많은 주"(우상들)와, "한 하나님, 한 주 예수 그리스도"가 대조되어 있습니다. ㉡ "만물"이 우상에게서 난 것이 아니라, "한 하나님, 한 주 예수 그리스도"에게서 났다는 것입니다.

⑥ 여기 명심해야할 말씀이 있습니다. 그것은 "한 하나님 곧 아버지가 계시니 만물이 그에게서 났다" 하고 창조주 하나님만을 증거하는 것이 아니라, "한 주 예수 그리스도께서 계시니"(6중) 하고 그리스도를 증거하는 의도가 무엇인가 하는 점입니다. 이점이 중요합니다. 바울은 결코 "지식"(교리)을 무시하고 있는 것이 아닙니다. "진리(眞理)를 알지니 진리가 너희를 자유케 하리라"(요 8:32) 하신, "진리를 아는 것이 먼저입니다. 바울은 지식 없는 "사랑"을 말씀하고 있는 것이 아닙니다. "한 주 예수 그리스도"를 말씀함은 구원은 오직 한 분 예수 그리스도로 말미암아 뿐임을 증거하기 위해서입니다. 그래서 "한 주 예수 그리스도"라고 고백하는 것입니다. 이 지식이 사랑과 결합하여 덕을 세우게 된다는 말씀입니다.

둘째 단원(7-13) **사랑을 통한 종노릇**

"그러나 이 지식은 사람마다 가지지 못하여 어떤 이들은 지금까지 우상에 대한 습관이 있어 우상의 제물로 알고 먹는 고로 그들의 양심이 약하여지고 더러워지느니라"(7).

① 본 단원의 중심점은 첫 절에서 말씀한, "사랑은 덕을 세운다"는 언급에 대한 해설이라 할 수가 있습니다. ㉠ "그러나 이 지식은 사람마다

가지지 못하여"(7상) 합니다. 어느 교회 성도들이나 영적인 지식이나 성숙도가 동일한 것은 아닙니다. 그러므로 로마서에서 언급한 "강한 자와, 약한 자"(롬 15:1)가 등장하게 됩니다. 우상에 대한 확고한 지식이 없기 때문에, ㉡ "어떤 이들은 지금까지 우상에 대한 습관이 있어"(7중) 합니다. 우상에서 온전히 자유하지 못하다는 것입니다. 즉 우상도 존재하는 양 생각하면서 "우상의 제물로 알고 먹는 고로 그들의 양심이 약하여지고 더러워지느니라"(7하) 합니다. 이점을 로마서에서는 "내가 주 예수 안에서 알고 확신하는 것은 무엇이든지 스스로 속된 것이 없으되 다만 속되게 여기는 그 사람에게는 속되니라"(롬 14:14) 합니다.

② "식물은 우리를 하나님 앞에 세우지 못하나니"(8상) 합니다. 왜 이렇게 말씀하는가? 복음의 핵심은 죄인이 어떻게 하나님 앞에 "설 수 있느냐"에 있기 때문입니다. "우리가 먹지 아니하여도 부족함이 없고 먹어도 풍성함이 없으리라"(8하) 합니다. 여기 "부족함과, 풍성함"이 대조되어 있는데, 저들은 생각하기를 먹지 못하는 자들은 "부족"한 자들이고 먹는 자신들은 "풍성한" 자들인 양 여겼던 모양입니다. 바울은 이렇게 말씀하고 있는 셈입니다. "우상의 제물을 먹지 않는다고 하나님 앞에 서지 못하는 것도 아니요, 우상의 제물을 먹는다고 설 수 있는 것도 아니다."

③ "그런즉 너희 자유함이 약한 자들에게 거치는 것이 되지 않도록 조심하라"(9) 합니다. 여기서 혼동하지 말아야할 점은 바울이 지금 "우상의 제물에 대한 지식"을 가졌음을 책망하고 있는 것이 결코 아니라는 점입니다. 그것은 좋은 것이요, 바람직한 일입니다. 문제는 자신들의 자유만을 내세우고 약한 자들에 대한 배려, 즉 "사랑"을 나타내지 않았다는데 있는 것입니다. 그래서 "거치는 것이 되지 않도록 조심하라" 하는 것입니다.

④ "지식 있는 네가 우상의 집에 앉아 먹는 것을 누구든지 보면"(10

상) 합니다. 인칭대명사가 "너희에서, 네가" 하고 단수로 변하여 단도직입적(單刀直入的)입니다. 너는 자유하다 해도, "그 약한 자들의 양심이 담력을 얻어 어찌 우상의 제물을 먹게 되지 않겠느냐"(10하)는 것입니다. 그러면 어떤 결과를 가져오게 되는가? 진리로 자유함을 얻지 못한 상태에서 우상의 제물을 먹었으니 "의심하고 먹는 자는 정죄되었나니"(롬 14:23), 즉 양심에 가책을 받게 된다는 것입니다. "그러면 네 지식으로 그 약한 자가 멸망하나니"(11상) 합니다. "그는 그리스도께서 위하여 죽으신 형제라"(11하) 합니다.

⑤ 그리스도께서 어찌하여 그 형제를 위하여 죽어주셨는가? 두 가지를 들 수가 있는데 첫째는, ㉠ 구원하기 위해서입니다. 이 뜻이 "멸망하나니"(11중) 라는 말씀 속에 함의되어 있습니다. 바울이 약한 자를 두둔하듯 하는 것은 그들이 옳기 때문이 아닙니다. 그들도 하루 속히 강한 자가 되어야 마땅합니다. 바울이 염려하는 바는 복음진리에 확고하게 서 있지 못하여 아직도 "우상에 대한 습관"(7)이 남아있는 저들이 우상 제물을 먹고 어울리다가 "멸망"당하는 데까지 이르게 될 것을 우려하기 때문입니다. 그래서 "그는 그리스도께서 위하여 죽으신 형제라" 하는 것입니다. 둘째는, ㉡ "사랑"하시기 때문에 위하여 죽어주셨다고 밖에 달리는 설명할 말이 없는 것입니다. 그런데 너는 지식만을 내세우고 "사랑"을 나타내지 않아 멸망시킬 수가 있단 말이냐는 뜻이 함의되어 있는 것입니다. 이점을 로마서에서는 "만일 식물을 인하여 네 형제가 근심하게 되면 이는 네가 사랑으로 행치 아니함이라 그리스도께서 대신하여 죽으신 형제를 네 식물로 망케 하지 말라"(롬 14:15) 합니다. "이 같이 너희가 형제에게 죄를 지어 그 약한 양심을 상하게 하는 것이 곧 그리스도께 죄를 짓는 것이니라"(12) 합니다.

⑥ "그러므로 만일 식물이 내 형제로 실족케 하면 나는 영원히 고기를 먹지 아니하여 내 형제를 실족치 않게 하리라"(13) 말씀함으로, 이

제까지의 권면을 자신에게 적용을 시킵니다. “내 형제와, 실족”이라는 말이 한 절 안에 각각 두 번 반복되어 강한 형제애를 나타냅니다. 이것이 “사랑을 통한 종노릇”입니다. 바울은 뒤에 가서 “내가 예언하는 능이 있어 모든 비밀과 모든 지식을 알고 또 산을 옮길 만한 모든 믿음이 있을지라도 사랑이 없으면 내가 아무 것도 아니요”(13:2) 하고 진술하는 것을 대하게 될 것입니다. 이 말씀을 받은 고린도교회의 강한 자들은 좀 시무룩했을 성싶습니다. 칭찬을 기대했다가 책망을 받은 격이기 때문입니다. 이를 예상했기 때문일까요, 바울은 다음 장에서 자신의 본을 보여줍니다.

⑦ 이제 묵상해보십시다.

㉠ 나에게는 복음진리를 통한 자유 함이 있는가?

㉡ 나는 지식에 사랑으로 덕을 세우고 있는가?

고린도전서 9장 개관도표

주제 : 그리스도의 복음에 장애가 없게 하려 함

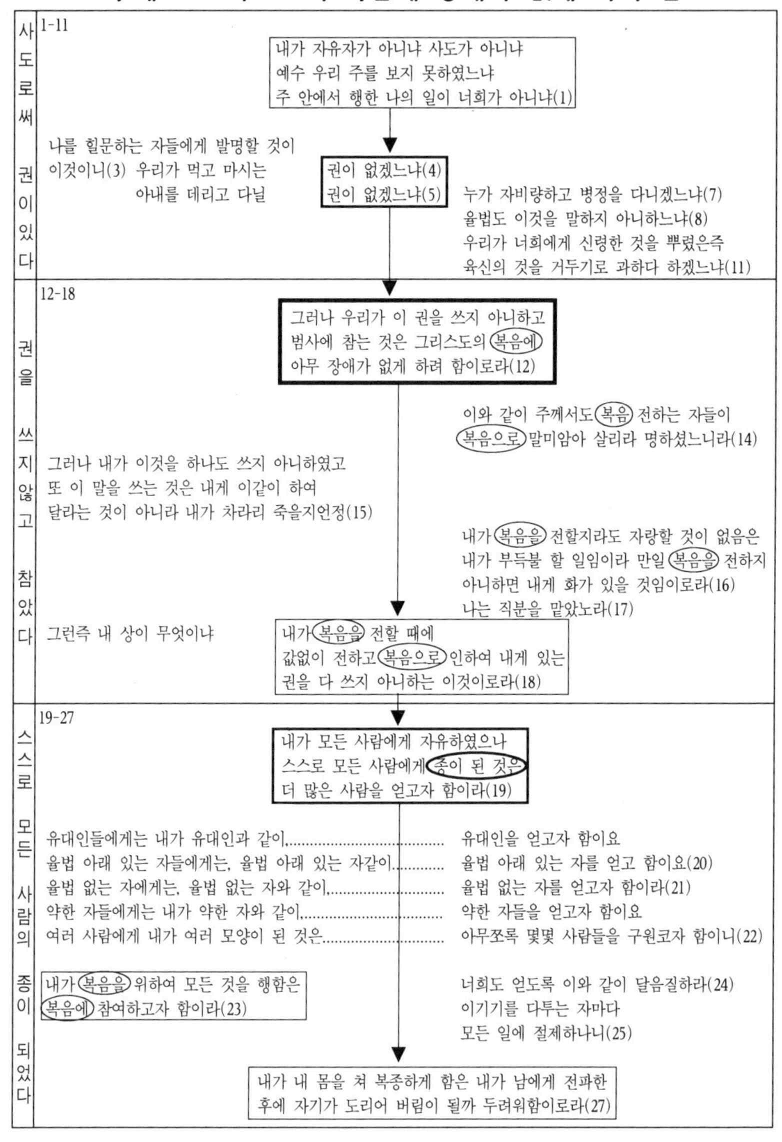

9장 그리스도의 복음에 장애가 없게 하려 함

[12]다른 이들도 너희에게 이런 권을 가졌거든 하물며 우리일까 보냐 그러나 우리가 이 권을 쓰지 아니하고 범사에 참는 것은 그리스도의 복음에 아무 장애가 없게 하려 함이로라.

9장의 중심점은 "그리스도의 복음에 아무 장애가 없게 하려 함이로라"(12하)에 있습니다. 바울은 복음에 장애를 주지 않게 하기 위해서 사도로써의 권이나, 자유를 행사하지 않았다는 것입니다. 바울은 8장에서 "그런즉 너희 자유함이 약한 자들에게 거치는 것이 되지 않도록 조심하라"(8:9) 하고 말씀했는데, 9장은, 바울이 실천한 것을 본으로 보여주는 것입니다. 자신은 사도로써 "권이 있지만"(첫째 단원), 복음에 장애를 주지 않기 위해서 "권을 쓰지 않았을 뿐만이 아니라"(둘째 단원), "스스로 모든 사람의 종이 되었다"(셋째 단원)고 말씀합니다. 그리고는 "이와 같이 달음질하라"(24) 하고, 고린도 형제들에게 권면합니다. 이렇게 세 단원으로 나누어 상고하겠습니다.

첫째 단원(1-11) **사도로써의 권이 있다**
둘째 단원(12-18) **권을 쓰지 아니하고 참았다**
셋째 단원(19-27) **스스로 모든 사람의 종이 되었다**

첫째 단원(1-11) **사도로써의 권이 있다**

"내가 자유자가 아니냐 사도가 아니냐 예수 우리 주를 보지 못하였느냐 주 안에서 행한 나의 일이 너희가 아니냐"(1).

① 첫째 단원의 중심점은, "권이 없겠느냐"는 데 있습니다. 즉 권이 있다는 것입니다. 이 말이 세 번(4, 5, 6)이나 반복해서 강조되어 있습니다. 그런데 바울은, ㉠ "내가 자유자가 아니냐"(1상) 하고 "자유"를 맨 앞에 내세웁니다. 이렇게 하고 있는 것은 이제 말씀하고자 하는 바가, 자유가 사랑에 의해 제한 될 수 있음을 말씀하기 위한 문맥이기 때문입니다. ㉡ "사도가 아니냐"(1중) 합니다. "사도"라는 말이 5번(1, 2, 2, 2, 5)이나 강조되어 있습니다. 이처럼 강조하고 있는 것은 그럼에도 불구하고 사도로써의 권을 쓰지 않았음을 드러내기 위해서입니다.

② 그리고 사도 됨의 증거(행 1:21-22)를 두 가지를 들고 있는데 첫째로, ㉠ "예수 우리 주를 보지 못하였느냐", 즉 부활하신 주님을 보았다는 것을 듭니다. 이는 자신의 사도권이 신적 권위에 의한 것임을 말씀함이고 둘째로, ㉡ "주 안에서 행한 나의 일이 너희가 아니냐"(1하) 하고 고린도에 하나님의 교회가 세워지게 된 것을 들고 있는데 이는 열매로 사도권을 입증하고 있는 것입니다. 그래서 ㉢ "다른 사람들에게는 내가 사도가 아닐지라도 너희에게는 사도니 나의 사도 됨을 주 안에서

인친 것이 너희라"(2) 하는 것입니다. 이렇게 말하는 바울의 심정은 착잡했을 것입니다. 그 점이 "나를 힐문하는 자들에게 발명할 것이 이것이니"(3) 하는 말씀 속에 나타나 있습니다. 다른 사람들이 바울의 사도됨을 힐문할지라도 증인(인침)이 되어주어야 할 고린도 형제들에 의하여 힐문을 당하고 있기 때문입니다.

③ 그렇다면 무슨 "권"이 있다는 것인가? ㉠ "우리가 먹고 마시는 권이 없겠느냐"(4) 합니다. ㉡ "우리가 다른 사도들과 주의 형제들과 게바(베드로)와 같이 자매 된 아내를 데리고 다닐 권이 없겠느냐"(5) 합니다. ㉢ "나와 바나바만 일하지 아니할 권이 없겠느냐"(6) 합니다. 요약을 하면, 선교여행에 아내를 대동하고 다니면서 일하지 않고 교회로부터 요를 받아 선교할 그런 "권"이 있다는 것입니다.

④ 그런데 바울은 주의 일에 전념하기 위해서, ㉠ "나와 같이 그냥 지내는 것이 좋으니라"(7:8) 한 대로 독신(獨身)으로 지냄으로 권을 쓰지 않았습니다. ㉡ "너희 아는 바에 이 손으로 나와 내 동행들의 쓰는 것을 당하여"(행 20:34) 한 대로 천막 만드는 일을 해가면서 자급선교를 함으로 권을 쓰지 않았습니다. 이유는 단 한 가지, ㉢ "그리스도의 복음에 아무 장애가 없게 하려 함"(12)에서입니다.

⑤ 바울은 어디에 근거하여 권(權)이 있다고 주장하는가? 첫째는, 앞에서 말씀한 "사도가 아니냐"에 있습니다. 바울은 부활하신 주님에 의하여 강권적으로 보냄을 받은 군사입니다. 그렇다면 "누가 자비량 하고 병정을 다니겠느냐"(7) 하고 말할 수가 있는 것입니다. 둘째는, "율법도 이것을 말하지 아니하느냐"(8) 하고 성경에 근거하여 주장합니다. "모세의 율법에 곡식을 밟아 떠는 소에게 망을 씌우지 말라 기록하였으니 하나님이 어찌 소들을 위하여 염려하심이냐"(9) 합니다. "전혀 우리를 위하여 말씀하심이 아니냐 과연 우리를 위하여 기록된 것이니 밭가는 소는 소망을 가지고 갈며 곡식 떠는 자는 함께 얻을 소망을 가지고 떠

는 것이라"(10) 합니다.

⑥ 그리하여 첫째 단원의 결론을, "우리가 너희에게 신령한 것을 뿌렸은즉 너희 육신의 것을 거두기로 과하다 하겠느냐"(11) 하고, 질문을 던짐으로 마치고 있습니다. 고린도 형제들의 대답이 무엇이겠는가? 그렇다면 바울이 어떤 의도에서 이처럼 "권"이 있음을 강조하고 있는가 하는 점입니다. 이에 합당한 대우를 요구하기 위해서란 말인가?

둘째 단원(12-18) 권을 쓰지 아니하고 참았다

"다른 이들도 너희에게 이런 권을 가졌거든 하물며 우리일까 보냐 그러나 우리가 이 권을 쓰지 아니하고 범사에 참는 것은 그리스도의 복음에 아무 장애가 없게 하려 함이로라"(12).

① 둘째 단원의 중심점은, "이 권을 쓰지 아니하였다"는 데 있습니다. "이 권을 쓰지 아니하고 범사에 참는 것은"(12) 합니다. "내가 이것을 하나도 쓰지 아니하였다"(15), "내게 있는 권을 다 쓰지 아니하는 이것이로라"(18) 하고, 세 번이나 강조되어 있습니다.

② 바울은 이 권이 하나님과, 주님께서 보장해주신 권임을 다시 한 번 강조합니다. ㉠ "성전의 일을 하는 이들은 성전에서 나는 것을 먹으며 제단을 모시는 이들은 제단과 함께 나누는 것을 너희가 알지 못하느냐"(13) 합니다. 하나님은 아론에게 말씀하시기를 백성들이 드린 제물들을 "너와 네 아들들에게 영영한 응식으로 주노라"(민 18:8) 하시고, 또 레위인들에게도 백성들이 드린 "십일조를 레위 자손에게 기업으로 다 주어서 그들의 하는 일 곧 회막에서 하는 일을 갚나니"(민 18:21) 하셨습니다. ㉡ "이와 같이 주께서도 복음 전하는 자들이 복음으로 말미암아 살리라 명하셨느니라"(14) 합니다.

③ 그렇다면 바울은 어찌하여 권을 쓰지 아니 했는가? 바울은, ㉠ "그리스도의 복음"(12중)이라고 대답합니다. 그리고 이 복음에, ㉡ "아무 장애가 없게 하려 함"(12하)에서라고 말씀합니다. 도대체 복음이 무엇이기에 "장애"를 주게 될까보아 이토록 조심하고 있는가? 형제는 말해 줄 수가 있습니까? 우리를 구원하시기 위하여 하나님의 아들께서 이 땅에 내려와 죽으심으로 가능하여 진 것입니다. 이를 모른다면 그리스도인이라 말할 수가 없을 것입니다. 이를 아는 자라면 어찌 복음에 장애를 주는 일을 범할 수가 있단 말인가?

④ 좀더 살펴보아야만 합니다. "복음"이라는 말이 무려 9번(12, 14, 14, 16, 16, 18, 18, 23, 23)이나 강조되어 있는데, 어느 부분에 집중되어 있는가를 주목해보시기를 바랍니다. 자신에게 주어진 권을 "쓰지 아니하고 범사에 참았다"는 둘째 단원입니다. 바울은 무엇을 생각했기에 이토록 참았을까요? 서두에서 "우리 주를 보지 못했느냐"(1) 하고 증거한 주님을 생각했기 때문일 것입니다. 본문을 표면만을 본다면 바울 자신을 본으로 내세우고 있는 듯이 보일 수가 있습니다. 그러나 좀더 문맥을 따라가 보면, "내가 그리스도를 본받은 자 된 것같이 너희는 나를 본받는 자 되라"(11:1) 하고 유일한 표본은 바울이 아니라 "그리스도"임을 발견하게 되는 것입니다.

⑤ 주님의 본을 빌립보서를 통해서 증거합니다. 주님은 어떤 "권"이 있으신(첫째 단원의 제목) 분이십니까? "그는 근본 하나님의 본체(本體)시나", 합니다. 그러한 주님께서 어디까지 그 권을 비우셨는가?(둘째 단원의 제목) "하나님과 동등 됨을 취할 것으로 여기지 아니하시고 오히려 자기를 비어 종의 형체를 가져 사람들과 같이 되었고, 자기를 낮추시고 죽기까지 복종하셨으니 곧 십자가에 죽으심이라"(빌 2:6-8) 합니다. 복음은 이런 권이 있으신 그리스도께서 모든 권을 포기하신 것만이 아니라 죽기까지 복종하신 "종"(셋째 단원의 제목)으로 섬기심으로

가능하여 진 것입니다. 이렇게 하고야 주심이 가능한 것을 알았기에 이 "복음에 아무 장애가 없게 하려" 주님의 자취를 따랐을 뿐이라는 뜻이 됩니다.

모든 권을 포기하신 그리스도

① 하나님은 이렇게 이루신 복음을 우리에게 "값없이(롬 3:24), 거저(엡 1:6)주셨습니다. 바울은 빌립보 성도들을 향해서 "너희 안에 이 마음을 품으라 곧 그리스도 예수의 마음이니"(빌 2:5) 하고 권면하고, "누가 주의 마음을 알아서 주를 가르치겠느냐 그러나 우리가 그리스도의 마음을 가졌느니라"(2:16) 하고 말씀했습니다. 바울은 다름이 아닌 "그리스도의 마음"을 품었기 때문에 장애만을 주지 않은 것이 아니라, 사도로써의 권을 포기할 수가 있었고, "주 예수께 받은 사명 곧 하나님의 은혜의 복음 증거하는 일을 마치려함에는 나의 생명을 조금도 귀한 것으로 여기지 아니하노라"(행 20:24) 하고 말씀할 수가 있었던 것입니다.

② 그러므로 "또 이 말을 쓰는 것은 내게 이같이 하여 달라는 것이 아니라 내가 차라리 죽을지언정…" 하면서, "내가 복음을 전할지라도 자랑할 것이 없음은 내가 부득불 할 일임이라 만일 복음을 전하지 않으면 내게 화가 있을 것임이로다"(15-16) 말씀하는 것입니다.

③ "그런즉 내 상이 무엇이냐 내가 복음을 전할 때에 값없이 전하고 복음으로 인하여 내게 있는 권을 다 쓰지 아니하는 이것이로라"(18) 합니다. 이렇게 말씀하는 바울의 심중에는, "이러므로 하나님이 그를 지극히 높여 모든 이름 위에 뛰어난 이름을 주사"(빌 2:9) 한 주님의 승귀를 생각했을 것입니다. 그리고 이렇게 말씀함은 "의로우신 재판장이 그 날에 내게 주실 것이니 내게만 아니라 주의 나타나심을 사모하는 모든

자에게니라"(딤후 4:8) 한, "모든 자"를 위로하고 격려하기 위함임도 잊지 말아야할 것입니다.

셋째 단원(19-27) 스스로 모든 사람의 종이 되었다

"내가 모든 사람에게 자유하였으나 스스로 모든 사람에게 종이 된 것은 더 많은 사람을 얻고자 함이라"(19).

① 본 단원의 핵심은 "종"(從)이라는 말씀에 있습니다. "종"이라는 단어가 문자적으로는 한 번밖에 나타나고 있지 않지만 행간(行間)에는 종의 정신이 계속적으로 깔려 있는 것입니다. ㉠ "내가 모든 사람에게 자유하였으나"(19상) 합니다. 첫 절에서도 "내가 자유자가 아니냐, 사도가 아니냐" 했습니다. 자유자요 사도인 바울이 ㉡ "스스로 모든 사람에게 종이 된 것은"(19중) 합니다. 어찌하여 이처럼 낮아졌는가?

② "더 많은 사람을 얻고자 함이라"(19하) 합니다. 그리하여 ㉠ "유대인들에게는 내가 유대인 같이 된 것은 유대인들을 얻고자 함이요, ㉡ 율법 아래 있는 자들에게는 내가 율법 아래 있지 아니하나 율법 아래 있는 자같이 된 것은 율법 아래 있는 자들을 얻고자 함이요"(20), ㉢ 율법 없는 자에게는 율법 없는 자같이(21), ㉣ 약한 자들에게는 약한 자와 같이, ㉤ "여러 사람에게 내가 여러 모양이 된 것은 아무쪼록 몇몇 사람들을 구원코자 함이니"(22) 합니다. 이렇게 하여 한 사람이라도 더 구원하기 위해서 "여러 모양"으로 섬겼다는 것입니다.

③ 이처럼 "내가 복음을 위하여 모든 것을 행함은 복음에 참여하고자 함이라"(23) 합니다. "모든 것을 행했다"는 말은, 권이 있지만 권을 쓰지 아니하고 도리어 종이 되어 여러 모양으로 섬긴 것을 의미합니다. 왜 그렇게 하였는가? "복음에 참여하고자 함이라" 합니다. 첫째는 자신의

구원을 위해서요, 둘째는, 주님의 고난에 함께 참여하기 위해서라는 것입니다.

④ 24-27절은 바울이 복음에 참여하기 위해서 얼마나 사모하고 절제했는가를 나타내고 있습니다. "운동장에서 달음질하는 자들이 다 달아날지라도 오직 상 얻는 자는 하나인 줄을 너희가 알지 못하느냐"(24상) 합니다. 그리고 "너희도"(24하) 하고 고린도 성도들에게 적용을 시킵니다. 이점에서 9장을 말씀하는 바울의 의중이 드러납니다. 첫 절에서 "내가 자유자가 아니냐" 하고 자유자임을 선언했습니다. 19절에서도 "내가 모든 사람에게 자유하였으나" 하고 재차 강조합니다. 그 위에 바울은 사도였고 부활하신 주님께 친히 부르심을 받은 자입니다. 그런 바울이 복음에 장애가 될까보아 모든 "권"을 하나도 쓰지 아니하고, 한 사람이라도 더 구원하기 위해서 "종"으로, 즉 여러 사람에게 여러 모양으로 섬겼다면, 너희가 자유자라 하여도 약한 자들에게 거치는 것이 되고(8:9), 심지어 실족(8:13)시킬 수도 있는 우상의 제물을 먹는 것쯤이야 포기(절제)할 수 있지 않느냐는 것입니다. 이는 비단 우상 제물에 국한된 문제만은 아닌 것입니다.

⑤ "너희도 얻도록 이와 같이 달음질하라" 합니다. 그리고 "이기기를 다투는 자마다 모든 일에 절제하나니"(25상) 하고 "절제"의 미덕을 말씀합니다. 그런 후에 "내가 내 몸을 쳐 복종하게 함은 내가 남에게 전파한 후에 자기가 도리어 버림이 될까 두려워함이로라"(27) 하고 9장을 마치고 있습니다. "견인교리"를 내세워 자신이 어떻게 행동하든지 구원은 맡아놓은 전매특허인 양 여기는 자세는 복음을 알아야할 만큼 알지를 못하는 증거요, 복음에 대한 모독입니다. 교회란 여러 계층의 사람들이 모인 공동체입니다. 그리고 그 공동체의 일원이 된다는 것은 섬김을 받기 위해서가 아니라 "섬기기" 위해서임을 유념해야만 합니다. 그러므로 "자유로 육체의 기회를 삼지 말고 오직 사랑으로 서로 종노릇"(갈

5:13)해야 하는 것입니다. 이것이 "종"의 정신이요, "절제"하는 것이요, 복음에 "장애를 주지 않는 것"이요, 복음에 "참여"하는 것입니다.

⑥ 이제 묵상해보십시다.

㉠ 내게 있는 권을 쓰지 아니하고 포기한 사례가 있는지?

㉡ 복음에 장애를 주지 않기 위하여 삼가고 조심하고 있는지?

㉢ 성장을 우선하여 복음에 장애를 준 일은 없는지?

고린도전서 10장 개관도표

주제 : 광야교회를 거울삼아 우상숭배를 경계함

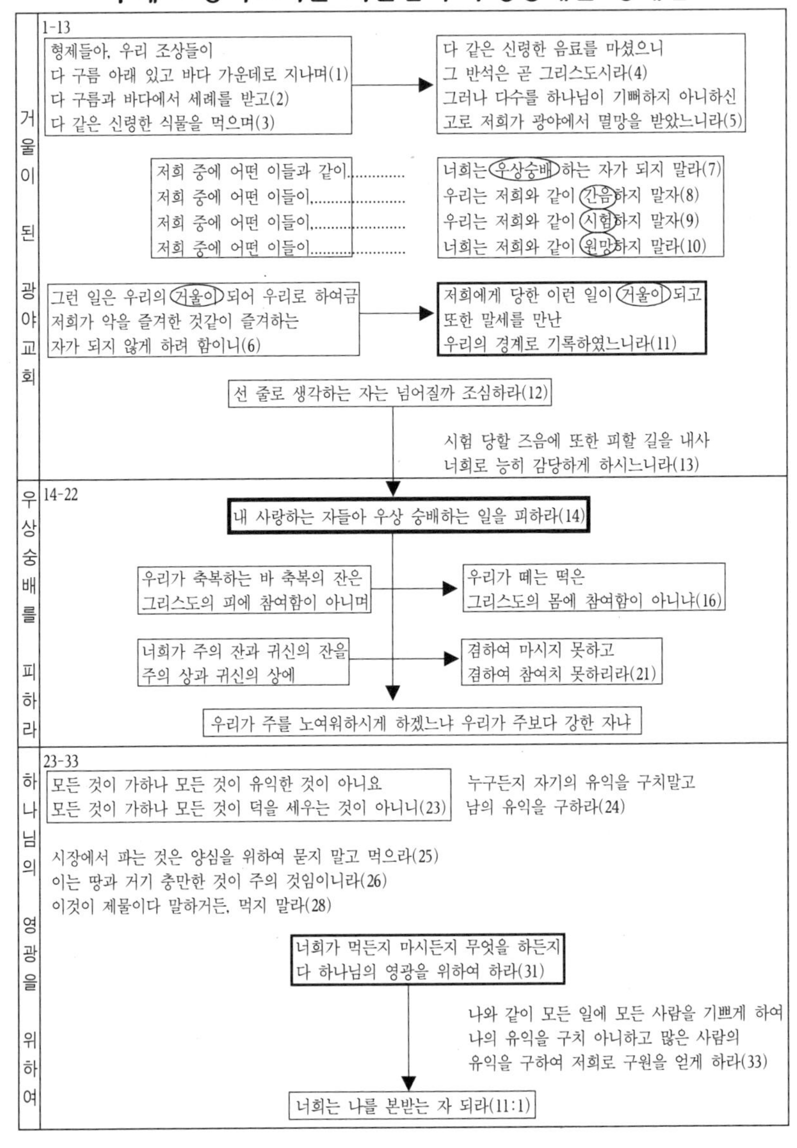

10장 광야교회를 거울삼아 우상숭배를 경계함

[11]저희에게 당한 이런 일이 거울이 되고 또한 말세를 만난 우리의 경계로 기록하였느니라.

10장의 중심점은 "광야교회를 거울삼아 우상숭배를 경계함"에 있습니다. 어찌하여 광야교회를 거울로 삼고 있는가? 출애굽을 한 사람들 중 다수가 약속의 땅에 들어가지를 못하고 광야에 넘어졌기(첫째 단원) 때문입니다. 이를 거울삼아 "선 줄로 생각하는 자는 넘어질까 조심하라"(12)는 경고를 하기 위해서입니다. "선 줄로 생각하는 자"란 지식이 있노라 하는 자들을 가리킵니다. 그들은 지식을 핑계삼아 우상의 축제에 참여하여 먹고 마시고 했던 것입니다. 이를 경계하는 것은 그러하다가 우상숭배에 빠질 염려가 있기 때문입니다. 이점이 8장의 주제와 다른 점입니다. 8장에서는 약한 자들을 위하여 사랑을 나타내라고 권면하였으나, 10장에서는 강한 자로 자처하는 장본인들을 위한 경계입니다. 그래서 "그런즉 내 사랑하는 자들아 우상숭배 하는 일을 피하라"(둘째 단원, 14) 하고 경고합니다. 그렇다면 그리스도인의 자유는 어떻게 되는가? 그러므로 "먹든지 마시든지 무엇을 하든지 다 하나님의 영광을 위하여 하라"(셋째 단원, 31) 하고 원리적인 말씀으로 결론을 맺습니다. 이를 세 단원으로 나누어 상고하겠습니다.

첫째 단원(1-13) **거울이 된 광야교회**
둘째 단원(14-22) **우상숭배를 피하라**
셋째 단원(23-33) **다 하나님의 영광을 위하여 하라**

첫째 단원(1-13) 거울이 된 광야교회

"형제들아 너희가 알지 못하기를 내가 원치 아니하노니 우리 조상들이 다 구름 아래 있고 바다 가운데로 지나며"(1),

① 첫째 단원의 중심점은 출애굽 당시 광야교회의 실패를 거울삼아 경계함에 있습니다. "너희가 알지 못하기를 내가 원치 아니하노니"(1상) 한 의미는, 이 중요한 사실을 알기를 원한다는 뜻입니다. 알기를 원하는 내용은 두 방면입니다. 먼저 하나님이 해주신 일(1-4)을 요약해서 말씀합니다. 그런 후에 인간이 한 일(5-10)을 말씀해줍니다. 그런 후에 "저희에게 당한 이런 일이 거울이 되고 또한 말세를 만난 우리의 경계로 기록하였느니라"(11) 하고 적용을 시킵니다.

② 먼저 하나님이 해주신 다섯 가지 영광스러운 일을 진술합니다. 첫째로, "우리 조상들이 다 구름 아래 있고"(1중) 합니다. 이는 "여호와께서 그들 앞에 행하사 낮에는 구름 기둥으로 그들의 길을 인도하시고"(출 13:21)를 염두에 두고 한 말씀입니다. 둘째로, "바다 가운데로 지나

며"(1하) 합니다. 이는 홍해를 육지 같이 건넌 것을 가리킵니다. 셋째로, "모세에게 속하여 다 구름과 바다에서 세례를 받고"(2) 합니다. 이 말씀에 함축된 의미를 알기 위해서는 "모세에게 속하여"(2상) 라는 의미를 깨달아야만 합니다. 이스라엘 백성들은 4백여 년 동안이나 "바로에게 속하여" 있던 바로의 노예들이었습니다. 그들이 유월절 양의 피로 구속되어 "모세에게 속하게" 된 것입니다. 어찌하여 모세에게 속하였다고 말씀하는가? "바로와, 모세"가 사탄과 하나님의 대리자로 등장하기 때문입니다. 고린도 형제들도 전에는 우상숭배를 하면서 사탄에게 속해 있던 자들이었으나, 이제는 예수 그리스도의 구속으로 말미암아 그리스도께 속한(16) 자들이 된 것입니다.

③ 넷째로 "다 같은 신령한 식물을 먹으며"(3) 합니다. 신령한 식물이란, "저희에게 만나를 비같이 내려 먹이시며 하늘 양식으로 주셨나니 사람이 권세 있는 자의 떡을 먹음이여 하나님이 식물을 충족히 주셨도다"(시 78:24-25) 한 만나를 가리킵니다. 모세는, "만나를 네게 먹이신 것은 사람이 떡으로만 사는 것이 아니요 여호와의 입에서 나오는 모든 말씀으로 사는 줄을 너희로 알게 하려 하심이니라"(신 8:3) 하고, 이를 "말씀"으로 해석해주고 있습니다.

④ 다섯째로, "다 같은 신령한 음료를 마셨으니 이는 저희를 따르는 신령한 반석으로부터 마셨으매"(4상) 합니다. 이는 지팡이로 반석을 쳐서 생수가 솟아나게 함으로 마시게 한 것을 가리킵니다. 이점에서 주목해야할 점은 "신령한 식물(3), 신령한 음료, 신령한 반석"(4)이라는 표현입니다. "신령한" 이라고 말씀함은 여기에는 신령한 의미가 있다는 뜻입니다. 그 신령한 의미가 "그 반석은 곧 그리스도시라"(4하) 하는 것입니다. 반석만이 그리스도의 상징인 것은 아닙니다. 주님은 요한복음 6장에서는 만나(49)를, 7장에서는 생수(38)를 자신에 대한 그림자임을 말씀하셨습니다. 이처럼 출애굽 세대들은 하나님의 은총을 입은 자들임

을 말씀합니다.

다섯 가지 영광스러운 특권

① "저희를 따르는 신령한 반석"(4중)이란 표현을 유념해야만 합니다. 이는 출애굽 당시에도 그리스도께서 목자가 되시어 인도하여주셨음을 나타냅니다. 인도해주신 것만이 아닙니다. 구약시대 성도들도 오직 그리스도를 통하여 구원을 얻을 수가 있었음을 가리킵니다. 만약 구약의 성도들이 다른 분, 다른 방도를 통해서 구원을 얻었다고 말한다면 "그리스도께서 헛되이 죽이신 것"(갈 2:21)이 되고 마는 것입니다. 그래도 미심 적다면 믿음 장을 보시기 바랍니다. 모세가 받은 능욕을 "그리스도를 위하여 받는 능욕"(히 11:23-26)이라고 말씀합니다. 왜 그런가? 신구약을 막론하고 구속 주는 오직 그리스도 한 분뿐이기 때문입니다. 여리고의 기생 라합이 의롭다함을 얻었다고 말씀할 수 있는 것도(약 2:25) 정탐꾼을 영접한 것을 그리스도를 영접한 것으로 여겨주셨기 때문에 가능하여지는 것입니다. 이것이 성경을 구속사라는 맥락으로 보아야만 하는 이유입니다.

② 구약에 등장하는 "반석"에 대해 좀 더 살펴보아야만 하겠습니다. 모세는 신명기 32장에서 "반석"이라는 말을 9번(4, 13, 13, 15, 18, 30, 31, 31, 37)이나 언급하고 있습니다. 이를 관찰해보면 우리를 구원하시기 위해서 "임마누엘" 하실 하나님, 즉 그리스도에 대한 계시임을 깨닫게 될 것입니다. 그것은 "내가 그들 중에 거할 성소"(출 25:8)라 하신 성막이 그리스도에 대한 모형임과 같은 이치입니다. "그러한데 여수룬이 살찌매 발로 찼도다 네가 살찌고 부대하고 윤택하매 자기를 지으신 하나님을 버리며 자기를 구원하신 반석을 경홀히 여겼도다", "너를 낳은 반석은 네가 상관치 아니하고 너를 내신 하나님은 네가 잊었도다"

(신 32:15, 18) 하고 말씀합니다. 저들이 발로 찼다는 "반석"은 임마누엘 하나님에 대한 상징이었던 것입니다.

③ 출애굽 사건은 단순한 이스라엘의 역사가 아닙니다. 바로의 노예였던 이스라엘을 해방시키시는 것을 예표로 하여, 죽기를 무서워하므로 사탄에게 매어 종노릇하는 우리를 구원하시려는 구원계시입니다. 하나님은 어린아이와 같은 우리를 깨우치시기 위하여 예표로, 모형으로, 그림자로(히 1:1) 말씀해주셨습니다. 그러므로 "유월절 양"은 그리스도에 대한 예표요, 홍해도하는 세례를 상징하고, "너는 반석을 치라 그것에서 물이 나리니 백성이 마시리라"(출 17:6) 하심은, 그리스도께서 치심(고난)을 당하심으로 생명수를 마시게 하여주실 것에 대한 그림자였던 것입니다. 그래서 "그 반석은 곧 그리스도시니라" 하는 것입니다. 그러므로 광야교회에 그림자로 주어졌던 것이 신약교회에는 실체로 주어진 것입니다. 광야교회는 애굽에서 불러냄을 받은 자들이었고, 고린도교회는 음란의 도성에서 불러냄을 받은 자들(1:2)이라는 공통점이 있는 것입니다.

④ 그런데 문제는 하나님이 행해주신 1-4절을 말씀하는 의도가 무엇인가 하는 점입니다. ㉠ 이렇게 해주셔서 이들이 다 약속의 땅에 들어갔다는 이야기를 하려는 것인가? ㉡ 아닙니다. 정반대의 말씀을 하기 위해서입니다. 이러한 특권을 받았음에도 불구하고 저들의 다수(多數)가 멸망을 당한 것을 거울로 삼아 고린도 성도들에게 경각심을 갖게 하려는 의도에서입니다.

이런 일이 우리의 거울이 됨

① 5-10절은 사람의 행사인데, "그러나"(5상) 하고 시작이 됩니다. 이는 앞에서 진술한 하나님의 은총을 거역(拒逆)했음을 나타내는 접속사

입니다. ㉠ "저희의 다수를 하나님이 기뻐하지 아니하신 고로 저희가 광야에서 멸망을 받았느니라"(5하) 합니다. 여기 예민한 대조가 나타나고 있는데, 1-4절 안에는 "다"라는 말이 4번이나 나옵니다. 하나님은 "다, 모두, 전부"에게 동일한 은혜를 베푸셨습니다. 그런데 저들 중의 "다수"(多數, 5)가, 거역을 하다가 "멸망을 받았다"는 것입니다. 다시 강조합니다만, 소수가 아닌 "다수"입니다.

② "그런 일은 우리의 거울이 되고 우리로 하여금 저희가 악을 즐겨한 것같이 즐겨하는 자가 되지 않게 하려 함이니"(6) 합니다. 이 경계가 이 문단의 시작(6)과 끝(11), 이렇게 두 번 나타나 강조적입니다. 목회 현장에서 제일 고심케 했던 점이 지금 다루고 있는 문제입니다. 출애굽 1세대들 중 여호수아 갈렙 두 사람 외에는 약속의 땅에 들어가지 못하고 광야에 엎드러진 이 예표를 어떻게 적용을 해야 할 것인가 하는 점입니다. 이는 남의 이야기가 아니기 때문입니다. 지금 영적 출애굽을 한 사람들은 많지만 이들이 과연 다 구원에 참여하게 될 것인가? 만일 절대 다수가 엎드러지게 된다면 어찌할 것인가? 이점을 히브리서에서도 "그러므로 우리는 두려워할지니 그의 안식에 들어갈 약속이 남아 있을지라도 너희 중에 혹 미치지 못할 자가 있을까 함이라 저희와 같이 우리도 복음 전함을 받은 자이나 그러나 그 들은바 말씀이 저희에게 유익이 되지 못한 것은 듣는 자가 믿음을 화합치 아니함이라"(히 4:1-2) 하고 경고하고 있지 아니한가? 그리고 지금 바울도 "저희에게 당한 이런 일이 거울이 되고 말세를 만난 우리의 경계로 기록하였느니라"(11) 경고하고 있기 때문입니다.

③ 그렇다면 저희 중 "다수"가 멸망을 당하게 된 원인이 무엇인가? 바울은 그 원인을 "우상숭배(7), 간음(8), 시험(9), 원망"(10) 등, 네 가지를 들고 있습니다. 맨 먼저, "저희 중에 어떤 이들과 같이 너희는 우상 숭배하는 자가 되지 말라"(7상) 하고 "우상숭배"를 듭니다. 그리고

는 "기록된바 백성이 앉아서 먹고 마시며 일어나서 뛰논다 함과 같으니라" 하고 출애굽기 32:6절을 인용합니다. "백성이 앉아서 먹고 마시며 일어나서 뛰놀았다"는 것은 일종의 축제를 벌였다는 말입니다. 그리고 고린도의 우상숭배도 축제요, "앉아서 먹고 마시며 일어나서 뛰놀았다"는 인용구는 고린도인들의 실상과 딱 맞아떨어졌던 것입니다. 그래서 "기록된바" 하고 원문을 제시하고 있는 경우는 네 가지 경계 중 유일합니다. 이는 광야교회가 범한 결정적인 죄가 우상숭배요, 지금 바울이 경계하려는 바도 "우상숭배 하는 일을 피하라"(14)는 경고를 하기 위함임을 알 수가 있습니다.

④ 광야교회만이 아니라 구약교회가 멸망당하게 된 결정적인 원인도 우상숭배임을 명심해야만 합니다. 그리고 우상숭배는 기복신앙과 불가분의 관계(렘 44:17-18)임을 유념해야만 합니다. 이점이 바울 서신에도 나타납니다. "그러므로 땅에 있는 지체를 죽이라 곧 음란과 부정과 사욕과 악한 정욕과 탐심이니 탐심은 우상숭배니라"(골 3:5) 말씀합니다. 이 말씀에 비추어 현대교회의 실상을 볼 때 우상숭배에 함몰(陷沒)되어 있는 것이 아닌가 하는 위기감이 듭니다. 그렇다면 우상숭배가 어찌하여 결정적으로 멸망에 이르는 죄인가? 표면적으로 보면 우상숭배가 하나님을 배반한 것이 되지만 구속사의 맥락에서 보면 그리스도를 배척한 것이 되기 때문입니다. 현대교회가 복음을 제쳐놓고 "축복"에 몰두한다면 변명의 여지가 없는 우상숭배라 할 것입니다.

탐심은 우상숭배니라

① "저희 중에 어떤 이들이 간음하다가 하루에 이만 삼천 명이 죽었나니 우리는 저희와 같이 간음하지 말자"(8) 합니다. 이에 대한 역사적인 배경은 민수기 25장입니다. "이스라엘이 싯딤에 머물러 있더니 그 백

성이 모압 여자들과 음행하기를 시작하니라" 합니다. "그 여자들이 그 신들에게 제사할 때에 백성을 청하매 백성이 먹고 그들의 신들에게 절하고"(민 25:1-2), 즉 "우상숭배와 음행"이 연계가 되고 있는 것입니다. "이런 일"은 고린도라는 도시에서 성행이 되고 있었던 것입니다. 그리하여 "음행을 피하라(6:18), 우상 숭배하는 일을 피하라"(10:14) 경계하고 있는 것입니다.

② "저희 중에 어떤 이들이 주를 시험하다가 뱀에게 멸망하였나니 우리는 저희와 같이 시험하지 말자"(9) 합니다. 이는 민수기 21:4-9절이 배경입니다. 이 "시험"의 동기도 "이곳에는 식물이 없고 물도 없도다 우리 마음이 이 박한 식물을 싫어하노라"(민 21:5) 한 먹는 문제가 연루되어 있습니다. 고린도 성도들은 우상의 제물을 먹는 문제로 주님을 시험하고 있는 셈입니다.

③ "저희 중에 어떤 이들이 원망하다가 멸망시키는 자에게 멸망하였나니 너희는 저희와 같이 원망하지 말라"(10) 합니다. 이는 10족장이 악평하다가 재앙으로 죽은(민14:37) 것과, 고라 일당이 반역하다가 땅이 갈라져 산채로 죽은(민 16:33) 사건을 염두에 두고 한 말씀입니다. 이 거울은 고린도 형제들의 "시기와 분쟁"(3:3)에 대한 경계가 될 것입니다. "저희에게 당한 이런 일이 거울이 되고 또한 말세를 만난 우리의 경계로 기록하였느니라"(11) 합니다. 바울은 네 번이나 "저희 중에 어떤 이들이"(7, 8, 9, 10) 하는 틀을 유지하고 있는데, 고린도 형제들은 편지를 대하면서 이런 말씀이 나올 때마다 가슴이 철렁 철렁했을 성싶습니다.

④ "그런즉 선 줄로 생각하는 자는 넘어질까 조심하라"(12) 합니다. 바울은 이 한 말씀을 하기 위해서 1-11절을 말씀했다 해도 과언이 아닙니다. "선 줄로 생각하고" 있는 자들이 누구이겠습니까? 신령한 척 하는 자, 지식이 있노라 하는 사람들, 그래서 자유하다 하는 자들, 그리하여

우상축제에 참여하고 있는 자들, 그리고 분쟁에 앞장서고 있는 자들을 가리키는 말씀이 아니겠는가?

⑤ 그런데 바울은 갑자기 방향을 틀어서, "사람이 감당할 시험밖에는 너희에게 당한 것이 없나니"(13상) 합니다. 이 말씀이 문맥과 어떤 연관이 있는가? 바울은 이제까지 "우리 조상들이"(1) 하고, 광야교회를 예를 들어 경계를 했습니다. 그런데 저들이 어찌하여 "우상숭배, 간음, 시험, 원망"하는 죄에 빠지게 되었는가? 가나안을 향해 진군하는 여정은 결코 순탄한 길이 아니었습니다. 홍해의 위험, 대적의 위험, 기근, 기갈, 반역 등 많은 시련과 위험이 따랐습니다. 그때마다 원망과 불평이 일어났던 것입니다. 그리고 영적 출애굽을 한 지상의 모든 교회도 동일한 고난이 있다는 점입니다. 그래서 바울은 "오직 하나님은 미쁘사 너희가 감당치 못할 시험 당함을 허락지 아니하시고 시험 당할 즈음에 또한 피할 길을 내사 너희로 능히 감당하게 하시느니라"(13하) 하고 격려하는 것입니다.

⑥ 이 말씀의 핵심은 하나님의 "미쁘심"에 있습니다. 바울은 1:9절에서도 "하나님은 미쁘시도다" 하고 하나님의 진실하심을 말씀했습니다. 그 미쁘심을 출애굽의 여정이 여실히 말해주고 있습니다. 뒤에서는 바로의 군사가 추격해오고 앞에는 홍해가 가로막혔을 때, 양식이 떨어졌을 때, 마실 물이 없어서 헐떡이고 있을 때에, 아말렉이 공격해 왔을 때 하나님은 번번이 "피할 길을 내사 능히 감당하게" 해주셨던 것입니다. 어찌하여 이런 시련을 허용하시는가? 자신을 의뢰하지 말고 하나님만을 의뢰하게 하시려는 "믿음 훈련"이었던 것입니다. 이점을 모세는, "네 하나님 여호와께서 이 사십 년 동안에 너로 광야의 길을 걷게 하신 것을 기억하라 이는 너를 낮추시며 너를 시험하사 네 마음이 어떠한지 그 명령을 지키는지 아니 지키는지 알려 하심이라"(신 8:2) 하고, 이 시험이 믿음 훈련이었음을 말씀합니다.

둘째 단원(14-22) 우상숭배를 피하라

"그런즉 내 사랑하는 자들아 우상숭배 하는 일을 피하라"(14).

① 둘째 단원의 중심점은 "우상숭배"를 경계함에 있습니다. "그런즉" 하고 이제까지의 말씀을 받고 있습니다. 광야교회를 거울삼아 경계한 바울은 이를 고린도교회에 적용하여 "우상숭배 하는 일을 피하라" 하고 본론으로 들어갑니다. 어찌하여 우상숭배가 부당한가? 이에 대한 키워드는 "참여함"에 있습니다. "참여"라는 말이 아홉 절 안에 모두 6번(16, 16, 17, 18, 20, 21)이나 등장합니다.

② 16-21절 안에는 세 방면(方面)의 "참여함"이 있습니다. 첫째 방면은, ㉠ "우리가 축복하는 바 축복의 잔은 그리스도의 피에 참여함이 아니며 우리가 떼는 떡은 그리스도의 몸에 참여함이 아니냐"(16) 한, "그리스도의 피와, 몸"에 참여함입니다. 이는 6:17절에서, "주와 합하는 자는 한 영이니라" 하신 연합을 의미합니다. 그리스도는 머리요, 교회는 몸이고 모든 성도들은 그 몸의 지체들이라는 것입니다. 이 "연합됨과, 참여함과, 교제함"을 성찬을 통해서 고백하고 기념하는 것입니다. 여기서 놓치지 말아야할 점은, ㉡ 성찬의 의미가 그리스도와만 하나가 됨을 고백하는 것이 아니라, 성도 상호간에도 하나임을 고백하는 의미가 있다는 점입니다. 그래서 "떡이 하나요 많은 우리가 한 몸이니 이는 우리가 다 한 떡에 참여함이라"(17) 하는 것입니다. 교회는 개체들의 집합소가 아니라 한 덩어리, 한 몸이라는 말씀입니다. 그러니까 수직적으로는 하나님께 참여하고, 수평적으로는 성도들과 참여하는 것이 교회인 것입니다.

③ 둘째 방면은, "육신을 따라 난 이스라엘을 보라"(18상) 합니다. ㉠ "육신을 따라 난 이스라엘"이란 구약교회를 가리키는데, "제물을 먹는 자들이 제단에 참여하는 자들이 아니냐"(18하) 한 참여함입니다. 신약

교회만이 아니라 구약의 성도들도 제사제도를 통해서 하나님께 참여했음을 말씀하고 있는 것입니다. 하나님 앞에 제사(예배)를 드린 후에, ㉡ "네 하나님 여호와 앞에서 너는 네 자녀와 노비와 성중에 거하는 레위인과 함께 그것을 먹으라"(신 12:18) 하신 대로 제물을 나누어 먹음으로 하나님과 이웃과의 교제에 참여했던 것입니다. 그 대표적인 예가 유월절이라 할 수가 있는데, 육신을 따라 난자들은 그림자에, 신약교회는 참 것에 참여함이 다를 뿐입니다.

④ 셋째 방면이, "그런즉 내가 무엇을 말하느뇨 우상의 제물은 무엇이며 우상은 무엇이라 하느뇨"(19) 한 우상과 교제하며, 그 우상의 제물에 참여함입니다. 먼저 분명해야할 점은 "우상의 제물이나 우상" 자체는 아무 것도 아니라는 점입니다. 이를 8:4-6절에서 분명히 정의를 했습니다. 그러나 ㉠ "대저 이방인의 제사하는 것은 귀신에게 하는 것이요 하나님께 제사하는 것이 아니니"(20상) 한 "귀신"은 존재한다는 사실입니다. 우상을 목석(木石)으로 여기어 배후에 있는 귀신까지 부인해서는 안 된다는 것입니다. 그래서 ㉡ "나는 너희가 귀신과 교제하는 자 되기를 원치 하니하노라"(20)하는 것입니다.

⑤ 이상 말씀한 세 방면의 참여에는 공통점(共通點)이 있습니다. 그것은 교제입니다. "참여한다"는 말은 교제한다와 같은 뜻입니다. 그렇다면 성찬에 참여하여 그리스도와 교제하던 그리스도인들이, 이번에는 우상의 축제에 참여하여 귀신과 교제한다는 것이 있을 수 있는 일이냐는 것입니다. "너희가 주의 잔과 귀신의 잔을 겸하여 마시지 못하고 주의 상과 귀신의 상에 겸하여 참여하치 못하리라"(21) 합니다. 여기에는 엘리야가 "너희가 어느 때까지 두 사이에서 머뭇머뭇 하려느냐"(왕상 18:21) 하고 결단을 촉구함과 같은 양자택일이 있을 뿐입니다. 다원주의자들이 끼어 들 틈이 없는 것입니다.

⑥ 그러므로 본 단원의 결론으로, "그러면 우리가 주를 노여워하시게

하겠느냐 우리가 주보다 강한 자냐"(22) 하고 강경한 말로 끝을 맺고 있습니다. "주를 노여워하시게 하겠느냐"는 말은, 우리를 "시기하기까지 사모한다"(약 4:5) 하신 하나님의 "사랑의 질투심"을 가리킵니다. 하나님은 우상을 네게 있게 말지니라 말씀하시고는, "나 여호와 너의 하나님은 질투하는 하나님"(출 20:5)이라 하셨습니다. 이점을 신명기에서는 "그들이 하나님이 아닌 자로 나의 질투를 일으키며 그들의 허무한 것으로 나의 진노를 격발하였으니"(신 32:21) 합니다. 아가서에서는 "사랑은 죽음같이 강하고 투기는 음부같이 잔혹하며 불같이 일어나니"(아 8:6) 합니다. 이것이 "그러면 우리가 주를 노여워하시게 하겠느냐 우리가 주보다 강한 자냐" 라는 의미입니다.

셋째 단원(23-33) 다 하나님의 영광을 위하여 하라

"모든 것이 가하나 모든 것이 유익한 것이 아니요 모든 것이 가하나 모든 것이 덕을 세우는 것이 아니니"(23).

① 셋째 단원의 중심점은, "그런즉 먹든지 마시든지 무엇을 하든지 다 하나님의 영광을 위하여 하라"(31)는 데 있습니다. 이를 달리 표현하면, "먹는 자도 주를 위하여 먹으니 이는 하나님께 감사함이요 먹지 않는 자도 주를 위하여 먹지 아니하며 하나님께 감사하느니라"(롬 14:6)가 되는 것입니다. 바울은 균형과 조화로 종합적인 결론을 맺으려 하는 것입니다. ㉠ "모든 것이 가하나"(23상) 합니다. 이는 이미 6:12절에서도 말씀한 바인데 한 절 안에 두 번 반복되어 강조적입니다. "모든 것이 가하나" 라는 사상은 바울의 신앙자유주의 사상이라 말할 수가 있습니다. 그런데 복음을 곡해하듯이 신앙자유주의를 고린도 형제들이 오해를 했던 것입니다. 바울은 일단 "가하다", 즉 옳다고 동의를 합니다. 그

런 후에, ㉡ "모든 것이 유익한 것도, 덕을 세우는 것은 아니라"고 균형(均衡)을 잡아줍니다.

② 그러면 어떻게 하란 말인가? "누구든지 자기의 유익을 구치말고 남의 유익을 구하라"(24) 합니다. 이는 17절에서 "많은 우리가 한 몸이니" 한 말씀과 결부되는 것입니다. "남의 유익을 구하라"는 말은 독불장군으로 행동하지 말고, "많은 우리", 즉 교회공동체를 생각하라는 뜻입니다. 이점을 로마서에서는, "우리 강한 자가 마땅히 연약한 자의 약점을 담당하고 자기를 기쁘게 하지 아니할 것이라 우리 각 사람이 이웃을 기쁘게 하되 선을 이루고 덕을 세우도록 할지니라"(롬 15:1-2) 하고 권면합니다.

③ 그러면 신앙의 자유 함은 전적으로 희생하란 말인가? 이점을 세 방면으로 구분을 해서 말씀합니다. 첫째로, ㉠ 앞에서 살펴본 대로 신전(神殿)에 가서 먹는 것(19-21)은 금합니다. 둘째로, ㉡ "무릇 시장에서 파는 것은 양심을 위하여 묻지 말고 먹으라"(25) 합니다. "이는 땅과 거기 충만한 것이 주의 것"(26)이기 때문이라는 것입니다. 셋째는, ㉢ "불신자"의 초청을 받았을 때, 즉 집에서는 "차려 놓은 것을 묻지 말고 먹으라"(27) 합니다. 그런데, "누가 너희에게 이것이 제물(祭物)이라 말하거든 알게 한 자와 및 양심을 위하여 먹지 말라"(28) 합니다.

④ 28-30절은 해석이 구구한 구절 중 하나입니다. 그러므로 자구(字句)적인 주해보다는 문맥적인 대의를 취함이 안전할 것입니다. 누군가가, "이것이 제물이다" 하고 알려줬는데도 나는 자유하다 하여 먹는다면, 말한 자가 형제 중 약한 자일 경우에는 그의 "양심"에 손상을 입히게 될 것이고, 말한 자가 불신자라면 속으로 비방하리라는 것을 예상할 수가 있는 것입니다. 이것이, "내가 말한 양심은 너희의 것이 아니요 남의 것이니 어찌하여 내 자유가 남의 양심으로 말미암아 판단을 받으리요"(29)의 의미가 아니겠는가?

네 믿음, 네 자유 함은 가지고 있으라

① 이럴 경우, 즉 "제물"임을 알게 되어 먹기를 중단했을 경우, 연약한 형제나 불신자에게는 덕을 세웠다 하여도 그렇다면 나 자신의 믿음은 어떻게 되는가 하는 점이 남게 됩니다. 이를 생각했기에, "만일 내가 감사함으로 참여하면 어찌하여 내가 감사하다 하는 것에 대하여 비방을 받으리요"(30) 하고 옹호(擁護)를 합니다. 너는 네 믿음, 즉 네 자유 함은 갖고 있으라는 격려인 것입니다. 이런 균형과 조화를 로마서에서도 만나볼 수가 있습니다. "무엇이든지 네 형제로 거리끼게 하는 일을 아니함이 아름다우나 네게 있는 믿음을 하나님 앞에서 스스로 가지고 있으라 자기의 옳다 하는 바로 자기를 책하지 아니하는 자는 복이 있도다"(롬 14:21-22) 하고 그리스도인의 자유를 옹호하고 있는 것을 보게 됩니다.

② "그런즉"(31상) 합니다. 31절은 8:1절에서 "우상의 제물에 대하여는" 하고 시작된 논의의 총 결론이라 할 수가 있습니다. "너희가 먹든지 마시든지 무엇을 하든지 다 하나님의 영광을 위하여 하라"(31) 합니다. 참으로 적절한 결론이라 할 것입니다. 바울은 "먹는 문제"만에 한정하는 것이 아니라, "무엇을 하든지" 하고 성도들의 모든 행동원리로 제시합니다. ㉠ 이럴 경우 먹는 것이 하나님께 영광을 돌리는 것인가? 아닌가? ㉡ 이럴 경우 어떻게 행동하는 것이 하나님의 영광을 드러내는 것이며, 영광을 돌리는 것인가를 우선순위에 두어야 한다는 말씀입니다.

③ 이 말씀(31)은 결론이요 송영과도 같은 역할을 합니다. 바울은 고린도교회의 병폐인 "음행, 송사, 방탕"(5-6장)문제를 시정해준 후에도 결론은 "그런즉 너희 몸으로 하나님께 영광을 돌리라"(6:20) 하고 "하나님의 영광"으로 끝을 맺고 있습니다. 음행, 분쟁, 방탕을 하지 않는 것만으로는 미흡하다는 것입니다. 적극적으로 너희 몸으로, 그리고 먹든

지 마시든지 무엇을 하든지 다 "하나님의 영광을 위하여 하라"고 말씀합니다.

④ "내가 그리스도를 본받는 자 된 것같이 너희는 나를 본받는 자 되라" 한 11:1절은 장(章)을 나눌 때에 10장에 편입을 했어야 할 말씀입니다. 왜냐하면 이 말씀은 "우상" 문제의 문단을 마치면서 자신을 본으로 제시한 결구(結句)이기 때문입니다. 그러므로 "내가 그리스도를 본받는 자 된 것같이" 라는 말을 마치 완전하다고 말하고 있는 양 여겨서는 아니 됩니다. 문맥적으로 보면 바울은 주님의 어떤 점을 본받기를 사모했단 말인가? "섬김을 받으려 함이 아니라 도리어 섬기려 하고 자기 목숨을 많은 사람의 대속물로 주려 함이라"(마 20:28) 하신, 섬김의 본, 희생의 본입니다. 이점을 로마서에서는, "우리 각 사람이 이웃을 기쁘게 하되 선을 이루고 덕을 세우도록 할지니라 그리스도께서 자기를 기쁘게 하지 아니하셨나니"(롬 15:2-3) 하고 말씀합니다. 바울은 자신이 사도로써의 권을 쓰지 아니하고, 스스로 모든 사람에게 종으로(9:12, 19) 섬긴 이 점을 고린도 형제들이 본 본받기를 원하고 있는 것입니다.

⑤ 이러한 바울의 심정이 "나와 같이 모든 일에 모든 사람을 기쁘게 하여 나의 유익을 구치 아니하고 많은 사람의 유익을 구하여 저희로 구원을 얻게 하라"(33)는 말씀에 드러납니다. 이렇게 한다면 교회가 분열이 될 이유가 없고 화목한 사랑의 공동체가 될 것이 분명하기 때문입니다.

⑥ 이제 묵상해보십시다.

㉠ 광야교회와 고린도교회의 거울에 비춰진 우리의 모습은 어떠한지?

㉡ 복음을 제쳐놓고 축복을 강조하는 현대교회가 우상숭배의 위험은 없는지?

㉢ 나는 매사에 하나님의 영광을 우선순위에 두고 있는지?

고린도전서 11장 개관도표

주제 : 복장문제와 성찬에 관한 교훈

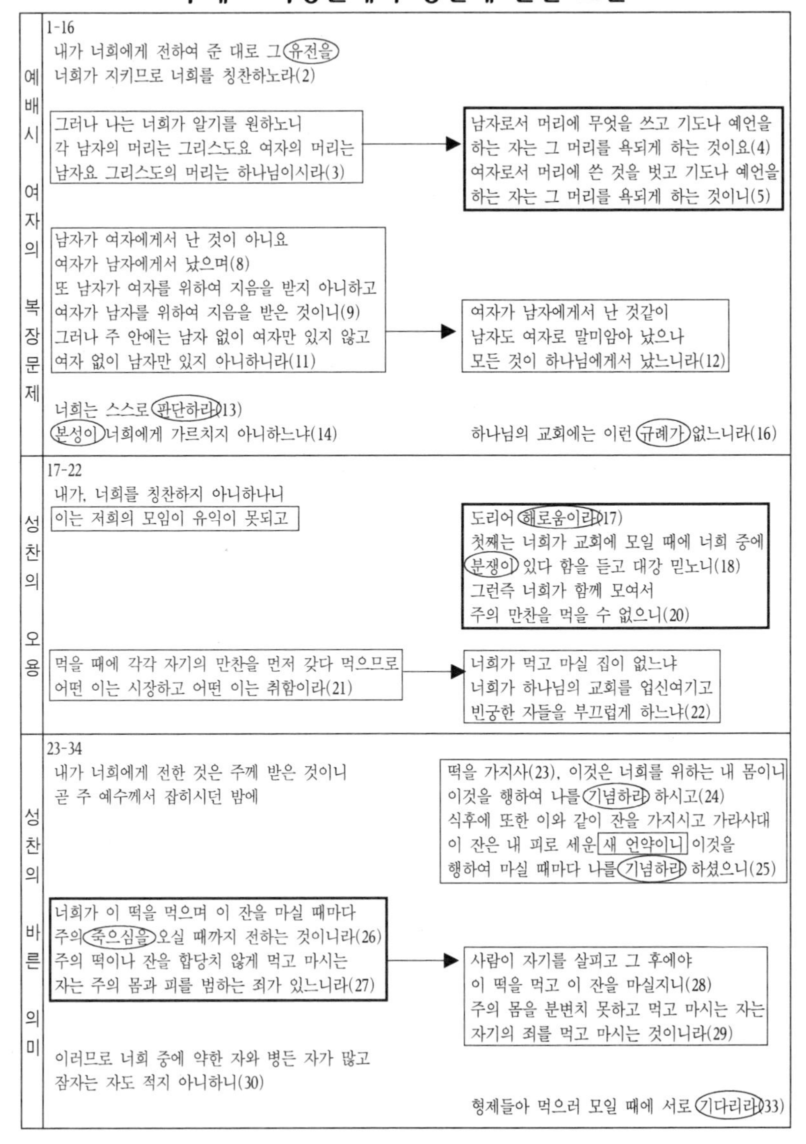

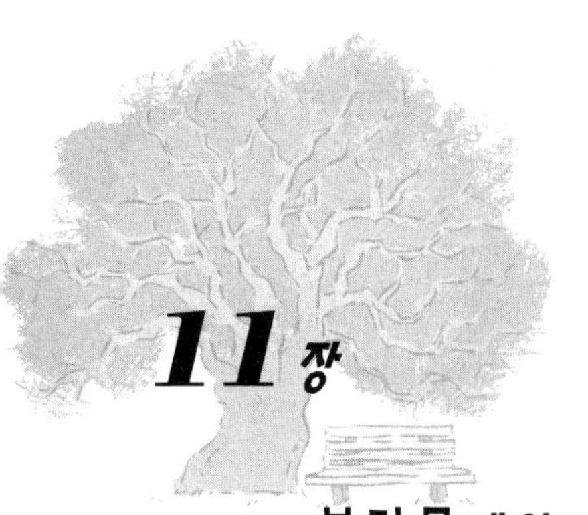

11장 복장문제와 성찬에 관한 교훈

[17]내가 명하는 이 일에 너희를 칭찬하지 아니하나니 이는 저희의 모임이 유익이 못되고 도리어 해로움이라.

11-14장은 예배 질서에 관한 교훈입니다. 11장에서는 예배시의 여자들의 복장문제와 성찬에 관한 질서를 말씀하고, 12-14장은 주로 은사활용의 질서를 다루고 있습니다. 고린도전서를 통해서 비춰진 고린도교회의 모습은 자유분방(自由奔放)한 교회였음을 알 수가 있습니다. 좋게 보면 자유 함이라 말할 수가 있지만, 자유가 질서를 결(缺)하게 되면, "저희의 모임"(17), 즉 예배모임이 유익이 되지 못할 수가 있습니다. 그래서 바울은 이에 대한 질서를 잡아 주어야할 필요를 느꼈던 것입니다. 그러므로 이 문단의 결론은 14장에 이르러, "모든 것을 덕을 세우기 위하여 하라(14:26), 하나님은 어지러움의 하나님이 아니시다(14:33), 모든 것을 적당하게 하고 질서대로 하라"(14:40) 한 말씀으로 요약(要約)

이 된다 하겠습니다. 그렇다면 복장문제와 성찬의 어떤 점에 문제가 있었던 것인가? 이를 세 단원으로 나누어 상고하겠습니다.

첫째 단원(1-16) **예배 시 여자의 복장문제**
둘째 단원(17-22) **성찬의 오용**
셋째 단원(23-34) **성찬의 바른 의미**

첫째 단원(1-16) 예배 시 여자의 복장문제

"너희가 모든 일에 나를 기억하고 또 내가 너희에게 전하여 준대로 그 유전을 너희가 지키므로 너희를 칭찬하노라"(2).

① 본 단원의 키워드는 "유전"(遺傳)이란 말입니다. 그러니까 "예배 때의 여자의 복장"은 유전에 속한 문제이지 불변의 교리는 아니라는 말씀입니다. 아무튼 본 단원은 해석이 구구하고 또한 논란도 많은 내용입니다. 이는 내용이 심오(深奧)하기 때문이 아니라, 고린도교회와 현대교회 사이에 놓여있는 2천년이라는 시간적 간극(間隙)으로 인한 문화적인 차이 때문입니다. 논란이 되는 이슈들은, ㉠ 남성우위사상, ㉡ 교회 내의 여성의 지위, ㉢ 머리에 수건을 써야 하는 의미 등입니다.

② 먼저 분명해야할 점은 "머리에 수건을 쓰는 문제"가 구원의 조건이 되는 것은 절대로 아니라는 점입니다. 그렇다면 문제의 답은 나온 셈입니다. 이는 불변의 교리(敎理)가 아니라, 문화적(文化的)인 문제라는 것입니다. 바울의 신학사상으로 하면 "형제나 자매나 이런 일에 구속함을 받을 것이 없느니라"(7:15), 즉 자유 할 수가 있는 것입니다. 그런데 문제는 "모든 것을 덕을 세우기 위하여 하라"(14:26) 한 문화적인 면입니다.

③ 그러므로 본 단원에는, "유전(2), 규례(16), 본성(14), 판단(13,통념) 등 당시의 문화적인 관념이 자주 등장합니다. 이를 곡해하지 않기 위해서는 이렇게 권면하고 있는 바울의 의중을 헤아리는 일입니다. 그것은 분명합니다. 예배 질서를 바로잡아, 덕을 세우며, 하나님께 영광을 돌리게 되기를 바라는 일념에서입니다.

④ 당시의 관습(慣習)으로는 여자는 머리에 수건을 쓰고 예배에 참석하는 것이 덕을 세우는 일이었습니다. 그런데 지식이 있노라 는 일부 자유주의자들은 이 유전을 무시하고 머리에 썼던 수건을 벗어버린 채 예배에 참석했고, "기도나 예언"(4-5)을 할 때 도취하다 보면 긴 머리를 산발하게 된 것으로 상정(想定) 할 수가 있습니다. 이렇게 되면 교회 내에서도 못 마땅한 눈으로 보는 사람들이 있게 되고, 무엇보다 우려되는 것은 불신자들이 볼 때 "너희를 미쳤다 하지 아니하겠느냐"(14:23)는 것입니다. 이는 결코 덕을 세우는 일은 아니었던 것입니다.

⑤ 그렇다면 지식으로 인하여 "교만"에 빠진 저들을 어떻게 설득할 것인가? ㉠ "내가 너희에게 전하여 준 대로 유전을 너희가 지키므로 너희를 칭찬하노라"(2) 하고 "유전"에 호소를 합니다. ㉡ "너희는 스스로 판단하라 여자가 쓰지 않고 하나님께 기도하는 것이 마땅하냐"(13) 하고 저들의 "판단"(判斷)에 호소하기도 합니다. ㉢ "만일 남자가 긴 머리가 있으면 자기에게 욕되는 것을 본성(本性)이 너희에게 가르치지 아니하느냐"(14) 하고 "본성"(本性)에 호소합니다. 이런 뜻입니다. 여자는 머리를 길게 기르고 남자는 짧게 깎는 것이 본성이라는 것입니다. 그리고 여자의 긴 머리는 단정하게 하는 것이 통념(판단)이라는 것입니다. 그런데 여자가 그 긴 머리를 풀어헤치고 기도나 예언을 한다는 것이 덕을 세우는 것이냐 생각해보라는 것입니다. 그렇게 하려면 차라리 "깎을 것이요"(6) 합니다. 그런데 여자가 머리를 깎는 다는 것은 간음한 여자 취급(부끄러움)을 받게 될 터이니 결국 단정하게 머리에 수건을 쓰

는 것이 마땅하다는 결론에 이르게 되는 것입니다.

유전, 본성, 규례, 판단에 호소함

① 그런데 본문에서 주목하게 되는 것은 바울이 유전이나 본성에만 호소하고 있는 것이 아니라, "남자가 여자에게서 난 것이 아니요 여자가 남자에게서 났으며"(8) 하고 창조원리를 들어서 설명을 하고 있다는 점입니다. 문화적인 차이는 시대를 따라 변할 수가 있으나 창조원리는 변할 수가 없는 것입니다. 그래서 문제는 심각해지고 논란은 종식이 되지 않는 것입니다. 본문을 자세히 관찰해보면 바울의 논거에는 원론(原論)과, 상론(詳論)이 있음을 알게 됩니다. 창조기사에도, "하나님이 자기 형상 곧 하나님의 형상대로 사람을 창조하시되 〈남자와 여자〉로 창조하시고"(창 1:27) 한 말씀은 원론입니다. 즉 원론적으로 하면 남녀에 차별이 없다는 것입니다. 그러므로 본문에서도, "주 안에는 남자 없이 여자만 있지 않고 여자 없이 남자만 있지 아니하니라 여자가 남자에게서 난 것같이 남자도 여자로 말미암아 났으나 모든 것이 하나님에게서 났느니라"(11-12) 하고 동등함을 말씀하는 것입니다.

② 바울은 에베소서에서, "그는 우리의 화평이신지라 둘로 하나를 만드사 중간에 막힌 담을 허셨다"(엡 2:14)고 증거합니다. 성전 구조를 보면 "담"이 많이 있었습니다. ㉠ 하나님과 인간 사이에 휘장으로 막혀 있었고, ㉡ 제사장과 백성, ㉢ 남녀간의 담, ㉣ 유대인과 이방인간의 담이 막혀있었습니다. 그런데 그리스도의 대속으로 말미암아 막혔던 담을 허시고 화목하게 하시고 하나가 되게 하셨습니다. "이는 이방인들이 복음으로 말미암아 그리스도 예수 안에서 함께 후사가 되고 함께 지체가 되고 함께 약속에 참여하는 자가 됨이라"(엡 3:6) 합니다. 이렇게 증거하는 바울이 남녀 사이의 담만은 제거되지 않았다고 말씀하겠습니까?

그러므로 본문에 보면 당시로는 혁명적이라 할 수 있는 남녀가 차별이 없이 함께 모여서 "기도나 예언"(4-5)을 하는 장면을 보게 됩니다. 이것이 원론입니다.

③ 그런데 창세기 2장에 등장하는 상론(詳論)을 보면, 남녀를 동시에 만드신 것이 아니라, 남자에게서 여자를 만드시는 것을 보게 됩니다. 왜 이렇게 하셨는가? 가정이란 공동체(共同體)입니다. 이처럼 두 사람 이상의 공동체가 형성이 되면 질서를 유지하기 위한 "머리", 즉 대표자를 필요로 하게 됩니다. 그래서 바울도 "남자가 여자에게서 난 것이 아니요 여자가 남자에게서 났으며"(8) 하고 질서를 잡아 주는 것입니다.

④ 그러므로 본문에는 "머리"라는 말이 자주 등장합니다. 단순히 머리를 가리킬 때도 있으나, 대표자(代表者)의 의미로 사용되고 있습니다. 그런데 "머리"만으로는 의미가 없습니다. "머리와 몸"이 결합이 될 때에 비로소 존재의미가 성립이 되는 것입니다. 교회는 머리되시는 그리스도와, 몸인 교회가 연합한 공동체요, 가정은 머리되는 남편과, 몸인 아내가 연합한 공동체라는 것입니다.

⑤ "연합"(聯合)은 하나가 되었다는 뜻인데, 그러나 "하나" 속에도 대표성은 있어야 하고, "머리와 몸"의 관계처럼 질서는 있어야 한다는 것입니다. 바울의 논거의 핵심이 여기에 있는 것입니다. 그러므로 "여자의 머리는 남자요"(3중) 한 것은, 아무 남자나 머리라는 뜻으로 볼 것이 아니라, 남편이 아내의 머리라는 그런 뜻으로 받아야만 합니다. 하나님은 남남을 이런 방도로 지으신 것이 아니라, 아담의 아내를 이렇게 지어 주신 것입니다. 하나님은 남편과 아내의 연합을 통해서 그리스도와 교회의 연합의 신비(엡 5:31-32)를 계시하시기 위해서 이처럼 기이한 방법으로 아내 하와를 지으셨던 것입니다. 그렇다면 한 가정의 대표자를 누구로 보아야만 한단 말인가?

성경에 등장하는 대표원리

① 그러므로 바울이 "그러나 나는 너희가 알기를 원하노니 각 남자의 머리는 그리스도요 여자의 머리는 남자요 그리스도의 머리는 하나님이시라"(3) 한 말씀을 여자가 남자에게 종속(從屬)된 것처럼 보게 되면, 그리스도도 하나님께 종속된 것으로 말하는 아리우스의 주장이 되고 마는 것입니다. 주님은 "하나님과 동등 됨을 취할 것으로 여기지 아니하시고 오히려 자기를 비어 종의 형체를 가져 사람들과 같이 되어, 죽기까지 복종하셨다"(빌 2:6-7)고 말씀합니다. 이는 본성적으로 열등해서가 아니라 하나님의 나라 건설을 위한 역할(役割)이 다르기 때문입니다. 이는 남녀의 역할에도 적용이 될 수가 있습니다.

② "무릇 남자로서 머리에 무엇을 쓰고 기도나 예언(예배)을 하는 자는 그 머리를 욕되게 하는 것이요"(4) 합니다. 다시 말하면 머리되시는 그리스도를 욕되게 하는 것이라는 뜻입니다. 왜냐하면 구원이란 상실했던 하나님의 형상을 회복했음을 뜻합니다. 그런데 다시 머리에 무엇을 써서 가리운다는 것은 그리스도의 영광의 복음을 헛되게 하는, 즉 가리는 것이 된다는 논리입니다.

③ 그렇다면 남녀가 다 쓰지 말아야 하지 않는가? 어찌하여 "무릇 여자로서 머리에 쓴 것을 벗고 기도나 예언을 하는 자는 그 머리를 욕되게 하는 것"(5상)이란 말인가? 여기서 말하는 머리는 그리스도를 가리키는 것이 아니라 남편을 염두에 두고 한 말씀입니다. 여자가 "머리에 쓴 것을 벗는다"는 것은 유부녀(有夫女)임을 부정하는, 남편이 없는 창녀임을 나타내는 것과 같다는 것입니다. 그래서 "이는 머리 민 것과 다름이 없음이라"(5하) 하는 것입니다.

④ 이상의 말씀으로 모든 논란이 해소되었다고는 생각하지 않습니다. 그러나 분명히 해두어야 할 점은 남편과 아내의 관계가 머리와 몸과 같

다는 연합을 부정하게 되면, 그리스도와 교회와의 관계를 머리와 몸의 관계로 보고 있는 연합교리를 훼손하게 된다는 점입니다. 그래서 "변론하려는 태도를 가진 자가 있을지라도 우리에게나 하나님의 모든 교회에는 이런 규례가 없느니라"(16) 함으로, 논란을 종식시키고 있는 것입니다.

둘째 단원(17-22) 성찬의 오용

"그런즉 너희가 함께 모여서 주의 만찬을 먹을 수 없으니"(20),

① 둘째와 셋째 단원(17-34)의 주제는 "성찬"입니다. 둘째 단원에서 성찬의 오용(誤用)을 책망한 후에, 셋째 단원에서 성찬의 바른 의미를 말씀합니다. 그러므로 둘째 단원의 중심점은 "그런즉 너희가 함께 모여서 주의 만찬을 먹을 수 없다"(20)는 데 있습니다. 왜냐하면 성찬이 분쟁을 일으키는 요인으로 변질이 되었기 때문입니다. 성찬이란 "떡이 하나요 많은 우리가 한 몸이니 이는 우리가 다 한 떡에 참여함이라"(10:16) 한 "하나"됨을 고백하는 의식입니다. 그런데 이 의식을 행함으로 도리어 분쟁을 하게 된다면 어떻게 "함께 모여서" 주의 만찬을 나눌 수가 있단 말인가? 바울은 여자의 복장문제를 말씀할 때는, "너희를 칭찬하노라"(2하) 하고 시작을 했습니다. 그러나 성찬의 오용을 질책하는 이 대목에서는, "너희를 칭찬하지 아니하나니"(17) 하고 강경한 태도를 취하고 있습니다. 왜냐하면 복장문제는 유전에 속한 것이지만, 성찬문제는 교리에 속한 문제이기 때문입니다.

② "함께 모여서 주의 만찬을 먹을 수 없는" 이유로, "첫째는 너희가 교회에 모일 때에 너희 중에 분쟁이 있다 함을 듣고 대강 믿노니"(18) 하고 "분쟁"을 들고 있습니다. 여기서 말씀하는 분쟁은 1:12절의 분쟁

과는 다른 양상입니다. 1장의 분쟁은 지도자 중심으로 파당을 만든 것이었으나, 본문의 분쟁은 부자와 가난한 사람, 유식한 자와 무식한 자, 상전과 노예간의 갈등이었던 것입니다. 그러면서도 헬라. 로마 문화권에 살고 있는 저들의 의식으로는 이런 계급의식을 당연시했을 것이라는 점입니다.

③ "함께 모여서 주의 만찬을 먹을 수 없다"(20)는 말씀은 심각한 의미가 있습니다. ㉠ "함께 모여서", 이것이 교회 공동체입니다. 그런데, "함께 모일 수 없다"면 이는 교회가 아니라는 뜻이 되기 때문입니다. ㉡ "먹는다", 이것은 교제를 의미합니다. 그런데 "함께 모여서, 먹을 수 없다"면 그것은 예배도, 성찬도 아니라는 것이 됩니다. 그래서 참 교회의 표지를 "말씀과 성례"가 바르게 시행되느냐 여부에 있다 하는 것입니다.

④ 이 문단(17-34)에는 "모임"이라는 말이 5번(17, 18, 20, 33, 34) 등장하는데, 우리가 감안해야할 점은 초대교회의 "모임"은 예배당에서 모인 집회가 아니었습니다. 초대교회는 1세기 동안은 예배당 건물이 없이 일반 가정집에서 소그룹으로 모였습니다. 그러므로 성찬식도 오늘날과는 다른 양상으로 약식(略式)이 아니라 "만찬"(20), 즉 저녁식사와 같았으며 그 "만찬"을 각자가 준비해 왔음이 나타납니다. 그러니까 부자와 가난한 자가 준비해온 것이 다를 수밖에 없었을 것입니다. 이점이 "이는 먹을 때에 각각 자기의 만찬을 먼저 갖다 먹으므로 어떤 이는 시장하고 어떤 이는 취함이라"(21)에 나타납니다. 그래서 "유익이 되지 못하고 도리어 해로움이라"(17하), 즉 성찬을 행하지 않음만 못하다고 말씀하는 것입니다.

함께 모여서 성찬을 나눌 수 없다

① 이러한 분쟁이 만찬을 통해서 나타나고 있다는데 바울의 분개가

있었던 것입니다. 다음 단원에서 보게 될 것입니다만, 성찬에는 양면성이 있습니다. 일면으로는 주님의 몸과 피에 참여(교제)하는 것이고, 다른 일면은 성도 상호간에 하나됨을 나누는 교제입니다. 그런데 성찬이 분쟁의 요인이 되었다면 유익하기는커녕 "도리어 해로움이라"(17하), 즉 하나 됨을 파괴하는 일이라는 것입니다.

② 바울의 어조는 강경합니다. "너희가 먹고 마실 집이 없느냐 너희가 하나님의 교회를 업신여기고 빈궁한 자들을 부끄럽게 하느냐"(22상) 하고 책망을 합니다. "너희가 하나님의 교회를 업신여기고" 하는 데서는 노기(怒氣)까지 느껴집니다. 이런 뜻입니다. "너희 개인 집에서 그런 모임을 갖는다는 것까지 간섭하지는 않겠다. 그러나 '하나님의 교회'에서 이런 일이 벌어진다는 것은 용납될 수 없는 일이다." 더 엄격히 말하면 이것은 하나님의 교회가 무엇인지도 모르는 "업신여기는" 행위라는 것입니다.

③ 그런데 성찬의 오용과 결부하여 엄위(嚴威)를 나타내는 말씀이 있습니다. "너희 중에 편당이 있어야 너희 중에 옳다 인정함을 받은 자들이 나타나게 되리라"(19)는 말씀이 그것입니다. 바울은 지금 "분쟁"을 책망하고 있는 중입니다. 그런데 "편당이 있어야" 한다니 그것이 무슨 뜻인가? 바울은 "분쟁"이라 하지 않고 "편당"(偏黨)이라 말씀함을 유념해야만 합니다. 이는 "참과 거짓"을 가르는 표현입니다. 이는 역설적(逆說的)인 뜻이 있는데 그럼에도 불구하고 "편당"이 없을 수는 없다, 보다 적극적으로 말하면 있어야 한다는 것입니다. 그래야만 "진리와 비진리, 인정함을 받은 자들과 그렇지 못한 자들"의 구별이 나타나기 때문이라는 말씀입니다. 그렇다면 고린도교회 내에는 "옳다 인정함을 받는 자와, 그렇지 못한 자" 의 비율이 어떻게 나타나게 될 것인가! 이는 두려운 말씀입니다.

④ 바울은 그의 최후서신에서 디모데에게, "이 같은 자들에게서 네가

돌아서라"(딤후 3:5) 하고 차별화 할 것을 명합니다. 그렇습니다. 복음에는 불가피하게 참과 거짓, 의와 불의를 "가르는", 즉 심판하는 기능이 있는 것입니다. 그러므로 모든 사람을 좋게 하는 설교란 교양강좌는 될지라도 복음 증거라 할 수는 없는 것입니다. 성찬을 바르게 시행하고 있느냐 아니면 오용(誤用)하고 있느냐? 말씀이 바르게 선포되고 있느냐 아니냐에 따라 "옳다 인정함을 받는 자들이 나타나게 되리라"는 말씀은 어느 책망보다도 더욱 두렵게 우리에게 다가오게 되는 것입니다.

셋째 단원(23-34) **성찬의 바른 의미**

"내가 너희에게 전한 것은 주께 받은 것이니 곧 주 예수께서 잡히시던 밤에 떡을 가지사"(23),

① 본 단원의 중심점은 "주께 받은 것", 즉 성찬의 바른 의미에 있습니다. "내가 너희에게 전한 것은"(23상) 하고, 이전에 전해주었던 "성찬의 바른 의미"를 다시 상기시켜주고 있습니다. 6장에서 여섯 번이나 "너희가 알지 못하느냐" 하고 주의를 환기시킴과 같이 저들이 망각하고 있는 성찬의 참 의미를 일깨워주려는 것입니다. 이런 말씀은 15장에도 나타납니다. "형제들아 내가 너희에게 전한 복음을 너희로 알게 하노니"(15:1) 합니다. 성실하지 못한 인간은 얼마나 자주 망각을 하는지요. 그래서 제일 좋은 교수법은 반복이라고 말하는 것입니다.

② "주 예수께서 잡히시던 밤에" 합니다. 이는 만찬이 주께서 잡히시던 밤에 제정하신 것임을 나타냅니다. 누가복음에 의하면 주님은 잡히시던 밤에, "내가 고난을 받기 전에 너희와 함께 이 유월절 먹기를 원하고 원하였노라"(눅 22:15) 말씀하셨습니다. 어찌하여 고난을 앞두고 이처럼 원하고 원하셨단 말인가? 묻습니다. 마지막 유월절이 언제였으며,

첫 번 성찬은 언제입니까? 주님이 잡히시던 밤은 1500년 동안이나 지켜 내려오던 유월절의 마지막 밤이요, 첫 성찬이 시행되는 밤이었던 것입니다. 즉 그림자가 실체(實體)로 성취가 되는 개혁(히 9:10)의 밤이었던 것입니다. 이를 깨닫게 하기 위해서 "원하고 원하셨던" 것입니다.

③ "떡을 가지사 축사하시고 떼어 가라사대 이것은 너희를 위하는 내 몸이니 이것을 행하여 나를 기념하라 하시고"(24), "식후에 또한 이와 같이 잔을 가지시고 가라사대 이 잔은 내 피로 세운 새 언약이니 이것을 행하여 마실 때마다 나를 기념하라 하셨으니"(25) 합니다. 이 말씀에는 두 가지 요점이 있습니다.

④ 첫째는, "새 언약"이란 말씀입니다. 이는 새로운 시대가 개막되었음을 의미합니다. 하나님은 예레미야 선지자를 통해서, ㉠ "날이 이르리니 내가 이스라엘 집과 유다 집에 새 언약을 세우리라" 하고 약속하시고, "이 새 언약은 옛 언약과 같지 아니하다"(렘 31:31-32) 하고 신약시대가 열리게 될 것을 말씀하셨습니다. 무엇이 다른가? 그 핵심이 "언약의 피"에 있습니다. ㉠ 첫 언약도 피 없이 세운 것이 아닙니다. "모세가 율법대로 모든 계명을 온 백성에게 말한 후에 송아지와 염소의 피와 및 물과 붉은 양털과 우슬초를 취하여 그 책과 온 백성에게 뿌려 이르되 이는 하나님이 너희에게 명하신 언약의 피라"(히 9:18-20) 하고, 짐승의 피로 세운 것입니다. 그러나 새 언약은, ㉡ "내 피로 세운 새 언약이니" 하십니다. 이는 구약시대 제사 법이 그리스도의 대속적 죽으심에 대한 예표임을 말씀해줍니다. 그러므로 성경은 말씀합니다. "새 언약이라 말씀하셨으매 첫 것은 낡아지게 하신 것이니 낡아지고 쇠하는 것은 없어져 가는 것이니라"(히 8:13).

옛 언약과, 새 언약

① 두 번째 요점은, "기념하라"는 말씀입니다. 두 번(24-25)이나 강조되어 있습니다. 기념하라 하심은 예수 그리스도께서 우리 죄를 위하여 죽으셨음을 잊지 않게 하시기 위해서입니다. 이는 유월절을 지키라 하신 목적과 부합합니다. "내가 애굽 땅을 칠 때에 그 피가 너희의 거하는 집에 있어서 너희를 위하여 표적이 될지라 내가 피를 볼 때에 너희를 넘어가리니 재앙이 너희에게 내려 멸하지 아니하리라 너희는 이 날을 기념하여 여호와의 절기를 삼아 영원한 규례로 대대에 지킬지니라"(출 12:13-14) 하셨습니다.

② 그런데 기념하는 것보다 더욱 적극적인 목적이 있습니다. 그것은, "너희가 이 떡을 먹으며 이 잔을 마실 때마다 주의 죽으심을 오실 때까지 전하는 것이니라"(26) 하신 "전하는 것"입니다. "전하라" 하심은, 전도하라는 뜻이 아닙니다. 성찬 자체가 주의 죽으심을 전하는 의식이라는 말입니다. 다시 말하면 복음을 자녀들에게 "계승"(繼承)시키라는 말씀입니다. 보십시오. "유월절"도, "이 후에 너희 자녀가 묻기를 이 예식이 무슨 뜻이냐 하거든 너희는 이르기를 이는 여호와의 유월절이라 여호와께서 애굽 사람을 치실 때에 애굽에 있는 이스라엘 자손의 집을 넘으사 우리의 집을 구원하셨느니라 하라"(출 12:26-27)고 명하셨습니다. 초대교회 성도들은 "주님의 오심"을 보지 못하고 죽었습니다. 그런데 성찬을 통해서 주님의 죽으심과 다시 오신다는 약속을 자손들에게 계승시켜주었던 것입니다. 언제까지인가? "오실 때까지" 라고 말씀합니다. 옛 언약 하에 있던 사람들은 유월절을 행하면서 실체가 오시기를 대망했으나, 새 언약 하에 있는 성도들은 성찬을 행하면서 재림을 대망 한다는 말씀입니다. 현대교회는 이 명령대로 "주의 죽으심"을 계승시키고 있는가?

③ 무엇을 전하라 하시는가? "주의 죽으심"입니다. 성찬의 핵심도 "주의 죽으심"을 전하는 것이요, 설교의 핵심도, "예수 그리스도와 그의 십자가에 못 박히신 것 외에는 아무 것도 알지 아니하기로 작정하였다" (2:2) 한 대로 "주의 죽으심"을 전하는 것입니다. 여기에 사활이 달려있기 때문입니다. 설교가 말씀으로 선포하는 것이라면, 성찬은 상징물로 전하는 것이 다를 뿐입니다. 바울이 전한 그리스도는 어떤 그리스도인가? "우리는 십자가에 못 박힌 그리스도를 전하니"(1:23) 합니다. 그런데 현대교회가 전하는 그리스도는 어떤 분인가? 기사이적을 행하시는 분, 교훈을 하신 분, 떡 다섯 덩어리로 5천명을 먹이신 분을 전하고 있는 것은 아닌지요?

기념(記念)과 계승(繼承)

① "그러므로 누구든지 주의 떡이나 잔을 합당치 않게 먹고 마시는 자는"(27상) 합니다. 그렇다면 어떻게 하는 것이 "합당치 않게" 먹고 마시는 것인가? 이점을 "양심에 거리끼는 사람은 받지 마시오" 하고 개인윤리로 적용해왔습니다. 그런데 27절은 "그러므로"라는 접속사로 시작이 됩니다. 이는 이제까지의 말씀을 받는 접속사입니다. 이런 문맥으로 볼 때, "합당치 않게" 라는 뜻은 17-22절 같이 행하는 것, 즉 초점이 개인 윤리보다는 교회윤리에 맞춰져 있는 것입니다. 다시 강조하지만 성찬의 참 의미는 "참여와, 하나 됨"(10:16-17)에 있습니다. 주의 죽으심에 참여한 성도들은 한 덩어리 떡과 같음을 고백하는 의식입니다. 그런데 "분쟁과, 불목과, 무관심과, 자기중심적"으로 성찬을 행한다면 "하나님의 교회를 업신여기는"(22) "합당치 않게" 먹고 마시는 것이란 말씀입니다. 뒤따르는 문맥은 "그런즉 내 형제들아 먹으러 모일 때에 서로 기다리라"(33) 합니다. 이것이 사랑입니다. 왜냐하면 "만찬을 먼저 갖

다 먹으므로 어떤 이는 시장하고 어떤 이는 취하는"(21) 일이 벌어졌기 때문입니다. 이것이 "합당치 않게" 먹고 마시는 것입니다.

② "주의 몸과 피를 범하는 죄가 있느니라"(27하) 합니다. "주의 몸과 피를 범하는 죄(27)가 무엇을 의미하는가? 이를 성찬의 "떡"이라 할 수는 없습니다. 그렇게 말한다면 화체설(化體說)이 되고 말기 때문입니다. 그러므로 여기에는 두 면이 있다 하겠습니다. 첫째는, 성찬의 바른 의미를 알고 받는가 여부입니다. 만일 모르고 받는다면 이는 "분변치 못하고"(29) 받는 것이 됩니다. 그러므로 성찬은 "말씀"과 함께 주어져야 한다는 것입니다. "주의 몸과 피를 범하는 죄"란 성찬을 합당치 않게 행하여 주의 죽으심을 모독하는, 달리 표현하면 주님을 다시 십자가에 못 박는 것이나 다름이 없다는 뜻이 됩니다.

③ 둘째는, "주의 몸"을 교회로 볼 수가 있습니다. 왜냐하면 주님은 교회를 자신의 몸이라 말씀하시기 때문입니다. 이를 분변하지 못한다는 것은 주님께서 죽으심을 통하여 세우신 교회의 본질을 모른 다는 것이 됩니다. 지금 고린도 형제들이 "주의 몸을 분변치 못하는" 잘못을 범하고 있다는 말씀입니다. 그렇게 먹고 마신다면 "유익이 못되고 도리어 해로움이라"(17하), 즉 은혜를 입기는커녕 오히려 "자기 죄를 먹고 마시는" 결과를 낳게 된다는 것입니다.

④ 이점을 8장에서는, "그러면 네 지식으로 그 약한 자가 멸망하나니 그는 그리스도께서 위하여 죽으신 형제라 이같이 너희가 형제에게 죄를 지어 그 약한 양심을 상하게 하는 것이 곧 그리스도에게 죄를 짓는 것이니라"(8:11-12) 하고 말씀합니다. 이를 요약을 한다면 "누구든지 주의 떡이나 잔을 합당치 않게 먹고 마시는 자는" 두 방면의 교제, 즉 주님과의 교제와, 성도상호간의 교제를 훼손한다는 뜻이 됩니다.

주의 몸을 범하는 죄

① "이러므로 너희 중에 약한 자와 병든 자가 많고 잠자는 자도 적지 아니하니"(30) 합니다. 이는 "그러나 저희 중 다수를 하나님이 기뻐하지 아니하신 고로 저희가 광야에서 멸망을 받았느니라" 한 10:5절을 연상케 하는 말씀입니다. 바울은 이를 "징계"로 보고 있는 것입니다. 30-34절 안에는 "판단"이라는 말이 3번 등장하는데, 고린도교회는 하나님의 판단을 받고 있다는 말씀이 됩니다. "우리가 판단을 받는 것은 주의 징계를 받는 것이니"(32상) 합니다.

③ 마지막으로 "사람이 자기를 살피고"라는 말씀을 음미해보아야만 하겠습니다. 이 말씀도 두 번(28, 31)이나 강조되어 있습니다. 어떻게 살필 것인가? ㉠ 성찬의 참 의미를 알고 확신하고 받는가를 살펴야 할 것입니다. ㉡ 주님의 몸 된 교회의 영광스러움을 알고 받는지를 살펴보아야 할 것입니다. 불화한 형제가 없는가를 살펴야 할 것입니다. 만일 생각나거든 성찬을 들기 전에 급히 화해해야할 것입니다. ㉢ 자신의 도덕성을 살펴야할 것입니다. 나의 죄를 위하여 죽으심을 기념하는 성찬을 들기 전에 회개가 선행되어야 하기 때문입니다. 그러면 성찬을 받는 나에게 주님은, "다시는 죄를 범치 말라" 말씀하실 것입니다.

④ 문제는 고린도 형제들이 아니라 이 말씀을 상고하는 우리들입니다. 본 장의 요절로 정한, "저희의 모임이 유익이 되지 못되고 도리어 해로움이라"(17) 한 "모임"은 예배모임을 가리킵니다. 현대교회의 "예배모임"이 반드시 유익이 된다고 장담할 수가 있는가? 신학적으로는 참 교회를 "말씀과, 성례와, 권징"이 바르게 시행되어야 한다고 정의하고 있습니다. 교회의 기둥(딤전 3:15)과 같은 이 세 가지 요소가 어느 하나 "합당" 하게 시행되고 있다고 장담할 수는 없는 것이 현실입니다. 말씀은 심히 "혼잡"(고후 2:17)되어 있습니다. 성찬과 결부하여 연상되는

장면이 있는데 구약성경의 마지막 책에 나오는 장면입니다. 말라기 선지자 당시에 이르러서는 제사제도를, "이 일이 얼마나 번폐스러운고 하며 코웃음하면서"(말 1:13) 더러운 떡, 눈먼 것, 병든 것으로 마지못해 드렸다고 말씀합니다. 그 제물이 무엇에 대한 그림자인가를 분변치 못했기 때문입니다. 오늘날도 성찬을 "번폐스러운" 것으로 여기고 있는 것은 아닌가? 그리하여 1년에 한두 번 정도 마지못해 시행하고 있는 것은 아닌지. 이는 "주의 몸을 분변치 못하기"(29) 때문이라고 밖에는 변명의 여지가 없는 것입니다. 그리고 권징은 말도 꺼내지 못할 정도라 해도 과언이 아닙니다.

④ 이제 묵상해보십시다.

㉠ 우리는 "함께 모여서 주의 만찬을 먹기에"(20) 합당한지?

㉡ 성찬을 통해서 "기념하라와, 계승"이 잘 이루어지고 있는지?

㉢ 우리에게 "서로 기다리라"(33) 한, 배려가 있는지.

고린도전서 12장 개관도표

주제 : 성령의 주 사역과 다양한 은사

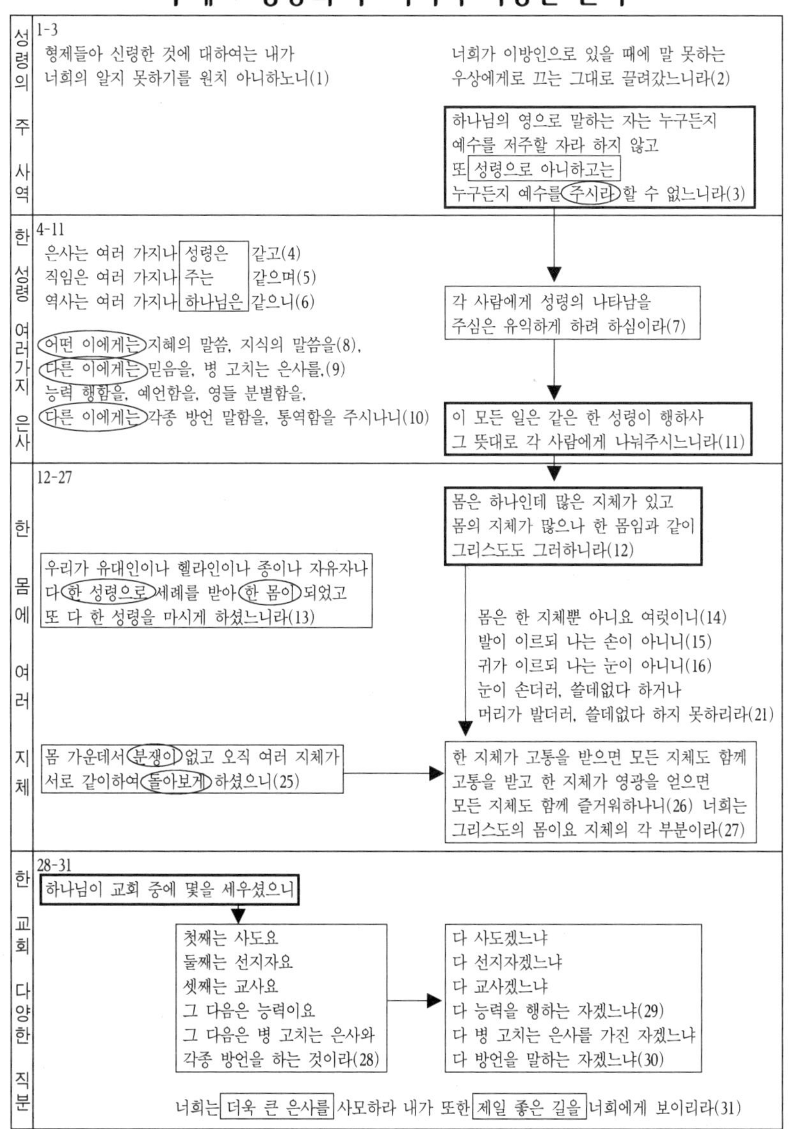

12장

성령의 주 사역과 다양한 은사

[11]이 모든 일은 같은 한 성령이 행하사 그 뜻대로 각 사람에게 나눠주시느니라.

12장의 핵심은 "성령"에 있고, 내용은 성령의 주된 사역과 여러 가지 은사입니다. "우상의 제물에 대하여는"(8:1) 하고 시작된 먹는 문제를, "너희가 이 떡을 먹으며 이 잔을 마실 때마다 주의 죽으심을 오실 때까지 전하는 것이라"(11:26) 한 바른 성찬론으로 매듭을 짓고, 이제부터 영적 은사에 대하여 다루려고 합니다. 12장에서 "신령한 것에 대하여는"(1상) 하고 시작이 된 은사문제는 14장에서 "모든 것을 적당하게 하고 질서대로 하라"(14:40) 하고 마치게 됩니다. 어찌하여 은사 활용이 문제로 대두되게 되었는가? 근본적인 원인이, "자랑(1:29, 31, 3:21, 4:7, 5:6)과, 교만"(4:6, 19, 5:2, 8:1)에 있음을 인식해야만 합니다. "신령한 것"에 대해서도 자신이 받은 은사가 제일인 양 자랑하고 교만에 빠졌던 것입니다. "자랑과 교만"은 필연적으로 교회의 "불화와 분쟁"(25)을 일으키게 되는 것입니다. 특히 방언으로 인한 혼란이 극심하여 통제불능의 상태에 있었던 것으로 여겨집니다. 바울은 이를 바로 잡아주려는 것입니다. 12장에서는 다양한 은사를 말씀하고, 14장에서는 방언보다는 예언의 은사, 즉 가르치는 말씀을 권장합니다. 그런데 그 사이에 13장이 끼어 있어서 이 모든 은사를 "사랑"으로 하라고 균형을 잡아주고 있습니다. 이를 네 단원으로 나누어 상고하겠습니다.

첫째 단원(1-3) **성령의 주 사역**
둘째 단원(4-11) **한 성령과 여러 가지 은사**
셋째 단원(12-27) **한 몸에 여러 지체**
넷째 단원(28-31) **한 교회에 다양한 직분과 은사**

첫째 단원(1-3) **성령의 주 사역**

"형제들아 신령한 것에 대하여는 내가 너희의 알지 못하기를 원치 아니하노니"(1),

① 첫째 단원의 중심점은 "성령으로 아니하고는 그리스도를 주시라 할 수 없느니라"(3)에 있습니다. 이는 성령의 주 사역이 무엇인가를 밝혀주는 말씀입니다. 그러므로 본 단원은 세 절에 불과하지만 성령론의 원리와 같은 말씀이기에 이를 잘 파악을 해야만 혼란에 빠지지 않게 됩니다. 바울은 지금 성령의 다양한 "은사들"을 다루려 하고 있습니다. 그런데 은사문제로 직행을 하고 있는 것이 아니라, 먼저 성령의 주 사역이 무엇인가를 말씀합니다. 그것은 그리스도를 증거하는 일입니다. 그러므로, "성령으로 아니하고는 누구든지 예수를 주시라 할 수 없다", 즉 믿

을 수 없다고 말씀하는 것입니다. 이처럼 성령께서 강림하신 목적, 사명이 무엇인가에 확고한 후에 은사문제로 나아가야만 신비주의의 잘못에 빠지지 않게 되는 것입니다.

② 그러므로 성령의 주 사역에 관하여 좀 더 살펴보아야만 합니다. 주님은 말씀하시기를, "내가 아버지께로서 너희에게 보낼 보혜사 곧 아버지께로서 나오시는 진리의 성령이 오실 때에 그가 나를 증거하실 것이요"(요 15:26) 하십니다. 성령의 주 사역은 기사이적 같은 능력을 행하는데 있는 것이 아니라, 그리스도를 증거하는 사역입니다. 그런데 착각하지 말아야할 점은 성령의 주 사역이 그리스도의 생애를 증거는 데 있는 것이 아니라, 죽으시고 다시 사심으로 이루어놓으신 "그리스도의 구속사역"을 증거하기 위해서 강림하셨다는 점입니다.

③ 이점이 주님께서 잡히시던 밤에 행하신 다락방 강화에 나타납니다. ㉠ "그러하나 내가 너희에게 실상을 말하노니 내가 떠나가는 것이 너희에게 유익이라 내가 떠나가지 아니하면 보혜사가 너희에게로 오시지 아니할 것이요 가면 내가 그를 너희에게로 보내리니"(요 16:7) 하고 말씀하십니다. "떠나가는 것"이란 죽으심과, 다시 사심과, 승천하심을 가리킵니다. 그러니까 주님의 죽으심이 없었다면 성령은 오실 이유가 없다는 것이 됩니다. 십자가상에서 "다 이루었다"(요 19:30) 선언하신 주님은 사도행전 1장에서 승천하시고, 2장에서 성령은 강림하십니다. 말하자면 임무교대가 이루어진 것입니다. 그러므로 부활하신 주님의 최후분부는, ㉡ "오직 성령이 너희에게 임하시면 너희가 권능을 받고 예루살렘과 온 유대와 사마리아와 땅 끝까지 이르러 내 증인이 되리라"(행 1:8) 하고 말씀하셨던 것입니다. 이것이 성령의 주 사명입니다.

④ 우상숭배를 하던 고린도인들이 어떻게 해서 "예수를 주시라" 할 수가 있게 되었는가? 그것은 저들이 잘나서 된 것이 아닙니다. 바울은 고린도에 이르러, ㉠ "예수 그리스도와 그의 십자가에 못 박히신 것"을

전했습니다. 그리고 그렇게 한 이유를, ㉡ "너희 믿음이 사람의 지혜에 있지 아니하고 다만 성령의 능력에 있게 하려 하였노라"(2:2-5) 하고 대답합니다. 이처럼 복음을 전하러 고린도에 온 바울과, 그리스도를 증거하기 위해서 강림하신 성령의 동역으로 고린도 형제들이 "예수를 주시라" 고백하기에 이른 것입니다.

⑤ 그런 의미에서 3절을 다시 음미해보아야만 합니다. 왜냐하면 오늘날 예수 믿는다는 뜻과는 다른 점이 있기 때문입니다. 바울은 ㉠ 예수를 "그리스도라 할 수 없느니라" 하고 말씀하고 있지 아니합니다. ㉡ "주(主)시라 할 수 없느니라" 하고 말씀합니다. 예수를 "주"(主)로 고백한다는 것은 그의 인생관이 완전히 바뀐 것을 의미합니다. 이런 뜻입니다. "우리 중에 누구든지 자기를 위하여 사는 자가 없고 자기를 위하여 죽는 자도 없도다 우리가 살아도 주를 위하여 살고 죽어도 주를 위하여 죽나니 그러므로 사나 죽으나 우리가 주의 것이로라"(롬 14:7-8). 바울은 "나는 그렇다" 하고 말하는 것이 아닙니다. "우리 중에" 이런 사람은 없다, "우리는" 다 이런 사람들이라고 말하고 있습니다. 만일 우리 중에 자기를 위하여 살고 자기를 위하여 죽는 자가 있다면 그는 그리스도인이 아니라고 말하고 있는 셈입니다.

⑥ 이는 우리가 "믿는다"고 말하는 것과는 전연 다른 뜻입니다. 이는 그의 인생관, 삶의 목적, 가치관 에 혁명이 일어났음을 나타내는 말씀입니다. 그리스도가 주인이시고 나는 종이요 관리자에 불과하다는 고백입니다. 이 말씀은 예수를 믿는다고 말하면서도 여전히 자기중심적인 오늘의 신앙에 경종이 아닐 수 없습니다. 이렇게 고백할 수 있는 것은 성령으로 말미암아서만 가능하여 진다는 뜻입니다. 그렇다면 오늘의 "믿음"이 성령으로 말미암은 것인가 고민하지 않을 수가 없는 것입니다.

예수를 주로 고백한다는 것

① 고린도 형제들의 전 주인은 누구였는가? "너희도 알거니와 너희가 이방인으로 있을 때에 말 못하는 우상에게로 끄는 그대로 끌려갔느니라"(2), 즉 자신이 알든 모르든 사탄을 주(主)로 섬기며 추종하던(엡 2:2-3) 자들이었습니다. 이점을 에베소서에서는, "그 때에 너희가 그 가운데서 행하여 이 세상 풍속을 좇고 공중의 권세 잡은 자를 따랐으니 곧 지금 불순종의 아들들 가운데 역사하는 영이라"(엡 2:2) 합니다. "또한 정치적으로는 로마의 시저를 "퀴리오스"(주)로 받들고 있는 시대입니다. 그런데, "아니요 예수 그리스도가 우리의 퀴리오스요" 하는 사람들이 나타나게 된 것입니다. 이는 곧 죽음을 뜻할 수도 있는 고백이었던 것입니다.

② 어떻게 해서 "예수"가 나의 "주"가 되셨는가? "너희는 너희의 것이 아니라 값으로 산 것이 되었으니"(6:20, 7:23), 즉 사탄의 노예였던 우리를 값을 주고 사셔서 해방시켜주셨기 때문입니다. 성경은 말씀합니다. "이러므로 하나님이 그를 지극히 높여 모든 이름 위에 뛰어난 이름을 주사 하늘에 있는 자들과 땅에 있는 자들과 땅 아래 있는 자들로 모든 무릎을 예수의 이름에 꿇게 하시고 모든 입으로 예수 그리스도를 〈주라〉 시인하여 하나님 아버지께 영광을 돌리게 하셨느니라"(빌 2:9-10). 이것이 "성령으로 아니하고는 누구든지 예수를 주시라 할 수 없느니라"는 말씀 속에 함의된 뜻입니다.

③ "하나님의 영으로 말하는 자는 누구든지 예수를 저주할 자라 하지 않고"(3중)에 대해서는 구구한 해석이 가해지고 있습니다만, "저주"란 말은, "주"(主)라는 고백과 대조되는 관점, 즉 부인(否認)하는 것으로 보아야만 합니다. 인위적인 믿음과, 성령으로 난 믿음은 환난의 날에 진위가 나타나게 될 것입니다. "하나님의 영으로 말하는 자는" 죽음에 이

르러서도 "예수를 저주할 자라", 즉 부인하지는 못할 것입니다. 하나님은 아브라함에게 "너를 축복하는 자에게는 내가 복을 내리고 너를 저주하는 자에게는 내가 저주하리니"(창 12:3) 하셨는데, 이 말씀이 아브라함의 자손으로 오신 예수 그리스도에게서 성취되었던 것입니다.

④ 이것이 성령의 주 사역입니다. 그러므로 "예수를 주시라" 고백한다는 것은 무엇에 비교할 수도 없고, 무엇하고도 바꿀 수 없는 성령님의 선물이요, 축복이라는 말씀입니다. 각양 은사란 이 주 사역을 위한 방편임을 명심해야만 합니다. 이제 성령의 은사를 상고할 준비가 된 것입니다.

둘째 단원(4-11) 한 성령과 여러 가지 은사

"은사는 여러 가지나 성령은 같고"(4),

① 둘째 단원의 중심점은 "은사는 여러 가지나 성령은 같다"(4)는 데 있습니다. "여러 가지"라는 말이 3번(4, 5, 6), "같다"는 말이 6번(4, 5, 6, 8, 9, 11)이나 등장합니다. 그러므로 "성령"을, "같은 성령(8, 9), 한 성령(9), 같은 한 성령"(11)이라고 말씀합니다. "이 모든 일(은사)은 같은 한 성령이 행하사 그 뜻대로 각 사람에게 나눠주시느니라"(11) 합니다. 이렇게 강조함은 여러 가지 은사가 한 성령에 의하여 그 뜻대로 나눠주신 것임을 인식시키기 위해서입니다.

② 그렇다면 어찌하여 "같은 한 성령"이 이처럼 여러 가지 다양한 은사들을 주시는가? "각 사람에게 성령의 나타남을 주심은 유익(有益)하게 하려 하심이라"(7), 즉 각양 은사들이 상호협력 하여 주님의 몸 된 교회의 유익을 위해서라는 것입니다. 이점을 다음 단원에서는 몸이 하나이나 지체가 여럿임을 들어서 그 유용성을 설명하게 될 것입니다. 바

울은 성찬을 오용(誤用)함으로 "유익이 못되고 도리어 해로움이라" (11:17) 하고 책망을 했는데, 동일하게 성령의 은사들도 오용하므로 유익이 되지 못하고 도리어 해를 끼치고 있기 때문에 이를 시정해주려는 것입니다.

③ 그렇다면 성령의 은사에는 어떤 것들이 있는가? 그 내용이 8-10절에 나오는데, "다른 이에게는"이란 말이 두 번(9상, 10중) 나옵니다. 이를 분기점(分岐點)으로 하여 세 그룹으로 나누는 것이 도움이 됩니다.

㉠ 어떤 이에게는 성령으로 말미암아 지혜의 말씀을, 어떤 이에게는 같은 성령을 따라 지식의 말씀을(8), 이는 말씀사역과 관련이 되는 은사입니다.

㉡ 〈다른 이에게는〉 같은 성령으로 믿음을, 어떤 이에게는 한 성령으로 병 고치는 은사를, 어떤 이에게는 능력 행함을, 어떤 이에게는 예언함을, 어떤 이에게는 영들 분별함을(9-10상), 이는 신유은사라 할 수가 있습니다.

㉢ 〈다른 이에게는〉 각종 방언 말함을, 어떤 이에게는 방언들 통변함을 주시나니(10하) 합니다. 이점에서 "방언"을 둘째 부류에 포함시키지를 않고 별도로 구분하고 있음은 주목할만합니다. 이는 고린도교회를 혼란하게 하고 있는 주도적인 은사가 방언 때문이요, 앞으로 여기에 중점을 두고 말씀하려는 의도가 암시되어 있는 대목이기도 합니다. 이점을 14장에 가서 보게 될 것입니다.

④ 여기 거론한 은사는 아홉 가지이지만 이것이 성령의 은사 목록의 전부는 아닙니다. 은사란 같은 한 성령이 "그 뜻대로 〈각 사람〉에게 나눠주시는 것"(11)이라 말씀했는데, 똑같은 두 사람이 존재하지 않듯이 엄밀한 의미에서는 백 사람 천 사람의 은사가 각각 다르다고 말할 수가 있는 것입니다. 분명한 것은 그가 성령으로 거듭난 그리스도인이라면 은사를 주시지 않고, 받음이 없는 사람은 한 사람도 없다는 사실입니다.

한 가지 예를 들면 우리가 은사로 생각지 않는, "권위(勸慰), 구제, 긍휼"(롬 12:8) 등도 성경은 은사로 여기고 있는 것입니다. 또 한 가지는 로마서(12:6-8)의 은사목록과, 에베소서(4장)의 은사목록과, 고린도전서(12장)의 은사목록을 통해서 깨닫게 되는 것은 각 개인의 은사가 다르듯이, 각 교회에 주신 특징적인 은사도 다르다는 점입니다. 고린도교회는 주로 신유의 은사가, 에베소교회는 가르치는 은사가, 로마교회에는 섬김의 은사가 주를 이루고 있다 하겠습니다.

⑤ 여기 주목해야할 점이 있는데, ㉠ "은사는 여러 가지나 성령은 같고"(4), ㉡ "직임은 여러 가지나 주는 같으며"(5), ㉢ "또 역사는 여러 가지나 모든 것을 모든 사람 가운데서 역사하시는 하나님은 같으니"(6) 하고, 성부, 성자, 성령을 들어 증거하고 있다는 점입니다. 이렇게 말씀하는 의도는 두 가지라 할 수가 있습니다. 첫째는, 우리를 구원하시려는 하나님의 구원계획, 즉 하나님의 나라건설에는 삼위 일체 하나님이 함께 역사하시는 프로젝트라는 점입니다. 둘째는, 그런데 삼위 하나님의 사역이 각각 다르다는 점입니다. 이점을 2장에서도, 하나님은 계획하시고, 주님은 성취하시고, 성령께서는 이를 증거 하시는 분담이 있는 것을 말씀했습니다. 이를 아는 자라면 자랑하거나 교만해할 것이 아니라, 주신 은사대로 하나님의 교회를 위하여 섬겨야하지 않겠습니까? 이것이 "한 성령과 여러 가지 은사"입니다.

셋째 단원(12-27) 한 몸에 여러 지체

"몸이 하나인데 많은 지체가 있고 몸의 지체가 많으나 한 몸임과 같이 그리스도도 그러하니라"(12).

① 셋째 단원의 중심점은 교회를 사람의 몸에 비유하여 몸이 하나인

데 많은 지체가 있음과 같이, 주님의 몸 된 교회에 있어서도 성도 각자의 역할이 상호보완적임을 말씀함에 있습니다. ㉠ "몸은 하나인데 많은 지체가 있고"(12상) 하고는 이를 되돌려, "몸의 지체가 많으나 한 몸임과 같이"(12중) 하고, "한 몸에, 많은 지체"가 있음을 강조합니다. 그런데 결론에 이르러, ㉡ "그리스도도 그러하니라"(12하) 합니다. 우리는 바울이 "교회도 그러하니라" 할 줄로 여겼는데 "그리스도도 그러하니라" 하고 "그리스도"와 교회를 동일시하고 있음을 보고 놀라게 됩니다. 왜 이렇게 하고 있는 것일까요? 교회가 그리스도의 몸임을 강조하면서 동시에 성도 개개인이 "그리스도의 지체들"(6:15)임을 상기시키기 위한 용의주도한 의도에서입니다.

② "우리가 유대인이나 헬라인이나 종이나 자유자나"(13상, 갈 3:28, 골 3:11) 합니다. 이처럼 다양한 구성원들이 어떻게 한 몸의 여러 지체와 같이 하나가 될 수가 있단 말인가? "한 성령으로 세례를 받아 한 몸이 되었고 또 다 한 성령을 마시게 하셨느니라"(13하), 즉 "성령"께서 하나가 되게 해주셨다는 말씀입니다. 여기서 물세례, 불 세례를 끌어들이는 것은 본문의 의도를 벗어나는 것입니다. 문맥적으로 보면 말씀하고자 하는 초점이 "한 성령으로 말미암아, 한 몸"이 되었음을 강조하려는데 있음을 깨닫게 됩니다.

③ 만일 "불 세례"를 끌어들인다면 본문의 의도와는 달리 "유익이 못되고 도리어 해를" 끼치는 결과를 가져오게 될 것입니다. 왜냐하면 나는 불로 세례를 받았는데, 너는 받지 못했다는 식으로 분열을 조장하게 될 것이 분명하기 때문입니다. 보십시오. 바울은 이미 6:11절에서 "성령 안에서 씻음과 거룩함과 의롭다 하심을 얻었느니라" 말씀했습니다. 그래서 우리는 하나가 된 것입니다. 에베소서에서는 "평안의 매는 줄로 성령의 하나 되게 하신 것을 힘써 지키라"(엡 4:3) 합니다. 하나가 되도록 힘을 쓰라는 말씀이 아닙니다. 우리가 성령으로 거듭날 때 하나로 묶

어주신 것이 파괴당하지 않도록 힘써 지키라는 것입니다. 이점을 본문에서는 "한 성령으로 세례를 받아 한 몸이 되었다"고 묘사하고 있는 것입니다.

한 성령으로 세례를 받아

① "몸은 한 지체뿐 아니요 여럿이니"(14) 합니다. 바울은 14-20절을 통해서 몸의 다양성을 말씀합니다. 어찌하여 여러 지체가 필요한 것인가? 이렇게 다양성(多樣性)이 있는 것은, 상호보완적(相互補完的)인 역할을 하기 위해서라고 말씀합니다. ㉠ "만일 발이 이르되 나는 손이 아니니 몸에 붙지 아니하였다 할지라도 이로 인하여 몸에 붙지 아니한 것이 아니요"(15), ㉡ "또 귀가 이르되 나는 눈이 아니니 몸에 붙지 아니하였다 할지라도 이로 인하여 몸에 붙지 아니한 것이 아니니"(16) 합니다. "발과 손, 귀와 눈"이 대조되어 있습니다. 이렇게 하고 있는 것은 교회 내의 한 단면을 보여주기 위해서입니다. 그러니까 교회 내에서 "발과, 귀"와 같이 두드러지지 못한 형제들은, "손과, 눈"같이 중요하게 활동하고 있는 사람들을 바라 볼 때 열등감과 소외감을 느낄 수 있음을 나타냅니다.

② 이를 알았기에 "만일 온 몸이 눈이면 듣는 곳은 어디며, 온 몸이 듣는 곳이면 냄새 맡는 곳은 어디뇨"(17) 합니다. "만일 온 몸이 눈이면" 한 것은 필요 없는 지체란 없다는 점을 드러내기 위해서입니다. "그러나 이제 하나님이 그 원하시는 대로 지체를 각각 몸에 두셨으니, 이제 지체는 많으나 몸은 하나니라"(18-20) 하고, 합력해서 몸의 기능을 유지하게 된다는 작은 결론에 이릅니다.

③ 그런 후에 21절에서는 교회 내의 또 다른 단면을 보여주고 있습니다. ㉠ "눈이 손더러 내가 너를 쓸데없다 하거나, ㉡ 또한 머리가 발더

러 내가 너를 쓸데없다 하거나 하지 못하리라"(21) 합니다. 여기서는 "눈과 손, 머리와 발"이 대조되어 있는데, 이는 교회 내에서 지식을 가졌노라 하는 강한 자와 약한 자들, 부자들과 빈궁한 자들을 대조시켜 강한 자들이 약한 자들을 쓸데없는 양 업신여기고 있었음을 나타냅니다. 그래서 "쓸데없다 하지 못하리라" 말씀합니다.

④ 그리고 22-23절에서는 구비하여 온전케 하심을 말씀하고 있는데,

㉠ "더 약하게 보이는 지체가 → 도리어 요긴하고,

㉡ 덜 귀히 여기는 그것들을 → 더욱 귀한 것들로 입혀주며,

㉢ 아름답지 못한 지체는 → 더욱 아름다운 것을 얻고,

㉣ 아름다운 지체는 → 요구할 것이 없으니", 그리하여 "오직 하나님이 몸을 고르게 하여 부족한 지체에게 존귀를 더하사 몸 가운데 분쟁이 없고 오직 여러 지체가 서로 같이하여 돌아보게 하셨으니"(24하-25) 하는 결론에 이르게 됩니다. 주님께서 "더 약하고, 덜 귀하고, 덜 아름다운" 지체들을 이처럼 소중하게 여기시고 배려하여주신다면 네가 누구이기에 그들을 업신여길 수가 있단 말이냐는 암시가 주어지고 있습니다.

⑤ 여기 "분쟁"(分爭)이라는 말이 등장하는데 바울이 12-14장을 통해서 말씀하려는 바가 무엇인가? 교회의 분쟁을 종식시키고, "모든 것을 덕을 세우기 위하여 하라"(14:26)는 말씀을 하기 위해서입니다. "분쟁이 없다"는 말은 소극적인 뜻이고, 적극적으로 "돌아보게 하셨다"(25)고 말씀합니다. 사실 은사는 자신을 위해서 쓰라고 주신 것이 아니라 다른 사람을 섬기라고 주신 것입니다. 예를 들어 "눈"은 보는 기능을 하지만 제 눈을 보지 못하는 것과 같습니다. 이런 의미에서 "남을 가르치는 다섯 마디가, 일만 마디 방언보다 나으니라"(14:19) 하는 것입니다.

⑥ 그렇다면 한 몸의 여러 지체는 어떤 관계여야 하는가는 자명해지

는 것입니다. ㉠ "만일 한 지체가 고통을 받으면 모든 지체도 함께 고통을 받고 한 지체가 영광을 얻으면 모든 지체도 함께 즐거워하나니"(26) 합니다. 여기서는 "한 지체와, 모든 지체"가 불가분(不可分)의 관계임을 역설합니다. "너희는 그리스도의 몸이요 지체의 각 부분이라"(27) 합니다. 인체에 있어서 다른 지체가 다 건강하다 하여도 "간" 하나가 손상을 입게 되면 사망에 이르게 됨을 아는 자라면 이쯤에서 충분하리 만치 이해에 도달하였으리라고 여겨집니다. 이제 문제는 기록케 하신 말씀을 전해 받고 있는 우리가 문제요, 한국교회가 문제인 것입니다.

넷째 단원(28-31) 한 교회에 다양한 직분과 은사

"하나님이 교회 중에 몇을 세우셨으니 첫째는 사도요 둘째는 선지자요 셋째는 교사요 그 다음은 능력이요 그 다음은 병 고치는 은사와 서로 돕는 것과 다스리는 것과 각종 방언을 하는 것이라"(28).

① 마지막 단원의 중심점은 "하나님이 교회"(28상)에 있습니다. 이 지점에서 "하나님의 교회"가 등장하는데 이것이 12장의 핵심이기도 합니다. ㉠ "하나님의 교회에 몇을 세우셨으니" 합니다. 이는 "한 몸에 여러 지체"가 있다한 몸의 비유를 교회에 적용을 하고 있는 것입니다. 먼저 하나님의 교회에, ㉡ "사도와 선지자와 교사"(28중)를 주셨다고 말씀합니다. 이 직분은 말씀사역과 관련이 있습니다. 에베소서에서는, "그가 혹은 사도로, 혹은 선지자로, 혹은 복음 전하는 자로, 혹은 목사와 교사로 주셨으니"(엡 4:11) 합니다. 이들은 모두가 말씀을 맡은 자들입니다. 이들을 가리켜 승천하시는 주님이 교회에 주신 "선물"이라고 말씀합니다. 그래서 "배나 존경할 자로 알라"(딤전 5:17) 하는 것입니다.

② "다음은 능력이요 그 다음은 병 고치는 은사와 서로 돕는 것과 다

스리는 것과 각종 방언을 하는 것이라"(28하) 합니다. "다 사도겠느냐 다 선지자겠느냐 다 교사겠느냐 다 능력을 행하는 자겠느냐 다 병 고치는 은사를 가진 자겠느냐 다 방언을 말하는 자겠느냐 다 통역하는 자겠느냐"(29-30) 합니다. 바울이 이렇게 논쟁적(論爭的)으로 말하는 의도는, 고린도 형제들이 은사문제로 교만한 자는 우월감에 빠지고, 연약한 자는 열등감에 빠져 갈등을 했기 때문입니다.

③ 그런데 주목해야할 새로운 변화가 나타납니다. 그것은, "너희는 더욱 큰 은사를 사모하라 내가 또한 제일 좋은 길을 너희에게 보이리라"(31) 하고, "더욱 큰 은사, 제일 좋은 길"이 있다고 말씀하고 있는 것이 아닌가! 이런 차별성(差別性)은 이제까지의 논증에서는 전혀 나타나지 않았던 문제입니다. 그러하기는커녕 도리어 이런 차별이 분쟁의 요인이 된다고 철폐시키고 있었던 점입니다. 그렇다면 바울은 어찌하여 마지막에 이르러 이처럼 뒤집기를 감행하고 있는 것인가?

④ 마지막 절은 두 마디로 되어 있습니다. 첫째는, ㉠ "너희는 더욱 큰 은사를 사모하라"(31상)는 말씀입니다. 이는 14:1절에서, "신령한 것을 사모하되 특별히 예언을 하려고 하라" 한 말씀과 연결이 되는 것입니다. 14장에 가서 "예언"(가르치는 말씀)이 "더욱 큰 은사"임을 보게 될 것입니다. 둘째는, ㉡ "또한 제일 좋은 길을 너희에게 보이리라"(31하) 한 말씀입니다. 이는 13장과 결부되는 것인데, "제일 좋은 길"은 "사랑"입니다. 바울은 이제 13-14장을 말씀하기 위한 연결고리를 만들어 놓은 셈입니다.

⑤ 12장을 마치기 전에 다시 한번 상기시키고 강조할 것은 성령께서 강림하신 목적과 사명은 그리스도께서 성취해놓으신 구속사역을 증거하기 위해서 오셨다는 점입니다. 그리고 그 증거는 "말씀"을 통해서만 가능하여진다는 사실입니다. 그러므로 "성찬이 "주의 죽으심을 오실 때까지 전하는 것", 즉 말씀과 함께 행해져야 함과 같이, 능력, 병 고침,

방언 등의 은사도 복음 증거와 함께 행해져야 한다는 점입니다. 주님께서, "충성되고 지혜 있는 종이 되어 주인에게 그 집 사람들을 맡아 때를 따라 양식을 나눠 줄 자가 누구냐"(마 24:45) 하신, "양식"은 어떤 능력 행함이 아니라 말씀인 것입니다.

⑥ 이제 묵상해보십시다.

㉠ 나에게 주신 은사는 무엇인가?

㉡ 우리교회의 특징적인 은사는 무엇인가?

㉢ 나는 은사문제로 인하여 열등감이나 우월감에 빠져 본적이 있는지.

㉣ 우리에게 "함께 고통을 받고, 함께 영광을 얻는" 공동체의식이 있는지.

고린도전서 13장 개관도표

주제 : 믿음 소망 사랑 중에 제일은 사랑이라

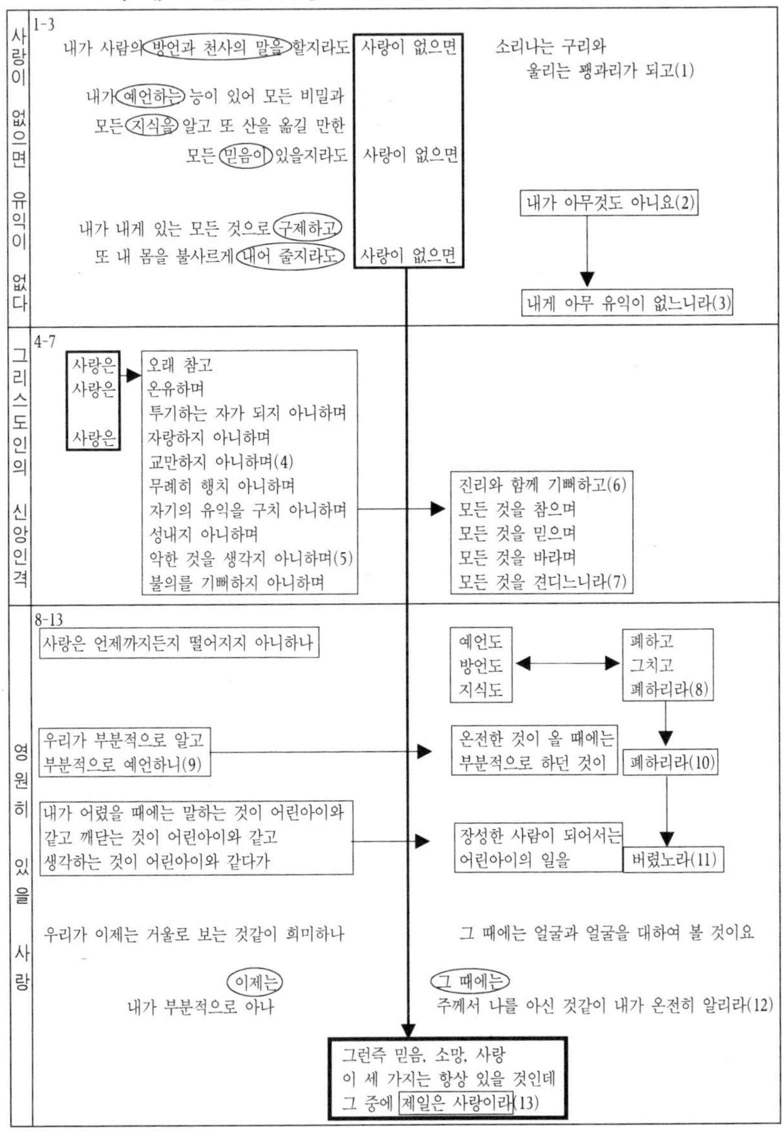

13장

믿음 소망 사랑 중에 제일은 사랑이라

[13]그런즉 믿음 소망 사랑 이 세 가지는 항상 있을 것인데
그 중에 제일은 사랑이라.

사람들은 13장을 "사랑의 송가"라 부르면서 아름다운 말을 다 동원하여 찬사를 아끼지 않고 있습니다. 그런데 본 장을 말씀하는 바울의 본심은 그런 칭찬과는 거리가 먼데 있습니다. 바울은 "사랑의 송가"를 말하고 있는 것이 아니라 천사같이 설교하는 목사에게, 거룩하게 기도하는 장로에게, "불로, 불로" 하고 외치는 부흥강사에게, 봉사를 많이 하는 권사에게, "믿습니다" 하는 집사에게, 방언을 말하는 신령한 자를 향해서, "네게 사랑이 있느냐" 하고 엄숙히 묻고 있는 것입니다. 만일 이런 일을 사랑으로 행하고 있지 않다면 "아무 유익이 없느니라"(첫째 단원) 합니다. 더욱 우리를 심각하게 만드는 것은, "사랑이 없으면 내가 아무 것도 아니요"(2하) 하는 말씀입니다. 이를 내게 있는 "은사"가 아무 것

도 아니라고 여겨서는 아니 됩니다. 문제는 "내가" 아무 것도 아니라는 말입니다. 그렇다면 "사랑"은 어디서 나는 것인가 하는 문제가 대두됩니다. 아가페 사랑은 타고나는 것이 아닙니다. 하나님의 사랑, 그리스도의 사랑, 즉 "복음"을 통해서 부은(롬 5:5) 바 되는 것입니다. 그러므로 4-7절을 통해서 "그리스도인의 신앙인격"(둘째 단원)을 말씀합니다. 그리고 8-13절을 통해서 모든 것이 폐하여질 날이 오는데 "사랑만이 영원히 있게 될 것"(셋째 단원)이라 말씀합니다. 그러므로 본 장을 통해서 말씀하려는 것은, "무엇을 했느냐? 하지 않았느냐"에 있는 것이 아니라, 바로 "나 자신"을 점검하게 합니다. 바울은 13장에서 "사랑"을 정의하고 있는 것이 아니라 고린도 형제들의 신앙인격, 곧 나 자신의 신앙인격을 점검해보라고 말씀하고 있는 것입니다. 이를 세 단원으로 나누어 상고하겠습니다.

첫째 단원(1-3) **사랑이 없으면 유익이 없느니라**
둘째 단원(4-7) **그리스도인의 신앙인격**
셋째 단원(8-13) **영원히 있을 사랑**

첫째 단원(1-3) 사랑이 없으면 유익이 없느니라

"내가 사람의 방언과 천사의 말을 할지라도 사랑이 없으면 소리나는 구리와 울리는 꽹과리가 되고"(1).

① 본 단원의 중심점은 "사랑이 없으면"에 있습니다. 세 절 속에 세 번(1, 2, 3)이나 반복되어 강조적입니다.

㉠ "방언"을 말해도 사랑이 없으면, "아무 것도 아니요",

㉡ "천사의 말"을 해도 사랑이 없으면, "아무 것도 아니요",

ⓒ "예언하는 능이 있어도" 사랑이 없으면, "아무 것도 아니요",

ⓔ "산을 옮길 만한 믿음이 있을지라도" 사랑이 없으면, "아무 것도 아니요"(1-2) 라고 말씀합니다.

② 여기서 거론하고 있는 "방언, 천사의 말, 예언, 믿음" 등은 12:8-10절에서 말씀한 성령의 은사들이요, 고린도 형제들이 자랑하는 은사들임을 유념해야만 합니다. "방언과 천사의 말을 할지라도" 한 것은, 자신들이 하고 있는 방언을 "천사의 말"이라고 여겼기 때문일 것입니다. 오늘날도, "사람의 말로 기도하면 사탄의 방해를 받지만 방언으로 말하면 천사의 말이기 때문에 방해를 받지 않고 직통으로 상달이 된다" 하고 말하는 사람들이 있습니다.

③ 바울은 3절에서 우리가 할 수 있는 최대한의 선행을 예로 듭니다.

ⓐ "내가 내게 있는 모든 것으로 구제"를 해도 사랑이 없으면, "아무 유익이 없느니라" 합니다.

ⓑ "또 내 몸을 불사르게 내어줄지라도 사랑이 없으면 내게 아무 유익이 없느니라"(3) 합니다. "불사름"에 대한 해석이 구구하지만 본의는 사람이 할 수 있는 최대의 희생을 말하고자 했을 뿐입니다.

④ 교회 안에 1-3절의 사람이 있다고 하면, 즉 "방언, 예언, 믿음, 구제, 내 몸을 불사름"이 있는 성도라면 최상의 그리스도인이라 할 것이 아니가? 그런데 "내가 아무 것도 아니요, 내게 아무 유익이 없느니라" 하는 이유가 무엇이란 말인가?

⑤ 본 단원과, 본 장을 해석하는데 있어서 사활적으로 중요한 점은, "나"라는 존재(存在)입니다. 1-3절이 모두 "나"라는 인칭대명사로 시작하고 있음을 주목해야만 합니다. 세 절 안에 "나"라는 말이 7번이나 강조되어 있는 "나"를 간과한다면 그야말로 13장의 해설은 "울리는 꽹과리"가 되고 말 것입니다. 은사가 아닙니다. 그렇다고 선행이 아닙니다. 문제는 하나님의 자녀라고 말하는 "내가", "하나님은 사랑이시라" 한 아

버지를 닮았느냐 하는 신앙인격에 있는 것입니다. 그러므로 이어지는 말씀(4-7)은 사랑의 특성이 아니라, 그리스도인의 "신앙인격"으로 보아야만 합니다.

둘째 단원(4-7) 그리스도인의 신앙인격

"사랑은 오래 참고 사랑은 온유하며 투기하는 자가 되지 아니하며 사랑은 자랑하지 아니하며 교만하지 아니하며"(4).

① 둘째 단원의 중심점은 "그리스도인의 신앙인격"을 말씀함에 있습니다. 4절 한 절 속에 "사랑은", 이라는 말이 3번이나 나옵니다. 이를 사랑의 의인화(擬人化)로 여긴다면 본문을 우리와 떼어놓게 될 것입니다. 바울은 1-3절에서 "내가 … 사랑이 없으면" 하고 세 번이나 말씀했는데, 그렇다면 "내가 사랑이 있으면" 어떤 사람이어야 하는가 하는 신앙인격의 표현으로 보아야만 합니다. 그리고 4-7절의 성품은 예수 그리스도를 염두에 두고 한 말씀일 것입니다. 선생과 제자의 관계, 아버지와 자녀의 관계는 닮음의 관계이기 때문입니다.

② 이런 의미에서 4-7절을 이렇게 읽으면 의미가 더욱 분명해질 것입니다.

㉠ 사랑의 사람은 "오래 참고",

㉡ 사랑의 사람은 "온유하며"(4상) 하고 긍정적으로 말씀합니다. 그리고는,

㉢ 사랑의 사람은 "투기하는 자가 되지 아니하며",

㉣ 사랑의 사람은 "자랑하지 아니하며",

㉤ 사랑의 사람은 "교만하지 아니하며"(4),

㉥ 사랑의 사람은 "무례히 행치 아니하며",

ⓢ 사랑의 사람은 "자기의 유익을 구치 아니하며",

ⓞ 사랑의 사람은 "성내지 아니하며",

ⓙ 사랑의 사람은 "악한 것을 생각지 아니하며",(5)

ⓒ 사랑의 사람은 "불의를 기뻐하지 아니하며" 하고, 부정적으로 말씀합니다.

이렇게 말씀하는 바울의 의중은 무엇인가? 부정적으로 말씀하는 목록들을 관찰해보면, "투기(3:3), 교만(4:19, 5:2), 자랑(4:7, 5:6), 무례(11:22), 자기의 유익(8:11, 10:24, 33), 불의(6:1-4) 등 본서에서 이제까지 책망한 고린도교회의 실상임을 알게 됩니다. 그리고 오늘날 우리들의 모습이기도 합니다. 이렇게 하는 것은 사랑의 사람이 아니라는 말씀입니다.

③ 그런 후에 긍정적인 면으로 마무리를 합니다.

㉠ 사랑의 사람은 "진리와 함께 기뻐하고"(6하),

㉡ 사랑의 사람은 "모든 것을 참으며",

㉢ 사랑의 사람은 "모든 것을 믿으며",

㉣ 사랑의 사람은 "모든 것을 바라며",

㉤ 사랑의 사람은 "모든 것을 견디느니라"(7).

④ 그렇다면 "모든 것을 참으며, 믿으며, 바라며, 견디느니라"는 의미가 무엇인가 하는 점입니다. 이는 "불의"까지 참고, 믿고, 바라며, 견딘다는 뜻은 아닙니다. 바울은 5:13절에서 "이 악한 사람은 너희 중에서 내어 쫓으라" 하고 명하지 않았던가? 또한 바울은 기둥 같이 여기는 베드로를 "면책"(갈 2:11) 했습니다. 그런 바울이 "좋은 것이 좋다"는 뜻으로 말씀했겠습니까? 그러므로 이 말씀은 6절에 의해서 해석되어야만 합니다. 사랑은, "불의를 기뻐하지 아니하고", 사랑은, "진리와 함께 기뻐한다"고 말씀합니다. 너무나 당연한 말씀입니다만 오늘의 현실은 그렇지가 못합니다. "사랑으로 하라, 은혜로 하라"고 말합니다. 불의인 줄

알면서도 침묵하는 것이 사랑인 줄로 혼동하고 있는 시대를 살아가고 있습니다. 이는 복음진리를 위한 싸움을 포기한 세속화일 수가 있습니다.

⑤ 사랑은 불의를 기뻐하지 않습니다. 진리와 함께 기뻐합니다. 성경은 말씀합니다. "은혜와 긍휼과 평강이 하나님 아버지와 아버지의 아들 예수 그리스도로부터 〈진리와 사랑〉 가운데서 우리와 함께 있으리라"(요이 1:3). 사랑과 진리는 함께 갑니다. "형제들이 와서 네게 있는 진리를 증거하되 네가 진리 안에서 행한다 하니 내가 심히 기뻐하노라"(요삼 1:3) 하고 "진리"를 기뻐합니다. 그리고 "저희가 교회 앞에서 너의 사랑을 증거하였느니라"(요삼 1:6) 하고 "사랑"이 있음을 말씀합니다. 사랑과 진리는 한 짝입니다.

⑥ 이렇게 생각해보십시오. 누구를 위하고, 무엇을 위하여 "모든 것을 참고, 믿고, 바라고, 견뎌라"고 말씀하는가? 그러면 뜻이 분명해집니다. 연약한 형제들을 위해서, 교회의 덕을 세우기 위해서라는 말씀입니다. 그래서 "모든 것을 참으며, 모든 것을 견디느니라" 하고 인내(忍耐)가 강조되어 있는 것입니다. 바울은 신앙인격의 첫 덕목으로 "사랑은 오래 참고"(4상) 하고 역시 인내를 꼽았습니다. 이렇게 말씀하는 바울은 복음에 장애를 주지 않기 위해서 "범사에 참았다"(9:12)고 말씀합니다. "여러 사람에게 여러 모양이 되었다"(9:22)고도 말씀합니다. 로마서에서는 "믿음이 연약한 자를 너희가 받되 그의 의심하는 바를 비판하지 말라" 하면서, "우리 강한 자가 마땅히 연약한 자의 약점을 담당"(롬 14:1, 15:1)하라고 말씀합니다. 이것이 사랑의 사람, 곧 그리스도인이라는 말씀입니다.

셋째 단원(8-13) **영원히 있을 사랑**

“사랑은 언제까지든지 떨어지지 아니하나 예언도 폐하고 방언도 그치고 지식도 폐하리라”(8).

① 본 장을 해석하는 열쇠는 “폐하고, 그치고, 폐하리라”(8) 한 말씀에 나타납니다. 고린도 형제들이 그토록 자랑하던 “은사들”, 즉 “예언, 방언, 지식”들이란 한시적인 것이어서 폐기처분될 날이 온다는 것입니다. 언제인가? 12절에서 두 번이나 “그 때에는”, 한 그 날입니다. 그런데 영원히 없어지지 아니할 것이 있다는 것입니다. 그것은 곧 사랑입니다. “사랑은 언제까지든지 떨어지지 아니하나”(8상) 합니다. 왜냐하면 하나님의 나라란, “하나님은 사랑이시라”(요일 4:16) 한 사랑의 왕국이기 때문입니다.

② “우리가 부분적으로 알고 부분적으로 예언하니 온전한 것이 올 때에는 부분적으로 하던 것이 폐하리라”(9-10) 합니다. 바울은 “부분적으로 알고 부분적으로 예언”함을 두 가지 비유를 들어 설명을 합니다. 첫째 비유는, ㉠ “내가 어렸을 때에는 말하는 것이 어린아이와 같고 깨닫는 것이 어린아이와 같고 생각하는 것이 어린아이와 같다가 장성한 사람이 되어서는 어린아이의 일을 버렸노라”(11) 합니다. 11절 한 절을 통해서 “어린아이”라는 말을 4번이나 강조합니다. 이는 “어린아이”(3:1)와 같은 고린도 형제들을 염두에 두고 한 말씀일 것입니다. 이런 말이 있습니다. “지금 아는 것을 그 때에도 알았더라면”, 그렇습니다. 고린도 형제들이 장성한 후에, 분쟁을 일삼고 방언으로 혼란케 했던 오늘의 자신들을 돌아본다면 얼마나 부끄러울 것인가? 둘째 비유는, ㉡ “우리가 이제는 거울로 보는 것같이 희미하나”(12상) 합니다. 당시의 거울은 금속으로 만든 것이기 때문에 희미했습니다. “그 때에는 얼굴과 얼굴을 대하여 볼 것이요 이제는 내가 부분적으로 아나 그 때에는 주께서 나를

아신 것같이 내가 온전히 알리라"(12하) 합니다.

③ 바울은 12절 한 절에서 "이제와, 그 때"를 두 번이나 대조해서 강조하고 있습니다. 이렇게 함으로 "이제"만을 보고 있는 고린도 형제들의 시선을, "그 때"를 바라보게 만듭니다. 건축자, 즉 지도자들을 향해서도 "그 날이 공력을 밝히리니"(3:13) 하고 "그 날"을 생각하라고 주의를 환기시킨 바가 있습니다. 그리고 "그 때에는 얼굴과 얼굴을 대하여 볼 것이요", 하고 주님을 바라보게 합니다. "주께서 나를 아신 것같이 내가 온전히 알리라"(12하) 합니다. 사도 요한은 "그가 나타내심(재림)이 되면 우리가 그와 같을 줄을 아는 것은 그의 계신 그대로 볼 것을 인함이니"(요일 3:2) 하고, 그 날에는 우리도 부활하신 주님과 같이 영화 되어 주님을 만나게 될 소망을 말씀합니다.

④ 이제, "그런즉", 하고 총 결론에 도달합니다. "믿음 소망 사랑, 이 세 가지는 항상 있을 것인데"(13상) 합니다. "항상 있을 것"이란, 영원히 있을 것이란 뜻이 아니라 신앙생활에 꼭 필요한 요소임을 강조하는 말씀입니다. 그러므로 이 신앙의 삼 요소는 바울이 다른 교회에 보낸 서신에도 자주 등장합니다. "너희의 믿음의 역사와 사랑의 수고와 우리 주 예수 그리스도에 대한 소망의 인내"(살전 1:3)라고 말씀합니다. "우리는 낮에 속하였으니 근신하여 믿음과 사랑의 흉배를 붙이고 구원의 소망의 투구를 쓰자"(살전 5:8) 합니다.

⑤ 그렇다면 "믿음, 소망, 사랑"이 어찌하여 신앙의 삼 요소가 되는가? 이를 좀 더 구체적으로 생각해 볼 필요가 있습니다. 바울은 "믿음과, 사랑"을 그리스도인 됨의 표지(標識)로 여기고 있습니다. "이를 인하여 주 예수 안에서 너희 믿음과 모든 성도를 향한 사랑을 나도 듣고"(엡 1:15) 합니다. 하나님과의 관계는 "믿음"의 관계입니다. 그리고 성도 상호간의 관계를 "사랑"의 관계로 보고 있는 것입니다. "이는 그리스도 예수 안에서 너희의 믿음과 모든 성도에 대한 사랑을 들음이요"(골 1:4)

합니다. "지금은 디모데가 너희에게로부터 와서 너희 믿음과 사랑의 기쁜 소식을 우리에게 전하고"(살전 3:6, 살후 1:3) 합니다. 저들에게 "믿음과, 사랑"이 있다는 말을 듣고 그리스도인이 되었음을 인정하게 되었다는 그런 뜻입니다. 이처럼 "믿음"은 하나님을 향하게 하고, 사랑의 화살은 이웃을 향하도록 하고 있습니다. 그리고 "소망"은, "또 죽은 자들 가운데서 다시 살리신 그의 아들이 하늘로부터 강림하심을 기다린다고 말하니"(살전 1:10) 하고, "그 때"를 바라보게 합니다.

믿음 소망 사랑

① "이 세 가지는 항상 있을 것"이라 말씀하는데, ㉠ 만일 그리스도께서 우리 죄를 위하여 죽으시고 다시 사심을 믿는 "믿음"이 없다면 그를 그리스도인이라 말할 수는 없을 것입니다. ㉡ 하나님께 받은 그 사랑으로 형제들을 "사랑"하지 않는다면, 마치 일만 달란트 탕감함을 받은 자가 백 데나리온 빚 진자를 용납하지 못하는 것과 같아서 어찌 그를 주님의 몸 된 교회의 지체라고 말할 수가 있을 것인가? ㉢ 만일 그리스도께서 우리를 영접하시려 다시 오신다는 재림에 대한 "소망"이 없다면 이는 중대한 결함이 아닐 수가 없는 것입니다. 이런 뜻입니다. 방언과 예언을 못한다 해도, "믿음, 소망, 사랑"만 있다면 그는 그리스도인이다.

② "그 중에 제일은 사랑이라"(13하) 합니다. 바울은 "내가 또한 제일 좋은 길을 너희에게 보이리라"(12:31) 하고, "사랑 장"을 시작했습니다. 이제 사랑 장을 마치면서, "그 중에 제일은 사랑이라" 하고 결론을 내리는 것입니다. 이제 핵심적인 말씀을 하려고 합니다. 그것은 어떻게 하면 이런 사랑의 신앙인격자가 될 수가 있는가 하는 물음이 남았기 때문입니다. 이 질문에 형제는 대답할 수가 있습니까?

③ 성경은, "우리에게 주신 성령으로 말미암아 하나님의 사랑이 우리 마음에 부은 바"(롬 5:5) 되었기 때문이라고 대답합니다. "우리가 아직 연약할 때에, 우리가 아직 죄인 되었을 때에, 곧 우리가 원수 되었을 때에 그 아들의 죽으심으로 말미암아 하나님으로 더불어 화목"(롬 5:6-10) 됨이 가능하여졌다는 복음을 증거하면, 성령께서는 듣는 자에게 "믿음"을 주십니다. 그리하여 이 복음이 진정으로 마음에 믿어진다는 것은 "하나님의 사랑이 우리 마음에 부은 바 되었다"는 증거라는 말씀입니다. 하나님의 사랑을 운반해 다가 우리 마음에 부어주신 분은 "성령"이십니다. 그래서 "우리에게 주신 성령으로 말미암아 하나님의 사랑이 우리 마음에 부은 바 됨이니" 하고 말씀하는 것입니다. 바울은 고린도후서에서, "그리스도의 사랑이 우리를 강권하시는도다"(고후 5:14) 합니다. 어떤 사람인가? 병고침 받은 사람이 아닙니다. 오병이어의 사람이 아닙니다. 나를 위해서 "대신 죽어주신" 사람의 강권입니다. 그리스도인의 신앙인격은 교훈으로 되는 것이 아닙니다. 축복으로 되는 것은 더욱 아닙니다. 오직 복음으로만이 가능하여 진다는 말씀입니다.

④ 그러므로 2:12절에서, "우리가 세상의 영을 받지 아니하고 오직 하나님께로 온 영을 받았으니 이는 우리로 하여금 하나님께서 우리에게 은혜로 주신 것들을 알게 하려 하심이라" 말씀했던 것입니다. 성령이 우리에게 주시는 최고 최대의 선물은 은사가 아닙니다. "우리 마음에 부어주신 하나님의 사랑"입니다. 이것이 "제일 좋은 길"입니다. 그러므로 결론은 분명해졌습니다. "사랑이 없으면 내가 아무 것도 아니요, 사랑이 없으면 내게 아무 유익이 없느니라"(2하, 3하). 왜 그러합니까? 그는 하나님의 사랑이 그의 마음에 부은 바가 되지 못한 사람이기 때문입니다. 다시 말하면 복음을 모르는 사람이요, 그렇다면 그는 그리스도인이 아니라는 뜻이 됩니다.

⑤ 이제 묵상해보십시다.

㉠ 나는 복음이 무엇인지 듣고 알고 믿고 있는지?
㉡ 그리하여 내 마음에 하나님의 사랑이 부은바가 되었는지?
㉢ 나에게 사랑의 신앙인격이 형성되어 있는지.

고린도전서 14장 개관도표

주제 : 은사를 교회의 덕을 세우는데 활용하라

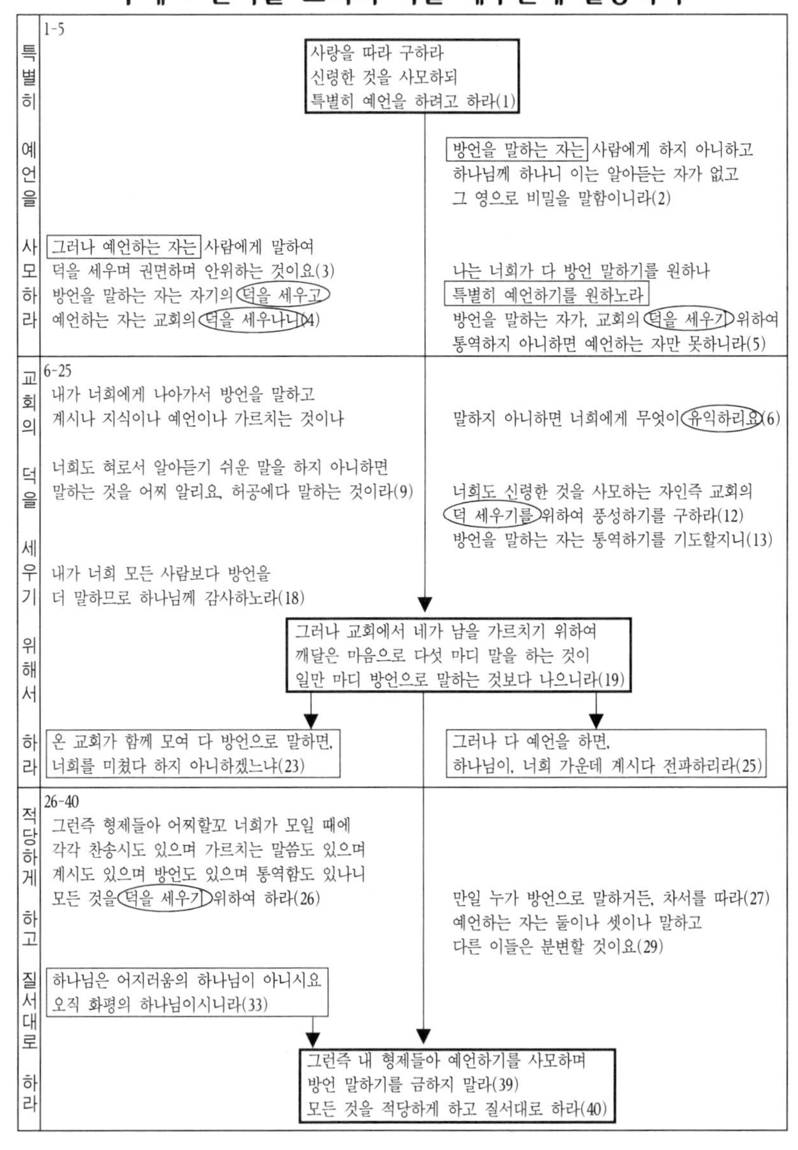

14장
은사를 교회의 덕을 세우는데 활용하라

[1]사랑을 따라 구하라 신령한 것을 사모하되 특별히 예언을 하려고 하라.

14장의 중심점은, 도표에 나타난 대로 방언보다는 예언하기를 사모하라는 데 있습니다. 이 말씀을 하기 위해서 바울은 40절이나 되는 분량을 할애하고 있는 것입니다. 이는 "다섯 마디 말(예언)을 하는 것이 일만 마디 방언으로 말하는 것보다 나으니라"(19)는 취지를 이해시켜서 예배질서를 바로 잡아 주기 위해서입니다. 어찌하여 방언보다는 예언하기를 사모하라 하는가? "방언을 말하는 자는 자기의 덕을 세우고 예언하는 자는 교회의 덕을 세우기"(4) 때문이라는 것입니다. 이를 세 단원으로 나누어 상고하겠습니다.

첫째 단원(1-5) **특별히 예언을 사모하라**

둘째 단원(6-25) **교회의 덕을 세우기 위해서 하라**

셋째 단원(26-40) **적당하게 하고 질서대로 하라**

첫째 단원(1-5) **특별히 예언을 사모하라**

"방언을 말하는 자는 자기의 덕을 세우고 예언하는 자는 교회의 덕을 세우나니"(4).

① 첫째 단원의 중심점은 "예언을 사모하라"는 데 있습니다. 1-5절은 14장의 명제(命題)입니다. 이 속에 14장을 통해서 말씀하려는 바가 요약이 되어 있습니다. 그러므로 첫째 단원만 깨닫는다면 14장 전체를 깨달은 것이라 말할 수가 있습니다. 그런데 어찌하여 바울은 40절까지의 긴 설명을 하고 있는 것일까요? 그렇게 했음에도 불구하고 오늘날까지도 방언이 마치 최고의 은사인 양, 방언을 하지 못하는 사람은 신령하지 못한 사람인 양 여기는 경향이 있는 것을 보면 그 의도를 알 것 같습니다. 그러므로 본 장은 한국교회에도 적실성이 있다 하겠습니다.

② "사랑을 따라 구하라 신령한 것을 사모하되 특별히 예언을 하려고 하라"(1) 합니다. 이 첫 절은 12-14장을 압축한 표현입니다. ㉠ "신령한 것을 사모하되", 한 말씀은 12장을 한마디로 요약한 표현이요, ㉡ "특별히 예언을 하려고 하라"는 말씀은 14장을 요약한 표현입니다. 그런데 이런 은사를, ㉢ "사랑을 따라 구하라"는 것입니다. 이는 13장을 요약한 표현입니다. "사랑을 따라 구하라"는 말씀은 사랑하기 위해서, 즉 섬기기 위해서 은사를 구하라는 그런 뜻입니다. 예를 들어 물질이 필요한 까닭은 나누기 위해서 필요함과 같습니다.

③ 이렇게 말씀한 바울은, "방언을 말하는 자는"(2상) 하고, 먼저 "방언"이 미치는 영향을 설명합니다. "사람에게 하지 아니하고 하나님께

하나니"(2중) 합니다. 왜냐하면, "이는 알아듣는 자가 없고 그 영으로 비밀을 말함이기"(2하) 때문이라는 것입니다. 즉 사람들에게 베풀기 위해서 하는 것이 아니라는 것입니다.

④ "그러나 예언하는 자는"(3상) 하고, 이 번에는 "예언"이 미치는 영향을 설명합니다. "사람에게 말하여 덕을 세우며 권면하며 안위하는 것이요"(3하) 합니다. 이렇게 말씀한 후에 4절에서는 종합적으로, "방언을 말하는 자는 자기의 덕을 세우고 예언하는 자는 교회의 덕을 세우나니" 합니다. 여기 14장의 핵심 단어 중 하나인 "세우다"는 말이 등장하는데, 14장에는 "세우다"라는 말이 7번(3, 4, 4, 5, 12, 17, 26)이나 등장합니다. "교회의 덕을 세우기 위하여"(5, 12), "모든 것을 덕을 세우기 위하여 하라"(26) 하십니다. 지금 성부, 성자, 성령(12:4-6)께서 하시는 일은 사탄이 넘어뜨린 것을 "세우는" 역사입니다. 그러므로 교회의 총력은 오직 그 나라와 그의 의를 세우기 위해서 집중되어야 하는 것입니다. 은사의 용도가 무엇인가? 하나님의 교회를 "세우기" 위한 도구와 같은 것입니다. 그런데 예언의 은사는 교회를 세우는데 기여하는 반면, 방언은 자기의 덕을 세울 뿐이라는 것입니다.

⑤ 그러므로 도달하게 되는 결론은, "나는 너희가 다 방언 말하기를 원하나 특별히 예언하기를 원하노라"(5상) 합니다. 왜냐하면 "방언을 말하는 자가 만일 교회의 덕을 세우기 위하여 통역하지 아니하면 예언하는 자만 못하기"(5하) 때문이라는 것입니다.

교회의 덕을 세우기 위한 은사

① 그렇다면 방언은 무엇인가? 방언이란 말이 신약성경에 처음 등장하기는 "믿는 자들에게는 이런 표적이 따르리니 … 새 방언을 말하며", 한 마가복음 16:17절입니다. 그런 후에 오순절에 "다른 방언으로 말하

기를 시작하니라"(행 2:4) 합니다. 그런데 이 때의 방언은, "우리가 다 우리의 각 방언으로 하나님의 큰 일 말함을 듣는도다"(행 2:11) 한 것으로 보아 알아들을 수 있는 각 나라말로 여겨집니다. 그 후에 고넬료의 가정에 나타난 방언(행 10:46)과, 에베소에서 나타난 방언(행 19:6)과, 고린도전서에 기록 된 방언으로 정리가 됩니다. 그 외의 서신서에는 "방언"에 대한 언급이 없음은 주목해야할 점입니다. 사람들이 생각하듯이 방언이 그토록 불가결(不可缺)한 은사라면 목회서신에서 단 한 번의 언급도 없단 말인가?

② 그러면 오늘의 방언을 어떻게 보아야만 하는가? 방언은 성경이 말씀하고 있는 성령의 은사 중 하나임이 분명합니다. 그런데 "예언"을, "분변할 것이요"(29) 하였다면 방언도 분별함이 마땅하다 하겠습니다. 주님께서 그 선지자의 말이 참인가 거짓인가를 알기 위해서는, "그의 열매로 그들을 알지니"(마 7:16) 하셨다면, 그의 방언이 성령께서 주신 은사인가 여부도 열매를 보아 분별해야할 것입니다. 다른 종교 집단에서도 유사한 현상이 일어나고 목회현장에서는 인위적인 연습과 심지어 미친 사람도 방언을 하는 것을 목격하게 되기 때문입니다. 그럼에도 불구하고 방언을 선호하는 이유가 무엇인가? 그것은 하나님의 말씀보다는 "신비경험"에 매력을 느끼기 때문일 것입니다.

③ 그렇다면 "예언"은 무엇인가? 본 장에는 "예언"이라는 말이 11번(1, 3, 4, 5, 5, 24, 29, 31, 32, 32, 39)이나 등장합니다. 사도시대에는 "선지자"(행 13:1, 15:32, 21:10, 엡 4:11)라 일컫는 특별한 직분이 있었습니다. 아가보라 하는 선지자가 "천하가 크게 흉년들리라, 성령이 말씀하시되 예루살렘에서 유대인들이 이같이 이 띠 임자를 결박하여 이방인의 손에 넘겨주리라"(행 11:28, 21:11) 하고, 예언하는 것을 보게 됩니다. 사도시대에는 이런 미래에 대한 "예언"이 있었습니다. 선지자가 필요했던 것은 신약성경이 주어지기 전이었기 때문일 것입니다. 그러므로 성

경을 해석함에 있어서 계시사(啓示史), 또는 구속사(救贖史)라는 역사적인 맥락이 중요한 것입니다. "만나"는 광야에서만 내렸고 가나안에 정착한 후에는 그쳤습니다. 계시가 충족된 이후에는 "사도나, 선지자"는 계승되는 직분이 아닙니다.

④ 그런데 14장을 관찰해보면 "예언"이 미래사(未來事)를 말하는 것만을 가리키는 것이 아님을 알게 됩니다. ㉠ "덕을 세우며 권면하며 안위하는 것"(4), ㉡ "예언이나 가르치는 것"(6), ㉢ "교회에서 네가 남을 가르치기 위하여 깨달은 마음으로 다섯 마디 말을 하는 것이 일만 마디 방언으로 말하는 것보다 나으니라"(19) 하는 말씀 등으로 볼 때 "예언"이란 곧 하나님의 말씀임을 깨닫게 됩니다. 궁극적으로 하나님의 말씀(성경)은 예언의 성격이 있는 것입니다. 왜냐하면 종말을 지향(指向)하고 있기 때문입니다. 생각해보십시오. "한 번 죽는 것은 사람에게 정하신 것이요 그 후에는 심판이 있으리니"(히 9:27), "노아의 때에 된 것과 같이 인자의 때에도 그러하리라"(눅 17:26)는 말씀은 예언의 말씀입니다. 그러므로 "하나님의 말씀"으로 잘 가르치는 것도 "예언"에 속하는 은사입니다. 그러므로 "방언을 말하는 자가 만일 교회의 덕을 세우기 위하여 통역하지 아니하면 예언하는 자만 못하니라"(5하) 하는 것입니다.

둘째 단원(6-25) **교회의 덕을 세우기 위해서 하라**

"그런즉 형제들아 내가 너희에게 나아가서 방언을 말하고 계시나 지식이나 예언이나 가르치는 것이나 말하지 아니하면 너희에게 무엇이 유익하리요"(6).

① 둘째 단원의 중심점은, "교회의 덕을 세우기 위하여"(12, 17) 하라

는 데 있습니다. 생각해보십시오. 독불장군처럼 모든 은사는 혼자 다 받은 양 신령한 자로 자처한다해도, 그 사람이 교회의 덕을 세우지 못한다면 "또 쓴 뿌리가 나서 괴롭게 하고"(히 12:15) 한 가시 같은 존재가 되고 맙니다. "사랑"을 어찌하여, "제일 좋은 길이요, 그 중에 제일은 사랑이라"(12:31, 13:13) 하는가? "지식이나 은사는 교만하게 하고 사랑은 덕을 세우기"(8:1) 때문입니다. "내가 너희에게 나아가서 방언을 말하고 계시나 지식이나 예언이나 가르치는 것이나 말하지 아니하면 너희에게 무엇이 유익하리요"(6) 하고 반문을 합니다.

② 그러므로 방언보다 예언하기를 사모하라는 이유는 분명합니다. 방언은 뜻을 알아들을 수가 없기 때문입니다. 바울은 이점을 두 가지 비유를 들어서 설명하고 있는데, ㉠ "저와 거문고가 그 음의 분별을 내지 아니하면"(7) 그것은 시끄러운 잡음에 불과하고, ㉡ "만일 나팔이 분명치 못한 소리를 내면 누가 전쟁을 예비하리요"(8) 합니다. "이와 같이 너희도 혀로서 알아듣기 쉬운 말을 하지 아니하면 그 말하는 것을 어찌 알리요"(9), "내가 말하는 자에게 야만이 되고 말하는 자도 내게 야만이 되리니"(11) 합니다. 즉 서로가 외국인같이 되어 사랑의 교제가 이루어질 수가 없다는 뜻입니다. 이런 일이 교회 내에서 실제로 일어나고 있는 것입니다. 결국 "유익"이 없다는 것이 되고 맙니다.

③ "내가 만일 방언으로 기도하면(14), 무식한 처지에 있는 자가 네가 무슨 말을 하는지 알지 못하고 네 감사에 어찌 아멘 하리요"(16) 합니다. "너는 감사를 잘하였으나 그러나 다른 사람은 덕 세움을 받지 못하리라"(17) 합니다. "그러므로 방언을 말하는 자는 통역하기를 기도할지니"(13) 하는 것입니다. "만일 통역하는 자가 없거든 교회에서는 잠잠 하라"(28) 하는 것입니다.

④ 방언은 성도 상호간에 덕을 세우지 못하는 것만이 아니라, ㉠ "온 교회가 함께 모여 다 방언으로 말하면 무식한 자들이나 믿지 아니하는

자들이 들어와서 너희를 미쳤다 하지 않겠느냐"(23) 하고, 불신자들에게도 덕을 세우지 못하는, 즉 전도의 문을 가로막을 수 있음을 경계합니다. ㉡ "그러나 다 예언을 하면, 그 마음에 숨은 일이 드러나게 되므로 엎드리어 하나님께 경배하며 하나님이 참으로 너희 가운데 계시다 전파하리라"(24-25) 합니다. 복음을 방언으로 전할 수는 없는 것입니다. 방언으로 회개, 믿음, 거듭남을 줄 수가 없다는 그런 뜻입니다. 오순절에 베드로는 방언으로 말한 것이 아니라, "그런즉 이스라엘 온 집이 정녕 알지니 너희가 십자가에 못박은 이 예수를 하나님이 주와 그리스도가 되게 하셨느니라" 하고 알아들을 수 있는 말을 하자, "저희가 이 말을 듣고 마음에 찔려, 형제들아 우리가 어찌할꼬"(행 2:36-37) 하는 회개가 일어났던 것입니다.

⑤ 이쯤에서 바울은 고린도 형제들을 승복시킬 히든카드를 제시합니다. 그것은, "내가 너희 모든 사람보다 방언을 더 말하므로 하나님께 감사하노라"(18)는 말씀이 그것입니다. 고린도 형제들이 찔끔했을 것 같습니다. 왜냐하면 바울이 방언으로 말하는 것을 보지 못했기 때문입니다. "그러나 교회에서 네가 남을 가르치기 위하여 깨달은 마음으로 다섯 마디 말을 하는 것이 일만 마디 방언으로 말하는 것보다 나으니라"(19) 합니다. 자신은 교회에서 가르치는 말씀을 전했을 뿐, 방언으로 말하지 않았다는 뜻입니다.

⑥ 만일 바울이 방언을 하지 못하면서 이 말씀을 했다면 어떻게 반응했을 것인가? 그것은 상상하기에 어렵지 않습니다. 오늘날도 "자신이 방언을 하지 못하니까 그렇게 말한다"고 하는 사람들이 있기 때문입니다. 그러면 방언을 하지 못하는 목회자는 본문을 설교할 수 없단 말인가? 아닙니다. 본문은 성령의 감동하심으로 기록된 말씀입니다. "기록하였으되" 하고 담대히 증거할 수가 있는 것입니다.

셋째 단원(26-40) 적당하게 하고 질서대로 하라

"그런즉 형제들아 어찌할꼬 너희가 모일 때에 각각 찬송시도 있으며 가르치는 말씀도 있으며 계시도 있으며 방언도 있으며 통역함도 있나니 모든 것을 덕을 세우기 위하여 하라"(26).

① 셋째 단원의 중심점은, "하나님은 어지러움의 하나님이 아니시오 오직 화평의 하나님이시니라(33), 모든 것을 적당하게 하고 질서대로 하라"(40)는 데 있습니다. 본 단원은 초대교회의 예배 모습을 엿볼 수 있는 중요한 자료가 됩니다. 모일 때에, ㉠ 찬송시도 있으며, ㉡ 가르치는 말씀도 있으며, ㉢ 계시도 있으며, ㉣ 방언도 있으며, ㉤ 통역함도 있나니(26), 합니다.

② 좀 더 예배광경을 들여다보면, "만일 누가 방언으로 말하거든 두 사람이나 다불과(多不過) 세 사람이 차서(次序)를 따라 하고 한 사람이 통역할 것이요, 만일 통역하는 자가 없거든 교회에서는 잠잠 하라"(27-28) 합니다. 이를 요약하면, ㉠ 예배 시에 방언은 두 사람, 많아도 세 사람을 넘어서는 안 된다는 것과, ㉡ 그것도 통역이 있을 경우이고, ㉢ 그리고 순서를 따라 하라는 것입니다. 이는 방언의 특성상 독판치듯 하려는 것을 금하기 위해서입니다.

③ "예언하는 자가 둘이나 셋이나 말하고 다른 이는 분변할 것이요, 만일 곁에 앉은 다른 이에게 계시가 있거든 먼저 하던 자는 잠잠할지니라"(29-30) 말씀합니다. 이를 요약하면, ㉠ 예언도 둘이나 세 명 정도로 하고, ㉡ 다른 사람에게 계시가 임하면 먼저 하던 사람은 중단하라는 것과, ㉢ 다른 사람들은 그 예언이 참인가를 분변하라는 것입니다. 이것이 초대교회의 예배 모습입니다. 점점 의식적(儀式的)이 되어 가는 현대교회의 예배에 비하여 얼마나 영감이 있고 역동적인 예배모습인가? 그런데 이와 같은 역동적인 예배가 "질서와 적당함"을 잃게 된다면 어찌 될

것인가를 상상해보십시오. 그것은 한마디로 "어지러움"(33)이 되고 마는 것입니다.

④ 이런 문맥에서 34-36절이 주어졌습니다. 바울은 어찌하여, "모든 성도의 교회에서 함과 같이 여자는 교회에서 잠잠 하라" 하는가? 이를 문맥적으로 보면 예배 질서와 관련이 있다 하겠습니다. 예배를 혼란스럽게 한 것은 남자들보다는 여자들의 영향이 더 심했던 것으로 여겨집니다. 억압을 당해오던 여자들이 자유 함에 몰입하게 되면 절제를 상실하게 되었을 법합니다. 그래서 "저희의 말하는 것을 허락함이 없나니 율법에 이른 것같이 오직 복종할 것이요"(34) 하고 말씀하는 것입니다.

⑤ "모든 성도의 교회에서 함과 같이" 라는 표현을 뒤집어 말하면, 다른 교회에서는 여자들이 정숙하고 있는데 어찌하여 너희 고린도교회에서는 유별나게 구느냐는 뜻이 되는 것입니다. 바울은 11:5절에서 "무릇 여자로서 머리에 쓴 것을 벗고 기도나 예언을 하는 자는 그 머리를 욕되게 하는 것"이라고, 여자가 교회에서 "기도나 예언"하는 것이 당연함을 말씀했습니다. 그런데 여기서는 어찌하여 "잠잠 하라" 하는가? 11장은 원리적인 면에서 한 말씀이고, 본문은 "하나님은 어지러움의 하나님이 아니시오 화평의 하나님이시니라"(33) 한 예배질서를 잡아주기 위하여 절제를 강조하는 문맥이기 때문으로 여겨집니다.

⑥ "그런즉 내 형제들아 예언하기를 사모하며 방언 말하기를 금하지 말라 모든 것을 적당하게 하고 질서대로 하라"(39-40) 하십니다. "신령한 것을 사모하되 특별히 예언을 하려고 하라"(1) 하고 시작된 본 장은, "예언하기를 사모하며 방언 말하기를 금하지 말라" 하면서, "모든 것을 적당하게 하고 질서대로 하라" 하고 마치고 있습니다.

⑦ 14장이 현대교회에는 어떻게 적용이 되는가? 1세기에 존재했던 고린도교회와 현대교회 사이에는 2천년이라는 간극이 있고 문화적인 차이가 있습니다. 그러나 공동목적에는 변함이 없습니다. 그것은 6번이나

강조되어 있는 교회를 "세우는" 일입니다. 그렇다면 교회를 세우는 결정적인 방편이 무엇인가? 그것은 본문에서 "예언"이라고 표현하고 있는 "말씀"에 있는 것입니다. "네가 남을 가르치기 위하여 깨달은 마음으로 다섯 마디 말을 하는 것", 이것이 교회를 세우는 방편입니다. 이는 어떤 은사로도 대체할 수가 없는 것입니다. 바울은 밀레도의 고별설교에서, "지금 내가 너희를 주와 및 그 은혜의 말씀께 부탁하노니 그 말씀이 너희를 능히 든든히 세우사 거룩케 하심을 입은 모든 자 가운데 기업이 있게 하시리라"(행 20:32) 하고 말씀합니다.

⑧ 끝으로 유념해야할 점은 14장을 예배모범인 양 여겨서는 아니 된다는 점입니다. 왜냐하면 성경이 완성된 이제는 사도도, 선지자도, 계시도 없기 때문입니다. 그러므로 중요한 점은 옛 언약은 돌비에 기록된 것이나, 새 언약은 "마음에 기록"(히 8:10)하신다는 점입니다. 마음에 기록된 말씀을 묵상하면서 드리는 예배가, "마음으로 기도하고, 마음으로 찬미"(15)하는 것입니다. 만일 방언 하는 자의 속에, 기록된 말씀이 없다면 울리는 꽹과리에 지나지 않게 될 것입니다.

⑨ 이제 묵상해보십시다.

㉠ 우리가 드리는 예배가 너무 의식적이 되지는 않았는지.

㉡ 반대로 너무 경박하지는 않은지.

㉢ 우리는 예언, 즉 신령한 젖을 사모하고(벧전 2:2) 있는지.

고린도전서 15:1-34절 개관도표

주제 : 죽은 자의 부활은 복음의 열매다

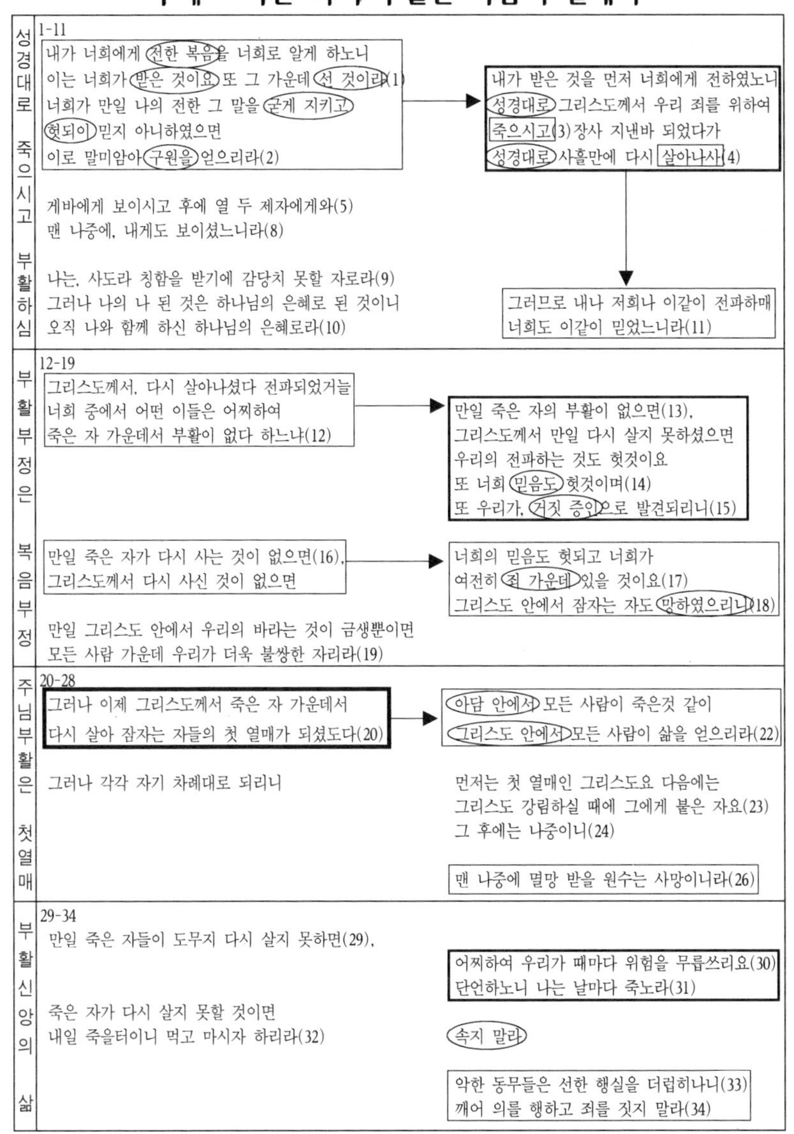

15:1-34절

죽은 자의 부활은 복음의 열매다

[20]그러나 이제 그리스도께서 죽은 자 가운데서 다시 살아
잠자는 자들의 첫 열매가 되셨도다.

15장은 "부활장"이라 일컫는 장입니다. 부활에 관하여 성경 전체를 통해서도 본 장만큼 논리 정연하여 논증하고 있는 곳은 달리는 없습니다. 바울이 죽은 자의 부활을 논하게 된 이유가, "너희 중에서 어떤 이들은 어찌하여 죽은 자 가운데서 부활이 없다하느냐"(12)에서 밝혀집니다. 그런데 이처럼 중요한 사안을 어찌하여 마지막에 이르러서야 다루고 있는가? "십자가의 도가 멸망하는 자들에게는 미련한 것이요 구원을 얻는 우리에게는 하나님의 능력이라"(1:18) 하고, 그리스도의 죽으심으로 시작한 본 서신은, "그러나 이제 그리스도께서 죽은 자 가운데서 다시 살아 잠자는 자들의 첫 열매가 되셨도다"(20) 하고 "부활"로 마치고 있는 절묘한 구도입니다. 바울은 주님의 부활을 독립적인 사건으

로 보고 있는 것이 아니라 "복음"의 열매로 보고 있다는 점입니다. 그러니까 "십자가의 죽으심"이 씨를 심는 것이라면, "부활"은 열매를 거두는 것과 같은 것입니다.

그래서 "너희가 만일 나의 전한 그 말을 굳게 지키고 헛되이 믿지 아니하였으면 이로 말미암아 구원을 얻으리라"(2) 말씀하는 것입니다. 이 말씀의 뜻은 "십자가의 도"를 믿는다고 하면서도 만일 부활을 부정한다면 이는 "헛되이 믿는", 즉 복음을 부정하는 것이라는 뜻입니다. 그렇다면 현대교회는 부활신앙에 굳게 서 있으며, 부활을 믿는 자의 삶을 살아간다고 말할 수가 있는가? 그러므로 15장은 현대교회에 더욱 적실성이 있다 하겠습니다. 내용 상 두 문단(1-34, 35-58)으로 나누어 상고하도록 하겠습니다.

첫째 단원(1-11) **성경대로 죽으시고 다시 사신 그리스도**
둘째 단원(12-19) **부활 부정은 복음을 부정하는 것이다**
셋째 단원(20-28) **첫 열매가 되신 그리스도의 부활**
넷째 단원(29-34) **부활을 믿는 자의 삶**

첫째 단원(1-11) 성경대로 죽으시고 다시 사신 그리스도

"형제들아 내가 너희에게 전한 복음을 너희로 알게 하노니 이는 너희가 받은 것이요 또 그 가운데 선 것이라"(1).

① 첫째 단원의 중심점은 그리스도의 부활의 진정성(眞正性)을 증거함에 있습니다. 바울은, ㉠ "내가 너희에게 전한 복음"(1상) 하고, 부활장을 "복음"으로 시작하고 있습니다. ㉡ "이는 너희가 받은 것이요 또 그 가운데 선 것이라"(1하) 합니다. 바울은 고린도에 가서 복음을 전해

주었고, 저들은 복음을 받고, "그 가운데 선 것이라", 즉 믿었다는 말씀입니다. 그러면 바울이 전한 복음의 내용이 무엇인가? 다시 말하면 저들이 무엇을 믿었는가?

② 그 내용이 3-4절입니다. "내가 받은 것을 먼저 너희에게 전하였노니, 이는 성경대로 그리스도께서 우리 죄를 위하여 죽으시고"(3) 합니다. 바울은 주님의 다시 사심을 증거하기에 앞서서, 먼저 "죽으심"을 증거합니다. 왜 죽으셔야만 했는가? "우리 죄를 위하여"! 성경은 "죄의 삯은 사망"(롬 6:23)이라 말씀하면서, "피 흘림이 없은즉 사함이 없느니라"(히 9:22) 합니다. 그래서 "우리 죄를 위하여 그리스도께서 대신 죽으셨다"는 것입니다.

③ 그런데 죽으심이 끝이 아닙니다. "장사 지낸바 되었다가 성경대로 사흘만에 다시 살아나셨다"(4)는 것입니다. 다시 강조합니다만 "죄의 삯"은 "죽음"입니다. 그러므로 우리의 죄는 주의 죽으심으로 해결이 된 것입니다. 그렇다면 다시 사심이 어떤 의미가 있는가? 여기에는 크게 네 가지 뜻이 있습니다. 첫째는, ㉠ "예수"가 하나님의 아들 그리스도이심이 입증이 되었다는 것입니다. "성결의 영으로는 죽은 가운데서 부활하여 능력으로 하나님의 아들로 인정되셨으니"(롬 1:4) 합니다. 부활하심으로 비로소 하나님의 아들이 되었다는 뜻이 아닙니다. 하나님의 아들이심이 입증이 되었다는 뜻입니다. 둘째는, ㉡ 우리의 죄가 다 해결이 되었다는 증거입니다. 생각해보십시오. 빚을 갚으러 간 분이 붙들려서 돌아오지 않고 있다면 그것은 빚이 해결이 안되었음을 나타냅니다. 성경은, "예수는 우리 범죄 함을 위하여 내어줌이 되고 또한 우리를 의롭다 하심을 위하여 살아나셨느니라"(롬 4:25) 하고 말씀합니다. 셋째는, ㉢ 그리스도의 부활이 우리들의 부활의 보증이 된다는 것입니다. 이것이 "잠자는 자들의 첫 열매가 되셨도다"(20)는 뜻입니다. 넷째는, ㉣ 사망 권세를 잡은 사탄을 이기셨다는 증거입니다. 성경은 "사망으로 말미

암아 사망의 세력을 잡은 자 곧 마귀를 없이 하시며 또 죽기를 무서워 하므로 일생에 매여 종노릇하는 모든 자들을 놓아주려 하심이니"(히 2:14-15) 하고 말씀합니다. 이것이 바울이 전한 복음 내용이요, 다시 사심의 의미입니다.

④ 그런데 중요한 점이 주님의 "죽으시고 다시 사심"이 "성경대로" 되어졌다는 사실입니다. "십자가의 도"는 임기응변이나 즉흥적으로 되어진 일이 절대로 아닙니다. "오직 비밀한 가운데 있는 하나님의 지혜를 말하는 것이니 곧 감취었던 것인데 하나님이 우리의 영광을 위하사 만세 전에 미리 정하신 것"(2:7)이라고 말씀합니다. 즉 하나님의 뜻과 계획 중에 되어진 일이라는 말씀입니다. 베드로도, "그가 하나님의 정하신 뜻과 미리 아신 대로 내어준 바 되었거늘"(행 2:23) 하고 증거합니다. 바울은, "이 복음은 하나님이 선지자들로 말미암아 그의 아들에 관하여 성경에 미리 약속하신 것이라"(롬 1:2) 합니다.

⑤ 이것이 고린도 형제들이 받은 복음이요, "또 그 가운데 서게 한"(1하) 복음입니다. 이런 의미에서 1-4절은 우리의 믿음이 "서 있는 믿음"인가 여부를 점검케 하는 시금석이라 할 수가 있습니다. 왜냐하면, "너희가 만일 나의 전한 그 말씀을 굳게 지키고 헛되이 믿지 아니하였으면 이로 말미암아 구원을 얻으리라"(2) 말씀하고 있기 때문입니다. 문제는 "헛되이 믿지 아니하였으면" 하는 단서입니다. 믿노라 하는 사람 중에는 무엇을 믿는지도 알지 못하고 덮어놓고 믿는 "헛된" 믿음도 있다는 뜻입니다. 바울은, "너희가 믿음에 있는가 너희 자신을 시험하고 너희 자신을 확증하라 예수 그리스도께서 너희 안에 계신 줄을 너희가 스스로 알지 못하느냐 그렇지 않으면 너희가 버리운 자니라"(고후 13:5) 하고 말씀합니다.

⑥ 그러므로 이 지점에서 다시 한 번 바울의 전도방법과 오늘의 전도방법을 대조해볼 필요가 있습니다. 바울은 "내 전도함이 지혜의 권하는

말로 하지 아니했다"고 말씀합니다. "예수 그리스도와 그의 십자가에 못 박히신 것"(2:2)만을 전했다고 말씀합니다. 왜냐하면 "너희 믿음이 사람의 지혜에 있지 아니하고 다만 하나님의 능력에 있게 하려 함"(2:4-5)에서 라고 말씀합니다. 이를 본문 2절의 표현대로 하면 "헛된 믿음"이 되지 않게 하기 위해서라는 것이 됩니다. 이것이 "이는 너희가 받은 것이요 또 그 가운데 선 것이라"(1하) 한 "선" 믿음입니다.

성경대로 죽으시고 성경대로 다시 살아나심

① 바울은 주님의 부활의 확실성을 두 가지를 들어서 증거합니다. 첫째로, ㉠ "성경대로" 라고 말씀합니다. "성경대로", 이는 최종적인 권위와 증거입니다. 성경에 기록한 대로, 성경에 미리 말씀하신 대로 성취되었다는 것입니다. 이 이상의 증거는 없습니다. 하나님께서 한 분의 탄생을 위해서 성경에 언약과 예언과 모형과 예표로 이처럼 미리 말씀하셨다는 것이 놀랍지 않습니까? 설교자란 이를 증거케 하기 위해서 세움 받은 자들입니다. 부활하신 주님이 하신 방법이 이것입니다. 부활을 믿지 못하는 제자들에게 나타나셔서, "미련하고 선지자들의 말한 모든 것을 마음에 더디 믿는 자들이여" 하고 책망하십니다. 성경을 모르기 때문에 "미련한 것"이고, 모르기 때문에 "더디 믿는", 즉 확신이 없게 되는 것입니다. 그들에게 주님은, ㉡ "그리스도가 이런 고난을 받고 자기의 영광에 들어가야 할 것이 아니냐 하시고 이에 모세와 및 선지자의 글로 시작하여 모든 성경에 쓴 바, 자기에 관한 것을 자세히 설명하시니라"(눅 24:25-27) 합니다. 이렇게 하실 때에 저희 마음이 뜨거워졌다고 말씀합니다. 즉 성경을 들어 증거할 때에 성령께서 깨닫게 하시고 믿음을 주신 것입니다. 주님은 거듭, "내가 너희와 함께 있을 때에 너희에게 말한 바 곧 모세의 율법과 선지자의 글과 시편에 나를 가리켜 기록된 모

든 것이 이루어져야 하리라 한 말이 이것이라 하시고 이에 저희 마음을 열어 성경을 깨닫게 하시고 또 이르시되 이같이 그리스도가 고난을 받고 제 삼일에 죽은 자 가운데서 살아날 것과 또 그의 이름으로 죄사함을 얻게 하는 회개가 예루살렘으로부터 시작하여 모든 족속에게 전파될 것이 기록되었으니 너희는 이 모든 일의 증인이라"(눅 24:44-47) 명하십니다. 이것이 "성경대로"라는 의미입니다.

② 둘째로 부활을 목격한 증인들을 세워 증거합니다.

㉠ "게바에게 보이시고",

㉡ "그 후에 열 두 제자에게와"(5),

㉢ "그 후에 오백여 형제에게 일시에 보이셨나니, 어떤 이는 잠들었으나 그 중에 지금까지 태반이나 살아 있다"(6)고 말씀합니다.

㉣ "그 후에 야고보에게 보이셨으며",

㉤ "그 후에 모든 사도에게와"(7),

㉥ "맨 나중에 만삭되지 못하여 난 자 같은 내게도 보이셨느니라"(8) 하고, 최종적으로 자신을 부활의 증인으로 내세웁니다. 바울은 이미 9:1절에서 "내가 자유자가 아니냐 사도가 아니냐 예수 우리 주를 보지 못하였느냐" 하고 부활하신 주님을 목격한 자임을 말씀했습니다.

③ "나는 사도 중에 지극히 작은 자라 내가 하나님의 교회를 핍박하였으므로 사도라 칭함을 받기에 감당치 못할 자로라"(9) 합니다. 이 말은 굉장한 용기가 필요한 말입니다. 왜냐하면 그렇지 않아도 바울의 사도 됨을 의심하고 있는 무리들이 있는데 자신의 입으로 "사도라 칭함을 받기에 감당치 못할 자로라" 하고 말하다니! 어찌하여 바울은 자신의 아픈 과거를 드러내고 있는 것인가? 오직 예수 그리스도의 부활의 진실성을 증거하기 위해서입니다. 이점이 "나의 나 된 것은 하나님의 은혜로 된 것이니"(10상) 한 말씀에 나타납니다. "훼방자요 핍박자요 포행자"(딤전 1:13)였던 자가 "사도"가 되고, 그리하여 "내가 모든 사도보다

더 많이 수고"(10하)할 수 있었던 것은 강권적인 하나님의 은혜로 된 것이요, 나와 함께 하신 하나님의 은혜로라 하고 "은혜"임을 거듭거듭 강조합니다.

④ "그러므로 내나 저희나 이같이 전파하매"(11상) 합니다. 이는 바울이 전한 복음과 다른 사도들이 전한 복음이 같은 내용임을 가리킵니다. "너희도 이같이 믿었느니라"(11하) 합니다. 이는 본 단원의 결론입니다. "헛되이 믿지 아니하였으면"(2) 하고 시작하여, "이같이 믿었느니라" 하고 마치고 있는 것입니다. 이제 우리 믿음을 점검해보아야만 하겠습니다. 우리도 "이같이 믿고" 있는가? 혹시라도 우리 중에 "헛되이 믿고" 있는 사람은 없는가?

둘째 단원(12-19) 부활 부정은 복음을 부정하는 것이다

"그리스도께서 죽은 자 가운데서 다시 살아나셨다 전파되었거늘 너희 중에서 어떤 이들은 어찌하여 죽은 자 가운데서 부활이 없다 하느냐"(12).

① 둘째 단원의 중심점은 확고한 주님의 부활을 들어서, "그를 믿는 자들의 부활의 확실성"을 증거함에 있습니다. 고린도 형제들 중 어떤 이들이 믿지 못한 것은 그리스도의 부활이 아니라 그를 믿는 자의 부활, 즉 죽은 후에 몸이 다시 사는 것을 믿지 못한 것으로 여겨집니다. 그런데 바울은 주님의 부활과, 그를 믿는 자의 부활은 불가분(不可分)의 관계임을 말씀합니다. 그러므로 어느 하나가 사실이라면 다른 쪽도 확신할 수가 있고, 만일 어느 하나를 믿지 못한다면 다른 하나에도 확신을 갖지 못하게 된다는 것입니다. 부활을 믿지 못하는 어떤 이들이란 지식이 있노라 한 사람, 그리하여 교만하던 사람들이었을 것입니다. 이것이

이상한 일이 아닙니다. 오늘날도 몸의 부활도, 내세도, 천국과 지옥도 믿지 않고 있는 사람들은 교회 내에도 많은 것입니다. 무식하기 때문이 아니라 특별히 유식하고 지혜 있다는 이성주의자, 합리주의자들 중에 많은 것입니다.

② "그리스도께서 죽은 자 가운데서 다시 살아나셨다 전파되었거늘"(12상) 하고, 앞 단원(1-11)에서 증거한 그리스도의 부활을 우리 부활의 근거로 제시합니다. 하나님의 아들 그리스도께서 우리 죄를 위하여 죽으시고 다시 살아나셨다는 것을 진정 믿는다면, 그를 믿는 자도 죽어도 다시 살 것을 확신하게 된다는 말씀입니다. 이를 알았기에 바울은 주님의 부활을 먼저 입증을 했던 것입니다. 그런데, "너희 중에서 어떤 이들은 어찌하여 죽은 자 가운데서 부활이 없다 하느냐"(12하) 합니다.

③ 13-19절을 보면, "이것이 사실이라면 이것도 사실이다", 즉 이미 이루어진 주님의 부활을 들어서 아직 이루어지지 아니한 성도들의 부활의 확실성을 입증하고 있습니다. 그리고 "만일 이것이 사실이 아니라면 이것도 사실이 아닌 것이 된다"는 논리를 폅니다.

㉠ "만일 죽은 자의 부활이 없으면,
그리스도도 다시 살지 못하셨으리라"(13) 합니다. 이는 곡언법(曲言法)인데, 그리스도의 부활의 확실성에 근거하여, 우리들의 부활도 확실하다는 뜻입니다.

㉡ "그리스도께서 만일 다시 살지 못하셨으면,
우리의 전파하는 것도 헛것이요,
또 너희 믿음도 헛것이며"(14),
"또 우리가 거짓 증인으로 발견되리니 우리가 하나님이 그리스도를 다시 살리셨다고 증거하였음이라"(15상) 합니다.

㉢ "만일 죽은 자가 다시 사는 것이 없으면,
하나님이 그리스도를 다시 살리시지 아니하셨으리라"(15하),

㉣ "만일 죽은 자가 다시 사는 것이 없으면,
그리스도도 다시 사신 것이 없었을 터이요"(16),
㉤ "그리스도께서 다시 사신 것이 없으면,
너희 믿음도 헛되고,
너희가 여전히 죄 가운데 있을 것이요"(17)
"또한 그리스도 안에서 잠자는 자도 망하였으리니"(18) 합니다.

④ 여기서 주목할 점은 "믿음도 헛것이며(14), 거짓 증인(15), 너희 믿음도 헛되고, 너희가 여전히 죄 가운데 있을 것이요"(17) 라는 표현입니다. 이는 부활을 부인한다는 것은 그리스도의 죽으시고 다시 사심, 즉 복음을 부정하는 것이 된다는 뜻입니다. 즉 그리스도의 부활이 없다면 복음이 성립이 되지 않을 뿐만이 아니라, 기독교가 성립이 되지 않는다는 것입니다. 그러므로 본 단원의 결론은, 만일 그리스도 안에서 우리의 바라는 것이 다만 금생(今生)뿐이면 모든 사람 가운데 우리가 더욱 불쌍한 자리라"(19) 하는 것입니다. 결코 그럴 수 없다는 말씀입니다.

셋째 단원(20-28) 첫 열매가 되신 그리스도의 부활

"그러나 이제 그리스도께서 죽은 자 가운데서 다시 살아 잠자는 자들의 첫 열매가 되셨도다"(20).

① 셋째 단원의 중심점은, "첫 열매가 되셨다"는 데 있습니다. 본 단원은 "그러나" 하고 시작이 됩니다. 둘째 단원에서는 "만일 그리스도께서 다시 살지 못하셨으면" 하는 가정(假定) 하에 논증을 폈습니다. 이를 "그러나" 하고 단 번에 뒤집어버립니다. "그러나 이제 그리스도께서 죽은 자 가운데서 다시 살아나셨다"(20상)고 선언합니다. 다시 살아나셨다고 말씀하는 것만이 아니라 "잠자는 자들의 첫 열매가 되셨도다"

합니다. 본 단원에는 "첫 열매"라는 말이 두 번(20, 23) 등장하는데 중요한 것은, 주님의 죽으심이 우리를 위한 죽으심임과 같이, 주님의 부활도 "잠자는 자들의 첫 열매", 즉 죽은 자들에게 부활의 문을 열어주신 사건이었다는데 있습니다. 이는 실로 엄청난 말씀입니다. 그러면 성경 어디에 근거하여 "첫 열매"가 되셨다고 말씀하는가?

② 구약성경에는 이에 대한 계시가 풍부합니다. "너희 토지에서 처음 익은 열매의 첫 것을 가져다가 너의 하나님 여호와의 전에 드릴지니라"(출 23:19, 신 26:1) 하십니다. 이는 농사법을 말씀함(9:9)이 아닙니다. 결정적인 증거가 레위기 23장에 있습니다. "너희의 곡물을 거둘 때에 위선 너희의 곡물의 첫 이삭 한 단을 제사장에게로 가져 갈 것이요"(10) 합니다. "첫 이삭"(열매)이라 말씀함을 주목하시기를 바랍니다. 제사장은 그 첫 이삭을, "안식일 이튿날에 흔들 것이며"(레 23:11) 합니다. 이는 무심한 말씀이 아닙니다. "잠자는 자들의 첫 열매"가 되신 그리스도는 "안식일이 다하여 가고 안식 후 첫날이 되려는 미명"(마 28:1)에 부활하셨던 것입니다.

③ 논리적인 비약이라 생각한다면, "안식일 이튿날 곧 너희가 요제로 단(첫 이삭)을 가져온 날부터 세어서 칠 안식일의 수효를 채우고 제 칠 안식일 이튿날까지(7×7+1)=합 오십 일을 계수하여 새 소제를 여호와께 드리라"(레 23:15-16) 하신 말씀을 음미해보시기를 바랍니다. 첫 열매가 되신 50일 후에 성령은 강림하셨으며 "새 소제", 즉 신약교회는 탄생하였던 것입니다.

7×7+1=50

① "사망이 사람으로 말미암았으니 죽은 자의 부활도 사람으로 말미암는도다"(21) 합니다. "한 사람으로 말미암아 죄가 세상에 들어오고

죄로 말미암아 사망이 왔다"(롬 5:12)면, 그리고 이것을 회복하는 것이 구원계획이라면, "죽은 자의 부활도 사람으로 말미암는" 다는 것은 너무나 당연한 이치라는 것입니다.

② "아담 안에서 모든 사람이 죽은 것같이 그리스도 안에서 모든 사람이 삶을 얻으리라"(22) 합니다. "아담과 그리스도"를 대비시킵니다. 여기에는 유사성(類似性)과 상이성(相異性)이 있습니다. 대표자라는 면은 유사성입니다. "죽게 된 것과, 살게 된 것"은 다른 점입니다. 이점을 로마서에서는, "한 사람의 범죄를 인하여 사망이 그 한 사람으로 말미암아 왕 노릇 하였은즉, 한 분 예수 그리스도로 말미암아 생명 안에서 왕 노릇하리로다"(롬 5:17) 하고 말씀합니다. 핵심은 두 "안에" 있습니다. 모든 사람은 "아담 안에" 있든지, "그리스도 안에" 있든지 둘 중의 하나입니다. 본래 인류는 첫 조상 아담 안에 있었습니다. 그래서 원죄하에 태어나게 되는 것입니다. 그런데 "은혜로 택하심을 따라"(롬 11:5) "아담 안에서, 그리스도 안으로" 옮겨진 것입니다. 우리도 전에는 "아담 안에서" 죽은 자, 즉 하나님에게서 분리된 자들이었습니다. 그런데 "그리스도 안에서 삶을 얻게 된" 것입니다.

③ "그러나 각각 자기 차례대로 되리니"(23상) 합니다. "차례대로"라는 말은 군대가 편대대로 행진하는 것을 가리키는 용어입니다. 바울은 승리한 군사들이 개선하는 장면을 연상한 것은 아닐까요? ㉠ "먼저는", 즉 맨 선두에는 "첫 열매인 그리스도요" 합니다. ㉡ "다음에는 그리스도 강림하실 때에 그에게 붙은 자요"(23하) 합니다. ㉢ "그 후에는 나중이니"(24상) 합니다. 여기서 명심해야할 점은 아무나 개선행렬의 대열에 참여할 수 있는 것이 아니라는 점입니다. "그리스도 안에서 잠자는 자(18), 그에게 붙은 자"(23) 뿐입니다. 밖에 있는 자, 떨어진 자는 그 대열에 참여할 수가 없는 것입니다. 그래서 주님은 "하나는 데려감을 당하고 하나는 버려 둠을 당할 것"(마 24:40-41)이라고 말씀하십니

다.

④ "저가 모든 원수를 그 발아래 둘 때까지 불가불 왕 노릇하시리니 맨 나중에 멸망 받을 원수는 사망이니라"(25-26) 합니다. 여기 "원수"가 등장하고, "발아래 둘 때까지, 즉 정복할 것을 말씀합니다. 이는, "여호와께서 내 주에게 말씀하시기를 내가 네 원수로 네 발등상 되게 하기까지 너는 내 우편에 앉으라 하셨도다" 한 시편 110편의 인용인데, 그 배경은 창세기 3:15절로 거슬러 올라갑니다. 인류의 시조가 범죄 한 그 현장에서 하나님은 선언하십니다. "내가 너로 여자와 원수가 되게 하고 너의 후손도 여자의 후손과 원수가 되게 하리니 여자의 후손은 네 머리를 상하게 할 것이요 너는 그의 발꿈치를 상하게 할 것이니라"(창 3:15). 바울은 이 원 복음의 완성을 바라보고 하는 말씀입니다.

⑤ 한 가지 부어할 것은, "나라를 아버지 하나님께 바칠 때라(24), 아들 자신도 그 때에 만물을 자기에게 복종케 하신 이에게 복종케 되리니"(28)의 의미입니다. 이는 그리스도가 아버지 하나님께 종속(從屬) 되었다는 뜻이 아닙니다. 이는 분담했던 구속사역이 완성됨을 나타내는 표현입니다. 계획하시고 성취해오신 주체(主體)는 하나님이시오, 주님은 스스로 종의 형체를 취하사 대속제물이 되셨던 것입니다. "나라를 아버지 하나님께 바칠 때라" 한 "나라"가 무엇인가? 주님의 피로 구속함을 받은 자들을 "나라와 제사장"이라 말씀합니다. 그러므로 "일찍 죽임을 당하사 각 족속과 방언과 백성과 나라 가운데서 사람들을 피로 사서 하나님께 드리시고"(계 5:9-10) 합니다. "피로 사서, 드리심", 이것이 그리스도께서 담당하신 사역이요, 그러므로 "나라를 아버지 하나님께 바칠 때"란 임무가 완성되었음을 의미합니다.

넷째 단원(29-34) **부활을 믿는 자의 삶**

"형제들아 내가 그리스도 예수 우리 주 안에서 가진바 너희에게 대한 나의 자랑을 두고 단언하노니 나는 날마다 죽노라"(31).

① 넷째 단원의 중심점은 "부활을 믿는 자의 삶"에 있습니다. 그것은 한마디로 "날마다 죽는" 삶이라고 말씀합니다. 본문에는 "죽음"이란 말이 5번이나 나옵니다. 바울은 19절에서, "만일 그리스도 안에서 우리의 바라는 것이 다만 금생 뿐이면 모든 사람 가운데 우리가 더욱 불쌍한 자리라" 했습니다. 만일 죽은 자의 부활이 없다면 "날마다 죽는" 삶을 살아가는 자가 얼마나 불쌍할 것인가?

② "만일 죽은 자들이 도무지 다시 살지 못하면 죽은 자들을 위하여 세례 받는 자들이 무엇을 하겠느냐 어찌하여 저희를 위하여 세례를 받느뇨"(29) 합니다. 고린도 성도들은 이 의미(29)를 알았을 터이지만 우리로서는 분명치가 않습니다. 당시에는 죽은 자를 위해서 대신 세례를 받는 관행이 있었던 것으로 여겨집니다. 신학적으로 이를 인정하고 있다고 볼 수는 없습니다. 바울은 이렇게 말하고 있는 셈입니다. "너희들은 죽은 자를 위해서 세례를 받으면서 죽은 자의 부활은 부인하는 모순을 범하고 있단 말이냐."

③ "또 어찌하여 우리가 때마다 위험을 무릅쓰리요"(30) 합니다. 30-32절은 복음전도자들이 직면하는 죽음의 위험을 들어서 "부활을 믿는 자의 삶"을 증거합니다. 바울의 선교여정은 "때마다 위험을 무릅쓰는"(30) 연속이었습니다. "유대인들에게 사십에 하나 감한 매를 다섯 번 맞았으며 세 번 태장으로 맞고 한 번 돌로 맞고 세 번 파선하는데 일주야를 깊음에서 지냈으며 여러 번 여행에 강의 위험과 강도의 위험과 동족의 위험과 이방인의 위험과 시내의 위험과 광야의 위험과 바다의 위험과 거짓 형제 중의 위험을 당했다"(고후 11:24-26)고 말씀합니다.

④ 이런 위험만이 아니라, "나는 날마다 죽노라" 합니다. 이 말은, "힘에 지나도록 심한 고생을 받아 살 소망까지 끊어지고 우리 마음에 사형 선고를 받은"(고후 1:8-9) 것 같은 죽을 고비를 날마다 겪는다는 뜻이기도 하지만, "나의 달려갈 길과 주 예수께 받은 사명 곧 하나님의 은혜의 복음 증거하는 일을 마치려 함에는 나의 생명을 조금도 귀한 것으로 여기지 아니하노라", 즉 언제라도 죽을 준비가 되어 있다는 뜻이기도 합니다. 바울은 옥중 서신에서 "떠나(죽어)서 그리스도와 함께 있을 욕망을 가진 이것이 더욱 좋으나 그러나 내가 육신에 거하는 것이 너희를 위하여 더 유익하리라"(빌 1:23-24) 하고 말씀합니다.

⑤ "죽은 자가 다시 살지 못할 것이면 내일 죽을 터이니 먹고 마시자 하리라"(32하) 합니다. 이것이 부활소망이 없는 자들의 인생관입니다. "속지 말라 악한 동무들은 선한 행실을 더럽히나니 깨어 의를 행하고 죄를 짓지 말라"(33-34) 합니다. 이 말씀이 본 문단(1-34)의 결론입니다. 그리고 다음 문단(35-58)의 결론은 보다 적극적으로, "그러므로 내 사랑하는 형제들아 견고하여 흔들리지 말며 항상 주의 일에 더욱 힘쓰는 자들이 되라 이는 너희 수고가 주 안에서 헛되지 않은 줄을 앎이니라"(58) 하고 마치고 있습니다. 이것이 "부활을 믿는 자의 삶"입니다.

⑥ 이제 묵상해보십시다.

㉠ 그리스도께서 성경대로 죽으시고 성경대로 다시 사심에 대해서.

㉡ 영혼구원만이 아니라 몸의 영화에 대해서.

㉢ 부활신앙을 삶을 통해서 나타내고 있는지?

고린도전서 15:35-58절 개관도표

주제 : 육의 몸이 있은즉 또 신령한 몸이 있느니라

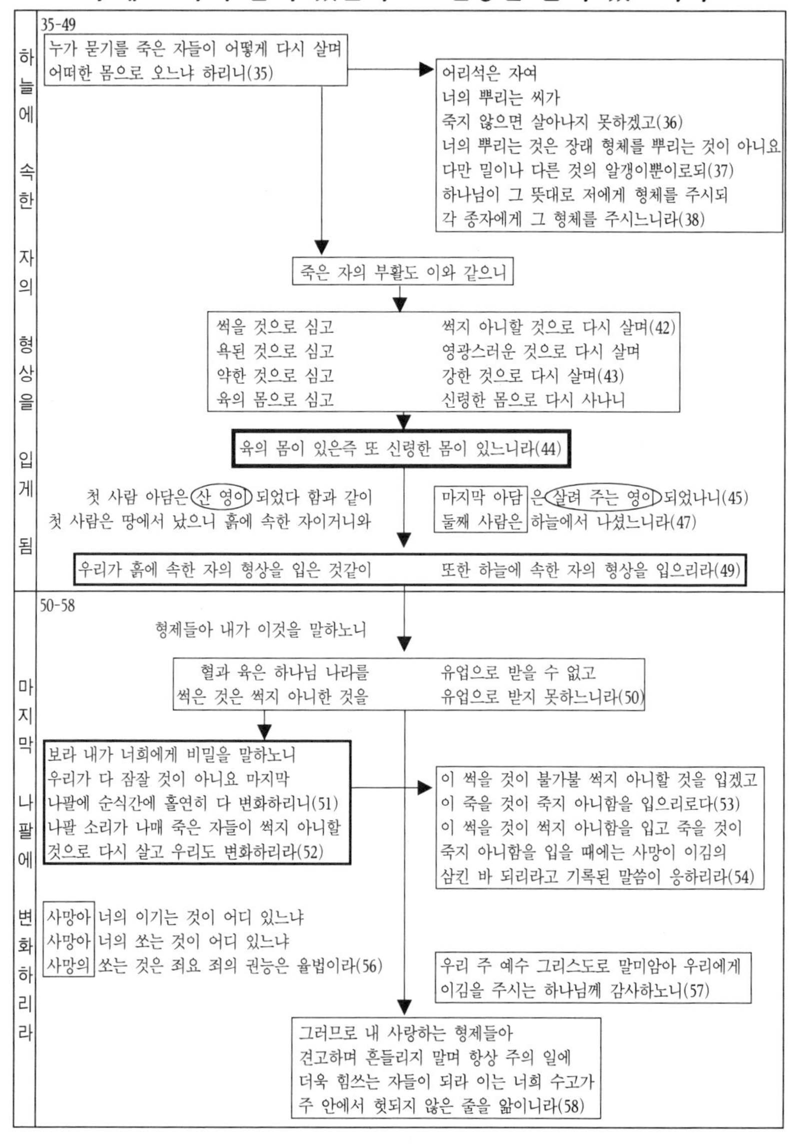

15:35-58절

육의 몸이 있은즉 또 신령한 몸이 있느니라

[44]육의 몸으로 심고 신령한 몸으로 다시 사나니 육의 몸이 있은즉 또 신령한 몸이 있느니라.

본 문단(35-58)의 중심점은 "몸의 부활"에 있습니다. 고린도 형제들 중 어떤 이들이 "부활이 없다"(12) 한 것은 몸의 부활을 가리킵니다. 헬라철학은 영혼불멸은 믿었으나 육신의 부활은 믿지 않았던 것입니다. 현대교회 안에도 예수 믿다가 죽으면 영혼이 구원을 얻는 것이 전부인 양 생각하는 분들이 있습니다. 그러므로 몸의 부활문제는 현대교회에도 더욱 적실성이 있다 하겠습니다. 이에 대한 원리는, 죄가 세상에 들어옴으로 "사망"이 왔다면, 사망이 정복되어야만 온전한 승리라는 것입니다. 그래서 "맨 나중에 멸망 받을 원수는 사망이니라"(26), "사망이 이김의 삼킨바 되리라 한 말씀이 응하리라"(54) 하는 것입니다. 몸의 부활문제는 인간이 경험해보지 못한 역사 이후에 일어날 사건이기 때문에 인간의 언어로, 인간의 이성(理性)에 호소하기에는 너무나 신비에 쌓여있다는 점입니다. 하나님께서는 이에 믿을만한 증거를 주셨는데 그것이 "첫 열매"가 되신 그리스도의 부활사건입니다. 그러므로 "죽은 자가 어떤 몸으로 오느냐" 하는 질문에 대한 답변은 "우리의 낮은 몸을 자기 영광의 몸의 형체와 같이 변케 하시리라"(빌 3:21)가 정답이 되는 것입니다. 이를 두 단원으로 나누어 상고하겠습니다.

첫째 단원(35-49) **하늘에 속한 자의 형상을 입게 됨**
둘째 단원(50-58) **마지막 나팔에 변화하리라**

첫째 단원(35-49) **하늘에 속한 자의 형상을 입게 됨**

"누구 묻기를 죽은 자들이 어떻게 다시 살며 어떠한 몸으로 오느냐 하리니"(35).

① 바울은 부활에 대한 회의론자들이 제기할 법한 가상의 질문 두 가지를 제기합니다. 첫째는, ㉠ "죽은 자들이 어떻게 다시 사느냐" 하는 것이고, 둘째는, ㉡ "어떠한 몸으로 다시 사느냐" 하는 것입니다. 이점은 오늘의 성도들 중에서도 많은 부류가 확신하지 못하고 있는 문제이기도 합니다. 바울의 첫 대답은 "어리석은 자여"(36상) 합니다. 이는 단순한 질책이 아니라, 불신앙을 책망하는 말씀입니다. 왜냐하면 성경이, "어리석은 자는 그 마음에 이르기를 하나님이 없다 하도다"(시 14:1) 하고 불신앙을 가리키고 있기 때문입니다. 주님은 부활이 없다 하는 사두개인들의 질문에, "너희가 성경도 하나님의 능력도 알지 못하는 고로 오해하였도다"(마 22:29) 하고 대답하셨습니다. 그러므로 "어리석은 자여" 라는 말은 하나님도 모르고 성경도 모른다는 그런 뜻이 함의되어

있는 것입니다.

② "너의 뿌리는 씨가 죽지 않으면 살아나지 못하겠고 또 너의 뿌리는 것은 장래 형체를 뿌리는 것이 아니라 다만 밀이나 다른 것의 알갱이뿐이로되 하나님이 그 뜻대로 저에게 형체를 주시되 각 종자에게 그 형체를 주시느니라"(36-38) 합니다. 바울은 씨를 심어 그것이 이루게 될 형체(形體), 즉 채송화 씨를 심어 아름다운 꽃을 피우는 자연계시를 들어서 "죽은 자들이 어떤 몸으로 부활하게 될 것인가"를 설명합니다.

③ "죽은 자의 부활도 이와 같으니"(42상),

㉠ 썩은 것으로 심고 썩지 아니할 것으로 다시 살며(42하),

㉡ 욕된 것으로 심고 영광스러운 것으로 다시 살며,

㉢ 약한 것으로 심고 강한 것으로 다시 살며(43),

㉣ 육의 몸으로 심고 신령한 몸으로 다시 사나니 육의 몸이 있은즉 또 신령한 몸이 있느니라"(44) 합니다.

④ 바울은 이를 설명하기 위해서, ㉠ "사람, 짐승, 새, 물고기"(39) 등을 예로 드는데, 이는 형체(形體)가 각각 다름을 이해시키기 위해서입니다. 그런 후에 ㉡ "해, 달, 별"(41) 등을 예로 드는데, 이는 영광(榮光)이 각각 다름을 이해시키기 위해서입니다. 그러니까 땅에 사는 동안에는 땅에 속한 형체와 영광을 가지고 살아가지만, 죽은 자의 부활은 하늘에 속한 자의 형상과 영광을 가지게 된다는 말씀입니다. 이것이 "육의 몸이 있은즉 또 신령한 몸이 있느니라"(44)의 뜻입니다.

육의 몸과 신령한 몸

① 자연계시를 들어서 영계의 신비를 설명한 바울은, "기록된 바"(45상) 하고 성경에 근거하여 입증을 합니다. ㉠ "첫 사람 아담은 산영이 되었다"고 말씀합니다. 바울은 이미 22절에서, "아담 안에서 모든 사람

이 죽은 것같이" 하고 "죽은 영"인양 말씀했습니다. 이는 타락한 것을 가리킴이고, "아담이 산영이 되었다"는 말씀은, "여호와 하나님이 흙으로 사람을 지으시고 생기를 그 코에 불어넣으시니 사람이 생령이 된지라"(창 2:7) 한 말씀을 가리킵니다. 그런데 이와는 대조적으로, ㉡ "마지막 아담은 살려주는 영이 되었나니"(45하) 합니다. 이것이 무슨 뜻인가? 주님은 말씀하십니다. "한 알의 밀이 땅에 떨어져 죽지 아니하면 한 알 그대로 있고 죽으면 많은 열매를 맺느니라"(요 12:24). 즉 주님께서 죽으시고 다시 사심을 통해서 "살려주는 영"이 되셨다는 말씀입니다. 만일 십자가를 담당하시지 않으셨다면 "산영"은 되시나 "살려주는 영"은 되시지 못하셨을 것입니다.

② "그러나 먼저는 신령한 자가 아니요 육 있는 자요 그 다음에 신령한 자니라"(46) 하고 되어진 "순차"를 말씀하고는, "첫 사람은 땅에서 났으니 흙에 속한 자이거니와 둘째 사람은 하늘에서 나셨느니라"(47) 하고 "영광의 차이"를 말씀합니다. 이렇게 말씀하는 의도는, 우리도 아담이 물려준 땅의 형체를 가지고 살아가고 있으나, 장차는 그리스도께서 입혀주실 하늘의 형상을 입게 될 것임을 말씀하기 위해서입니다.

③ 그러므로 49절은 첫째 단원의 결론이 되는 것입니다. "우리가 흙에 속한 자의 형상을 입은 것같이 또한 하늘에 속한 자의 형상을 입으리라" 합니다. 이것이 그리스도 안에서 잠자는 자들이 부활 할 때 입고 오게 될 형상(形象)입니다. 형제도 깨닫고 확신함에 거하게 되었습니까?

④ 한 가지 부언해야할 말씀이 남았습니다. 그것은 "첫 아담과 마지막 아담(45), 첫 사람과 둘째 사람"(47)이라는 표현입니다. 여기에도 깊은 뜻이 담겨있습니다. 그리스도를, ㉠ "둘째 사람"이라고 부르는 것은, 두 번째 대표자라는 뜻입니다. 거듭난 자들은 둘째 사람의 자손들이 된 것입니다. 그렇다면 어찌하여 "둘째 아담"이라 부르지 않고, ㉡ "마지막

아담"이라 부르고 있는가? 이는 무심히 한 말씀이 아닙니다. 호칭 하나에도 심사숙고한 영감 된 말씀입니다. 첫 아담의 실패로 말미암아 물려받은 모든 부채를 그리스도께서 청산해버렸다는 뜻에서 "마지막 아담"이라 부른 것입니다. 주님은 아담으로부터 물려받은 죄 짐을 친히 담당하심으로 "마지막 아담, 율법의 마침"(롬 10:4)이 되시고, 복음시대를 열어놓으신 것입니다.

둘째 단원(50-58) **마지막 나팔에 변화하리라**

"형제들아 내가 이것을 말하노니 혈과 육은 하나님 나라를 유업으로 받을 수 없고 또한 썩은 것은 썩지 아니한 것을 유업으로 받지 못하느니라"(50).

① 둘째 단원의 중심점은 그렇다면 언제 하늘에 속한 자의 형상을 입게 되는가를 말씀함에 있습니다. 먼저, ㉠ "혈과 육", 즉 육신의 몸으로는 하나님의 나라에 참여할 수가 없다고 말씀합니다. 그런 후에, ㉡ "보라 내가 너희에게 비밀을 말하노니 우리가 다 잠잘 것이 아니요, 마지막 나팔에 순식간에 홀연히 다 변화하리니"(51) 하고 "변화", 즉 영화(榮化) 될 시기를 말씀합니다. "마지막 나팔"이란 주님의 재림을 가리킵니다. 이 때에 두 가지 양상으로 나타나게 되는데, 첫째 양상은, "나팔 소리가 나매 죽은 자들이 썩지 아니할 것으로 다시 살고"(52상) 합니다.

② 이점에서 부언을 해야 할 필요를 느낍니다. 왜냐하면 오늘의 장례문화가, "무덤 속에 잠자던 자 그 때 다시 일어나" 하던 때와는 달리 화장이 절반을 넘어섰기 때문입니다. 죽음이란 무엇인가? 몸과 영의 분리입니다. 주님은 "내 영혼을 아버지 손에 부탁하나이다"(눅 23:46) 하고, "영혼이 떠나시다"(마 27:50) 합니다. 그런데 다시 살아나셨다는 것은

떠났던 영혼이 몸과 결합했음을 의미합니다. 이런 일이 성도들에게도 일어날 것입니다. 주님은 삼일만에 이루어졌으나 하나님에게는 천년이 하루 같은 것입니다. 그리고 죽은 몸이 흙이 되었느냐 재가 되었느냐 하는 것은, 하나님의 능력 앞에서는 아무런 문제가 되지 않는다는 점입니다.

③ 둘째 양상은, 주님 재림 때에 살아있는 성도들은 어떻게 되는가 하는 점입니다. "우리도 변화하리라"(52하) 합니다. 즉 죽었다가 다시 살아나는 것이 아니라, 변화산상의 주님처럼 "순식간에 홀연히 다 변화된다"(51)고 말씀합니다. 이것이 "다 잠잘 것이 아니요"의 뜻입니다. 이 점을 빌립보서에서는, "우리의 시민권은 하늘에 있는지라 거기로서 구원하는 자 곧 주 예수 그리스도를 기다리노니 그가 만물을 자기에게 복종케 하실 수 있는 자의 역사로 우리의 낮은 몸을 자기 영광의 몸의 형체와 같이 변케 하시리라"(빌 3:20-21) 합니다.

④ "이 썩을 것이 불가불 썩지 아니할 것을 입겠고 이 죽을 것이 죽지 아니함을 입으리로다" 합니다. 즉 육의 몸이 "신령한 몸"(44)으로 변화된다는 말씀입니다. 그런데 여기 사활적으로 중요한 요점이 있습니다. 이런 영화에 참여하게 되는 것은 아무나 되는 것이 아니라, ㉠ "그리스도 안에서 잠자는 자"(18)와, ㉡ "그리스도 강림하실 때에 그에게 붙은 자"(23)로 한정이 되어 있다는 점입니다. "불가불" 죽지 아니함을 입으리로다 합니다. "불가불"(不可不)이란 뜻은 되고싶다고 되는 것도 아니요, 되지 못하도록 방해를 한다 해도 기어코 되고야만다는 하나님의 주권적인 역사임을 나타내는 표현입니다.

⑤ 이 점을 로마서에서는, "예수를 죽은 자 가운데서 살리신 이의 영이 너희 안에 거하시면 그리스도 예수를 죽은 자 가운데서 살리신 이가 너희 안에 거하시는 그의 영으로 말미암아 너희 죽을 몸도 살리시리라"(롬 8:11) 합니다. "예수를 죽은 자 가운데서 살리신 이의 영"이 누구의

영인가? "하나님의 영"입니다. 그런데 어찌하여 "하나님의 영"이라 말씀하지 않고, "예수를 죽은 자 가운데서 살리신 이의 영"이라고 말씀하는가? 그 영이 그의 안에 거하는 자만이 주님의 부활하심과 같이 영화 될 것을 드러내기 위해서입니다.

⑥ 그러므로 "누구든지 그리스도의 영이 없으면 그리스도의 사람이 아니라"(롬 8:9) 하고 선언하는 것입니다. 이것이 주님이 말씀하신 바 "거듭나지 않으면 하나님의 나라를 볼 수 없느니라"(요 3:3) 하신 뜻이요, "마지막 아담은 사려주는 영"(45)이 되었다는 뜻입니다. 그러니까 꽃씨 속에 예쁜 꽃이 포장되어 있듯이, 그리스도인들 안에 거하시는 "거듭난 영" 속에는 영화의 몸이 내장(內藏)되어 있다는 것입니다. 이것이 바울이 심었다고 말한 복음입니다.

⑦ 이점을 베드로는 더욱 절실하게 묘사해주고 있습니다. "너희가 거듭난 것이 썩어질 씨로 된 것이 아니요 썩지 아니할 씨로 된 것"(벧전 1:23)이라고 말씀합니다. "썩어질 씨"는 아담으로부터 물려받은, "썩을 것, 욕된 것, 약한 것, 육의 몸"을 가리킵니다. "썩지 아니할 씨"는 한 알의 밀이 땅에 떨어져 죽음으로 번성하게 된 "썩지 아니할 것, 영광스러운 것, 강한 것, 신령한 몸"(42-44)을 가리킵니다.

거듭난 자만이 영화 됨

① 이점에서 우리는 다시 한 번 바울이 어찌하여, "내 말과 내 전도함이 지혜의 권하는 말로 하지 아니하고 다만 성령의 나타남과 능력으로" 하기를 고집했는가를 상기할 필요가 있습니다. 이는 "너희 믿음이 사람의 지혜에 있지 아니하고 다만 하나님의 능력에 있게 하려 하였노라"(2:4-5), 다시 말하면 마지막 나팔 소리가 울려 퍼지는 날에 불타버리지 않고 영화에 참여하는 자 되게 하기 위해서라는 뜻이 됩니다.

② "십자가의 도가 멸망하는 자들에게는 미련한 것이요 구원을 얻는 우리에게는 하나님의 능력이라"(1:18) 말씀했는데, 우리의 낮은 몸을 주님의 영광의 몸과 같이 영화롭게 하신 다니 이보다 더 위대하고 놀라운 능력이 무엇이 있단 말인가? 그러므로 주님의 죽으심이 우리에게 가져다주신 두 가지 은총을 다시 한 번 강조해야만 하겠습니다. 그것은 "중생과, 칭의"입니다. ㉠ 중생은 씨를 심음과 같아서 계란 속에서 병아리가 되어 나오듯 우리로 하여금 영화의 몸을 입게 해줍니다. ㉡ 칭의는 우리가 하나님께 나아감과, 나아가는 우리를 하나님께서 받아주심을 가능케 해줍니다. 칭의가 법적으로 화해시켜주는 것이라면, 거듭남은 하나님의 자녀가 되었다는 친자(親子) 확인과 같은 것입니다. 우리에게 거듭남과 의롭다함을 주신 하나님의 사랑과 그리스도의 은혜는 얼마나 놀랍고도 위대한 능력인가!

③ "사망이 이김의 삼킨바 되리라고 기록된 말씀"(54하)이란 이사야 25:8절의 자유로운 인용인데, "이김의 삼킨바" 라고 묘사하고 있는 것은 즉각적으로 영적 전투가 벌어지고 있음을 시사해줍니다. 아담이 문을 열어줌으로 침입한 이후로 "사망이 왕 노릇하였다"(롬 5:14)고 말씀합니다. 모든 사람은 죽기를 무서워하므로 일생에 매여 종노릇(히 2:15), 즉 지배를 당하고 있었습니다. 누구도 사망이라는 왕을 대항할 자가 없었던 것입니다. 그런데 "더 강한 자가 와서 저를 이길 때에는 저의 믿던 무장을 빼앗고 저의 재물을 나누느니라"(눅 11:22) 합니다. 그리스도께서는 "더 강한 자"로 오셨습니다.

④ "저도 또한 한 모양으로 혈육에 속하심은 사망으로 말미암아 사망의 세력을 잡은 자 곧 마귀를 없이 하시기"(히 2:14) 위해서 오셨다는 것입니다. 사탄은 예수 그리스도를 십자가에 못 박아 죽이고는 승리한 줄로 알았으나, "죽은 자 가운데서 다시 살아 잠자는 자들의 첫 열매가 되심으로"(20) 사망의 철옹성은 무너지고 말았던 것입니다. 구속사에

있어서 최대의 격전과 승리는 갈보리전투임을 확신해야만 합니다. 계시록을 해석할 때에 이보다 더한 D-day가 다가오는 양 말한다면 주님의 죽으심과 다시 사심을 평가절하 하는 것이 되고 맙니다. 그 후로 사탄은 "자기의 때가 얼마 못된 줄을 알므로, 우는 사자같이 발악을 하고"(계 12:12, 벧전 5:8) 있는 상태입니다. 이 "사망이 이김의 삼킨바 되리라"(54) 한 말씀이 응할 날이 온다는 것입니다. 26절에서는 이것이 "맨 나중에 멸망 받을 원수는 사망이니라" 하고 마지막으로 응할 말씀이라 합니다.

⑤ "사망아 너의 이기는 것이 어디 있느냐 사망아 너의 쏘는 것이 어디 있느냐"(55) 하고, 이미 패장(敗將)이 되어 권세를 박탈당한 사탄을 조롱합니다. 그러면 잃어버린 사탄의 권세가 무엇인가? 벌이 쏘듯이 "사망의 쏘는 것은 죄요 죄의 권능은 율법이라"(56) 합니다. 이 말씀 속에는 "사망, 죄, 율법"이 등장합니다. 형제는 이 세 가지가 어떤 연관이 있으며, 이에 함축된 의미를 알고 있습니까? 바울이 이렇게 쓰고 있다는 것은 고린도 형제들이 이해할 것이기 때문입니다. 그런데 현대교회 성도들도 이에 대한 확신을 갖고 있단 말인가? "사망"에 이르게 된 것은 "죄"라는 독침에 쏘였기 때문입니다. 그런데 문제는 "죄의 권능은 율법이라"한데 있습니다. 무슨 뜻인가? "율법이 없으면 죄는 죽은 것"(롬 7:8하)과 같기 때문에 사탄도 힘을 쓰지 못한다는 뜻입니다. 생각해보십시오. 법(法)이 없다면 재판에 회부하고 판결하여 처벌할 길이 없는 것입니다. 그러므로 죄(사탄)는 율법을 이용하여 권세를 부렸다는 뜻이 됩니다.

죄의 권능은 율법이라

① 율법 자체는 "거룩하며 의로우며 선한"(롬 7:12) 것입니다. 문제

는 연약하여 이를 지킬 수 없는 인간에게 있는 것입니다. 이를 아는 간교한 사탄은 율법을 악용하여 "정죄하고, 결박하여, 옥에 가두는"(갈 3:23) 권세를 부렸던 것입니다. 그래서 바울은 율법을 "죄와 사망의 법"(롬 8:2)이라 정의했던 것입니다. 그렇다면 이제도 "죄의 권능은 율법"이란 말인가? 아닙니다. 그리스도께서 율법의 〈마침〉이 되심으로 "죄의 권능"을 무력화시키셨던 것입니다. 어떻게? 그리스도께서 대신 정죄를 당하심으로 말미암아! 그러므로 성경은, "죄가 너희를 주관치 못하리니 이는 너희가 법 아래 있지 아니하고 은혜 아래 있음이니라"(롬 6:14) 말씀합니다. 그것뿐만이 아닙니다. 그리스도께서 사망을 정복하시고 죽은 자 가운데서 다시 살아 잠자는 자들의 첫 열매가 되심으로, "사망아 너의 이기는 것이 어디 있느냐"(55) 하고 호통을 칠 수가 있는 것입니다.

② 그래서 바울은, "우리 주 예수 그리스도로 말미암아 우리에게 이김을 주시는 하나님께 감사하노니"(57) 하고 승리의 환희와 감사를 드리고 있는 것입니다. 로마서에서도 "오호라 나는 곤고한 사람이로다" 한 부르짖음 다음에, "우리 주 예수 그리스도로 말미암아 하나님께 감사하리로다"(롬 7:24-25) 하고 "감사"가 터져 나오고 있습니다. 이 감사는 사망의 지배로부터 해방된 감사요, 이김을 주신 승리의 감사입니다.

③ 그러므로 자력으로는 구원 얻을 길이 없습니다. 우리의 승리는 전적으로 "예수 그리스도로 말미암은" 이김, 우리의 대장의 이기심으로 말미암아 이기게 된 승리임을 확신해야만 합니다. 이를 놓치게 되면 패배하게 됩니다. "그러나 이 모든 일에 우리를 사랑하시는 이로 말미암아 우리가 넉넉히 이기느니라"(롬 8:37) 말씀합니다. "그리스도 예수 안에 있는 자에게는 결코 정죄함이 없습니다"(롬 8:1). "사망에서 생명으로 옮겨졌습니다"(요 5:24). "이 썩을 것이 불가불 썩지 아니할 것을

입겠고 이 죽을 것이 죽지 아니함을 입게(53) 될 것입니다. 이를 확신하는 자라면, "우리 주 예수 그리스도로 말미암아 우리에게 이김을 주시는 하나님께 감사하노니" 하고 찬양을 드리게 될 것입니다.

④ 한 가지 부언해야 할 말씀이 있습니다. 그렇다면 이런 의문이 제기될 수가 있습니다. 하나님은 사탄에게 악용 당할 것을 모르시고 율법을 주셨단 말인가? 아닙니다. 성경은 "오직 죄가 죄로 드러나게 하기 위하여, 죄로 심히 죄 되게 하려 함이니라"(롬 7:13-14) 말씀합니다. 무슨 뜻인가? 법이 없으면 죄가 죽은 것 같이, 죄를 모르면 "복음"이 필요 없는 것이 되고 만다는 말씀입니다. 그러므로 율법을 통해서 정죄를 당하고 결박되어 옥에 갇혀서는, "오호라 나는 곤고한 사람이로다 이 사망의 몸에서 누가 나를 건져내랴"(롬 7:24) 하는 부르짖음을 통해서, "수고하고 무거운 짐진 자들아 다 내게로 오라" 하시는 "구주 예수 그리스도"를 만나게 하시기 위해서 율법을 주셨다는 말씀입니다.

⑤ "그러므로 내 사랑하는 형제들아"(58상) 합니다. 36절에서는 "어리석은 자여" 했습니다. 이제는 고린도 형제들이 말씀을 통하여 부활신앙에 확고하게 서게 되었다는 신뢰를 나타내는 것이 "내 사랑하는 형제들아" 하는 호칭입니다.

㉠ 견고하며,

㉡ 흔들리지 말며,

㉢ 항상 주의 일에 더욱 힘쓰는 자들이 되라.

㉣ 이는 너희 수고가 주 안에서 헛되지 않은 줄을 앎이니라(58) 합니다. 저들의 "믿음도 헛되지"(14, 17) 않습니다. 소망도 헛되지 않습니다. 다시 말하면 그들의 수고가 공력을 시험하는 그 날에 결코 불에 타 없어지지 않을 것이라는 말씀입니다. "내 사랑하는 형제" 여러분의 공력도 말입니다.

⑤ 이제 묵상해보십시다.

㉠ 구원계획은 "사망이 이김의 삼킨 바 되어야" 완성됨을 확신하게 되었는지?

㉡ 우리의 낮은 몸이 주님의 부활하신 몸과 같이 영화 될 것을 확신하게 되었는지?

㉢ 그런데 현대교회는 "땅엣 것만을 생각하고"(골 3:2) 있는 것은 아닌지?

㉣ 주의 일에 더욱 힘써야 하겠다는 결단이 있게 되었는지?

고린도전서 16장 개관도표

주제 : 믿음에 굳게 서서 모든 일을 사랑으로 행하라

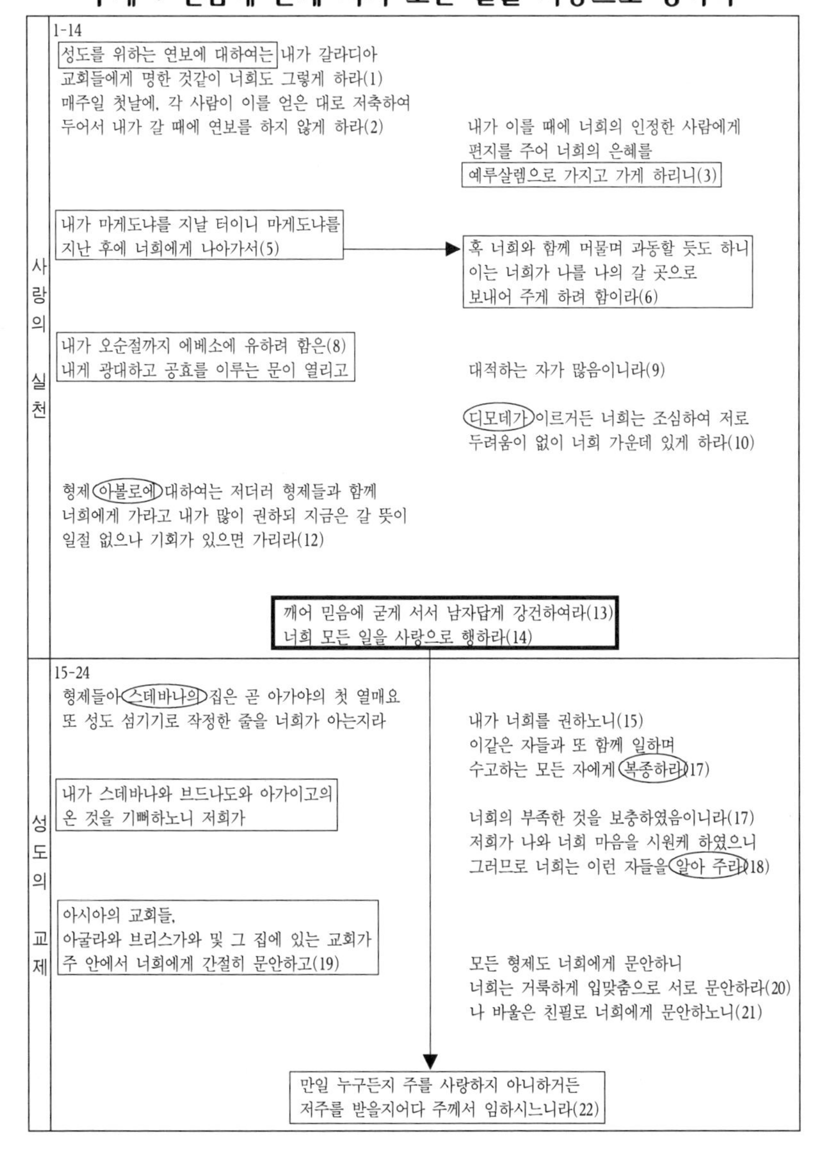

16장

믿음에 굳게 서서 모든 일을 사랑으로 행하라

[13-14]깨어 믿음에 굳게 서서 남자답게 강건하여라 너희 모든 일을 사랑으로 행하라

마지막 장에 이르렀습니다. 앞에서 상고한 대로 고린도교회는 분쟁, 음행, 형제간의 송사, 우상제물의 문제, 예배의 무질서, 부활교리의 부정 등 많은 문제들을 안고 있었습니다. 바울은 이를 하나하나 시정해주었습니다. 바울은 마지막 장에 이르러, 두 가지를 부탁합니다. 첫째는 "깨어 믿음에 굳게 서서 남자답게 강건하여라" 합니다. 이는 건강한 교회라 되라는 격려입니다. 그리고 또 한 가지는, "너희 모든 일을 사랑으로 행하라"(14) 합니다. 이 둘을 요약하면 "진리와, 사랑 가운데 행하라"는 말씀이 됩니다. 이를 한마디로 표현한 것이 "만일 누구든지 주를 사랑하지 아니하면"(22) 한, "주를 사랑하는 것"입니다. 바울은 성도를 위한 연보를 부탁하면서 앞으로의 선교계획 등을 언급합니다. "구제와,

선교"는 사랑의 실천(첫째 단원)이라 할 수가 있습니다. 그런 후에, 여러 교회와 형제들의 간절한 문안(問安)을 전하면서 너희도 "서로 문안하라" 합니다. 이는 성도간의 교제(둘째 단원)입니다. 그리고 "주께서 임하시느라" 합니다. 이는 사랑을 실천하는 모든 성도들에게 동기를 부여하는 소망입니다.

첫째 단원(1-14) **사랑의 실천**
둘째 단원(15-24) **성도의 교제**

첫째 단원(1-14) 사랑의 실천

"성도를 위하는 연보에 대하여는 내가 갈라디아교회들에게 명한 것 같이 너희도 그렇게 하라"(1).

① 첫째 단원의 중심점은 "사랑의 실천"에 있다 하겠습니다. ㉠ "성도를 위하는 연보에 대하여"(참고, 7:1)는 한 것을 보면, 연보에 대한 고린도 형제들의 문의가 있었던 것으로 여겨집니다. 왜냐하면 그 즈음 어려움에 처한 예루살렘교회를 돕기 위해서 바울이 각 교회에 연보를 부탁했기 때문입니다. 그래서 미리 "저축하여 두어서 내가 갈 때에 연보를 하지 않게 하라"(2) 하고 당부합니다. 바울은 자신과 결부해서는, "내가 차라리 죽을지언정…"(9:15) 하고, 권을 쓰지 않았습니다. 그러나 ㉡ "성도를 위한 연보", 즉 "예루살렘 성도 중 가난한 자들을 위해서"(롬 15:26)는 각 교회에 부탁을 했던 것입니다. 그리고 물질에 관한 한 "너희의 인정한 사람에게 편지를 주어 너희의 은혜를 예루살렘으로 가지고 가게 하리라"(3) 하고 한 점의 의혹도 남기려 하지 않고 있습니다.

② 바울의 의도는, "이방인들이 그들의 신령한 것을 나눠가졌으면 육신의 것으로 그들을 섬기는 것이 마땅한"(롬 15:27) 일로 여겼기 때문이요, 나아가 "이제 너희의 유여(裕餘)한 것으로 저희 부족한 것을 보충함은 후에 저희 유여 한 것으로 너희 부족한 것을 보충하여 평균하게 하려 함이라"(고후 8:14) 한 믿음을 가지고 있었기 때문입니다. 그리고 더 큰 의미는 구제 금이 이방교회로는 "사랑의 실천이요, 예루살렘교회의 입장에서는 이방교회를 형제로 받아드리는(롬 15:31) 유대(紐帶)를 맺어준다는 의미가 있었기 때문입니다.

③ 본문을 관찰해보면, "내가 마게도냐를 지날 터이니 마게도냐를 지난 후에 너희에게 나아가서 혹 너희와 함께 머물며 과동(過冬)할 듯도 하니, 주께서 만일 허락하시면 얼마동안 너희와 함께 유하기를 바람이라"(5-7) 하고, 고린도에 갈 뜻을 강조(3, 5-6)하고 있음을 보게 됩니다. 이는 단순히 여행계획을 알리기 위한 것이 아니라, 고린도 형제들에게 바울을 만날 준비를 하라는 메시지가 담겨있는 것입니다. 준비(準備)란 연보만이 아니라 본 서신을 통해서 교훈 한 바를 실천에 옮기는 일입니다. 4:21절에서도, "너희가 무엇을 원하느냐 내가 매를 가지고 너희에게 나아가랴 사랑과 온유한 마음으로 나아가랴" 하고 말씀했습니다. 이는 주님께서 "내가 속히 오리니" 하시면서, "예비하고 있으라" 하심과 같은 의도라 할 것입니다.

④ "이는 너희가 나를 나의 갈 곳으로 보내어 주게 하려 함이라"(6하) 한 뜻이 무엇인가? 이는 단순한 전송을 가리키는 말이 아니라 다음 선교지로 갈 선교비 후원을 부탁하는 것으로 여겨집니다. 그것이 맞는다면 자신의 사역에 고린도 형제들을 동참케 하려는 의미가 되는 것입니다. 이는 그들을 믿는다는 뜻이 됩니다. 바울은 로마서에서도, "이는 지나가는 길에 너희를 보고 먼저 너희와 교제하여 약간 만족을 받은 후에 너희의 그리로 보내줌을 바람이라"(롬 15:24) 하고 뜻을 표하고 있

음을 봅니다. 빌립보서에서는 "주고받는 내 일에 참여한 교회가 너희 외에 아무도 없었느니라"(빌 4:15) 합니다. "내가 차라리 죽을지언정…"(9:15) 누를 끼치지 않겠다는 것은 좋은 관계가 아닙니다.

나를 만날 준비를 하라

① "내가 오순절까지 에베소에 유하려 함은 내게 광대하고 공효를 이루는 문이 열리고 대적하는 자가 많음이니라"(8-9) 합니다. "광대하고 공효를 이루는 문"이란 "또한 우리를 위하여 기도하되 하나님이 전도의 문을 우리에게 열어 주사"(골 4:3) 한 "전도의 문"이요, "대적하는 이가 많음이라" 한 것은 반대자의 박해를 가리킵니다. 바울이 이처럼 "갈라디아(1), 예루살렘(3), 마게도냐(5), 에베소"(8) 등의 여러 교회를 거론하는 의도는 우물 안 개구리처럼 자신들만을 바라보면서 분쟁을 일삼고 있는 고린도 형제들의 시야를 밖을 향하게 하여 "하나님의 교회들"(1:2)을 바라보게 해주려는 뜻도 있었을 것입니다.

② "디모데가 이르거든"(10상) 합니다. 4:17절에서 "이를 인하여 내가 주 안에서 내 사랑하고 신실한 아들 디모데를 너희에게 보내었노니" 했습니다. "두려움이 없이, 멸시하지 말고"(10-11) 한 것은 분쟁 등을 수습하러 간 디모데가 어려움을 겪게 될 것을 염려했기 때문으로 여겨집니다. 또한 바울이 아볼로에게 고린도에 가라고 "많이 권한" 것은 고린도 형제들이 원했기 때문으로 여겨지는데, 바울이 권했다는 것은 아볼로를 경쟁자로 여기지 않고 동역자로 여기고 있다는 신뢰를 의미하고, 그러나 "지금은 갈 뜻이 일절 없다"(12)고 고사한 것은, 자기로 인하여 분쟁이 심화될 것을 우려한 신뢰에 대한 화답으로 볼 수가 있습니다.

③ 말씀을 마치려는 바울은, ㉠ 깨어, ㉡ 믿음에 굳게 서서, ㉢ 남자답

게, ㉣ 강건하여라(13) 하고 격려합니다. 34절에서도 "깨어 의를 행하고 죄를 짓지 말라" 명했고, 2절에서는 "나의 전한 그 말을 굳게 지키라"고 말씀했습니다. 그러므로 이 네 개의 명령문은 너희에게 전해준 복음진리를 굳게 지키라는 격려입니다. 이 말씀은 이어지는, ㉤ "너희 모든 일을 사랑으로 행하라"(14)는 말씀과 조화와 균형을 이룬다 하겠습니다. 이를 요약하면 "진리와, 사랑" 안에서 행하라는 것이 됩니다. 그렇게만 한다면 더 바랄 것이 무엇이 있겠는가?

둘째 단원(15-24) 성도의 교제

"형제들아 스데바나의 집은 곧 아가야의 첫 열매요 또 성도 섬기기로 작정한 줄을 너희가 아는지라 내가 너희를 권하노니"(15),

① 둘째 단원의 중심점은 "성도의 교통"에 있다 하겠습니다. 마지막 장에는 여러 인물과, 여러 교회가 등장하고 있는데 이렇게 하고 있는 것은 유대를 맺어주고 문안을 통해서 교제케 하려는 의도로 여겨집니다. ㉠ "스데바나의 집은 아가야의 첫 열매요"(15상) 한 것은, 고린도 선교에서 추수하게 된 첫 열매라는 뜻입니다. ㉡ "또 성도 섬기기로 작정한 줄을 너희가 아는지라"(15하) 합니다. 주목하게 되는 것은, "섬기기로"라는 말씀입니다. 본서에서 처음 대하는 "섬김"입니다. 교회가 분쟁하게 되는 원인은 "저희 중에 으뜸 되기를 좋아하는"(요삼 1:9) 사람들 때문인데, "성도 섬기기로 작정했다"는 것은, 몸과 물질로 교회를 섬겼다는 뜻입니다.

② 너희를 권하노니, "이 같은 자들과 또 함께 일하며 수고하는 모든 자에게 복종하라(16) 합니다. 여기서 이제까지 보지 못했던 고린도교회의 다른 모습을 대하게 됩니다. 고린도교회 하면 말썽 많은 교회라는 인

상이 떠오릅니다만, 그것은 일부 잘난척하는 교만한 사람들의 단면(斷面)이요, "이 같은 자들과 함께 일하며 수고하는 모든 자"라 한 것을 보면 신실한 많은 형제들이 있었음을 알게 됩니다.

③ "내가 스데바나와 브드나도와 아가이고의 온 것을 기뻐하노니"(17상) 한 것으로 보아 이들이 고린도로부터 편지를 가지고 온 것으로 여겨집니다. 그리고 "저희가 너희의 부족한 것을 보충하였음이니라"(17하) 한 것을 보면 개인적으로 선교비를 마련해온 것으로 여겨집니다. 그래서 "저희가 나와 너희 마음을 시원케 하였으니 그러므로 너희는 이런 자들을 알아주라"(18) 합니다.

④ 19-20절에서는, "아시아의 교회들이 너희에게 문안하고, 아굴라와 브리스가와 및 그 집에 있는 교회가 주 안에서 간절히 문안하고, 모든 형제도 너희에게 문안하니" 하고, 여러 교회, 형제들의 문안을 전하고 있습니다. 오늘날은 이웃에 있는 교회가 경쟁자로 여겨지고 있지만 초대교회 당시는 이러한 문안이 많은 위로와 격려가 되었을 것입니다. "너희도 거룩하게 입맞춤으로 서로 문안하라"(20하) 한 말씀을 생각해 보십시오. 복음은 외롭지 않습니다. 하나님의 교회는 우주적인 것입니다.

⑤ 바울은 "친필로 너희에게 문안하노니"(21) 하면서 두 가지 엄위(嚴威)한 말씀을 첨부합니다. 첫째는, "만일 누구든지 주를 사랑하지 아니하거든 저주를 받을지어다" 합니다. 이는 "우리가 너희에게 전한 복음 외에 다른 복음을 전하면 저주를 받을지어다"(갈 1:8) 한 말씀과 같은 뜻으로 보아야 할 것입니다. 왜냐하면 다른 복음을 전하고 있는 거짓 형제들(고후 11:3-4)이 날뛰고 있었기 때문입니다. 둘째는, "주께서 임하시느니라"(22) 하는 것입니다. "그 날이 공력을 밝히"(3:13) 드러낼 것이기 때문입니다.

⑥ 고린도전서를 마치면서 전체를 한마디로 요약을 한다면, "깨어 믿

음에 굳게 서서 남자답게 강건하여라, 너희 모든 일을 사랑으로 행하라"는 말씀이 될 것입니다. 우리도 이점을 명심해야만 하겠습니다. 그리고 마지막 말씀은, "주께서 임하시느니라"는 약속입니다. "아멘 주 예수여 오시옵소서". 마라나 타!

⑦ 이제 묵상해보십시다.

㉠ 깨어 굳게 서 있는 남자답게 강건한 믿음인지?

㉡ 목회자와 성도들의 마음을 시원케 하고 있는지?

㉢ 형제들, 그리고 이웃 교회와 교제가 잘 이루어지고 있는지?

㉣ 고린도전서를 마치면서 느낀 점이 무엇인지?

고린도후서

고린도후서 파노라마

주제 : 하나님 앞에서 견고한 진을 파하는 강력

고린도후서는 안정(安靜)됨이나 조직(組織)성이 없는 격동(激動)의 서신이라고 말들 합니다. 그럴 수밖에 없는 것은, 고린도 성도들을 소유하려는 거짓 사도와 참 사도간의 격전(激戰)의 장(場)이기 때문입니다. 고린도전서에서는 교회 내의 여러 가지 문제들을 복음으로 치유하는 것을 봅니다. 그런데 후서는 "다른 복음"을 전파하려는 자들과, 복음을 보수하려는 자 사이에 벌어지고 있는 격전장(激戰場)이라는 사실입니다. 이런 의미에서 본서는 혼란에 빠져있는 현대교회에 가장 적실성이 있는 말씀이라 할 것입니다. 본서는 크게 세 문단(1-7장, 8-9장, 10-13장)으로 나누어집니다.

첫째 문단(1-7장)은 바울과 그가 개척한 고린도교회 사이가 불화 한 관계에 있는 것으로 시작이 됩니다. 2:1-7절 안에는, "근심"이라는 말이 9번이나 나옵니다. 그리고 "애통하는 마음이 있어 많은 눈물로 너희에게 썼노니" 하면서, "오직 내가 너희를 향하여 넘치는 사랑이 있음을 너희로 알게 하려 함이라"(2:4) 합니다. 그렇다면 불화의 원인이 무엇인가? 일차적으로는 바울이 고린도에 가기로 한 여행 일정을 지키지 않은 것이 원인인 것처럼 보이지만 이는 구실일 뿐 근본적인 원인은 바울이, "우리가 어찌 어떤 사람처럼 천거서를 너희에게"(3:1) 제출해야 한단 말이냐 한데서 알 수가 있듯이, "어떤" 사람들이 고린도에 내려와 바울의 사도 권을 부정하면서 이간을 붙였기 때문입니다. 이 불화가 바울의 눈물의 편지와 디도의 중재로 일단 수습이 되어서 "내가 지금 기뻐함은 너희로 근심하게 한 까닭이 아니요 도리어 너희가 근심함으로 회개에 이른 까닭이라"(7:9) 하는 것으로 첫째 문단은 마칩니다.

둘째 문단(8-9장)에서는 예루살렘교회의 가난한 성도들을 돕기 위한 연보를 부탁하는 것을 봅니다. 이는 단순한 구제 헌금의 차원이 아니라 이방인 그리스도인들과 유대인 그리스도인들 간의 유대를 맺어주기 위한 것으로 보아야 할 것입니다. "이 봉사의 직무가 성도들의 부족한 것만 보충할 뿐 아니라 사람들의 하나님께 드리는 많은 감사를 인하여 넘쳤느니라, 말할 수 없는 그의 은사를 인하여 하나님께 감사하노라"(9:13, 15) 합니다.

그런데 셋째 문단(10-13장)에 이르러 본 서신의 특성이 선명하게 드러납니다. "만일 누가 가서 우리의 전파하지 아니한 다른 예수를 전파하거나 혹 너희의 받지 아니한 다른 영을 받게 하거나 혹 너희의 받지 아니한 다른 복음을 받게 할 때에는 너희가 잘 용납하는구나"(11:4) 합니다. 어떤 자들이 고린도교회에 침입하여, "다른 예수, 다른 영, 다른 복음"을 전했고, 고린도 성도들은 이를 환영했던 것입니다.

그렇다면 바울이 개척한 고린도교회에 내려와서 교회를 어지럽히고 있는 이들이 누구인가 하는 점입니다. 이점이 본서를 해석하는데 있어서 가장 통찰력이 필요한 부분입니다. 이를 단정지을 수는 없으나 추론은 가능합니다. "저희가 히브리인이냐 나도 그러하며 저희가 이스라엘인이냐 나도 그러하며 저희가 아브라함의 씨냐 나도 그러하며 저희가 그리스도의 일군이냐 정신 없는 말을 하거니와 나도 더욱 그러하도다"(11:22-23) 한 것으로 보아 "저들"이 유대주의자들임이 드러납니다. 그런데 밖에서 교회를 대적하는 믿지 않는 유대인들이 아니라, 교회 안에 있는 "그리스도의 일군"이라는 것입니다. 그러면 "그리스도의 일군"인 저들이 어찌하여 바울을 대적하고 있는가? 문제는, "그러나 저희 마음이 완고하여 오늘까지라도 구약을 읽을 때에 그 수건이 오히려 벗어지지 아니하고 있다"(3:14)는 데 원인이 있었던 것입니다. 즉 의문(儀文)이라는 수건이 마음에서 벗어지지 않고 있는 자와, 벗어진 자 간의 충돌인 것입니다. 바울은 2:14절에서 문맥을 중단하고 7:4절까지에서 수건이 마음에서 벗어진 자와 벗어지지 아니한 자가 어떻게 다른가 하는 차별화를 말씀합니다. 고린도후서는 여기가 심장부분이라 할 중요한 내용입니다. 이 말씀은 우리 마음에서 수건이 벗어진 여부를 검증케 하고, 자신이 과연 새 언약의 일군 노릇을 하고 있는지 아니면 의문의 직분을 수행하고 있는지 점검하게 합니다.

이방인의 구원문제를 다루기 위해서 모인 예루살렘 회의석상에서 "바리새파 중에 믿는 어떤 사람들이 일어나 말하되 이방인에게 할례를 주고 모세의 율법을 지키라 명하는 것이 마땅하다"(행 15:5) 한 그런 사람들은 아직까지 수건이 마음에서 벗어지지 아니한 상태입니다. 베드로가 이방인들과 함께 식사교제를 나누다가 물러간 것도 예루살렘에서 내려온 "어떤 이들"(갈 2:12) 때문임을 감안할 때 이들은 무시할 수 없는 영향력을 가지고 있었음을 알 수가 있습니다. 베드로가 두려워서 물러갔다면 바울에 대한 그들의 인식이 어떠했으리라는 것은 짐작하기에 어렵지 않습니다.

바울은, "우리의 싸우는 병기는 육체에 속한 것이 아니요 오직 하나님 앞에서 견고한 진을 파하는 강력이라"(10:4) 선언합니다. "견고한 진"이 무엇인가? 1500년이나 내려온 왜곡된 유대주의입니다. 이는 "개혁(改革)할 때까지 맡겨 둔 것"(히 9:10)이라고 말씀합니다. 그런데 신약시대가 도래했는데도 "견고한 진"이 되어 가로막고 있었던 것입니다. 그 대표적인 것이 "할례"입니다. 본서에는 할례라는 언급이 없습니다만, "의문의 직분, 수건이 오히려 그 마음을 덮었도다"(3:7, 15) 하는 언급 속에 포괄적으로 함의되어 있는 것입니다. 유대인들이 마치 사활이 걸려있는 양 매달렸던 마지막 보루(堡壘)가 무엇인가? 그것이 할례였던(행 15:5) 것입니다. 이를 가리켜, "하나님 아는 것을 대적하여 높아진 것"(10:5)이라고 말씀합니다. 왜 "높아진 것"이라고 말씀하는가? "하나님의 의를 모르고 자기 의를 세우려고 힘써 하나님의 의를 복종치 아니하였기"(롬 10:3) 때문입니다. 주님은 이를 파하시려고 율법에 열심이었던 바리새인 바울을 들어 쓰셨던 것입니다.

여기 풀어야할 난제가 있습니다. 유대주의라는 "견고한 진"을 파하면서, 동시에 유대인 그리스도인들과 이방인 그리스도인들을 하나되게 해야한다는 점입니다. "그는 우리의 화평이신지라 둘로 하나를 만드사 중간에 막힌 담을 허시고"(엡 2:14) 한, 주님의 죽으심으로 하나되게 하신 복음을 훼손해서는 아니 되기 때문입니다. 이를 위하여 바울이 예루살렘을 방문했을 때 야고보의 제의를 받아드려 율법 준수의 표로 "결례"(행 21:17-26)를 행하는 파격적인 모습을 대하게 됩니다. 이 하나되게 함이 본서에서는 견고한 진을 파하는 첫째와 셋째 문단 중간(8-9장)에, "이제 너희의 유여한 것으로 저희 부족한 것을 보충함은 후에 저희 유여한 것으로 너희 부족한 것을 보충하여 평균하게 하려 함이라"(8:14) 하고, 구제 헌금으로 나타나고 있는 것입니다. 여기 "너희와, 저희"가 있는데 이는 다름 아닌 이방 그리스도인과 예루살렘에 있는 유대 그리스도인을 가리킵니다. 전서에서도 "너희의 인정한 사람에게 편지를 주어 너희의 은혜를 예루살렘으로 가지고 가게 하리니"(고전 16:3) 합니다. 이점을 로마서에서는 "이방인들이 그들의 신령한 것을 나눠 가졌으면 육신의 것으로 그들을 섬기는 것이 마땅하니라"(롬 15:27) 합니다. 이제 각 장에 나타난 두 세력간의 갈등을 살펴보도록 하겠습니다. 이것이 본서를 통해서 말씀하려는 중심주제요, 현대교회에 적용되는 적실성이기 때문입니다.

① 1장에서, "육체의 지혜로 하지 아니하고 하나님의 은혜로 행함은"(12) 합니다. 이 말씀은 상대가, "육체의 지혜"로 행하고 있음을 암시하는 대목입니다. 바울이 복음을 전할 때에 "말과 지혜의 아름다운 것으로 아니 하였다"(고전 2:1)는 점을 얼마나 역설하고 있는가를 전서에서 이미 살펴본 바입니다. 그렇다면 영적 싸움은, "사람의 지혜 대, 하나님의 은혜"의 싸움이라는 말이 됩니다.

② 2장에서, "우리는 수다한 사람과 같이 하나님의 말씀을 혼잡하게 하지 아니하고 곧 순전함으로"(17) 전했다고 말씀합니다. 그렇다면 영적 싸움이란 "혼잡 된 말씀 대, 순전한 말씀"의 싸움이 되는 것입니다.

③ 3장에서 "천거서를 너희에게 부치거나"(3:1) 하는 것을 봅니다. 이로 보아 저들은 천거서를 가지고 온 자들임을 알 수가 있습니다. 그런데 "저희 마음이 완고하여 오늘까지라도 구약을 읽을 때에 그 수건이 오히려 벗어지지 아니하고 있으니"(14) 합니다. 그렇다면 영적 싸움은, "수건이 마음에서 벗어지지 아니한 자와, 벗어진 자" 간의 싸움이라 할 수가 있습니다.

④ 4장에서, "만일 우리 복음이 가리웠으면 망하는 자들에게 가리운 것이라"(3) 합니다. 누가 복음을 가로막는 자인가? 수건이 마음에서 벗어지지 않은 자들입니다. 그렇다면, 복음의 빛을 가리우려는 자와, 이를 밝히 드러내려는 자 간에는 영적인 충돌이 불가피하다 하겠습니다. 그런데 이 말씀을 하면서, "우리가 이 직분을 받아 긍휼 하심을 입은 대로 낙심치 아니하고(1), 답답한 일을 당하여도 낙심치 아니하며(8), 그러므로 우리가 낙심하지 아니하노니"(16) 하고, "낙심"이라는 말을 반복적으로 하고 있는 것을 보면 복음을 보수하려는 싸움이 얼마나 고독하고 힘겨운 싸움임이 나타납니다.

⑤ 5장에서는 바울이 증거한 복음의 내용이 요약되어 있습니다.

㉠ "모든 것이 하나님께로 났나니"(18상) 합니다. 이는 구원이란 100% 하나님이 해주신 은혜라는 것입니다. 그런데 거짓 교사들은 마치 여기에다 인간이 무엇인가를 보태야 하는 것인 양 가르쳤던 것입니다. 그렇다면 이는 "다른 복음"인 것입니다.

㉡ "저희의 죄를 저희에게 돌리지 아니하시고(19), 죄를 알지도 못하신 자로 우리를 대신하여 죄를 삼으셨다"(21상)고 말씀합니다. 이것이 대속입니다. 그런데 오늘날은 대속교리를 "도살장의 신학"이라고 조롱을 하면서 도리어 바울을 기독교를 변질시킨 자로 매도하고 있습니다. 그러면 대속을 통하여 우리에게 베푸신 은총이 무엇인가?

㉢ "우리로 하여금 저(그리스도)의 안에서 하나님의 의가 되게 하려 하심이니라"(21하) 합니다. 여기 바울이 "나의 복음"이라고 말할 정도로 목숨을 걸고 증거한 복음의 핵심이 등장하는데 그것은 "칭의 교리"입니다. 구원계획에 있어서 가장 난제는 전적타락한 무능한 죄인이 하나님 앞에 의롭다함을 얻는 것이 어떻게 가능해질 수가 있는가 하는 문제입니다. 이것만 해결이 되면 의로우신 하나님 앞으로 나아가 하나님

과 "화목"할 수가 있기 때문입니다. 그런데 이 난제가 그리스도의 구속으로 말미암아 가능해졌다는 여기에 복음의 핵심이 있는 것입니다. 그런데 거짓 교사들은 "사람이 의롭게 되는 것"이 마치 사람이 할례를 행하고, 모세의 율법을 지킴으로 의롭게 되는 양 가르쳤던 것입니다. 그렇다면 영적 싸움은 오직 은혜, 오직 믿음을 주장하는 자와, 인간이 무엇인가 보태야하는 양 가르치는 자 간의 싸움이라 할 것입니다.

⑥ 10장에서, 우리의 싸우는 병기는 "오직 하나님 앞에서 견고한 진을 파하는 강력이라" 하고 드디어 선전포고를 합니다. "모든 이론을 파하고 하나님 아는 것을 대적하여 높아진 것을 다 파하고"(4-5) 합니다. 그들의 정체가 무엇인가?

⑦ 11장에서는 그들의 정체를, "저런 사람들은 거짓 사도요 궤휼의 역군이니 자기를 그리스도의 사도로 가장하는 자들이니라 이것이 이상한 일이 아니라 사단도 자기를 광명의 천사로 가장하나니 그러므로 사단의 일군들도 자기를 의의 일군으로 가장하는 것이 또한 큰 일이 아니라"(11:14-15) 하고 폭로합니다. 사탄은 가장(假裝)의 명수입니다. ㉠ "그리스도의 사도로 가장"(13) 하여, ㉡ "다른 예수, 다른 영, 다른 복음"(4)을 받게 하려고, ㉢ "간계로 미혹"(3)하는 자들이라고 말씀합니다. 그런데 고린도 성도들은 이를 분별치 못하고, "너희가 잘 용납하는 구나(4), 기쁘게 용납하는 구나(19), 누가 너희로 종을 삼거나 잡아먹거나 사로잡거나 자고하다 하거나 뺨을 칠지라도 너희가 용납하는도다"(20) 하고, 한탄을 합니다.

⑧ 12장에서, "내가 아무것도 아니나 지극히 큰 사도들보다 조금도 부족하지 아니하니라 사도의 표된 것은"(11-12) 하고, 사도권을 변호를 합니다. 이는 거짓 교사들이 바울을 자칭 사도라 하는 자로 여겼기 때문입니다. 바울이 자신의 사도 됨을 옹호하려는 것은 자신의 명예를 위해서가 아닙니다. 사도의 권위가 무너지게 되면 바울이 전한 복음 자체가

훼손이 될 것이기 때문입니다. 바로 이점이 사탄이 노리는 궤계이기도 합니다. 그들은 도리어 바울을, "궤계로 너희를 취하였다"(16) 하고 "거짓 사도"로 몰아세웠던 것입니다.

이들로부터 하나님의 교회를 지키기 위해서 "내가 하나님의 열심으로 너희를 위하여 열심 내노니 내가 너희를 정결한 처녀로 한 남편인 그리스도께 드리려고 중매함이로다 뱀이 그 간계로 이와를 미혹케 한 것같이 너희 마음이 그리스도를 향하는 진실함과 깨끗함에서 떠나 부패할까 두려워하노라"(11:2-3)" 합니다.

어떻습니까? 상술한 두 세력이 현대교회 내에서 보수니 진보니 하고 더욱 극명하게 대립이 되어 있지 않습니까? 뿐만이 아니라 복음주의자라고 말하면서도 수건이 마음을 덮고 있어서 복음보다는 "교훈"을 강조하고 있는 추세입니다. 윤리는 복음 안에 들어있어야만 합니다. 윤리를 복음에서 분리를 시키면 율법이 되어 정죄합니다. 그리하여 복음의 빛을 가리우고 기쁨과 자유함과 감사와 감격을 덮어버리는 "수건"으로 둔갑을 하게 됩니다. 그리고 복음을 떠난 윤리는 아무런 능력도 발휘하지를 못한다는 사실입니다. 율법은 칭의 만을 주지 못한 것이 아니라 성화도 주지를 못했습니다. 바울은 본 서신에서 이를 격파하기 위한 선한 싸움을 싸우고 있는 것입니다.

바울은 고린도 성도들에게,

㉠ "내가 자녀들에게 말하듯 하노니 보답하는 양으로 너희도 마음을 넓히라"(6:13) 합니다.

㉡ "마음으로 우리를 영접하라"(7:2) 호소합니다.

㉢ "나의 구하는 것은 너희 재물이 아니요 오직 너희니라 내가 너희 영혼을 위하여 크게 기뻐함으로 재물을 허비하고 또 내 자신까지 허비

하리니"(12:14-15) 합니다. 이렇게 말씀함은 거짓 교사들이 물질을 탐하는 자들임을 나타냅니다.

그러나 사도는 고린도교회에 대하여 결코 절망하지 않습니다. "너희가 대강 우리를 아는 것같이"(1:14상) 합니다. 지금은 바울의 심정을 "대강" 알고 있을 뿐이지만, "우리 주 예수의 날에 너희가 우리의 자랑이 되고 우리가 너희 자랑이 되는 것이라"(1:14하) 합니다. 바울은 그 날을 바라보며 저들에 대한 기대를 결코 포기하지 않습니다. 바울의 자랑과 기쁨과 소망은 오직 성도들이 주 예수의 날에 그 앞에 세움을 받는 것입니다. 지금이 아닙니다. "주 예수의 날에"! 한 때 사탄의 유혹에 미혹이 되어 바울을 배척했지만 그 날에는 저들이 바울을 무척이나 자랑으로 여기게 될 것을 확신하고 있는 것입니다. 그것은 바로 복음에 대한 확신이기도 합니다. 형제도 그러합니까?

고린도후서 1장 개관도표
얼마든지 예가 되는 하나님의 약속

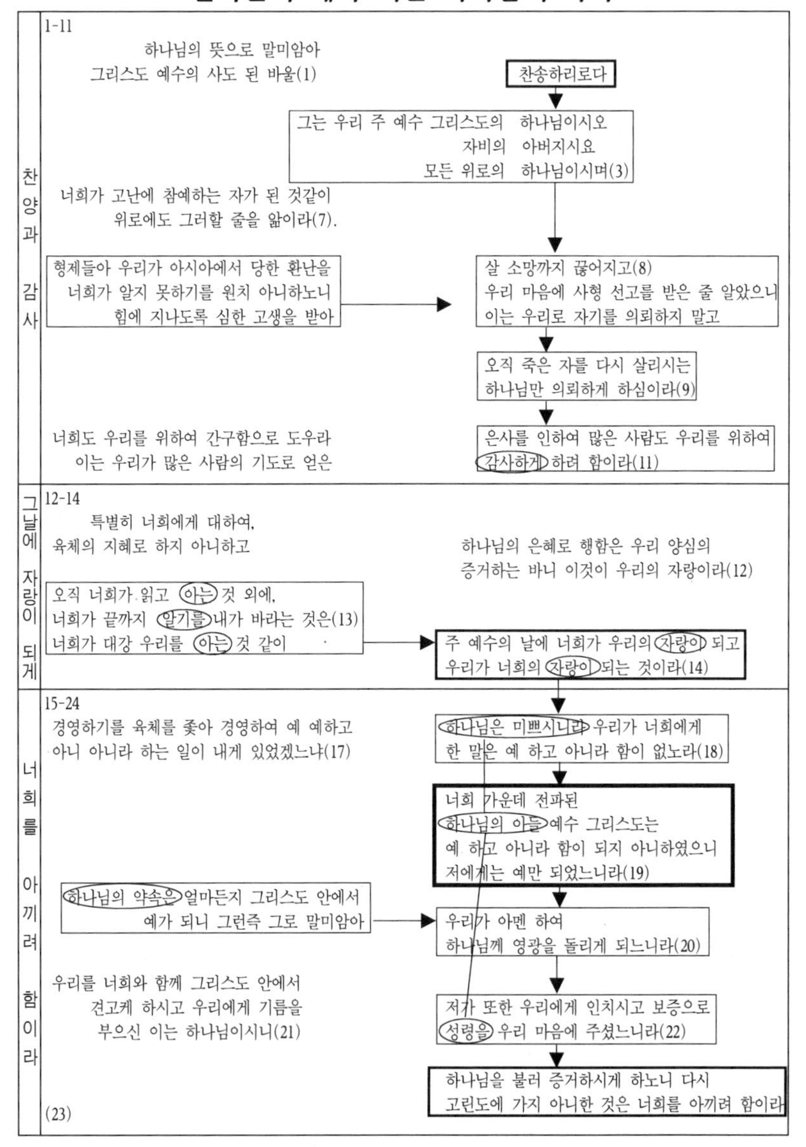

얼마든지 예가 되는 하나님의 약속

> [20]하나님의 약속은 얼마든지 그리스도 안에서 예가 되니 그런즉 그로 말미암아 우리가 아멘 하여 하나님께 영광을 돌리게 되느니라.

1장의 중심점은, "하나님의 약속은 얼마든지 예가 되고, 아니라 함이 되지 아니하였다"는 데 있습니다. 이점을 도표의 화살표를 따라 맥을 잡아보시기를 바랍니다. 1장 안에는, "하나님의 미쁘심(18), 하나님의 약속(20), 하나님의 아들"(19), 성령의 보증"(22)이 등장합니다. "하나님의 약속"은 자기 아들을 화목제물로 내어주시겠다는 것이고, "하나님의 미쁘심"은 그 약속을 지켜주셨다는 것이요, "성령의 인 치심"으로 이를 보증해주신 것입니다. 이는 최고의 약속이요, 최대의 미쁘심이요, 무궁한 "예"가 되는 것입니다. 그럼에도 불구하고 고린도 성도들은, 그리고 우리들은 불만이 많습니다. 왜냐하면, "예, 예 하지 않고, 아니라, 아니라"(17) 하는 분으로 여기고 있기 때문입니다. 그래서 바울은 답답한 것입니다. "너희 가운데 전파된 하나님의 아들 예수 그리스도는 예 하고 아니라 함이 되지 아니하였으니 저에게는 예만 되었느니라"(19) 합니다. 무엇으로 아느냐 하면 자기 목숨까지도 내어주셨음이 증명을 합니다. 그렇다면 고린도 성도들과 오늘의 그리스도인들의 불만이 무엇인가? 이를 세 단원으로 나누어 상고하겠습니다.

첫째 단원(1-11) **찬양과 감사**
둘째 단원(12-14) **그 날에 자랑이 되게 하려 함**
셋째 단원(15-24) **너희를 아끼려 함이라**

첫째 단원(1-11) **찬양과 감사**

"찬송하리로다 그는 우리 주 예수 그리스도의 하나님이시오 자비의 아버지시요 모든 위로의 하나님이시며"(3).

① 첫째 단원의 중심점은, "찬양과 감사"(11하)에 있습니다. 우리는 "고린도후서 파노라마"를 통해서 본서를 기록하는 바울 사도의 마음을 살펴보았습니다. 그런 처지와 형편에 있는 바울에게서 어떻게 "찬양과 감사"가 나올 수가 있단 말인가? ㉠ "하나님의 뜻으로 말미암아 그리스도 예수의 사도 된 바울"(1상)은 한, "하나님의 뜻"을 믿기 때문입니다. 그리고 고린도교회가 자신에 의하여 개척이 되고, 지금 어려운 형편에 있지만, ㉡ "고린도에 있는 하나님의 교회"(1하) 하고, "하나님의 교회" 임을 믿기 때문입니다.

② 그리고 시야를 조금만 넓혀도, "하나님의 은혜"(12)가 있고, "하나님의 미쁘심"(18)이 있기 때문입니다. 그 하나님께서, "또한 우리에게 인치시고 보증으로 성령"(22)을 주신 것을 믿는다면 찬양이 나오고, 범

사에 감사할 수가 있는 것입니다. "하나님 우리 아버지와 주 예수 그리스도를 좇아 은혜와 평강이 있기를 원하노라"(2) 하고 축복해줄 수가 있는 것입니다.

③ "찬송하리로다 그는 우리 주 예수 그리스도의 하나님이시요 자비의 아버지시요 모든 위로의 하나님이시며"(3) 합니다. 바울은 "찬송하리로다", 즉 찬양 받으시기에 합당하신 점으로 첫손에 꼽는 것이, "그는 우리 주 예수 그리스도의 하나님"을 들고 있습니다. 그런데 이 말씀 다음에 "자비의 아버지시요" 하고 "아버지"라는 말씀이 나옵니다. 우리는, "예수 그리스도의 아버지시요, 자비의 하나님"이라 함이 더 옳은 것이라고 생각합니다. 그런데 사도 바울은 에베소서에서도, "우리 주 예수 그리스도의 하나님, 영광의 아버지"(엡 1:17)라고 부르고 있음을 대하게 됩니다. 그러므로 이는 의도적으로 그렇게 하고 있는 것으로 보아야만 합니다. 왜냐하면 구약시대는, "아브라함의 하나님, 이삭의 하나님, 야곱의 하나님"(출 3:6)이라 하셨습니다. 이 뜻은 아브라함과 이삭과 야곱에게 언약하신 "언약의 하나님"이심을 나타냅니다. 그런데 신약시대에 이르러, "예수 그리스도의 하나님"이라 하심은 그 언약이 예수 그리스도에게서 성취되었음을 나타내기 위해서입니다. 그래서 "예수의 하나님"이라 하지 않고, "우리 주 예수 그리스도의 하나님"이라 말씀하는 것입니다. 그리하여 우리들에게 "자비의 아버지"가 되셨다는 말씀입니다. "참으로 "찬송하리로다" 할 것밖에 없습니다.

우리 주 예수 그리스도의 하나님

① "모든 위로의 하나님이시며"(3하) 합니다. 3-7절 안에는, "위로"(慰勞)라는 말이 10번이나 나옵니다. 그리고 "환난과 고난"이라는 말이 합해서 6번 등장합니다. 바울은 하나님을 그때 그때의 심경에 따라, "인

내와 안위의 하나님(롬 15:5), 소망의 하나님(롬 15:13), 평강의 하나님"(롬 16:20) 등, 다양하게 부르고 있습니다. 그렇다면 바울의 지금 심정은 어떠한가? ㉠ "우리의 모든 환난 중에서 우리를 위로하사"(4상) 합니다. 지금 바울 사도에게 요구되는 하나님은 "위로의 하나님"일 것입니다. 그런데, ㉡ "우리로 하여금 하나님께 받는 위로로써 모든 환난 중에 있는 자들을 능히 위로하게 하시는 이시로다"(4하) 하는 것이 아닌가? 바울은 환난 중에 받은 위로마저도 자신이 차지하려 하지 않고 환난 중에 있는 자들에게 나누어주기 위해서라는 것입니다. "위로"마저도 누려야할 주의 종의 몫으로 여기고 있지 아니합니다.

② "그리스도의 고난이 우리에게 넘친 것같이 우리의 위로도 그리스도로 말미암아 넘치는도다"(5) 합니다. "위로"는, "고난"과 비례하는 것입니다. 고난이 없는 자에게는 위로라는 말 자체가 필요 없기 때문입니다. 그렇다면 바울이 당하는 고난은 어떤 것들인가? 11:23-33절에서 진술하고 있는데, "옥에 갇히기도 더 많이 하고 매도 수 없이 맞고 여러 번 죽을 뻔하였다"(11:23)고 말씀합니다. 그런데, "이외의 일은 고사하고 오히려 날마다 내 속에 눌리는 일이 있으니 곧 모든 교회를 위하여 염려하는 것이라"(11:28) 합니다. 육신적으로 당한 고난보다도 마음의 눌림이 더 감당하기 힘든 고난임을 말씀합니다. 이제도 고린도교회로 인하여 "애통하는 마음"(2:4)이 있는 것입니다. 그러나 바울은, "그리스도의 고난이 우리에게 넘친 것같이 우리의 위로도 그리스도로 말미암아 넘치는도다" 하고 말씀하는 것이 아닌가!

③ "우리가 환난 받는 것도 너희의 위로와 구원을 위함이요 혹 위로 받는 것도 너희의 위로를 위함이니"(6상) 합니다. 우리가 받는 "환난도, 위로"도 그리고 그 무엇도 다 "너희의 구원을 위함"이라는 것입니다. "너희를 위한 우리의 소망이 견고함은"(7상) 하고 흔들림이 없는 신뢰를 보냅니다. "너희가 고난에 참여하는 자가 된 것같이 위로에도 그러

할 줄을 앎이라"(7하), 즉 이 어려움을 잘 극복하고 그 후에 주실 위로에도 동참하게 될 것이라는 기대를 나타냅니다. 3-7절을 통해서 환난 중에 있는 모든 시대의 그리스도인들이 얼마나 위로를 받았을 것인가!

모든 위로의 하나님

① 그런 후에 자신이 겪었던 경험을 들어 증거합니다. "형제들아 우리가 아시아에서 당한 환난을 너희가 알지 못하기를 원치 아니하노니 힘에 지나도록 심한 고생을 받아 살 소망까지 끊어지고 우리 마음에 사형선고를 받은 줄 알았으니"(8-9상) 합니다. 이 말씀을 하는 의도가 무엇인가? 교회가 분열과 분란을 겪게 되면 성도들의 마음은 상하고 낙심하게 되는 것입니다. 이들을 위로하고 격려해주기 위해서입니다. 모든 성도들에게는 신앙 역량(力量)이 있고 그것은 똑 같은 것은 아닙니다. 그런데 "힘에 지나도록", 즉 바울의 신앙 역량에도 감당할 수 없는 그런 환난을 당했노라고 말씀합니다. 얼마나 힘에 지났으면 "살 소망까지 끊어지고 우리 마음에 사형선고를 받은 줄" 알았다고 말씀하겠는가?

② 주님은 어찌하여 이런 환난을 바울에게, 그리고 고린도교회에 허용하신 것일까? 이를 통해서 배우게 된 것은, "이는 우리로 자기를 의뢰하지 말고 오직 죽은 자를 다시 살리시는 하나님만 의뢰하게 하심이라"(9하) 합니다. "힘에 지날" 정도가 아니면 자신을 의지할 수도 있을 것이지만, 그 도가 넘으면 "하나님 밖에" 의지할 것이라고는 없는, 믿음 훈련이었음을 깨닫게 되었다는 것입니다. 그러니까 지금 고린도교회가 당면하고 있는 "환난, 시련, 고난"들도 자기를 의지하지 말고 하나님만 의지하게 하시려는 믿음훈련이라는 말씀입니다.

③ 그런데 여기 중요한 요점이 있습니다. "죽은 자를 다시 살리시는 하나님"이라는 묘사입니다. 바울은 "전지전능하신 하나님, 능력 많으신

하나님"이라고 말씀하고 있지 아니합니다. "죽은 자를 다시 살리시는 하나님"이라 말씀합니다. 왜 그런가? 사람들은 "죽음"을 모든 것의 종말로 여기고 있습니다. 그러므로 "죽음" 하면 그것은 곧 끝장을 의미합니다. 그런데 그리스도인들에게는 죽음이란 새로운 시작인 것입니다. 왜냐하면 "죽은 자를 다시 살리심"으로 복음은 시작이 되었기 때문입니다. 그래서 아브라함이 "믿은 바 하나님은 죽은 자를 살리시며 없는 것을 있는 것같이 부르시는 하나님"(롬 4:17)이라 말씀합니다. 아브라함은 언약의 씨인 이삭을 번제로 드릴지라도 "능히 죽은 자 가운데서 다시 살리실 줄로"(히 11:19) 믿었다는 것입니다. 그러므로 "죽은 자를 다시 살리시는 하나님"을 믿는 사람들에게는 어떤 경우에도 절망이란 없는 것입니다. 그러므로 "죽은 자를 다시 살리시는 하나님"은 언약의 하나님이요, 복음의 하나님이십니다.

④ "그가 이같이 큰 사망에서 우리를 건지셨고 또 건지시리라 또한 이후에라도 건지시기를 그를 의지하여 바라노라"(10) 합니다. 여기 과거, 현재, 미래에 걸친 신뢰가 있습니다. "건지셨고, 건지시고, 건지시리라"는 것은 육신적인 "건지심"만을 의미하는 것이 아님을 유념할 필요가 있습니다. 왜냐하면 바울은 하나님을 "죽은 자를 다시 살리시는", 즉 자신이 죽임을 당한다해도 다시 살려주실 것을 고백하고 있기 때문입니다. 물론 사명이 남아있는 한, "바울아 두려워 말라 네가 가이사 앞에 서야 하겠고 또 하나님께서 너와 함께 행선하는 자를 다 네게 주셨다"(행 27:24) 하고, 유라굴로의 광풍 중에서도 구원해주셨습니다. 그런데 바울은 순교를 앞에 두고, "나의 의뢰한 자를 내가 알고 또한 나의 의탁한 것을 그 날까지 저가 능히 지키실 줄을 확신함이라"(딤후 1:12) 하고 고백합니다.

⑤ "너희도 우리를 위하여 간구함으로 도우라 이는 우리가 많은 사람의 기도로 얻은 은사를 인하여 많은 사람도 우리를 위하여 감사하게 하

려 함이라"(11) 합니다. ㉠ "많은 사람의 기도로, 많은 은사를 얻게 되고", ㉡ "많은 은사로 인하여 더 많은 사람들이 감사하게" 되는, 기도의 폭발력을 기대하고 있는 것입니다. 이처럼 기도는 영적 전쟁을 수행함에 있어서 불가결한 무기입니다. 그러므로 주님은 잡히시던 밤에, "지금까지는 너희가 내 이름으로 아무것도 구하지 아니하였으나 구하라 그리하면 받으리니 너희 기쁨이 충만하리라"(요 16:24) 하고, 기도의 권세를 주셨습니다.

⑥ 바울은 기도의 사람이었습니다. 그래서 옥중에서도 바빴습니다. 왜냐하면 여러 교회를 위하여 간구하는 일 때문입니다. 그런가 하면 바울은 기도를 부탁하는 사람이기도 합니다. 편지마다 기도를 부탁하는 것을 보게 됩니다. 왜냐하면 바울은 기도의 능력을 확신한 사람이기 때문입니다. 그러면 기도로 무엇을 도우라고 말씀하는가? "또 나를 위하여 구할 것은 내게 말씀을 주사 나로 입을 벌려 복음의 비밀을 담대히 알리게 하옵소서 할 것이니"(엡 6:19) 합니다. 형제의 기도의 우선순위도 그러합니까? 주님은 자기중심적인 것을 구하라고 기도의 권세를 주신 것이 아닙니다. 하나님은 말씀하십니다. "나 여호와가 말하였으니 이루리라 나 주 여호와가 말하노라 그래도 이스라엘 족속이 이와 같이 자기들에게 이루어 주기를 내게 간구하여야 할지라"(겔 36:36-37). 하나님의 뜻대로 하는 기도는 그의 나라와 그의 의를 구하는 기도입니다. 가장 능력 있는 기도는 하나님의 언약을 붙잡고 하는 기도입니다.

둘째 단원(12-14) 주 예수의 날에 자랑이 되게 하려함

"우리 주 예수의 날에 너희가 우리의 자랑이 되고 우리가 너희 자랑이 되는 것이라"(14).

① 둘째 단원의 핵심은, "주 예수의 날"에 있습니다. 목회자의 비전이 "오늘"에 있느냐? "주 예수의 날"에 맞춰져 있느냐 하는 점은 사활을 좌우할 만큼 중요한 의미를 갖게 됩니다. 만일 "오늘"에 맞춰져있다면 그 목회자는 성장(成長)에 올인을 하게 될 것이요, 그리하여 교회를 "나무나 풀이나 짚으로"(고전 3:12) 세우게 될 것입니다. 왜냐하면 그래야만 쉽고 빠르기 때문입니다. 그는 "그 날이 공력을 밝히리니 이는 불로 나타내고 그 불이 각 사람의 공력이 어떠한 것을 시험할 것임이니라 만일 누구든지 그 위에 세운 공력이 그대로 있으면 상을 받고 누구든지 공력이 불타면 해를 받으리니"(고전 3:13-15) 한, "그 날"을 생각하지를 않는 것입니다. 그러나 바울의 관심은 오직, "우리 주 예수의 날에 너희가 우리의 자랑이 되고 우리가 너희 자랑이 되는 것이라" 합니다.

② "우리가 세상에서 특별히 너희에게 대하여"(12상) 합니다. 우리들은 "특별"(特別)이라는 말을 좋아하지만 성경에는 "특별"이라는 말이 별로 없습니다. 그런데 바울은 "특별히 너희에게 대하여" 하고, 고린도교회에 특별한 관심을 기울이고 있음을 나타냅니다. 그것이 무엇인가? "육체의 지혜로 하지 아니하고 하나님의 은혜"(12하)로 행한 일이라고 말씀합니다. "하나님의 은혜"란 복음을 의미하는데, 이점을 전서(前書)에서도 강력하게 말씀한 바입니다. "형제들아 내가 너희에게 나아가 하나님의 증거를 전할 때에 말과 지혜의 아름다운 것으로 아니 하였나니" 합니다. 그러면 무엇으로 했는가? "내가 너희 중에서 예수 그리스도와 그의 십자가에 못 박히신 것 외에는 아무것도 알지 아니하기로 작정하였음이라"(고전 2:1-2) 합니다. 왜냐하면, "너희 믿음이 사람의 지혜에 있지 아니하고 다만 하나님의 능력에 있게"(고전 2:4-5) 하기 위해서라는 것입니다. 이를 본문 말씀대로 하면, "주 예수의 날에 너희가 우리의 자랑이 되고 우리가 너희 자랑이 되게" 하기 위해서라는 뜻입니다. 왜냐하면 육체의 지혜에서 난 믿음은 주 예수의 날에 불에 타게 될 것을

알고 있기 때문입니다. 이는 고린도교회에 침투한 거짓 교사들이 "육체의 지혜"로 미혹했음을 암시하는 대목입니다.

③ "오직 너희가 읽고 아는 것 외에 우리가 다른 것을 쓰지 아니하노니 너희가 끝까지 알기를 내가 바라는 것은"(13) 합니다. 13-14절 안에는 "안다" 라는 말이 세 번이나 강조되어 있습니다. 이는 고린도 성도들이 바울을 "아는" 일에 이상(異狀)이 발생했음을 나타냅니다. 그것은 거짓 교사들의 이간 때문에 일어난 것입니다. 문제는 고린도 성도들이 바울을 "아는 일"이 부족했기 때문입니다. 그리하여 바울에 대한 전적인 신뢰를 보내지 못하고 미혹하는 자의 말을 받아드리게 된 것입니다. 그래서 "너희가 대강 우리를 아는 것같이"(14상) 하고, "대강"이라 말씀하는 것입니다. "앎"은 관계성을 유지함에 있어서 중요한 문제입니다. 바울은 사랑 장에서, "이제는 내가 부분적으로 아나 그 때에는 주께서 나를 아신 것같이 내가 온전히 알리라"(고전 13:12하) 합니다. 주님은 우리를 온전히 알고 계시는데, 주님에 대한 형제의 앎은 어느 정도나 됩니까? 부부간에, 부모자녀간에, 목회자와 성도간의 앎은 어느 정도의 앎인가?

④ 그러나 밝히 알 날이 올 것인데 "주 예수의 날에 너희가 우리의 자랑이 되고 우리가 너희의 자랑이 되는 것이라"(14하) 합니다. 바울의 소원이 무엇인가? "우리의 소망이나 기쁨이나 자랑의 면류관이 무엇이냐 그의 강림하실 때, 우리 주 예수 앞에 너희가 아니냐 너희는 우리의 영광이요 기쁨이니라"(살전 2:19-20) 합니다. 주 예수의 날에 한 사람 낙오함이 없이 주 예수 앞에 서게 될 때에 이것이 바울의 자랑이라는 것입니다. 반면 고린도 성도들도 그 날에 이르러서야 "대강"이 아니라 바울의 진심을 온전히 알게 되어 바울을 자랑으로 여기게 되리라는 말씀입니다.

⑤ 그런 의미에서 본 단원에 세 번(12, 14, 14) 등장하는, "자랑"의 의

미를 되새겨 보아야만 합니다. 첫째 자랑은, ㉠ "하나님의 은혜", 즉 복음만을 자랑한 일입니다. "육체의 지혜로 하지 아니하고 하나님의 은혜로 행함은 우리의 양심이 증거하는 바니 이것이 우리의 자랑이라"(12) 합니다. 달려갈 길을 마칠 즈음에 이르러 달려온 길을 뒤돌아보게 될 때에 "하나님의 말씀을 혼잡하게 아니하고 오직 진리를 나타냄으로 하나님 앞에서"(4:2) 부끄러움이 없다면 설교자에게 이보다 더 귀한 자랑은 없다 하겠습니다. 둘째 자랑은, ㉡ "너희가 우리의 자랑이 되고"(14) 합니다. 성도들을 외모로 볼 때에는 "세상에서 약하고, 천하고, 멸시받고, 없는 것들"(고전 1:27-28)일 수가 있습니다. 그런데 그들은 "그리스도께서 위하여 죽으신"(고전 8:11), 즉 피로 값을 주고 사신 천하보다 귀한 영혼들이요, 주의 신부요, 왕 같은 제사장들입니다. 얼마나 자랑스런 존재들인가? 그들의 낮고 천한 몸이 주님의 영광의 몸과 같이 변화되는 날 얼마나 자랑스러울 것인가! 셋째 자랑은, ㉢ 신실한 주의 종을 주신 일(14)입니다. 주님은 위로 올라가실 때에 교회에, "목사와 교사"(엡 4:11)를 선물로 주셨다고 말씀합니다. 신실한 주의 종을 만나게 하심은 무엇하고도 바꿀 수 없는 자랑인 것입니다. 우리도 이것으로 자랑을 삼고 있는가?

셋째 단원(15-24) **너희를 아끼려 함**

"이렇게 경영할 때에 어찌 경홀히 하였으리요 혹 경영하기를 육체를 좇아 경영하여 예, 예 하고 아니, 아니라 하는 일이 내게 있었겠느냐"(17).

① 셋째 단원의 중심점은, "경영"에 있습니다. 17절 안에 "경영"이라는 말이 4번이나 등장합니다. 바울은 전서(前書) 마지막에서 여정(旅

程) 계획(16:5-7)을 알려주었습니다. 그런데 이 경영을 변경한 것입니다. 뒤에 가서 보게 될 것입니다만 온다던 바울이 오지를 않았다면 그만한 이유가 있기 때문일 것입니다. 그래서 "혹 경영하기를 육체를 좇아 경영하여 예, 예 하고 아니, 아니라"(17) 하는 식으로 경솔히 했겠느냐 하고 변호를 합니다. 문제는 바울에 대한 신뢰의 부족에서 오는 오해입니다.

② 문제의 심각성은 여정을 변경한 일이,→ 바울은 거짓 사도,→ 그가 전한 복음은 믿을 수 없는 것이라는 식으로 비화가 된 것입니다. 그래서 "하나님은 미쁘시니라"(18상), 즉 하나님은 진실하시다, 믿을 수 있다 하고 말씀합니다. 문제는 바울을 신뢰하지 못하는데 있는 것이 아니라 그가 전해준 하나님을 신뢰하지 못하는데 있습니다. 그리하여 자신을 변호하는 것이 아니라 자신이 전한 복음을 옹호합니다. "우리가 너희에게 한 말은 예 하고 아니라 함이 없노라"(18하) 합니다. 이런 뜻입니다. 바울이 전한 복음과, 그리고 고린도교회에 향한 바울의 마음은 "예"이지 "아니라", 즉 No는 없다는 것입니다. 18-20절 안에는 "예"라는 말이 4번(18, 19, 19, 20)이나 등장합니다. 이것이 무엇을 의미하는가?

③ 19절에는 예수 그리스도의 "예"가 있습니다. "우리 곧 나와 실루아노와 디모데로 말미암아 너희 가운데 전파된 하나님의 아들 예수 그리스도는 예 하고 아니라 함이 되지 아니하였으니 저에게는 예만 되었느니라"(19) 합니다. 생각해보십시오. 예수 그리스도께서는 "자기 목숨을 대속물"로 내어주셨습니다. 그 분에게 내 목숨은 줄 수 있어도 이것만은 안 된다 하는 "아니라" 함이 있겠느냐는 것입니다.

④ 20절에는 하나님의 "예"가 있습니다. "하나님의 약속은 얼마든지 그리스도 안에서 예가 되니"(20상) 합니다. 생각해보십시오. 하나님께서는 자기 아들을 아끼지 아니하시고 화목제물로 내어주셨습니다. 그분에게 "아니라" 함이 있겠는가? 내 아들은 줄 수 있어도 이것은 안 된다

하시는 것이 있겠느냐는 것입니다. 그런데 여기 본 단원의 핵심적인 요점이 있습니다. 그것은 "그리스도 안에서" 라는 말씀입니다. 사도는 그냥 "얼마든지 예가 된다", 즉 무엇이든지 구하기만 하면 다 주신다 하고 말씀하지 않습니다. 그런데 많은 설교자들이 그렇게 가르치고 있고, 많은 그리스도인들이 그렇게 믿고 있는 것도 사실입니다. 그래서 과부가 불의한 재판관에게 한 것처럼 막무가내로 떼를 쓰는 것, 이것이 믿음의 기도인 양 착각을 하고 있는 것입니다. 사도는 "하나님의 약속은 얼마든지 그리스도 안에서 예가 된다" 하고 말씀합니다. 핵심은 "그리스도 안"에 있습니다. 하나님의 약속도, 복음도, 구원도, 축복도 모든 것이 "그리스도 안에" 들어있습니다. "창세 전에 그리스도 안에서 우리를 택하시고", "그리스도 안에서 하늘에 속한 모든 신령한 복으로 우리에게 복주시되"(엡 1:3-4), "그 안에는 지혜와 지식의 모든 보화가 감취어 있느니라"(골 2:3) 말씀합니다.

⑤ 그렇다면 그리스도 안에서 "예"가 되어주신 것들 중에는 어떤 것들이 있는가? ㉠ 우리 대신 정죄를 받으심으로 그를 믿는 자는 심판을 받지 않습니다. ㉡ 지옥만 면하게 해주신 것이 아니라 원수 되었던 우리를 자녀로 입적(入籍)을 시켜주셨습니다. ㉢ 자녀이면 후사 곧 하나님의 후사요, 유업을 이을 자라고 말씀합니다. 즉 "내 것은 다 네 것"(눅 15:31)이라는 것입니다. ㉣ 하나님의 영, 곧 성령으로 거듭나게 해주셨습니다. ㉤ 그 성령으로 말미암아 우리의 낮은 몸을 주님의 영광의 몸과 같이 영화(靈化)시켜 주실 것입니다. ㉥ 그리하여 영원토록 하나님 아버지를 모시고 살게 하여주셨습니다. 이 모든 것이 다 "그리스도 안에서" 베풀어주신 은혜의 영광들입니다. 그래도 "아니라" 하신 것이 있습니까? 그래도 부족합니까?

그리스도 안에서 예가 되심

① "그리스도 안에서" 얼마든지 예가 되시는 하나님의 약속을 믿는 자들은 어떻게 응답해야 마땅한가? "그런즉 그로 말미암아 우리가 아멘 하여 하나님께 영광을 돌리게 되느니라"(20하) 합니다. "아멘"이란 "진실로, 그러합니다"를 뜻합니다. 달리 말하면 그리스도 안에서 얼마든지 예가 되는 하나님의 "약속"을 "믿는다, 믿음으로 받는다, 그래서 내 것으로 삼는다는 말씀입니다. 이에 대한 경계가 히브리서에는 있습니다. "저희와 같이 우리도 복음 전함을 받은 자이나 그러나 그 들은 바 말씀이 저희에게 유익 되지 못한 것은 듣는 자가 믿음으로 화합(和合)지 아니함이라"(히 4:2), 즉 "아멘" 하지 않았기 때문에 유익이 되지 못했다는 것입니다. 오해하지 마시기 바랍니다. "아멘"은 입으로 하는 것이 아니라 믿음입니다. 의뢰하고 의탁하는 것입니다.

② 모든 그리스도인들이 "그리스도 안에" 있다는 자신의 정체성에 확신을 갖게 되기를 바랍니다. 우리는 안에 있다가 밖에 있다가, 왔다갔다 하지 않습니다. 영원히 그리스도 안에 있습니다. 문제는 "그리스도 안에" 있는 자들이 근심 걱정을 하면서, "그리스도 밖에" 있는 것들을 먼저, 보다 많이 추구하고 있다는데 있습니다. 그리스도 밖에 있는 사람들은 불신자들입니다. 그러므로 그들은 밖에 있는 것들을 추구합니다. 주님은 말씀하십니다. "염려하여 이르기를 무엇을 먹을까 무엇을 마실까 무엇을 입을까 하지 말라 이는 다 이방인들이 구하는 것이라"(마 6:32).

③ 그러면 빈 털털인 양 염려하면서 처량한 모습으로 그리스도 밖에 있는 것들을 구하는 원인이 어디에 있는가? "그리스도 안에" 있는 영광스러움을 모르기 때문입니다. 다시 말하면 복음을 모르기 때문입니다. 왜 모르는가? 전해주는 자가 없기 때문입니다. 이점이 "우리를 너희와 함께 그리스도 안에서 견고(堅固)케 하시고"(21)에 나타납니다. 설교

자는 복음으로 성도들을 "견고케" 해주어야할 책임을 맡은 자들입니다. 이를 등한히 했기 때문이라고 밖에는 달리는 변명할 길이 없는 것입니다. 이처럼 "그리스도 밖에" 것을 구하는 자들은 어떤 상태에 있게 되는가? 기쁨이 없습니다. 감사가 없습니다. 불평불만이 있게 됩니다. 하나님은 No 하는 하나님, 인색하신 하나님이 되고, 자신은 가난하고 가엾은 모습을 하게 됩니다.

④ 그러면 그리스도인들은 당면한 문제들을 어떻게 하란 말인가? 믿음은 "의뢰하고 의탁"하는 것입니다. "얼마든지 그리스도 안에서 예가 되시는" 하나님을 믿는다면, "너희 염려를 다 주께 맡겨 버리라"(벧전 5:7) 합니다. "너희 천부께서 이 모든 것이 너희에게 있어야 할 줄을 아시느니라" 하십니다. 이점을 빌립보서에서는, "아무 것도 염려하지 말고 오직 모든 일에 기도와 간구로 너희 구할 것을 감사함으로 하나님께 아뢰라" 합니다. "그리하면 모든 지각에 뛰어난 하나님의 평강이 그리스도 예수 안에서 너희 마음과 생각을 지키시리라"(빌 4:6-7) 합니다. 바울은 "그리하면 다 주신다, 다 해결이 된다"고 말씀하고 있지 아니합니다. "마음과 생각을 지켜주시리라" 합니다. 무엇으로? "그리스도 예수 안에 있는 평강(平康)으로"! 그의 심령에는 "평안"이 없었습니다. "마음"에 염려와 근심이 가득했습니다. 왜? 의뢰하고 의탁하지를 못했기 때문입니다. 믿고 맡기면 "마음"에서 염려와 근심이 물러가고 주님이 주시는 평강이 찾아옵니다. 모든 그리스도인들이 "그리스도 안에서" 주님이 주시는 이 충만함과 평안함과 기쁨에 거하게 되기를 기원합니다.

아멘 하여 하나님께 영광

① "저가 또한 우리에게 인치시고 보증으로 성령을 우리 마음에 주셨

느니라"(22) 합니다. 여기 "보증"(保證)이라는 말과 "인(印)치심"이 나옵니다. 왜 이렇게 말씀하는가? 고린도 성도들이 바울도 믿지를 못하고, 그가 전한 복음도, 그리스도도, 하나님도 믿지를 못하고 있기 때문입니다. "우리에게 인을 치셨다"는 말은 우리가 하나님의 소유라는 것입니다. 책임져주신다는 보증입니다. 누구도 해할 수 없다는 보장입니다. 우리는 도장이 없는 언약서를 가지고 있는 것이 아닙니다. 여기 ㉠ "하나님의 약속"(20)이 있습니다. ㉡ "하나님의 아들 예수 그리스도"(19)가 계십니다. ㉢ "인치시는 성령의 보증"(22)이 있습니다. 우리를 구원하시기 위해서 성부, 성자, 성령, 삼위 하나님께서 역사하십니다. "하나님의 약속은 얼마든지 그리스도 안에서 예"가 되십니다. 그래도 안심이 안 됩니까?

② 18-22절을 통해서 "하나님의 미쁘심(18), 하나님의 약속(20), 하나님의 보증"(22) 등 복음을 옹호한 후에 다시 본론으로 돌아와서, "내가 내 영혼을 두고 하나님을 불러 증거하시게 하노니 다시 고린도에 가지 아니한 것은 너희를 아끼려 함이라"(23) 하고, 여정을 변경하게 된 바울의 심정을 말씀합니다. ㉠ "내 영혼을 두고 하나님을 불러 증거케 하노니"(23상), 이는 하나님 앞에서 거짓말을 안 하겠다는 선서를 하고 말한다는 그런 뜻입니다. ㉡ "너희를 아끼려 함이라" 합니다. 무슨 뜻인가? 그 의미를 13:10절에서 얻을 수가 있습니다. "이를 인하여 내가 떠나 있을 때에 이렇게 쓰는 것은 대면할 때에 주께서 너희를 파하려 하지 않고 세우려 하여" 라고 말씀합니다. 만일 바울이 예정한 대로 고린도에 갔다면 바울을 배척하는 자들을 "파"(破)하는 일이 일어났을 것이라는 뜻입니다. 바울은 그들에게 회개할 기회를 주어 파하지 않고 그를 세워주기 위하여, 즉 "아끼는" 뜻에서 가지 않았다는 말씀입니다. 하나님께서 우리의 구하는 바에 "아니라" 함이 있다면 이는 아깝기 때문이 아니라 우리를 아끼시기 때문일 것입니다.

③ 마지막 절은 교회를 어떻게 치리(治理)해야 옳은가를 말씀해주는 중요한 요점입니다. "우리가 너희 믿음을 주관하려는 것이 아니요"(24상) 합니다. "주관한다"는 말은 지배한다는 뜻입니다. 주관하게 되면 자원(自願)하는 마음은 없어지게 되고 피동적으로 움직이게 됩니다. 새 언약은 성도들의 마음에 기록한다고 말씀합니다. 마음에서부터 우러나와서 하는 것, 이것이 주님이 원하시는 순종입니다. 바울은, "오직 너희 기쁨을 돕는 자가 되려 함이니"(24하) 합니다. 주관하는 목회자형이 있고, 돕는 목회자형이 있습니다. 주관하는 자는 율법적인 권위로 일을 하는 자요, "기쁨을 돕는 자"는 사랑과 은혜, 즉 복음으로 하는 자입니다. 베드로 사도는 목회자들에게 권하기를, "맡기운 자들에게 주장하는 자세로 하지 말고 오직 양 무리의 본이 되라"(벧전 5:3) 합니다. 그러면 자발적으로 따라오게 된다는 말씀입니다. 그런데 현대교회의 구조는 피라미드형으로 되어 있어 목회자의 절대 주관 하에 피동적으로 움직이는 형태입니다. 만인제사장설을 무색하게 합니다. 그 원인은 복음보다는 교훈이 강조되고 있기 때문이라 할 수가 있습니다. 그렇게 되면 어린아이 같은 타율만이 있고 장성한 자의 자율은 없게 됩니다.

④ 이제 묵상해보십시다.

㉠ "찬송하리로다와, 감사하게 하려 함에 대해서.

㉡ 우리 주 예수의 날에 자랑이 되는 것에 대해서.

㉢ 그리스도 안에서 얼마든지 예가 되시는 하나님의 약속에 대해서.

㉣ 그리스도 밖에 있는 것들로 염려하는 원인에 대해서.

고린도후서 2장 개관도표

주제 : 근심 중에도 이김을 주시는 하나님

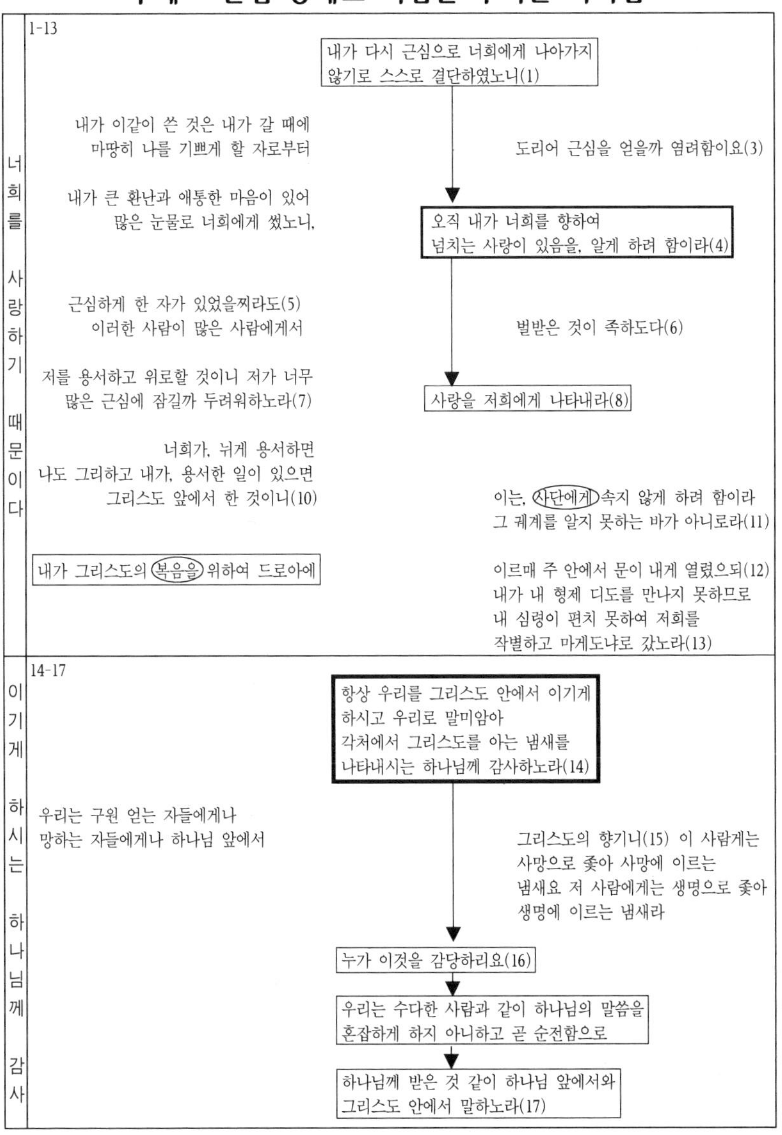

2장

근심 중에도 이김을 주시는 하나님

> [14]항상 우리를 그리스도 안에서 이기게 하시고 우리로 말미암아 각처에서 그리스도를 아는 냄새를 나타내시는 하나님께 감사하노라.

2장 속에는 "근심, 눈물, 애통, 사랑, 이김, 감사" 등 상반된 이미지가 뒤섞여 있습니다. 바울은 고린도교회에 "근심으로 나아간"(1) 적도 있고, "많은 눈물"(4)로 편지를 써서 보내기도 했습니다. 이는 "넘치는 사랑"(4)이 있었기 때문입니다. 고린도 성도들 중에는 바울을 "근심하게 한 자"(5)가 있었습니다. 바울은 이를 수습하기 위해서 디도를 보냈습니다. 그러나 소식을 가지고 돌아올 디도를 만나지 못하자 마음이 편치 못해서 전도의 문이 열려있는 드로아를 떠나 "마게도냐로 갔노라"(13) 합니다. 이런 바울의 모습에서 복음전도자의 초라함 같은 것을 느끼게 합니다. 그러나 바울은, "항상 우리를 그리스도 안에서 이기게 하시는 하나님께 감사"(14)를 드리고 있는 것이 아닌가! 바울은 마게도냐로 간이야기, 즉 "근심과 눈물" 이야기를 여기(13)서 중단하고, 14절부터는 각처에서 "이김"을 주신 증거를 합니다. 그러다가 중단했던 마게도냐 이야기는 7:5절에 가서 다시 연결이 됩니다. 그래서 이 부분(2:14-7:4)을 삽입으로 보기도합니다만 아닙니다. 여기가 본서에 있어서 심장이라 할 수 있는 중요한 부분입니다. 이를 잘 파악해야만 고린도후서의 생명력을 파악할 수가 있습니다. 이를 두 단원으로 나누어 상고하겠습니다.

첫째 단원(1-13) **너희를 사랑하기 때문이다**
둘째 단원(14-17) **이기게 하시는 하나님께 감사**

첫째 단원(1-13) 너희를 사랑하기 때문이다

"내가 큰 환난과 애통한 마음이 있어 많은 눈물로 너희에게 썼노니 이는 너희로 근심하게 하려 한 것이 아니요 오직 내가 너희를 향하여 넘치는 사랑이 있음을 너희로 알게 하려 함이라(4).

① 첫째 단원의 중심점은 "근심"에 있습니다. "근심"이라는 말이 9번이나 등장합니다. "내가 다시 근심으로 너희에게 나아가지 않기로 결단하였노니"(1) 합니다. 고린도 성도들 중에는 바울을 근심케 한 자들이 있었고, 이 때문에 바울이 "근심"하는 마음으로 고린도교회를 방문한 적이 있었음이 간접적으로 나타나 있습니다. 그런데 돌아올 때에 기쁜 마음으로 돌아오지를 못한 듯이 여겨집니다. 그래서, "다시 근심으로 너희에게 나아가지 않기로 결단하였다"(1)고 말씀합니다. 그렇다면 근심하게 한 일이 무엇이었을까?

② 크게 두 가지를 생각할 수가 있는데, 첫째가, ㉠ 바울을 사도가 아니라고 배척한 일이요, 둘째는, ㉡ 분열, 음란 같은 윤리적인 문제입니

다. 고린도교회의 실정은 이 두 가지가 뒤섞여 있었습니다. 그런 중에서도 주된 "근심"은 바울의 사도 됨을 부정한 일이었을 것입니다. 바울은, 주님이 선택하신 열 두 사도의 명단에도 없고, 또한 예루살렘 교회의 천거서(3:1)도 없다는 것입니다. 고린도 성도들 중 일부가 이처럼 바울의 사도권에 회의를 갖게 된 원인은 거짓 교사들의 이간 때문입니다. 이점이 분열하게 된 원인으로도 작용했을 것입니다.

③ 4절에서, "내가 큰 환난과 애통한 마음이 있어 많은 눈물로 너희에게 썼노니" 합니다. 이 "눈물의 편지"가 어느 것이냐에 대해서는 확정할 수가 없습니다. 중요한 점은 바울의 "근심, 애통, 눈물"의 동기가 어디에 있는가 하는 점입니다. 그것은 자신의 체면이나 명예 때문이 아니었습니다. 본문을 관찰해보면 "근심"을 말씀하면서도, "나를 근심하게 한 것이 아니요 어느 정도 너희 무리를 근심하게 한 것이니"(5중) 하고, "기쁨"을 말씀하면서도 "나의 기쁨이 너희 무리의 기쁨인 줄 확신함이로라"(3하) 하고, 고린도 성도들을 위한 근심이요 기쁨이라고 말씀합니다. 이런 뜻입니다.

④ 만일 바울이 사도가 아니라는 주장이 득세하게 되면 어찌되는가? "나는 심었고, 내가 지혜로운 건축자와 같이 터를 닦아두매, 복음으로써 내가 너희를 낳았음이라"(고전 3:6, 10, 4:15) 한 것이 무너지게 될 것이요, 그렇게 되면 고린도교회는 물론 모든 이방교회들은 어떻게 될 것인가? 이 때문에 바울은 근심하고 애통하며 많은 눈물을 흘리고 있는 것입니다. 그래서, "이는 너희로 근심하게 하려 한 것이 아니요 오직 내가 너희를 향하여 넘치는 사랑이 있음을 너희로 알게 하려 함이라"(4) 말씀합니다.

넘치는 사랑 때문이다

① 그런데, "이러한 사람이 많은 사람에게서 벌받은 것이 족하도다"(6) 하는 것을 대하게 됩니다. 벌받은 사람을 전서 5:1절의 사람으로 보는 견해도 있으나, 문맥으로 볼 때 바울을 배척하는 일에 주동적인 역할을 한 사람으로 여겨집니다. 바울은 고린도에서 돌아온 디도로부터, "너희의 사모함과 애통함과 나를 위하여 열심 있는 것을 우리에게 고함으로", 즉 고린도교회가 "회개함에 이르렀다"(7:7, 9)는 기쁜 소식을 전해듣고 이 편지를 쓰고 있습니다. 그러니까 처음에는 방관하던 고린도 성도들이 주동자들을 징계했다는 것이 됩니다. 목회서신에 보면, "저희 말은 독한 창질의 썩어져감과 같다"(딤후 2:17)고 말씀함을 대하게 됩니다. 이단 사설과 같은 비진리는 전염성이 강한 법입니다. 고린도 성도들도 처음에는 저들의 말에 동조적이었던 것으로 여겨집니다.

② 그런데 "이러한 사람이 많은 사람에게서 벌받은 것이 족하도다" 하는 것을 보면 분별력을 행사하여 미혹에서 벗어나 저들과의 교제를 끊었음을 알 수가 있습니다. 이점이 중요합니다. 교회에서 불의한 자를 치리(治理)하려할 때 동조세력이 있게 되면 어려움에 처하게 됩니다. 이는 저를 위하는 일이 아니라 오히려 죽이는 것이 됩니다. 즉 더욱 기고만장하여 회개할 기회를 잃게 되고 교회는 진통을 겪게 됩니다. 고린도교회도 처음에는 그러했던 것 같습니다.

③ 이점이 7:11절에 드러나는데, "보라 하나님의 뜻대로 하게 한 이 근심이 너희로 얼마나 간절하게 하며 얼마나 변명하게 하며 얼마나 분하게 하며 얼마나 두렵게 하며 얼마나 사모하게 하며 얼마나 열심 있게 하며 얼마나 벌하게 하였는가 너희가 저 일에 대하여 일절 너희 자신의 깨끗함을 나타내었느니라" 합니다. 이렇게 되면 문제는 해결이 되는 것입니다.

④ "그런즉 너희는 차라리 저를 용서하고 위로할 것이니 저가 너무 많은 근심에 잠길까 두려워하노라"(7) 합니다. 이럴 경우 바울은 그를 파하기를 원하는 것이 아니라 세워주려 하는 것입니다. "그러므로 너희를 권하노니 사랑을 저희에게 나타내라"(8) 하고 "사랑"을 말씀합니다.

⑤ "너희가 무슨 일이든지 뉘게 용서하면 나도 그러하고 내가 만일 용서한 일이 있으면 용서한 그것은 너희를 위하여 그리스도 앞에서 한 것이니"(10) 합니다. 어찌하여 징계한 후에는 "용서와, 사랑"을 나타내야만 하는가? "이는 우리로 사단에게 속지 않게 하려 함이라 우리가 그 궤계를 알지 못하는 바가 아니로라"(11) 합니다. 여기 "사탄의 궤계"가 등장하는데 사탄의 첫째 궤계는 하나님의 교회에 침투하여 분쟁과 분열을 일으키게 합니다. 이것이 실패로 돌아가자 이번에는 하수인을 물고 느려지려는 것입니다. 즉 "용서와, 사랑"을 나타내지 않으면 그는 영영 교회를 떠나게 될 것이고, 교회는 그를 영원히 잃게 될 것이라는 뜻입니다.

사탄에게 속지 않게 하려 함이라

① 이점에서 "마귀의 궤계"에 대해서 생각해보아야만 하겠습니다. 바울이 "복음"에 남다른 열정이 있다는 것은 그 누구보다도 사탄에 대한 남다른 적개심을 가지고 있다는 반증이기도 합니다. 전도란 사탄에게 미혹을 당하여 지옥으로 끌려가는 영혼들을 구원하려는 영적 전투입니다. 그러므로 사탄에 대한 적개심이 없는 사람은 영혼구원에 대한 열정도 없는 것입니다. 사탄에 대한 바울의 적개심은, "우리도 전에는 어리석은 자요 속은 자요"(딛 3:3상) 한 "속은 자", 즉 사탄의 하수인노릇을 한 장본인이기 때문입니다. 이를 경험했기에, "마귀의 궤계를 능히 대적하기 위하여 하나님의 전신갑주를 입으라"(엡 6:10) 하고, 마귀의 궤계

로부터 교회를 보호하기 위하여 열정을 쏟게 된 것입니다. "우리의 싸움은 혈과 육에 대한 것이 아니요 정사와 권세와 이 어두움의 세상 주관자들과 하늘에 있는 악의 영들에게 대함이라"(엡 6:12) 합니다. 그런데 오늘날은 어떠한가? 마귀를 말하면 듣기 싫어하고 거부감을 나타내며 무식한 설교자, 시대에 뒤떨어진 자 취급을 합니다. 아예 마귀가 없다고 부정을 합니다. 이는 선한 싸움 싸우기를 포기하는 처사요, 결국 복음을 부정하는 일입니다.

② 악령(惡靈)을 부인하게 되면 성령(聖靈)도 부인하게 됩니다. 그렇게 되면 마귀의 존재를 인정하는 성경도 부정하게 되고, 그리스도의 구속사역도 필요 없는 것으로 만듭니다. 그리하여 급기야는 하나님을 부인하는 데까지 나아가게 되는 것입니다. 하나님은 인류의 시조가 넘어진 현장에서 "너의 후손도 여자의 후손과 원수가 되리니"(창 3:15) 하셨습니다. 즉 인류는 사탄을 추종하는 자와 그리스도를 따르는 두 부류로 갈라지게 될 것과, 두 사이에는 영적 싸움이 있게 되리라 하셨습니다. 현대교회의 치명적인 문제는 사탄은 단 한번도 적개심을 완화한 적이 없는데, 하나님의 교회만이 사탄의 존재를 부인하고 그에 대하여 무장해제의 상태에 있다는 점입니다. 사도 바울은 그 누구보다도 사탄의 사악성, 기만성, 변장의 명수임을 경험한 사람입니다. 그러므로 "우리가 사단에게 속지 않게 하려 함이라 우리가 그의 궤계를 알지 못하는 바가 아니로라" 하는 것입니다.

③ "내가 그리스도의 복음을 위하여 드로아에 이르매 주 안에서 문이 내게 열렸으되"(12) 합니다. 바울이 에베소에서 드로아로 간 것은 고린도교회를 수습하기 위하여 보낸 디도와 그곳에서 만나기로 약속이 되어 있었기 때문으로 여겨집니다. 바울이 도착하면 디도가 먼저 와서 자신을 기다리고 있을 것으로 여겼으나, "내가 내 형제 디도를 만나지 못하므로 내 심령이 편치 못하여 저희를 작별하고 마게도냐로 갔노라"(13)

합니다. 이는 고린도교회에 대한 바울의 "넘치는 사랑"(4)이 있음을 나타냅니다. 그리고 이 문맥은 "우리가 마게도냐에 이르렀을 때에도 우리 육체가 편치 못하고 사방으로 환난을 당하여 밖으로는 다툼이요 안으로는 두려움이라" 하고 7:5절로 연결이 되는 문맥입니다. 그렇다면 바울은 어찌하여 문맥을 중단했으며, 그 사이에서 무슨 말씀을 하고 있는가?

둘째 단원(14-17) 이기게 하시는 하나님께 감사

"항상 우리를 그리스도 안에서 이기게 하시고 우리로 말미암아 각처에서 그리스도를 아는 냄새를 나타내시는 하나님께 감사하노라"(14).

① 둘째 단원의 중심점은, "이기게 하시는 하나님께 감사"함에 있습니다. 앞에서도 지적한 대로 바울은 14절에서 문맥을 이탈하고 있습니다. 그래서 이 부분(2:14-7:4)을 삽입으로 보기도 하나 그렇게 가볍게 본다면 이 문단에서 말씀하려는 영광스러움을 놓치게 되고 맙니다. 13절에는 "심령이 편치 못함"이 있고, 14절에는 "이기게 하심과, 감사"하는 마음이 있습니다. 그러므로 여기가 분수령(分水嶺)입니다. 현실을 볼 때는 "심령"이 편치 못합니다. 그러나 "복음"의 능력과 영광스러움을 생각할 때는 "이김과 감사"가 나오게 되는 것입니다.

② 보십시오. 바울의 마음을 흥분케 한 것은 다름 아니라, "내가 그리스도의 복음을 위하여"(12상) 한, "복음"(福音)입니다. "복음"이라는 말이 나오자 바울은 그만 빨려 들어가듯 문맥을 이탈하고 있는 것입니다. 그리스도의 복음 앞에는 자신이 당하고 있는 "환난, 고난, 근심, 걱정" 등 그 무엇도 문제될 것이 없었던 것입니다. 그러므로, "항상 우리를 그리스도 안에서 이기게 하셨다"(14상)고 말씀합니다. 에베소→ 드로아→ 마게도냐로 온 자신의 모습이 육신의 눈에는 초라한 패잔병의 모습으로

비쳐질 것을 생각한 것은 아닐까요? 아니다. "항상 우리를 그리스도 안에서 이기게 하신다"(14상)고 선언합니다. 그렇다면 바울은 어떻게 승리를 했는가?

③ 복음전도자는 언제나 승리자(勝利者)이지 패배자(敗北者)가 아닙니다. 뒤에 가서 보게 되겠습니다만, "우리가 사방으로 우겨쌈을 당하여도 싸이지 아니하며 답답한 일을 당하여도 낙심하지 아니하며 핍박을 받아도 버린 바 되지 아니하며 거꾸러뜨림을 당하여도 망하지 아니하고"(4:8-9) 합니다. 이들을 패배자라 할 수가 있습니까? 이점을 계시록에서는, "여러 형제가 어린양의 피(복음)와 자기의 증거하는 말을 인하여 저를 이기었으니 그들은 죽기까지 자기 생명을 아끼지 아니하였도다"(계 12:11) 하고 "이기었다"고 말씀합니다. 바울은 이러한 영광스러운 복음전도자의 이긴자의 모습을 보여주기 위해서 문단을 중단한 것입니다. 이 대목을 상고할 때에 이점을 놓치지 마시기를 바랍니다.

④ 그러므로 "우리로 말미암아 각처에서 그리스도를 아는 냄새를 나타내시는 하나님께 감사하노라"(14하) 하고, 도리어 감사가 나옵니다. 바울은 복음전도자들을 "그리스도를 아는 냄새, 그리스도의 향기"에다 비합니다. 3:2-3절에서는 "편지"에다 비합니다. "우리는 구원 얻는 자들에게나 망하는 자들에게나 하나님 앞에서 그리스도의 향기니"(15) 합니다. 다만 복음(냄새)에는 양면성이 있어서 "이 사람에게는 사망으로 좇아 사망에 이르는 냄새요 저 사람에게는 생명으로 좇아 생명에 이르는 냄새"(16)로 작용하는 것일 뿐이라는 말씀입니다.

⑤ 그러면 복음전도자의 최대의 이김이 무엇인가? "우리는 수다한 사람과 같이 하나님의 말씀을 혼잡하게 하지 아니하고 "(17상) 합니다. 복음진리를 보수하는 것, 이것이 전도자의 최대의 승리임을 명심해야만 합니다. 왜냐하면 사탄은 복음전파를 방해만 하는 것이 아니라 변질시키려 하고 있기 때문입니다. 그러므로 17절은 바른 설교관(說教觀)을

말씀해주는 중요한 대목입니다. "하나님의 말씀을 혼잡하게 하지 아니하고" 합니다. 이점에서 상술(上述)한 "냄새, 향기"가 무엇을 의미하는지가 나타나고 있는데 그것은 하나님의 말씀, 곧 복음입니다. 그런데 "수다한 사람"들이 하나님의 말씀, 즉 복음을 혼잡하게 하고 있다는 것입니다. 4:2절에서도, "하나님의 말씀을 혼잡하게 아니하고" 합니다. 그렇다면 혼잡하게 하는 "수다한 사람"들이 누구들이란 말인가? 이들을 교회 밖에 있는 유대주의자들로 보아서는 아니 됩니다. 그들은 "혼잡하게" 하는 사람들이 아니라 부정(否定)하고 있는 자들이기 때문입니다.

말씀을 혼잡게 하는 수다한 사람들

① 바울이 디모데에게, "내가 선한 싸움을 싸우고" 한 그 싸움을 목회서신의 문맥을 통해서 보면 불신자들에게 받은 박해라기보다는, 거짓 교사들로부터 복음을 보수하기 위한 싸움이었음을 확인하게 됩니다. 이 "혼잡"에 대해서 1:12절에서는, "육체의 지혜로 하지 아니하고" 합니다. 이점을 전서(前書)에서 얼마나 강조했던가요? 골로새서에서는, "누가 철학과 헛된 속임수로 너희를 노략할까 주의하라 이것이 사람의 유전과 세상의 초등학문을 좇음이요 그리스도를 좇음이 아니니라"(골 2:8) 합니다. 이런 것들이 "혼잡"입니다. 오늘날은 복음을 혼잡하기로 작정이라도 한 것 같은 설교자들이 많은 것도 사실입니다.

② 그러면 바울은 어떻게 했는가? ㉠ "곧 순전함으로"(純全) 합니다. 순전이란 혼잡과는 정반대입니다. 하나님께서 소제물에는 "누룩이나 꿀"을 넣지 말라(레 2:11) 경계하신 말씀을 유념해야만 합니다. ㉡ "하나님께 받은 것같이" 합니다. 설교자는 하나님의 말씀의 대언자(代言者)일 뿐입니다. 받은 말씀에 가감할 권리가 없습니다. 이점을 성경 마지막 책, 마지막에서는, "내가 이 책의 예언의 말씀을 듣는 각인에게 증

거하노니 만일 누구든지 이것들 외에 더하면 하나님이 이 책에 기록된 재앙들을 그에게 더하실 터이요 만일 누구든지 이 책의 예언의 말씀에서 제하여 버리면 하나님이 이 책에 기록된 생명나무와 및 거룩한 성에 참여함을 제하여 버리시리라"(계 22:18-19) 하십니다. 이 경고가 어찌 계시록에 국한된 말씀이겠는가? 이를 아는 설교자라면, "곧 순전함으로 하나님께 받은 것같이" 전하지 않을 수 없을 것입니다.

③ "하나님 앞에서와 그리스도 안에서 말하노라"(17하) 합니다. 설교자는 사람들(회중) 앞에 서서 말씀을 전하는 사람입니다. 그런데 바울은, ㉠ "하나님 앞에서" 라고 말씀합니다. 성도들 앞에 서 있다는 인식보다 먼저 하나님 앞에 서 있다는 이것이 신전신앙(神前信仰)입니다. 15절에서도, "하나님 앞에서 그리스도의 향기"라고 말씀합니다. 바울은 언제나 "하나님 앞에" 있음을 망각하지 않고(딤전 5:21, 6:13, 딤후 2:14, 4:1) 있었습니다. 본서에만도 6번(2:15, 17, 4:2, 5:11, 10:4, 12:19)이나 강조되어 있습니다. 설교자가 "하나님 앞에 서" 있음을 망각하지 말아야만 성도들도, ㉡ "여호와께서 백성을 사랑하시나니 모든 성도가 그 수중에 있으며 주의 발 아래에 앉아서 주의 말씀을 받는도다"(신 33:3)가 가능하여 지는 것입니다. 설교자는 경박하게 행동하면서 성도들에게만 "아멘" 하라는 것은 맞지 않는 것입니다.

④ 또한, "그리스도 안에서 말하노라" 합니다. 바울의 설교는 언제나 "그리스도 안에"서 행해졌습니다. "그리스도 안에서" 라는 말은 설교의 중심에 그리스도가 자리잡고 있다는 뜻입니다. 오늘날은 "하나님 앞"에 있음을 망각하고, "그리스도 밖"에서 행해지는 설교들이 얼마나 많습니까? 설교자들이 "하나님 앞에" 서 있다는 이 한가지만이라도 놓치지 않는다면 말씀의 혼잡은 많이 막을 수가 있을 것입니다.

⑤ 이점이 "수다한 사람"과 바울의 다른 점입니다. 지금 바울은 말씀을 혼잡게 하는 수다한 사람들로부터 고린도교회를 보존하기 위한 싸움

을 싸우고 있는 것입니다. 이를 감당한다는 것이 얼마나 힘들고 때론 고독한 길인지. "누가 이것을 감당하리요"(16하) 합니다. 훗날 형제가 "선한 싸움을 싸우고 나의 달려갈 길을 마치려"는 그때에 이르러, "항상 우리를 그리스도 안에서 이기게 하시고 우리로 말미암아 각처에서 그리스도를 아는 냄새를 나타내시는 하나님께 감사하노라"(14) 하고 말할 수 있다면 참으로 행복한 목회자일 것입니다.

⑥ 이제 묵상해보십시다.

㉠ 사탄의 궤계에 속아본 경험이 있는지.

㉡ 문맥을 중단케 한 의도에 대해서.

㉢ 하나님의 말씀을 혼잡함에 대해서.

㉣ "하나님 앞에 있다는 신전신앙에 대해서.

고린도후서 3장 개관도표

주제 : 새 언약의 일군 됨의 영광

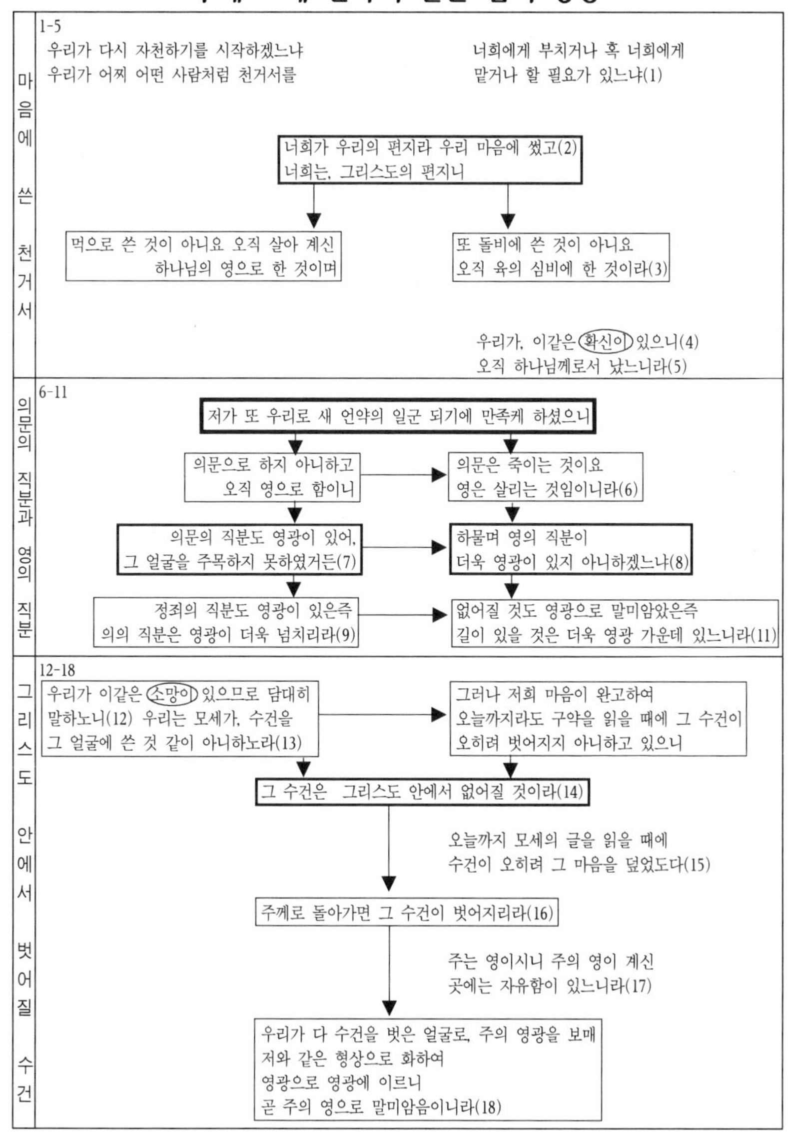

3장

새 언약의 일군 됨의 영광

[6]저가 또 우리로 새 언약의 일군 되기에 만족케 하셨으니 의문으로 하지 아니하고 오직 영으로 함이니 의문은 죽이는 것이요 영은 살리는 것임이니라.

3장을 해석하는 열쇠는, "그러나 저희 마음이 완고하여"(14상) 한 "저희"와, "또 우리로 새 언약의 일군 되기에 만족케 하셨다"(6)는 "우리"의 차별화를 규명하는 데 있습니다. "저희"란 다른 사람들이 아니라, 2:17절에서 하나님의 말씀을 혼잡하게 한다는 "수다한 사람들"입니다. 이들의 문제점은 "오늘까지라도"(14, 15), 즉 복음이 밝히 드러난 오늘까지도 수건이 마음을 덮고 있다는 데 있습니다. 그것은 마치 모세의 광채 나는 얼굴을 수건으로 가리운 것과 같아서 복음을 가로막는 자들이라는 것입니다. 그런 사람들이 교회 밖에 있는 것이 아니라 안에 있으며, 고린도교회에 와서 "다른 예수, 다른 복음"을 가르쳤던 것입니다. 이들과 대조적으로 "우리로 새 언약의 일군 되기에 만족케 하셨다"(6)

고 말씀합니다. 새 언약의 일군은 다름 아닌 수건이 마음에서 벗어진 사람들입니다. 그렇다면 "덮고 있는 자와, 벗어진 자"간에는 갈등이 일어날 수밖에 없는 것입니다. 이 두 세력이 고린도교회를 무대로 하여 충돌하고 있고, 현대교회 내에서도 일어나고 있는 것입니다. 이를 세 단원으로 나누어 상고하겠습니다.

첫째 단원(1-5) **마음에 쓴 천거서**
둘째 단원(6-11) **의문의 직분과 영의 직분**
셋째 단원(12-18) **그리스도 안에서 벗어질 수건**

첫째 단원(1-5) **마음에 쓴 천거서**

"우리가 다시 자천하기를 시작하겠느냐 우리가 어찌 어떤 사람처럼 천거서를 너희에게 부치거나 혹 너희에게 맡거나 할 필요가 있느냐"(1).

① 첫째 단원의 키워드는 "천거서"(薦擧書), 즉 추천장입니다. 오늘날도 추천서가 그의 신원(身元)을 보증하는 역할을 함과 같이 당시에도 그러했습니다. 바울 자신도 "뵈뵈를 너희에게 천거하노니"(롬 16:1) 했고, 예루살렘 종교회의에서도 "우리의 사랑하는 바나바와 바울과 함께 너희에게 보내기를 일치 가결하였노라"(행 15:26) 하고 천거하는 것을 보게 됩니다. 그렇다면 어찌하여 "천거서"(薦擧書) 문제가 대두되게 되었는가? 고린도교회에 침투한 어떤 사람들 때문입니다. 이로 보건대 고린도교회에 침투하여 바울의 사도 됨에 이의를 제기한 자들은 천거서를 가지고 왔다는 것이 됩니다. 그런데 바울에게는 없다는 것입니다.

② 바울을 끈질기게 괴롭힌 것은 "자칭 사도라" 하는 문제였습니다.

주님이 택하신 열 두 사도의 명단에는 분명 바울의 이름은 없었습니다. 그럼에도 불구하고 바울은, "사람에게서 난 것도 아니요 사람으로 말미암은 것도 아니요 오직 예수 그리스도와 및 죽은 자 가운데서 그리스도를 살리신 하나님 아버지로 말미암아 사도된 바울은"(갈 1:1) 하고 말씀합니다. 어디에 근거해서인가? 부활하신 주님께서 친히 그에게 나타나셔서 "사울아, 사울아" 하고 부르셔서, "내 이름을 이방인과 임금들과 이스라엘 자손들 앞에 전하기 위하여 택한 나의 그릇이라"(행 9:4, 15) 하신 소명(召命)과 사명(使命)에 근거해서입니다. 이점을 전서 9:1절과, 15:8절에서 "맨 나중에 만삭되지 못하여 난 자 같은 내게도 보이셨느니라" 하고 밝혔던 것입니다.

③ 바울이 이렇게 말하면 천거서를 가지고 있는 저들은 또 "자천(自薦)하기를 시작"(1상)하는 구나 하고 비난을 했던 모양입니다. 5:12절에서도 "우리가 다시 자천하는 것이 아니요" 하고 변호하는 것을 봅니다. 바울은 고린도 성도들에게 호소하기를, "너희가 우리의 편지라"(2상) 합니다. 무슨 뜻인가? "그리스도 예수 안에서 복음으로 써 낳은" 고린도 성도들이 바울의 사도 됨을 증거하는 천거서라는 뜻입니다. 이렇게 말씀하는 의도는 주님께 받은 소명은 사람들에게 입증할 수가 없으나 고린도 성도들은 부인 못할 열매이기 때문입니다. 전서(前書)에서도 "다른 사람에게는 사도가 아닐지라도 너희에게는 사도니 나의 사도 됨을 주 안에서 인(印)친 것이 너희라"(고전 9:2) 했습니다.

④ 바울은 다시, ㉡ "너희는, 그리스도의 편지다"(3) 하고 강조합니다. 이런 뜻입니다. 고린도 사람들이 거듭나서 새사람이 되었음을 "그리스도께서 보내신 편지를 받은 것"으로 표현하여, 이 편지가 나의 추천서라는 뜻입니다. 고린도교회에 내려온 저들이 누구의 이름으로 된 천거서를 가지고 왔는지 모르지만 나에게는 예수 그리스도의 이름으로 된 천거서가 있다는 말씀입니다. 이 "편지"를 "뭇 사람이 알고 읽는 바

라"(2하) 합니다. 이 뜻은 고린도 성도들이 전에는 어떤 사람이었다는 것과 그들이 변하여 새사람이 되었음을 많은 사람들이 인정하는 바라는 것입니다.

너희는 그리스도의 편지

① 그리고 여기 중요한 요점이 있는데 그 천거서는 돌 비나 종이에 쓴 것이 아니라 "마음"에 쓴 것이라고 말씀합니다. 그러면 누구의 마음에 쓴 것인가? 이점이 두 방면으로 나타나 있는데 첫째로, "우리 마음에 썼고"(2), 즉 바울의 마음에 기록되었다는 것이고, 둘째는 고린도 성도들의, "육의 심 비에 한 것이라"(3하) 합니다. 그리고 이렇게 한 것은 "오직 살아 계신 하나님의 영(靈)으로 한 것"(3중)이라 말씀합니다. 이것이 무슨 뜻인가? 먼저 바울의 마음에 썼다는 뜻을 생각해보면, 고린도 성도들의 이름이, 그리고 얼굴들이 바울의 마음 판에 새겨져 있다는 뜻입니다. 이는 마치 대제사장의 흉패에 이스라엘 열 두 지파를 상징하는 보석이 있는 것과 같습니다. "내가 너희 영혼을 위하여 크게 기뻐함으로 재물을 허비하고 또 내 자신까지 허비하리니"(12:15) 합니다. 바울의 마음 판에, 고린도 성도들의 영혼구원을 위해서라면 죽어도 좋다는 불타는 사랑을 심어놓으신 분은 성령님이시라는 뜻입니다. 그래서 "살아 계신 하나님의 영으로 한 것이라" 말씀합니다. 이것이 "우리 마음에 썼다"는 의미입니다. 이것이야말로 진짜 천거서요, 참 목자라는 증표가 아니고 무엇이겠는가?

② 둘째로, 고린도 성도들 마음에 썼다는 의미가 무엇인가? "그리스도 예수 안에서 복음으로써 내가 너희를 낳았음이라"(고전 4:15), 즉 중생을 가리킵니다. 즉 고린도 성도들이 "진리의 말씀 곧 구원의 복음을 듣고 또한 믿어 약속의 성령으로 인치심을 받은"(엡 1:13), 이것이

고린도 성도들의 마음에 기록한 천거서라는 말씀입니다. 만일 바울이 거짓 사도라면 이런 성령의 사역이 수반될 수가 있단 말인가? 이것이야말로 성령께서 인(印)을 쳐서 보증해주시는 최고의 천거서라 할 것입니다.

③ 그렇다면 고린도교회에 침투하여 분란을 일으키고 있는 저들은 누구의 천거서를 갖고 왔는가 하는 점입니다. 이점을 확증할 수는 없습니다. 추정(推定)하기로는 갈라디아서 2:12절과 사도행전 15:24절에 근거하여, 예루살렘교회의 추천서일 가능성과, 그러나 분명한 것은 복음을 증거케 하기 위한 것이지 교회를 어지럽게 하라는 천거서는 아니었다는 사실입니다. 그런데 저들이 예루살렘 모 교회에서 내려왔다는 우월감에서 천거서를 악용했을 가능성입니다. 잘못은 천거서에 있는 것이 아니라, 저들 마음에서 수건이 벗어지지 아니한 점에 있음을 유념해야만 합니다.

④ 바울은 황당한 마음이었을 것입니다. 그래서 "어떤 사람처럼 천거서를 너희에게 부치거나 혹 너희에게 맡거나 할 필요가 있느냐"(1) 합니다. 즉 너희에게 천거서를 제출해야 한단 말이냐, 또는 너희에게 천거서를 써달라고 부탁을 하란 말이냐 하는 뜻입니다.

고린도 성도들이 바울의 천거서

① "마음에 썼다, 육의 심비에 썼다" 하고 말씀하는 바울의 의중에는, "내가 이스라엘 집과 유다 집에 새 언약을 세우리라, 그 날 후에 내가 이스라엘 집에 세울 언약은 이러하니 곧 내가 나의 법을 그들의 속에 두며 그 마음에 기록하여 나는 그들의 하나님이 되고 그들은 내 백성이 될 것이라"(렘 31: 31, 33) 하신 새 언약을 생각했을 것입니다. 이점이 "저가 또 우리로 새 언약의 일군 되기에 만족케 하셨으니"(6) 한 말씀

에 나타납니다. 십계명은 돌판에 기록이 되었으나 새 언약은 마음에 기록하신다는 차이를 깊이 생각해야만 합니다. 왜냐하면 이 말씀은 방편의 문제가 아니라 그가 새 언약의 일군인가와, 그가 새 언약의 성도인가를 동시에 검증케 하는 말씀이기 때문입니다. ㉠ 만일 성도들의 마음에 새 언약, 즉 복음을 기록케 해주지 못하는 설교라면 어찌 새 언약의 일군이라 할 수가 있으며, ㉡ 찬양과 기도를 드리는 예배자들의 마음에 새 언약이 기록되지 못했다면 그 예배를 어찌 신령과 진정으로 드리는 예배라 할 수가 있을 것인가? 바울은, "항상 기뻐하라, 범사에 감사하라" 말씀합니다. 어떻게 하면 이렇게 될 수가 있는가? 비결은 오직 한가지 뿐입니다. 새 언약이 성령에 의하여 심비에 기록되도록 해주는 일입니다.

② "우리가 그리스도로 말미암아 하나님을 향하여 이 같은 확신이 있으니"(4) 합니다. "이 같은 확신"이란 2-3절에서 말씀한 고린도 성도들의 심비에 새 언약이 기록되도록 한 새 언약의 일군 됨에 대한 확신입니다. 바울은 12절에서 "우리가 이 같은 소망이 있으므로 담대히 말하노니" 합니다. 이 "소망"은 새 언약의 직분의 영광스러움에 대한 소망입니다. 이러한 "확신과, 소망"이 있었기에 바울은 담대할 수가 있었던 것입니다.

③ "우리가 무슨 일이든지 우리에게서 난 것같이 생각하여 스스로 만족할 것이 아니니 우리의 만족은 오직 하나님께로서 났느니라"(5) 합니다. 앞 절에서 "확신이 있다"고 말씀한 바울은 이 말을 자신(自信)이 있다는 뜻으로 오해할까보아 "오직 하나님께로 났느니라" 하는 것입니다. 자신이 사도가 된 것도 원함으로 된 것이 아니요, "내가 모든 사도보다 더 많이 수고하였으나 내가 아니요 오직 나와 함께 하신 하나님의 은혜로라"(고전 15:10하)는 그런 뜻입니다.

둘째 단원(6-11) **의문의 직분과 영의 직분**

"저가 또 우리로 새 언약의 일군 되기에 만족케 하셨으니 의문으로 하지 아니하고 오직 영으로 함이니 의문은 죽이는 것이요 영은 살리는 것임이니라"(6).

① 둘째 단원의 중심점은, "의문의 직분과, 영의 직분"을 대조해서 말씀함에 있습니다. 그러면 우선적인 관심은 이 시점에서 "의문의 직분"을 말씀하는 의도가 무엇인가 하는 점입니다. 이는 구약시대 직분 자를 가리키는 것이 아닙니다. 새 언약의 시대가 도래했음에도 아직까지도 "의문"(儀文)의 수건이 그 마음에서 벗어지지 아니한 사람들이 있기 때문입니다. 그런 지도자는 오늘날도 있는 것입니다. "의문의 직분과, 영의 직분"의 차이가 무엇인가?

② 바울은 첫째로 "정죄(定罪)의 직분과, 의(義)의 직분"(9)이라 부르고 있습니다. 이는 실로 지옥과 천국, 구원과 멸망으로 갈라지게 하는 엄청난 차이입니다. ㉠ "의문의 직분 곧 정죄의 직분"은, "… 하라, …하지 말아라, …하면 벌을 받는다" 하고 말할 뿐입니다. 그러나 ㉡ "영의 직분 곧 의의 직분"은, "그리스도 예수 안에 있는 구속으로 말미암아 하나님의 은혜로 값없이 의롭다하심을 얻었다, 그러므로 이제 그리스도 예수 안에 있는 자에게는 결코 정죄함이 없나니"(롬 3:24, 8:1) 하고 복음을 전해주는 자입니다. 그래서 "의의 직분"이라 한 것입니다. "정죄(定罪)와, 의"(義)가 대조가 되어 있는데, 율법의 정죄를 당하여 신음하고 있는 자들에게 "의롭다"고 여겨주시기 위한, 이 한가지를 가능케 하기 위해서 하나님의 아들은 이 땅에 오셨고, 죽으셨으며 다시 살아나신 것입니다.

③ 그러므로, "의문은 죽이는 것이요 영은 살리는 것임이니라"(6하) 하는 결론에 이르게 되는 것입니다. 그 예를 간음 현장에서 잡혀온 여인

의 경우에서 보게 됩니다. 이 여인을 가운데 두고 한쪽에는 모세가 율법을 들고 서있고, 다른 한쪽에는 그리스도께서 복음을 들고 서 계십니다. 모세는 법조문에 근거하여 "돌로 쳐서 죽이라" 하고 선고합니다. 선생은 "어떻게 말하겠나이까" 하고 압박합니다. 주님은 무겁게, "나도 너를 정죄하지 아니하노니 가서 다시는 죄를 범치 말라"(요 8:3-11) 하십니다. 명백한 죄인을 어디에 근거하여 정죄하지 않을 수가 있단 말인가? 이는 주님께서 대신 정죄를 받으러 오셨기 때문에 가능해지는 것입니다. 어떤 차이인가? 그 여인이 주님을 만나지 못했으면 율법대로 죽임을 당했을 것이나, 그리스도를 만나 생명을 얻게 된 것입니다. 이 기쁜 소식, 곧 복음을 전해주라고 우리를 새 언약의 일군 되기에 만족케 하신 것입니다.

④ 다시 강조합니다. 왜냐하면 이 말씀을 남의 이야기로 들어 넘길 염려가 있기 때문입니다. "의문의 직분과 영의 직분"이라 말하는 바울의 의도는, 구약시대와 신약시대를 대조하기 위해서 하는 말씀이 아닙니다. 다음 단원에서 분명히 밝혀질 것입니다만, 새 언약시대에서도 "의문의 직분, 정죄의 직분, 그래서 죽이는 직분"처럼 행사하고 있는 설교자들이 있기 때문에 이 말씀을 하는 것입니다. 이를 분별하기란 어렵지 않습니다. 그의 설교중심에 십자가 복음이 자리를 잡고 있다면, "영의 직분, 의의 직분, 살리는 직분"의 설교자요, "교훈이나, 축복"이 중심에 있다면 아직까지 수건이 벗어지지 아니한 "의문의 직분 자"라 할 것입니다.

⑤ 그 이유는 분명합니다. 그런 설교로는 정죄 하에 신음하는 자를 의롭다고 여겨주어 살려줄 수가 없기 때문입니다. 그곳에는 기쁨, 감사, 감격, 환희가 없습니다. 그대로 행하지 못하는 눌림만이 있을 뿐입니다. 그런데 더욱 치명적인 것은 교훈을 "축복"과 결부시켜서, "…해서 축복받으시기 바랍니다" 하는 것입니다. 그리하여 성도들을 "더 큰 영광, 더

욱 넘치는 영광, 길이 있을 영광"(10-11)은 보지 못하고, 잠시 있다가 "없어질 영광"에 한눈을 팔게 만드는 일입니다. 오해받을 각오를 하고 말씀드립니다만 "윤리"는 옛 언약에 더 많이 들어있습니다. 그러므로 복음과 함께 주어지지 않는 교훈은 "의문"이 될 수가 있습니다. 성경은 먼저 복음을 말씀하고, "그러므로 형제들아"(롬 12:1) 하고 윤리를 말씀합니다. 그렇다고 로마서를 한 번에 다 설교하라는 말은 아닙니다. 그러나 윤리부분을 설교할 때에도 "그러므로" 라는 접속사를 놓쳐서는 아니 된다는 말씀입니다. 왜냐하면 그것이 끊어지게 되면 그리스도와 끊어지고, 복음과 끊어지고, 은혜에서 떨어지게(갈 5:4) 되기 때문입니다.

죽이는 설교와 살리는 설교

① 이어서 바울은 "의문의 직분과, 영의 직분"의 영광이 어떻게 다른가를 말씀합니다. 7-11절 안에는 "영광"이라는 말이 10번이나 등장합니다. ㉠ "의문의 직분도 영광이 있었다"(7)면, "영의 직분이 더욱 영광이 있지 아니하겠느냐"(8), ㉡ "정죄의 직분도 영광이 있은즉", "의의 직분은 영광이 더욱 넘치리라"(9) 합니다.

② 그런데 결론에 이르러서는, "영광되었던 것이 더 큰 영광을 인하여 이에 영광될 것이 없으나"(10) 합니다. 이는 의문의 직분이 영의 직분보다는 못하지만 영광이 있다는 그런 뜻이 아닙니다. "영광 될 것이 없으나", 조금도 없다는 것입니다. 전기 불이 켜지면 촛불은 끄는 법입니다. 의로운 해와 같은 더 큰 영광으로 말미암아 촛불 같은 의문의 영광이 필요 없게 되었다는 것입니다. "없어질 것도 영광으로 말미암았은즉 길이 있을 것은 더욱 영광 가운데 있느니라"(11) 합니다. 모세의 얼굴에 나타난 영광은 "없어질" 영광입니다. "새 언약이라 말씀하셨으매 첫 것은 낡아지게 하신 것이니 낡아지고 쇠하는 것은 없어져 가는 것이

니라"(히 8:13) 합니다. 그 "없어질 영광을 인하여 그 얼굴을 주목하지 못하였거든"(7하), "길이 있을 것은 더욱 영광 가운데 있느니라"(11) 하고 말씀합니다. 이는 1년과 1000년 같은 대조가 아니라, "잠시와, 영원"의 대조입니다.

③ 다시 상기시켜드립니다만 이 말씀이 "우리가 자천하기를 시작하겠느냐"(1) 하는 문맥에서 주어진 말씀이라는 점입니다. 바울은 의문의 직분과 영의 직분을 단순히 해설을 하고 있는 것이 아닙니다. 바울의 사도권에 의문을 제기하는 사람들이 누구인가? "저희 마음이 완고하여 수건이 마음에서 벗어지지 않고 있는" 자들이 아닌가? 그렇다면 그들은 "의문의 직분"에 머물러 있는 상태임이 분명합니다. 그러면 "새 언약의 일군, 영의 직분, 의의 직분, 그리하여 더욱 영광 가운데 있는" 사람은 누구를 가리키는 가는 자명해집니다. 바울입니다. 그리고 복음전도자들입니다. 그런데 이미 없어진 영광을 붙들고 있는 자들이 길이 있을 영광, 영원한 영광의 직분 자를 향해서 "천거서" 운운한다는 것이 얼마나 한심한 일인가?

④ 보십시오. 이방인의 구원문제를 다루기 위해서 예루살렘에서 회집(會集)한 종교회의 석상에서 어떤 일이 벌어졌는가? "바리새파 중에 믿는 어떤 사람들이 일어나 말하되 이방인에게 할례 주고 모세의 율법을 지키라 명하는 것이 마땅하다"(행 15:5) 했습니다. 이들이 요즘 말로 하면 총회에 파송된 총대들입니다. 이들을 가리켜 "믿는 어떤 사람들"이라고 말씀합니다. 그렇다면 이 어떤 사람들은 의문의 직분 자인가? 영의 직분 자인가? 그런 자들이 바울의 사도 됨을 부인하면서 눈에 보이는 천거서로 자랑하는 자들이기 때문에 이 말씀을 하는 것입니다. 그렇다면 현대교회 내에는 이런 의문에 속한 사람들이 총회에, 신학교에, 설교자 중에 없다고 말할 수 있을 것인가?

셋째 단원(12-18) 그리스도 안에서 벗어질 수건

"오늘까지 모세의 글을 읽을 때에 수건이 오히려 그 마음을 덮었도다"(15).

① 셋째 단원의 키워드는, "수건"입니다. 본 단원은 현대교회 목회자들이 비상한 관심을 가지고 심각하게 받아야 할 말씀입니다. 자신만을 위해서가 아니라, "소경이 소경을 인도하다가 둘이 다 구덩이에 빠지게 될" 책임 때문입니다. 본 단원에서 주목해야할 점은, "수건이 마음을 덮었다"(15)는 말씀이고, 점검해 보아야할 점은 자신의 마음에서, "수건이 벗어졌는가" 하는 점입니다. 왜냐하면 성경이 "오늘까지라도 구약을 읽을 때에 그 수건이 오히려 벗어지지 아니하고 있다"(14-15) 하고 거듭 경고하고 있고, 현대교회의 "오늘까지라도" 벗어지지 아니한 사람이 있을 수 있기 때문입니다.

② 그런 자들에 의하여 고린도교회는, 그리고 현대교회는 변질되었고, 바울은 그들의 미혹으로부터 교회를, 복음을 보수하려는 싸움을 싸우고 있는 것입니다. 먼저 주목할 점은 복음에 대한 바울의 확신입니다. ㉠ "우리가 이 같은 소망이 있으므로 담대히 말하노니"(12) 합니다. 바울은 지금 "안팎"으로 시련을 당하고있습니다. 그러나 조금도 굴하지 아니하고 "담대히 말하노니" 합니다. 4절에서는, "하나님을 향하여 이 같은 확신이 있다"고 말씀하고, 2:14절에서는, "그리스도 안에서 이기게 하시는 하나님께 감사하노라" 합니다. ㉡ "담대히 말한다"는 것은 이제부터 하려는 말씀을 가리키는데 그것은 한마디로 "수건이 마음에서 벗어져야 한다"(14-15)는 것입니다. 다시 상기시킵니다만 바울이 2:14절에서 문맥을 중단하면서까지 우리에게 하고자 한 것이 바로 이 말씀이라는 점입니다.

③ "우리는 모세가 이스라엘 자손들로 장차 없어질 것의 결국을 주목

치 못하게 하려고 수건을 그 얼굴에 쓴 것같이 아니하노라"(13) 합니다. 하나님을 만나고 내려온 모세의 얼굴에 광채가 난 것을 모세는 수건으로 가렸던 것입니다. "우리는 이같이 아니한다"는 말은, 모세가 잘못했다는 뜻이 아니라, 의문의 직분시대는 지나고 실체가 나타난 영의 직분시대가 왔음에도 오늘까지도 이 같이 하고 있는 사람들이 있기 때문입니다.

④ 모세는 돌 판을 두 번 받아 가지고 내려왔습니다. 그런데 첫 번 때는 얼굴에서 광채가 났다는 말씀이 없습니다. 이것이 무심한 일이 아닙니다. 또한 광채 나는 얼굴을 가린 것이 무의미한 일이 아닙니다(출애굽기 파노라마 참고). 다음 장에서 보게 될 것입니다만 "광채"는, "그리스도의 영광의 복음의 광채"(4:4)를 상징합니다. 이를 통해서 계시하시려는 바는 구약시대에도 복음이 있었으며, 구약시대 성도들도 오직 복음을 통해서 구원에 이를 수가 있었으나, 다만 복음이 의문(儀文)이라는 수건에 가려져 있었음을 보여주고 있는 것입니다. 그런데 성전 휘장이 찢어짐과 같이 이제는 복음이 밝히 드러났다는 것입니다.

밝히 드러난 복음

① "그러나 저희 마음이 완고하여 오늘까지라도 구약을 읽을 때에 그 수건이 오히려 벗어지지 아니하고 있으니"(14상) 합니다. 여기서 열쇠는 이런 상태에 있는 "저희"가 누구들인가 하는 점입니다. 그들은 교회 밖에 있는 자들이 아니라, 교회 안에 있다는 점입니다. 이 문맥은 밖에 있는 유대주의자들이 끼어 들 틈을 용납하고 있지 아니합니다. "바리새파 중에 믿는 어떤 사람들이 일어나 말하되 이방인에게 할례 주고 모세의 율법을 지키라 명하는 것이 마땅하다" 하고 주장하는 어떤 사람들은 분명 수건이 벗어지지 아니한 사람들입니다. 베드로까지 두려워서 외식

한 "야고보에게서 온 어떤 이들"(갈 2:12)도 마찬가지입니다. "유대인 중에 믿는 자 수만 명이 있으니 다 율법에 열심 있는 자라"(행 20) 한 그런 사람들이 "오늘까지도 수건이 마음에서 벗어지지 아니한" 사람들입니다. 이런 사람들 중 어떤 사람들이 천거서를 가지고 고린도교회에 침투하여 분열을 일으켰을 것입니다.

② "오늘까지"(15) 합니다. 14절에서도 "오늘까지" 라고 강조하고 있습니다. 복음이 밝히 드러난 "오늘까지라도" 벗어지지 않고 있다는 것입니다. 그렇다면 2천년이 지난 "오늘까지"는 어떻습니까? "수건이 오히려 그 마음을 더욱 두텁게 덮고" 있는 것은 아닐까요? 그런데 얼굴이 아니라 "마음을 덮었도다" 하는 것은 치명적인 것입니다. 왜냐하면 빛이 그 마음에 비취지 못하게 가로막고 있는, 즉 복음의 빛 되시는 주님이 들어오지 못하도록 마음 문을 닫은 체 밖에 세워두고 있다는 뜻이 되기 때문입니다.

③ "그러나 언제든지 주께로 돌아가면 그 수건이 벗어지리라"(16) 합니다. 14절에서도 "그 수건은 그리스도 안에서 없어질 것이라" 합니다. "주께로 돌아가야" 벗어집니다. 그리스도 "안에"서만 벗어질 수가 있습니다. 여기 벗어진 여부를 점검하는 시금석이 있습니다. 바울은, "구약을 읽을 때에, 모세의 글을 읽을 때에" 하고 말씀합니다. 만일 형제가 구약성경을 설교할 때에 교훈이나 축복은 보면서도 그리스도를 보지 못하여 증거하지 못하고 있다면 형제의 마음에서는 수건이 벗어지지 않은 것입니다. 또한 "수다한 사람과 같이 말씀을 혼잡하게"(2:17) 하고 있다면 누가 무어라 하기 전에 겸허한 마음으로 자신을 점검해보아야 할 것입니다.

④ 주님은 말씀하십니다. "너희가 성경에서 영생을 얻는 줄 생각하고 성경을 상고하거니와 이 성경(구약성경)이 곧 내게 대하여 증거하는 것이로다"(요 5:39). 말씀만 하신 것이 아닙니다. 부활하신 주님은 의심

하는 제자들에게 구약성경을 그렇게 풀어서 깨우쳐주셨습니다. "미련하고 선지자들의 말한 모든 것을 마음에 더디 믿는 자들이여 그리스도가 이런 고난을 받고 자기의 영광에 들어가야 할 것이 아니냐 하시고 이에 모세와 및 모든 선지자의 글로 시작하여 모든 성경에 쓴 바 자기에 관한 것을 자세히 설명하시니라"(눅 24:25-27). 그 때 제자들의 마음이 뜨거워졌다고 말씀합니다. "내 눈을 열어서 주의 법의 기이한 것을 보게 하소서"(시 119:18) 하고 간구한 시편 기자처럼, "내 마음에 덮여있는 수건을 벗겨주옵소서" 하고 간구해야할 것입니다. 수건이 벗어진 마음으로 구약을 갈망하면서 읽어보십시오. 어디서나 그리스도를 만날 수가 있고, 갈보리 십자가 어린양의 피가 흐르고 있음을 발견하게 될 것입니다.

⑤ "주는 영이시니 주의 영이 계신 곳에는 자유함이 있느니라"(17) 합니다. 이는 "수건이 마음에서 벗어진" 자들의 영적 상태를 말씀해주고 있는데 그것은 "자유 함"입니다. "그리스도께서 우리로 자유케 하려고 자유를 주셨으니 그러므로 굳세게 서서 다시는 종의 멍에를 메지 말라"(갈 5:1) 합니다. "우리가 다 수건을 벗은 얼굴로 거울을 보는 것같이 주의 영광을 보매"(18상) 합니다. 수건이 벗어지는 "마음"의 단계에서, "수건을 벗는 얼굴"로 전진(前進)을 하고 있습니다. 이 단계는, "우리의 낮은 몸을 자기 영광의 몸의 형체와 같이 변케 하여"(빌 3:21), "영광으로 영광에 이르게 될" 영화의 단계입니다. "저와 같은 형상으로 화하여 영광으로 영광에 이르니 곧 주의 영으로 말미암음이니라"(18하) 합니다. 그리하여 "주의 영광"을 본다고 말씀합니다. 이것이 "담대히 말하노니"(12) 한 새 언약의 영광스러움입니다. 바울은 이에 대한 "소망과 확신"이 있었기에 담대할 수가 있었고, "항상 우리를 그리스도 안에서 이기게 하신다"(2:14)고 말씀할 수가 있었던 것입니다. 수건이 마음을 덮고 있는 자들은 영화의 날에 어떻게 될 것인가?

⑥ 이제 묵상해보십시다.
㉠ 나의 심비에 기록된 새 언약에 대해서.
㉡ 나의 마음에서 수건이 벗어졌는가에 대해서.
㉢ 자신의 설교가 의문과 영의 어느 쪽에 서 있는지.
㉣ 정죄의 직분과 의의 직분의 차이에 대해서.

고린도후서 4장 개관도표

주제 : 새 언약의 직분 자들의 고난과 승리

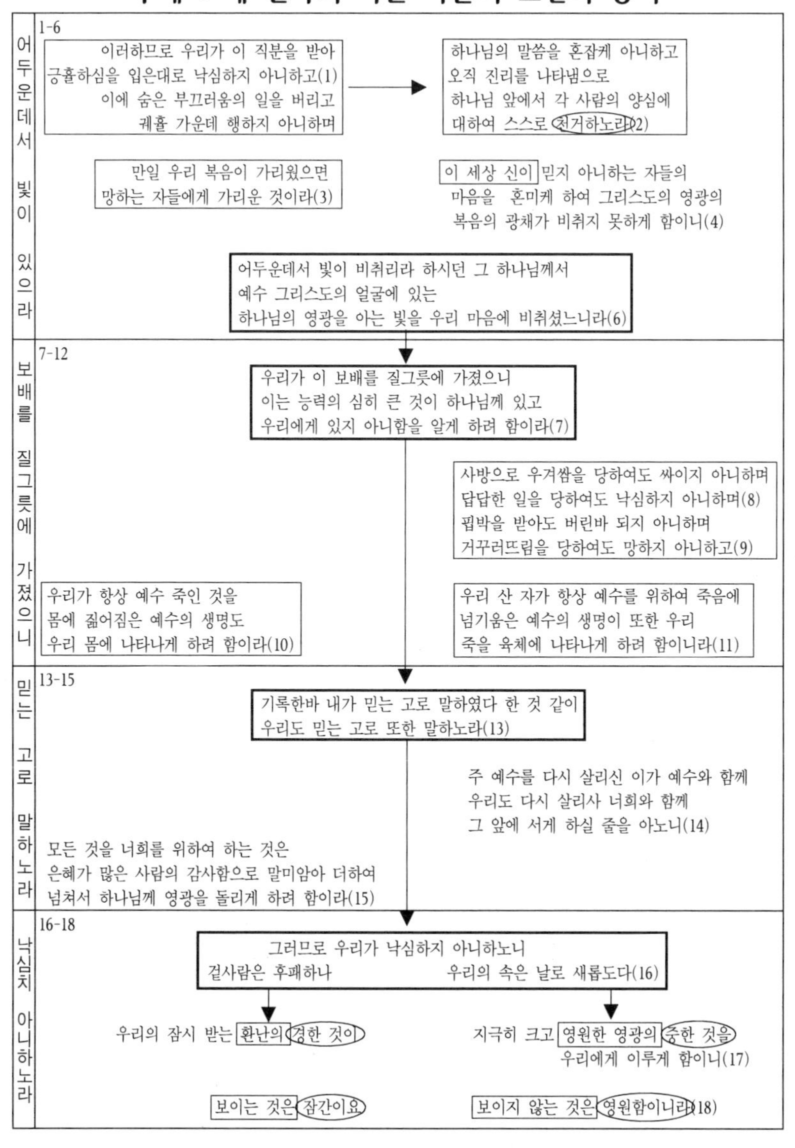

4장 새 언약의 직분 자들의 고난과 승리

[6]어두운데서 빛이 비취리라 하신 그 하나님께서 예수 그리스도의 얼굴에 있는 하나님의 영광을 아는 빛을 우리 마음에 비취셨느니라.

4장은 "우리가 이 직분을 받아"(1), 이렇게 시작이 됩니다. 3장이 새 언약의 직분 자들의 "영광"을 말씀함이라면 4장의 중심점은, "새 언약의 직분 자들이 감당해야할 고난과 승리"에 있습니다. 다시 상기시킵니다만, 바울이 문맥을 중단하면서까지 우리에게 말씀하고자 하는 바가 무엇인가를 놓치지 마시기를 바랍니다. 복음이 무엇인가? "어두운데서 빛이 있으라"(첫째 단원) 하신 것이 복음이라고 말씀합니다. 복음의 빛의 비췸을 받은 자는 "보배를 질그릇에 가진 자"(둘째 단원)라는 것입니다. 보배를 가진 자는 환난 중에서도 "믿는 고로 말하노라"(셋째 단원) 하고 선언하면서, 어떤 경우에도 "낙심하지 않는 자"(넷째 단원)라고 말씀합니다. 그런데 복음의 빛이 비취지 못하게 하려는 "이 세상 신"(4)

이 등장합니다. 그래서 고난은 불가피한 것입니다. 이를 네 단원으로 나누어 상고하고자 합니다.

첫째 단원(1-6) **어두운 데서 빛이 있으라**
둘째 단원(7-12) **보배를 질그릇에 가졌으니**
셋째 단원(13-15) **믿는 고로 말하노라**
넷째 단원(16-18) **낙심치 아니하노라**

첫째 단원(1-6) **어두운 데서 빛이 있으라**

"이러므로 우리가 이 직분을 받아 긍휼 하심을 입은 대로 낙심치 아니하고"(1).

① 첫째 단원의 중심점은 "우리가 받은 직분"(1)이 어떤 직분인지 그 내용을 말씀함에 있습니다. 먼저 유념해야할 점은 4장에 21번이나 나오는 ㉠ "우리"가 누구를 가리키는가 하는 점입니다. 이는 3장에서 말씀한, "새 언약의 일군, 영의 직분, 의의 직분, 살리는 직분"을 맡은 자들입니다. 이는 수건이 마음에서 벗어지지 아니한 어떤 사람들과 대조적인 관점에서 하는 말씀임을 놓치지를 말아야만 합니다. 바울은 먼저 "우리"가 이처럼 영광스러운 직분을 받게 된 동기를, ㉡ "긍휼하심을 입은 대로"(1중) 라고 말씀합니다. 우리에게 무슨 자격이 있어서가 아니라 하나님께서 긍휼히 여겨주셨기 때문이라는 것입니다. 바울은 전서(前書)에서, "내가 하나님의 교회를 핍박하였으므로 사도라 칭함을 받기에 감당치 못할 자로라"(고전 15:9) 하고 털어놓았습니다. "내가 전에는 훼방 자요 핍박 자요 포행 자"이었다고 고백합니다. 그런 자신이 "도리어 긍휼을 입은 것은"(딤전 1:13) 합니다. "죄인 중에 내가 괴수"

라고까지 말합니다. "그러나 긍휼을 입은 까닭은"(딤전 1:15-16) 합니다. 죄인이 기대할 바는 "긍휼" 밖에는 없는 것입니다. 바울에게 "이 직분"이 주어진 것도 전적인 하나님의 긍휼이 여겨주심이라는 것입니다. 우리 고백도 그러합니까?

② 이어지는 말씀은 우리에게도 이런 고백이 있는지를 시험하는 시금석이 됩니다. 첫째 시금석이, "낙심하지 아니하고"(1하) 합니다. 4장에는 "낙심하지 아니한다"는 말이 3번(1, 8, 16)이나 반복이 되어 강조적입니다. "답답한 일을 당하여도 낙심하지 아니하며"(8) 합니다. 자신의 소명과 사명에 대해서 "이 같은 확신"(3:4)이 있는 직분 자라면 선을 행하다가 낙심하여 주저앉을 수는 없을 것입니다. 오늘의 직분 자들은 어떻습니까? 자기 마음대로 직분을 받았기에, 자기 마음대로 낙망하고 있는 것은 아닌지요?

③ 둘째 시금석이, "이에 숨은 부끄러움의 일을 버리고"(2상) 합니다. 어찌하여 "숨은 부끄러움"이라고 말씀하는가? 이는 "저희의 은밀히 행하는 것들은 말하기도 부끄러움이라"(엡 5:12) 한, 외식(外飾)의 반대 경우이기 때문입니다. 사람이 보기 때문이 아니라는 것입니다. 새 언약의 일군들은 설교할 때도 "하나님 앞에서"(2:17) 하고, 언제나 하나님 보시는 앞에(2:15, 4:2) 있음을 명심하는 신전신앙의 사람임을 나타내기 위해서 "숨은 부끄러운 일을 버리고" 하는 것입니다. 바울의 소망이 무엇인가? "나의 간절한 기대와 소망을 따라 아무 일에든지 부끄럽지 아니하고 오직 전과 같이 이제도 온전히 담대하여 살든지 죽든지 내 몸에서 그리스도가 존귀히 되게 하려 하나니"(빌 1:20) 합니다.

④ 셋째는, "궤휼 가운데 행하지 아니하며"(2중) 합니다. "궤휼"이란 속인다는 뜻인데, 목적을 달성하기 위해서 떳떳치 못한 방법을 쓰는 것을 뜻합니다. 그때나 이때나 궤휼 가운데 행하는 지도자들은 있기 마련입니다. "복종치 아니하고 헛된 말을 하며 속이는 자가 많은 중 특별히

할례당 가운데 심하니 저희의 입을 막을 것이라 이런 자들이 더러운 이를 취하려고 마땅치 아니한 것을 가르쳐 집들을 온통 엎드러치는도다"(딛 1:10-11) 합니다. "할례"를 자랑하는 자들이 궤계를 쓰고 있었다는 것입니다.

⑤ 넷째 시금석으로, "하나님의 말씀을 혼잡케 아니하고 오직 진리를 나타냄"을 들고 있습니다. 자신이 하나님의 긍휼하심을 입어 이 직분을 받았다는 고백이 있는 자라면 어찌 하나님의 말씀을 제멋대로 혼잡하게 할 수가 있단 말인가? 오직 "진리를 나타낼" 뿐이라는 말씀입니다. "낙심하지 아니함, 부끄러운 일을 버림, 궤휼 가운데 행치 않음, 말씀을 혼잡하게 하지 않고 진리만을 나타냄", 바울은 이 말씀을 "하나님 앞에서", 그리고 "사람의 양심에 대하여, 스스로 천거하노라"(2하) 하고 마치고 있습니다. 우리도 "하나님 앞에서", 그리고 "성도들의 양심에 대하여" 이렇게 말할 수가 있는가?

참과 거짓의 시금석

① "만일 우리 복음이 가리웠으면 망하는 자들에게 가리운 것이라"(3) 합니다. 바울로 하여금 문맥을 중단하게 한 동기가, "내가 그리스도의 복음을 위하여"(2:12) 한 "복음"때문인데 여기서 "복음"이 다시 등장합니다. "만일 우리 복음이 가리웠으면" 하고 가리우려는 세력이 있다는 것입니다. 이들이 누구들인가? "그 중에 이 세상 신이"(4상) 하고, "이 세상 신"이 등장합니다. 이는 주님께서 "이 세상 임금"(요 12:31, 16:11)이라 하신 사탄을 가리키는 말입니다. 그런데 명심해야할 점은 복음도 성령께서 직접 전하는 것이 아니듯이, 사탄도 복음을 직접 가로막는 것이 아니라는 점입니다.

② "이 세상 신이 믿지 아니하는 자들의 마음을 혼미케 하여"(4상)

합니다. "믿지 아니하는 자들"이 누구인가? 이 말씀을 문맥에서 떼어내면 교회밖에 있는 불신자가 됩니다. 그런데 문맥적으로 보면 "수건이 마음을 덮고있는 자들"을 가리키는 것이 됩니다. 수건이 덮여있다는 것은 빛이 가려진 상태요, 결국 복음을 모르는 믿지 않는 자와 같은 것입니다. 어찌하여 저들의 마음에서 수건이 벗어지지 않고 있는가? "이 세상 신"이 그 마음을 "혼미케" 하였기 때문이라는 것입니다. 즉 "마음의 눈"(엡 1:18)을 멀게 했기 때문입니다.

③ 새 언약의 일군들은 성령과 동역하여 복음을 나타내려 하고, 수건이 마음을 덮고있는 자들은 자신도 모르는 사이에 복음을 가로막으려는 사탄의 하수인 노릇을 하고 있다는 말씀입니다. 이 심각성을 베드로의 예에서 볼 수가 있습니다. 베드로는 주님을 위하는 진심에서 "그리 마옵소서 이 일이 결코 주에게 미치지 아니하리이다"(마 16:22) 하고 말했을 것입니다. 그러나 주님은 "사단아 내 뒤로 물러가라" 호통을 치셨습니다. 그 결과는 자신들만이 벗어지지 않은 소극적인 상태에 머물러 있는 것이 아니라, 그들이 하는 설교를 통해서 적극적으로 "천국 문을 사람들 앞에서 닫는" 것이 되는 것입니다. 그렇다면 두 사이에는 싸움이 일어날 수밖에 없습니다. 그런데 이 싸움이 바울과 어떤 사람간의 "혈과 육"의 싸움이 아니라, 배후에서 역사하는 "이 세상 신"과 성령간의 영적 전쟁이라는 말씀입니다.

④ 그리하여 "그리스도의 영광의 복음의 광채가 비취지 못하게 함이니"(4하) 합니다. 이런 일은 구약시대에도 있었습니다. 이사야 선지자는, "제사장과 선지자도 독주로 인하여 옆 걸음 치며 포도주에 빠지며 독주로 인하여 비틀거리며 이상을 그릇 풀며 재판할 때에 실수하나니"(사 28:7) 합니다. 그리고는 "그들의 취함이 포도주로 인함이 아니며 그들의 비틀거림이 독주로 인함이 아니라"(사 29:9) 합니다. 이런 일은 구약시대나 바울 당시만 있었던 것은 아닙니다. 현대교회에 있어서도

술 한 방울 입에 대지 않고도 취해서 혼미해진 신학자, 목회자는 있기 마련입니다. 요즘 가장 박식한척하면서 허무맹랑한 말을 하는 어떤 학자가 있는데, 이런 사람은 이 세상 신이 그의 마음을 혼미케 했기 때문입니다. 바울이 "복음"을 얼마나 영광스럽게 부르고 있는가를 보십시오. "그리스도의 영광의 복음의 광채"라 말씀합니다.

복음도 모르는 신학자

① "우리가 우리를 전파하는 것이 아니라 오직 그리스도 예수의 주되신 것과 또 예수를 위하여 우리가 너희의 종 된 것을 전파함이라"(5) 합니다. 여기에는, "그리스도, 바울, 그리고 고린도 성도들(너희)"이 등장합니다. 이 위계(位階)가 어떻게 되는가? ㉠ "그리스도 예수가 주가 되신다"고 맨 위에 놓습니다. 그 아래, ㉡ 고린도 성도들을 갖다 놓습니다. 그런 후에 성도들 아래에다가, ㉢ "우리가 너희의 종 된 것"이라고 새 언약의 일군들을 갖다 놓고 있습니다. 이렇게 말씀함이 어떻게 가능해지는가? 잡히시던 밤에 제자들의 발을 씻기신 주님은 이렇게 말씀하십니다. "내가 너희에게 행한 것같이 너희도 행하게 하려 하여 본을 보였노라"(요 13:15).

② 그러므로, "오직 그리스도 예수의 주되신 것"을 전파했다고 말씀합니다. 그냥 "예수"가 아닙니다. 첫째는, ㉠ "그리스도 예수"입니다. 이는 하나님께서 구약성경을 통해서 언약하신 "그리스도가 예수시다" 라는 뜻입니다. 둘째는, ㉡ "주되심"입니다. 그 분이 우리들을 피로 값 주고 사심으로 "주인"이 되셨다는, 즉 "우리 주 예수 그리스도"이심을 전파했다는 것입니다. "그는 근본 하나님의 본체시나 하나님과 동등 됨을 취할 것으로 여기지 아니하시고 오히려 자기를 비어 종의 형체를 가져, 죽기까지 복종하셨으니", 이 마음을 품었기에 "우리가 너희의 종 된 것"

이라고 말할 수가 있었던 것입니다. 형제여, 예수와 그리스도를 떼어놓아서는 아니 됩니다. 우리가 부르기를 사모해야할 더 좋은 칭호는 "우리 주 예수 그리스도"입니다. 그런데 그리스도께서 배척을 당하심과 같이 바울도 배척을 당하고 있는 것입니다.

③ "어두운 데서 빛이 비취리라 하시던 그 하나님께서"(6), 하나님이 언제 이렇게 말씀하셨는가? 창세기 1:3절에서입니다. "땅이 혼돈하고 공허하며 흑암이 깊음 위에 있을" 때, "하나님이 가라사대 빛이 있으라 하시매 빛이 있었고 그 빛이 하나님 보시기에 좋았더라" 합니다. 바울은 이 말씀을 통해서 "그리스도의 영광의 복음의 광채"를 보았던 것입니다. 그렇습니다. 복음의 빛이 비취기 이전의 우리 심령상태는 "혼돈하고 공허하고 흑암이 깊음 위에 있던" 상태였습니다. "그 하나님"께서, "예수 그리스도의 얼굴에 있는 하나님의 영광을 아는 빛을 우리 마음에 비취셨느니라"(6하) 합니다. 그리하여 "그가 우리를 흑암의 권세에서 건져 내사 그의 사랑의 아들의 나라로 옮겨"(골 1:13) 주신 것입니다.

④ 바울은 "빛의 비췸"에 대해 남다른 감격이 있는 사람입니다. 그가 주님을 만난 시간은 해가 머리 위에 있는 정오(正午)였습니다. 주님은 박해자 사울에게 "해보다 더 밝은 빛"(행 26:13)을 비추시어 그를 사도로 부르셨습니다. 착각하지 말아야할 점은 복음의 빛이 우리에게 그와 같은 방법으로 비춰진다는 말씀이 아니라는 점입니다. 그래서 "우리 마음에 비취셨느니라"(6하) 합니다. 설교자가 복음을 증거하면 성령께서 "예수 그리스도의 얼굴에 있는 하나님의 영광을 아는 빛을" 듣는 이의 마음에 비춰주시는 것입니다. 빛의 비췸을 마음에 받지 않고 거듭날 수 있는 사람은 한 사람도 없습니다.

마음에 비취셨느니라

① 이점을 구속사의 맥락에서 상고해야만 그 영광스러움이 찬란하게 빛을 발하게 됩니다. "여호와께서 모세에게 일러 가라사대 아론과 그 아들들에게 고하여 이르기를 너희는 이스라엘 자손을 위하여 이렇게 축복하여 이르되" 하고 축복 문(文)을 주셨습니다. ㉠ "여호와는 네게 복을 주시고 너를 지키시기를 원하며, ㉡ 여호와는 그 얼굴로 네게 비취사 은혜 베푸시기를 원하며, ㉢ 여호와는 그 얼굴을 네게로 향하여 드사 평강 주시기를 원하노라 할지니라"(민 6:22-26).

② 이 세 가지 축복 문 중에서, "여호와는 그 얼굴로 네게 비취사 은혜 베푸시기를 원하며" 하는 말씀을 살펴보겠습니다(민수기 파노라마 참고). 구약시대란 한마디로 하나님의 얼굴을 가리우신 시대였습니다. "오직 너희 죄악이 너희와 너희 하나님 사이를 내었고 너희 죄가 그 얼굴을 가리워서 너희를 듣지 않으시게 함이니"(사 59:2) 합니다. 이를 단적으로 보여주는 것이 지성소를 휘장으로 가로 막으라 하신 성막 식양을 통해서 계시되어 있습니다. 그 가로막혔던 휘장이 언제 누구에 의하여 제거되었는가? 성전 휘장이 찢어짐은 인간 편에서 보면 하나님께 나아가는 길이 열린 것이요, 하나님 편에서 보면 가리우셨던 얼굴빛을 우리에게 비춰주심을 가능케 한 사건이었던 것입니다. 구약의 제사장들은 그리스도께서 오셔서 휘장을 열어주실 때까지 백성들에게, "여호와는 그 얼굴로 네게 비취사 은혜 베푸시기를 원하며" 하고 축복하는 직분 자들이었고, 신약의 제사장들은 "예수 그리스도의 얼굴에 있는 하나님의 영광을 아는 빛을 마음에 비췸 받게 해주는 직분 자들인 것입니다.

③ 그런데 "오늘까지라도 구약을 읽을 때에 그 수건이 오히려 벗어지지 아니하고 있으니" 얼마나 통탄할 노릇인가? 그들은 마치 하나님께서 그 아들의 대속을 통해서 열어놓으신 휘장을 다시 꿰매려는 자들입니

다. 그래서 바울은 격앙된 말로, "만일 우리 복음이 가리웠으면 망하는 자들에게 가리운 것이라"(3) 하고, "망하는 자"라고 말씀하는 것입니다. 명심하십시다. "그리스도의 영광의 복음의 광채"를 드러내지 않는 설교는 궁극적으로 복음의 빛이 비취지 못하도록 가로막는 역사임을, 그리고 그 배후에는 마음을 혼미케 하여 복음의 빛이 비취지 못하게 하려는, "이 세상의 신"이 있다는 사실을.

둘째 단원(7-12) 보배를 질그릇에 가졌으니

"우리가 이 보배를 질그릇에 가졌으니 이는 능력의 심히 큰 것이 하나님께 있고 우리에게 있지 아니함을 알게 하려 하심이라"(7).

① 둘째 단원의 중심점은, "우리가 이 보배를 질그릇에 가졌다"는 데 있습니다. 7-18절은 새 언약의 일군들이 당하게 될 "고난"을 말씀함입니다. 우선적으로 주목할 점은 바울은 "나"라고 말씀하는 것이 아니라 계속적으로 "우리"라고 말씀하고 있다는 점입니다. 이 "우리"가 누구들인가? 넓은 의미에서는 모든 그리스도인들을 포함한다고 말할 수도 있을 것입니다만, 문맥적으로 보면 "이러므로 우리가 이 직분을 받아(1) 한 "새 언약의 일군"(3:6), 즉 "영의 직분, 의의 직분" 자들을 가리키는 것입니다. 이는 오늘까지도 마음에 수건이 덮여있어서 "의문의 직분" 차원에 머물러 있는 어떤 사람들과의 차별화에서 말씀하는 "우리"임을 놓치지 말아야만 바울이 말씀하려는 의도를 깨달을 수가 있습니다.

② "질그릇"이란 육신의 몸을 포함한 나약한 인간성을 의미하고, "보배"란, "그리스도의 영광의 복음"을 가리킵니다. 그러니까 "새 언약의 일군"(3:6)들은 그 속에 "그리스도의 영광의 복음"을 간직하고 있다는 말씀입니다. 그래서 "고난"을 당하게 된다는 것입니다. 어찌하여 바울은

복음을 "보배"에다 비했을까? "보배"라는 단어는 주님께서 "천국은 마치 밭에 감추인 보화와 같으니 사람이 이를 발견한 후에 숨겨두고 기뻐하여 돌아가서 자기의 소유를 다 팔아 그 밭을 샀느니라"(마 13:44) 하실 때 사용하신 "보화"와 같은 단어입니다. 영의 직분 자란 이를 발견한 기쁨, 소유하게 된 감격이 있는 사람들임을 나타내기 위해서 "보배"에다 비했을 것입니다.

③ 바울은 "보배"의 귀중성과, "질그릇"의 보잘것없음을 극단적으로 대조시키고 있는데 이렇게 하는 것은, "이는 능력의 심히 큰 것이 하나님께 있고 우리에게 있지 아니함을 알게 하려 함"(7하)에서 라고 말씀합니다. 이를 달리 표현 한 것이, "이는 아무 육체라도 하나님 앞에서 자랑하지 못하게 하려 하심이라"(고전 1:29)는 말씀입니다. 의문의 직분 자들은, "할례, 천거서" 등 "육체로 자랑"하는 자들입니다. 그러나 영의 직분 자들은, "내게는 우리 주 예수 그리스도의 십자가 외에 결코 자랑할 것이 없으니"(갈 6:13-14) 하는 사람들이라는 말씀입니다.

④ 바울의 복음에 대한 열정은 어디서 온 것일까? 그의 서신들에서 이를 엿 볼 수가 있습니다. 바울은 복음을, "영원부터 만물을 창조하신 하나님 속에 감취었던 비밀의 경륜(엡 3:9), 만세와 만대로부터 옴으로 감취었던 것"(골 1:26)이라고 정의합니다. 그런데, "이제는 우리 구주 그리스도 예수의 나타나심으로 말미암아 나타났으니 저는 사망을 폐하시고 복음으로써 생명과 썩지 아니할 것을 드러내신지라"(딤후 1:10) 합니다. "나타났으니, 드러내신지라"는 말씀을 주목하시기를 바랍니다. 영원부터 하나님 속에 감추었던 복음이 예수 그리스도의 십자가 사건을 통해서 "나타났고 드러내셨다"는 것입니다. 그런데 바울은 나타난 복음을 소유한 것만이 아니라, "내가 이 복음을 위하여 반포자와 사도와 교사로 세우심을 입었노라"(딤후 1:11) 합니다. 만세 전에 하나님 속에 감추어있던 비밀을 나타내신 하나님께서 자신에게 이를 증거하라고 직

분을 주셨다니, 그 기쁨과 감격을 어찌 다 표현할 수가 있겠는가!

⑤ "우리가 사방으로 우겨 쌈을 당하여도 싸이지 아니하며"(8상) 합니다. 무슨 뜻인가? 바울은 "옥에 갇히기도 많이 하고, 매도 수 없이 맞고, 태장에 맞고, 돌에 맞고", 종내는 복음을 인하여 죽임을 당하지 않았던가? 계속해서 살펴보게 되겠습니다만 바울은, ㉠ 질그릇과 보배(7), ㉡ 겉 사람과 속 사람(16), ㉢ 잠시와 영원(17), ㉣ 보이는 것과 보이지 않는 것(18)을 대조해서 말씀합니다. 바울의 선언은 "질그릇"이 깨어지지 않는다는 말이 아닙니다. 바울은, "나의 달려갈 길과 주 예수께 받은 사명 곧 하나님의 은혜의 복음을 증거하는 일을 마치려 함에는 나의 생명을 조금도 귀한 것으로 여기지 아니하노라"(행 20:24) 하고 복음을 위해서 죽음을 각오한 사람입니다. 바울은 최후의 서신에서 사랑하는 믿음의 아들 디모데에게 이렇게 말씀합니다. "복음을 인하여 내가 죄인과 같이 매이는 데까지 고난을 받았으나 하나님의 말씀은 매이지 아니하니라"(딤후 2:9). 중요한 것은 보배이지 질그릇이 아닙니다. 이점이 마음에서 수건이 벗어진 자와, 아직 벗어지지 아니한 자의 관점의 차이라는 것입니다.

복음은 깨어지지 않는다

① 이를 믿기에, "답답한 일을 당하여도 낙심하지 아니하며 핍박을 받아도 버린 바 되지 아니하며 거꾸러뜨림을 당하여도 망하지 아니하고"(8하-9) 합니다. 그러니까 답답한 일을 만나지 않는다는 말씀이 아닙니다. "답답한 일, 핍박, 거꾸러뜨림"을 당한다는 것입니다. 그렇지만 "망하지 않는다"는 것입니다. 바울이 확신을 가지고 말씀할 수 있는 것은 증거가 있기 때문입니다. 그 확실한 증거가 예수 그리스도의 죽으시고 다시 사심을 통해서 나타났습니다. 육신의 눈으로 보면 주님처럼 비

참하게 망한 사람이 달리는 없을 것입니다. 그런데 주님이 망하셨습니까? "하나님이 그를 지극히 높여 모든 이름 위에 뛰어난 이름을 주사" (빌 2:9) 합니다.

② 그러므로 결론은, "우리가 항상 예수 죽인 것을 몸에 짊어짐은"(10상) 합니다. 이는 주님의 고난에 동참함을 의미합니다. "우리", 즉 영의 직분 자들은 할 수 있으면 십자가를 피하려 하는 자들이 아닙니다. 바울은, "만일 그리스도 안에서 우리의 바라는 것이 다만 금생(今生)뿐이면 모든 사람 가운데 우리가 더욱 불쌍한 자"(고전 15:19)가 될 것임을 알고 있는 사람입니다. 그런데 어찌하여 고난을 자취하는가? "예수의 생명도 우리 몸에 나타나게 하려 함이라" 합니다. 무슨 뜻인가? 주님과 함께 죽으면 함께 살 것을 믿는다는 말씀입니다. 뿐만 아니라 이제도 이 사명을 감당할 수 있는 원동력은 죽임을 당하셨다가 다시 사신 그리스도로부터 공급되고 있다는 말씀입니다. 이제 해답이 나왔습니다. 어찌하여 낙심하는가? 왜 나는 망했구나 하고 절망하는가? "예수 죽인 것"만 보고, "예수의 생명"은 믿지를 못하기 때문입니다. 보배를 보는 것이 아니라 질그릇을 보기 때문입니다. 어떤 차이인가? 마음에서 수건이 벗어졌느냐, 오늘까지라도 수건이 마음을 덮고 있느냐의 차이입니다.

③ "우리 산 자가 항상 예수를 위하여 죽음에 넘기움은 예수의 생명이 또한 우리 죽을 육체에 나타나게 하려 함이니라"(11) 하고 재차 강조합니다. 복음의 핵심은 "예수의 생명"에 있습니다. 10절에서도, "예수의 생명도 우리 몸에 나타나게 하려 함이라", 11절에서도, "예수의 생명이 또한 우리 죽을 육체에 나타나게 하려 함이니라"(11) 하고 오직 소망이 여기에 집중되어 있습니다. 이는 영의 직분 자들의 신앙원리와 같은 말씀입니다. 고난 없이 영광 없고, 그리스도와 함께 죽지 아니하면 함께 살수가 없다는 것이 원리입니다. 이점이 바울의 유언과 같은 말씀에 나타나 있습니다.

미쁘다 이 말이여
우리가 주와 함께 죽었으면 또한 함께 살 것이요
참으면 또한 함께 왕 노릇할 것이요
우리가 주를 부인하면 주도 우리를 부인하실 것이라
우리는 미쁨이 없을지라도 주는 일향 미쁘시니
자기를 부인하실 수 없으시리라(딤후 2:11-13).

④ "그런즉 사망은 우리 안에서 역사하고 생명은 너희 안에서 하느니라"(12). 여기 통찰력이 필요합니다. 바울은 인칭대명사를 계속적으로 "우리"라고 말씀했습니다. 그런데 12절에 이르러 "너희"라는 인칭이 등장합니다. 본문에는 "우리와 너희, 사망과 생명"이 대조되어 나타납니다. "너희"는 누구인가? 고린도 성도들입니다. 무슨 뜻인가? 새 언약의 일군들인 "우리들"은 "너희"의 생명을 위해서라면 죽기를 각오한 사람들이라는 뜻입니다.

⑤ 바울은 5절에서, "우리가 너희 종이다" 하고 말씀했습니다. 그런데 보다 적극적으로, "사망은 우리 안에서 역사하고 생명은 너희 안에서 하느니라"(12) 합니다. 어떤 심정으로 이렇게 말씀하는가? "예수 그리스도의 죽으심으로 우리에게 생명이 있게 되었음을 믿는다면 새 언약의 직분 자들인 우리는 성도들을 위하여 죽어도 좋다는 그런 불타는 마음에서 하는 말씀입니다. 다시 강조합니다만 마음에서 수건이 벗어지게 되면 이런 사람이 되지 않을 수 없다는 말씀입니다.

셋째 단원(13-15) **믿는 고로 말하노라**

"기록된 바 내가 믿는 고로 말하였다 한 것같이 우리가 같은 믿음의 마음을 가졌으니 우리도 믿는 고로 또한 말하노라"(13).

① 셋째 단원의 핵심은 "믿음"에 있습니다. "기록된 바 내가 믿는 고로 말하였다 한 것같이" 합니다. 어디에 기록이 되어 있고, 누가 어떤 경우에 이렇게 말씀했는가? 시편 116편에 기록된 말씀입니다. 그리고 이 시편기자는, "사망의 줄이 나를 두르고 음부의 고통이 내게 미치므로 내가 환난과 슬픔을 만났을 때에, 내가 믿는 고로 말하리라"(시 116:3, 10) 하고 외쳤던 것입니다. 평안할 때 "믿는 고로 말하리라" 하기는 쉽습니다. 그러나 "사망, 음부, 환난과 슬픔을 만났을 때에, 내가 믿는 고로 말하리라" 할 수 있는 것은 아무나 할 수 있는 것이 아닙니다. 시편기자는, "여호와께서 내게 주신 모든 은혜를 무엇으로 보답할꼬 내가 구원의 잔을 들고 여호와의 이름을 부르며"(시 116:12-13) 합니다. "은혜"를 입은 자만이 믿는 고로 말하리라 말할 수가 있고, 주님께서 내 대신 진노의 잔을 받으심으로 내가 "구원의 잔을 들게" 되었음을 고백하는 자만이, "내가 믿는 고로 말하리라" 할 수 있는 것입니다.

② 바울은 "우리가 같은 믿음의 마음을 가졌으니 우리도 믿는 고로 또한 말하노라"(13하) 합니다. "같은 믿음"이 무엇인가? 여기서 유념해야할 점은 "믿음" 자체가 중요한 것이 아니라, 무엇을 믿는 믿음인가 하는 내용, 즉 "우리가 이 보배를 질그릇에 가졌다"(7)는 것이 중요하다는 점입니다. "네가 무얼 믿고 이렇게 큰 소리를 치느냐" 할 것입니다. "주 예수를 다시 살리신 이가 예수와 함께 우리도 다시 살리실"(14상) 것을 믿기 때문에 담대할 수가 있는 것입니다. 시편기자도, "성도의 죽는 것을 여호와께서 귀중히 보시는도다"(시 116:15) 하고 말씀합니다. 주님과 함께 죽고 함께 사는 것, 이것이 "같은 믿음의 마음"입니다.

③ "너희와 함께 그 앞에 서게 하실 줄을 아노니"(14하) 합니다. 믿음의 경주를 하는 사람들의 궁극적인 목적지가 어디인가? "그 앞에", 즉 하나님 앞에 "서는" 것입니다. "그리스도께서도 한번 죄를 위하여 죽으

사 의인으로써 불의한 자를 대신하신" 이유도 "이는 우리를 하나님 앞으로 인도하려 하심이라"(벧전 3:18) 합니다. 이점을 시편기자는, "주께 힘을 얻고 그 마음에 시온의 대로가 있는 자는 복이 있나이다, 저희는 힘을 얻고 더 얻어 나아가 시온에서 하나님 앞에 각기 나타나리이다"(시 84:5, 7) 합니다. 그 날에 "너희"를 그 앞에 세우기 위해서 "우리"는 죽어도 좋다고 말하고 있으며, 바울은 이를 위해서 거짓 교사들과 선한 싸움을 하고 있는 것입니다.

④ 바울의 기대하는 바가, "모든 것을 너희를 위하여 하는 것은 은혜가 많은 사람의 감사함으로 말미암아 더하여 넘쳐서 하나님께 영광을 돌리게 하려 함이라"(15) 한 말씀에 나타납니다. 지금 고린도교회는 "많은 사람의 감사함으로 말미암아 은혜가 더하여 넘쳐서, 하나님께 영광을 돌리고" 있는 것이 아닙니다. 그들은 분열하고 심령이 상해있으며, 그들을 바라보는 바울의 마음에는 "근심과 편치 못함과 애통"이 있습니다. 고린도교회가 이렇게 된 것은 마음에서 수건이 벗어지지 아니한 자들이 고린도에 들어왔기 때문에 일어난 일임을 유념하면서, 어떻게 하면 "은혜와 감사가 넘쳐서 하나님께 영광을 돌리는" 교회가 될 수가 있는가? 죽이는 의문의 직분이 아니라 "그리스도의 영광의 복음의 광채"를 비춰주는 영의 직분으로만이 가능함을 명심하십시다.

넷째 단원(16-18) **낙심치 아니하노니**

"그러므로 우리가 낙심하지 아니하노니 겉 사람은 후패하나 우리의 속은 날로 새롭도다"(16).

① 넷째 단원의 핵심은 "낙심하지 않는다"는 데 있습니다. 4장에는 "낙심하지 않는다"는 말씀이 세 번(1, 8, 16)이나 강조되어 있습니다. 이

는 역설적으로 낙심할 일이 많이 있음을 나타냅니다. 그럼에도 불구하고 "우리가 낙심하지 않는다"는 말씀입니다. 먼저 낙심하지 않는, 적극적으로 낙심해서는 아니 되는 "우리"는 누구들인가? "새 언약의 일군들"입니다. 이 "우리"는 "오늘까지 수건이 마음에 덮여있는" 어떤 사람들과의 차별화에서 하는 말씀입니다. 이점을 놓치게 되면 본문 바탕에 깔려있는 긴장감을 느낄 수가 없는 평범한 말씀이 되고 맙니다.

② 새 언약의 일군들은 어찌하여 낙심하지 않는가? 다시 말하면 낙심해서는 아니 되는가? 16절은 앞의 말씀을 받는 "그러므로" 라는 접속사로 시작이 됩니다. 첫째는, ㉠ "긍휼하심을 입어 이 직분을 받았기"(1) 때문이요, 둘째는, ㉡ "이 보배를 질그릇에 가졌기"(7-8) 때문이요, 결정적으로는, ㉢ "예수를 다시 살리신 이(하나님)가 예수와 함께 우리도 다시 살리실 것"(14)을 믿기 때문이라는 말씀입니다. 이를 역으로 생각해보면, 새 언약의 일군들이 낙심한다는 것은, 소명(召命)과 사명(使命)을 잃어버렸다는 증거요, 자신이 소유하고 있는 보배를 빼앗겼다는 증거요, 죽으면 망하는 것으로 여기는, 주의 죽으시고 다시 살아나셨다는 복음 자체를 부정하는 것이라는 논리가 되는 것입니다.

③ "낙망하지 말아야 함"은 구약의 직분 자들에게도 주어진 금기조항입니다. 기름(관유)부음을 받은 대제사장은 "그 머리를 풀지 말며 그 옷을 찢지 말라"(레 21:10) 명하십니다. 왜 그런가? 머리를 푼다는 것은 슬픔을 나타내고, 옷을 찢는 것은 절망을 나타내기 때문입니다. 하나님을 수종드는 제사장이 절망한다는 것은 자신이 섬기는 하나님을 부정하는 불신앙의 행위이기 때문입니다. 이에 대한 사례가 있는데, 아론의 두 아들(제사장)이 하나님께서 명하시지 아니한 다른 불로 분향하다가 즉사(卽死)하자 모세는 말합니다. "머리를 풀거나 옷을 찢지 말아서 너희 죽음을 면하고 여호와의 진노가 온 회중에게 미침을 면케 하라"(레 10:6). 목회자가 낙망하게 되면 자신뿐만이 아니라 그 영향이 성도들에

게 미친다는 사실입니다. 새 언약의 일군은 구약의 제사장들과 같아서 낙심할 권리도 없는 자입니다. 하나님을 섬기는 제사장이 울고 있다면 백성들은 누구를 의지하란 말인가?

④ 16-18절에는, "겉 사람과 속 사람(16), 잠시와 영원, 환난과 영광, 경한 것과 중한 것(17), 보이는 것과 보이지 아니하는 것"(18)이 대조되어 있습니다. 결론은, "우리의 돌아보는 것은 보이는 것이 아니요 보이지 않는 것이니 보이는 것은 잠간이요 보이지 않는 것은 영원함이니라"가 됩니다. 이렇게 대조해서 말씀하는 바울의 의중이 무엇인가? 새 언약의 일군들이 어떻게 다른가를 보여주려는 것입니다. 두 대조 중 어느 면을 보느냐에 따라서 낙심할 수도 있고 소망을 가질 수도 있기 때문입니다. 문제는 "우리도 믿는 고로 또한 말하노라"(13) 한 믿음입니다. 우리를 낙심하지 않게 해주는 능력은 "우리에게 있지 아니하고"(7) 우리가 소유한 보배, 즉 복음입니다. 복음만이 "항상 우리를 그리스도 안에서 이기게"(2:14) 해줄 수 있는 능력이 있습니다.

⑤ 이제 묵상해보십시다.

㉠ 복음의 빛을 비춰지 못하게 하는 배후에는 어떤 세력이 있는지.

㉡ 이 보배를 질그릇에 가졌다는 고백에 대해서.

㉢ 낙심해서는 아니 되는 이유들에 대해서.

㉣ "우리도 믿는 고로 또한 말하노라"에 대해서.

고린도후서 5장 개관도표

주제 : 대신하여 죽으심을 대신하여 전함

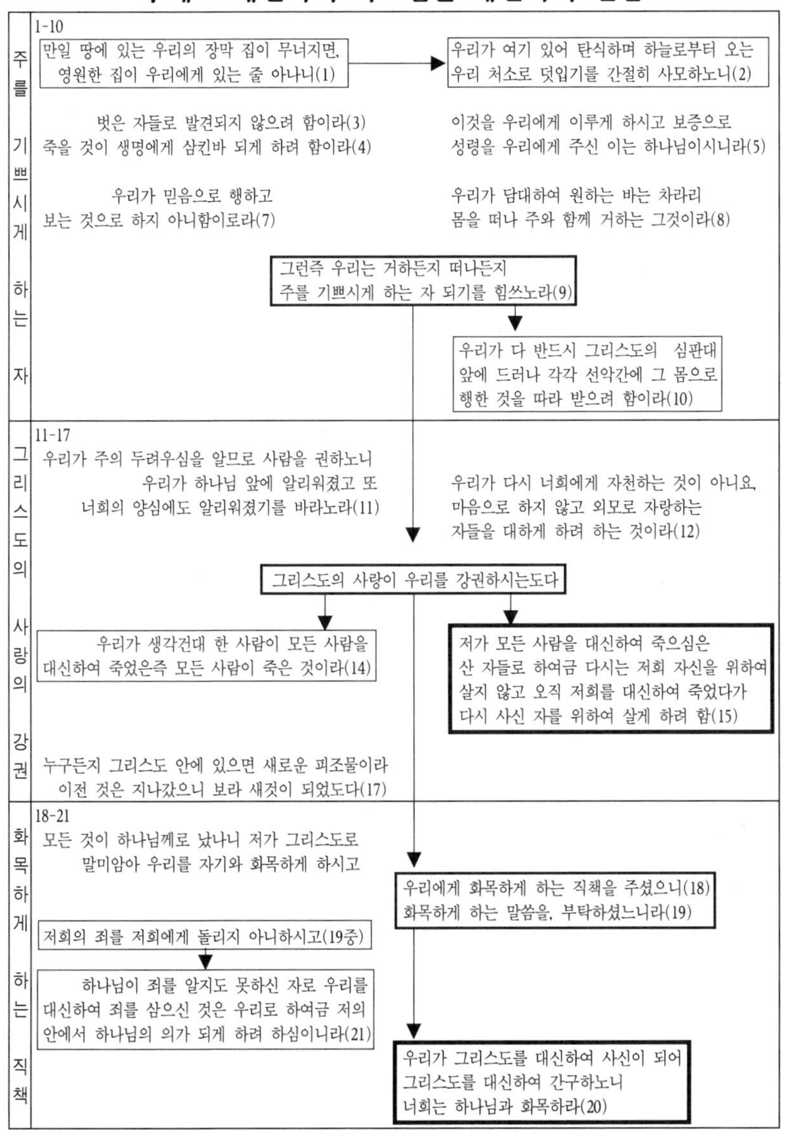

5장 대신하여 죽으심을 대신하여 전함

[20]이러므로 우리가 그리스도를 대신하여 사신이 되어 하나님이 우리로 너희를 권면하시는 것같이 그리스도를 대신하여 간구하노니 너희는 하나님과 화목하라.

5장의 중심점은 "우리를 대신하여 죽으신 구속의 은총을, 그리스도를 대신하여 전한다"는 데 있습니다. 키워드는 "대신"이라는 말인데 6번이나 나옵니다. 그 중에서 4번은 주님이 우리를 대신하여 죽으셨다는 데 사용되었고, 2번은 새 언약의 일군이 된 우리들이 그리스도를 대신하여 증인이 되어야 한다는데 사용되고 있습니다. 핵심은 "너희는 하나님과 화목 하라"(20하)는 말씀입니다. "화목 하라"는 말씀 속에는, "하나님과의 화목, 성도 상호간의 화목, 바울과의 화목"이 포함되어 있는 것입니다. 문맥을 살펴보면, 3장에서 "새 언약의 일군 됨의 영광"을 말씀하고, 4장에서, "새 언약의 일군들이 받을 고난"을 말씀했습니다. 이제 5장에 이르러 "새 언약의 일군들이 증거 해야할, 새 언약의 내용"이 무엇인가를 말씀하는 문맥입니다. 이는 그가 "새 언약의 일군, 영의 직분, 의의 직분"을 수행하고 있는가, 아니면 "의문의 직분, 정죄의 직분, 죽이는 직분"자 노릇을 하고 있는가 여부를 판가름하는 대단히 중요한 내용입니다. 이를 세 단원으로 나누어 상고하겠습니다.

첫째 단원(1-10) **주를 기쁘시게 하는 자**
둘째 단원(11-17) **그리스도의 사랑의 강권**
셋째 단원(18-21) **화목하게 하는 말씀을 부탁하심**

첫째 단원(1-10) 주를 기쁘시게 하는 자

"그런즉 우리는 거하든지 떠나든지 주를 기쁘시게 하는 자 되기를 힘쓰노라"(9).

① 첫째 단원의 중심점은 작은 결론과 같은 9절 속에 나타나 있습니다. "거하든지 떠나든지", 즉 살든지 죽든지, "주를 기쁘시게 하는 자 되기를 힘쓰노라" 합니다. "만일 땅에 있는 우리의 장막 집이 무너지면 하나님께서 지으신 집 곧 손으로 지은 것이 아니요 하늘에 있는 영원한 집이 우리에게 있는 줄 아나니"(1) 합니다. "땅에 있는 것과 하늘에 있는 것, 장막과 하나님이 지으신 집, 무너질 것과 영원한 것"이 대조되어 있습니다. 이처럼 말씀하는 첫째 단원은 4장의 연속으로 새 언약의 일군들이 당하는 고난과 이에 따른 심정을 말씀하는 내용입니다. 4장에서도 "겉 사람과 속 사람, 잠시와 영원, 환난과 영광, 경한 것과 중한 것"(4:16-18)을 대조해서 말씀했습니다.

② 다시 상기시킵니다만 바울은 계속 "우리"라고 말씀하고 있습니다. 이 "우리"가 고린도 성도들과 모든 그리스도인들을 포함하는 것이라고

볼 수도 있지만 바울의 의중은 고린도교회에 침투한 "의문의 직분 자들"과 구별된 "새 언약의 일군들"을 염두에 두고 하는 말씀입니다. 보십시오. 3:6절에서 "저가 또 우리로 새 언약의 일군 되기에 만족케 하셨으니" 한 말씀이, 4:1절에서 "우리가 이 직분을 받아" 하고 이어지고, 5:20절에서는 "이러므로 우리가 그리스도를 대신하여 사신이 되어" 하고 말씀하고, 6:3절에 이르러서는 "우리가 이 직책이 훼방을 받지 않게 하려고 무엇에든지 아무에게도 거리끼지 않게 하고" 하고 계속 이어지는 문맥입니다. 왜 이점을 강조하느냐 하면 오늘날의 직분 자들인 "우리"의 각성을 촉구하기 위해서입니다. 지금 남의 이야기를 하고 있는 것이 아닙니다. 그렇다고 모든 그리스도인들 이야기를 하는 그런 느슨한 말씀이 아니라 직분을 맡은 우리를 가리키면서 "네게 하는 말이다" 하시는 것으로 받아야 한다는 말씀입니다. 왜냐하면 천국 문을 닫고 여는 책임이 설교자에게 있기 때문입니다.

③ 그러므로 "만일 땅에 있는 우리의 장막이 무너지면" 하는 것은 늙어 병들어 죽는 그런 것을 상정한 말씀이 아닙니다. 새 언약의 일군들이 복음을 증거하다가 죽임을 당한다 해도, 하는 비장한 의미로 하는 말씀입니다. 초대교회에 세움을 받았던 새 언약의 일군들은 복음을 위하여 죽을 준비가 되어 있는 사람들이었습니다. "하나님께서 지으신 집 곧 손으로 지은 것이 아니요 하늘에 있는 영원한 집이 우리에게 있는 줄 아나니"(1하) 합니다.

④ "과연 우리가 여기 있어 탄식하며 하늘로부터 오는 우리 처소로 덧입기를 간절히 사모하노니"(2) 합니다. "탄식"이라는 말이 2절과 3절에 반복해서 나옵니다. "짐 진 것같이 탄식하는 것은" 합니다. 이는 바울이 육신적으로 얼마나 "힘에 지나도록 심한 고생"(1:8)을 당했는가를 나타내는 대목입니다. 이런 탄식이 어찌 바울만의 탄식이겠습니까? 새 언약의 일군으로 징집을 당한 자는 누구나 각오를 해야할 일입니다. 바

울은 자신이 붙잡고 달음질쳤던 복음의 바통을 디모데에게 넘기면서 "복음과 함께 고난을 받으라"(딤후 1:8) 합니다.

⑤ 2-4절에는 "벗고, 덧입고" 하는 표현이 나타납니다. 첫 절에서는 우리의 몸을 "장막"에 비유해서 "땅에 있는 장막이 무너지면, 하늘에 있는 영원한 집이 있다"고 말씀했는데, 2절 이하에서는 더욱 알아듣기 쉽도록 옷에다 비유하여, "벗고자 함이 아니요 오직 덧입고자 함이니"(4) 합니다. 이는 "우리가 다 잠잘 것이 아니요 마지막 나팔에 순식간에 홀연히 변화하리니"(고전 15:51) 한 영화에 대한 소망을 나타냅니다. 영화를 옷을 들어 설명한 것은, "저희 앞에서 변형되사 그 얼굴이 해같이 빛나며 옷이 빛과 같이 희어졌더라"(마 17:2) 한 변화산상의 주님을 연상하게 합니다. 모든 성도들이 그러할 것입니다만 바울의 소망도 벗지 않고, 즉 죽음을 보지 않고 덧입기를 바랐습니다. 이는 속히 주님이 오시기를 바란다는 뜻입니다. 이 영화의 날은, "죽을 것이 생명에게 삼킨 바 되는"(4하), 즉 사망을 영원히 멸하시는 날입니다.

⑥ "곧 이것을 우리에게 이루게 하시고 보증으로 성령을 우리에게 주신 이는 하나님이시니라"(5) 합니다. 1:22절에서도 "저가 또한 우리에게 인치시고 보증으로 성령을 우리 마음에 주셨느니라" 말씀했는데 이는 성령으로 "거듭남"을 가리킵니다. "중생과, 영화"는 불가분의 관계입니다. 이를 분명히 깨닫기 위해서는 로마서 8:11절로 가보아야만 합니다. "예수를 죽은 자 가운데서 살리신 이의 영이 너희 안에 거하시면 그리스도 예수를 죽은 자 가운데서 살리신 이가 너희 안에 거하시는 그의 영으로 말미암아 너희 죽을 몸도 살리시리라" 합니다. 여기 반복적으로 강조하고 있는 말씀이 있는데 그것은, "예수를 죽은 자 가운데서 살리신 이의 영"이라는 말씀입니다. 이는 하나님의 영, 곧 성령을 가리킵니다. 그렇다면 하나님의 영, 또는 성령이라 하지 않고 "예수를 죽은 자 가운데서 살리신 이의 영"이라고 풀어서 말씀하는 의도가 무엇인가?

"예수를 죽은 자 가운데서 살리신 이의 영"을 가진 자만이 그 날에 주님의 부활하신 몸과 같이 영화 될 것을 드러내기 위해서입니다. 모든 사람이 다 영화 될 수 있는 것은 아닙니다. 성령께서 인을 쳐서 보증해준 사람만이 참여하게 된다는 말씀입니다.

⑦ 그러므로 "누구든지 그리스도의 영이 없으면 그리스도의 사람이 아니라"(롬 8:9) 하는 것입니다. 그런 사람은 "교인"의 수에는 들 수 있어도 주님이 오시는 날 홀연히 변화할 때에 영화에 참여할 수는 없는 것입니다. 영화 될 수가 없다면 어떻게 되는가? "벗은 자들"(3), 즉 벌거벗은 것과 같아서 주님 앞에 설 수가 없다는 것입니다. 그 날에 일어날 이 두려움을 알았기에, "내 말과 내 전도함이 지혜의 권하는 말로 하지 아니하고 다만 성령의 나타남과 능력으로 하여 너희 믿음이 사람의 지혜에 있지 아니하고 다만 하나님의 능력에 있게 하려"(고전 2:4) 하였다고 말씀했던 것입니다. 본문 말씀대로 하면 성령의 인 치심을 받은 성도가 되게 하기 위해서라는 말씀입니다. 이를 아는 새 언약의 일군이라면 성령과 동역하기를 사모하지 않을 수가 없는 것입니다.

⑧ 묻고 싶은 말씀이 있을 것입니다. 그것은, "내가 거듭난 여부를 어떻게 알 수가 있는가" 하는 점입니다. "그 안에서 너희도 진리의 말씀 곧 구원의 복음을 듣고 그 안에서 믿어 약속의 성령으로 인치심을 받았으니"(엡 1:13) 하고 대답합니다. 형제는, ㉠ "진리의 말씀 곧 구원의 복음"을 들었습니까? 어찌하여 하나님의 아들이 육신을 입고 이 땅에 오셔서 십자가에 못 박혀 죽으셔야했는지 말해줄 수가 있습니까? 들어서 알고 있는 것을, ㉡ "마음으로 믿고" 있습니까? 그리하여, ㉢ 기쁨과 감사와 찬양이 있습니까? 그렇다면 형제는, "성령이 친히 우리 영으로 더불어 우리가 하나님의 자녀인 것을 증거하시나니"(롬 8:16) 한, "성령으로 인 치심을 받은" 것입니다. 확신하는데 거하시기를 바랍니다.

영화를 보증해주시는 성령

① "우리가 담대하여 원하는 바는 차라리 몸을 떠나 주와 함께 거하는 그것이라"(8) 합니다. 이는 "벗고자 함이 아니라 덧입고자 함"이라는 단계에서 전진(前進)을 한 것입니다. 차라리 속히 주님께 가기를 바란다는 뜻입니다. 왜냐하면 "몸에 거할 때는 주와 따로 거하는 줄 아노니"(6) 하고 다시 "집"의 비유를 들어 설명합니다. 우리는 땅에 있는 집에 살고 있고, 주님은 하나님 우편, 즉 하늘에 있는 집에 계십니다. 이것이 "주와 따로 거하는 줄 아노니"의 뜻입니다. 물론 주님은 그리스도인들 속에 내주(內住)하고 계십니다. 여기서 말씀하는 것은 초월(超越)하신 주님, 즉 주님을 친히 뵙기를 바란다는 말씀입니다. 바울이 이처럼 원하는 바는 속히 병들어 죽기를 바란다는 뜻은 아닐 것입니다. 하루속히 순교 당하기를 바란다는 의미가 아니겠는가?

② 바울은 옥중서신인 빌립보서에서, "내가 그 두 사이에 끼었으니" 합니다. 자기를 위해서는 속히 순교 당하여 주님께 가는 것이 "더욱 좋으나, 그러나 내가 육신에 거하는 것이 너희를 위하여 더 유익하리라"(빌 1:23-24)는 두 사이에 끼었다는 것입니다. 지금 바울 개인의 이야기를 하고 있는 것이 아닙니다. "새 언약의 일군들"은 이러한 믿음, 이러한 소망, 이러한 순교정신이 있는 사람들이라는 말씀을 하고 있는 것입니다. 다시 상기시킵니다만 이렇게 말씀하는 바울의 의중에는, 수건이 마음에서 벗어진 자와 아직 벗어지지 아니한 자가 어떻게 다른가 하는, 다시 말하면 바울에게 천거서가 없다고 비난하는 사람들을 염두에 두고 하는 말씀입니다. 보십시오. 3:1절에서 "자천하기를 시작하겠느냐, 천거서를 너희에게 부치겠느냐" 하고 시작된 논증을, 4:2절에서 "하나님 앞에서 각 사람의 양심에 스스로 천거하노라" 하고, 5:12절에서 "우리가 다시 자천하는 것이 아니요" 하고 여전히 붙잡고 있는 문맥입니다.

③ "그런즉 우리는 거하든지 떠나든지 주를 기쁘시게 하는 자 되기를 힘쓰노라"(9) 합니다. "근심"을 끼치지 않는 것만으로는 족하지 않습니다. 옥중서신에서, "주께 기쁘시게 할 것이 무엇인가 시험하여 보라"(엡 5:10) 합니다. "이제 내가 사람들에게 좋게 하랴 하나님께 좋게 하랴 사람들에게 기쁨을 구하랴 내가 지금까지 사람의 기쁨을 구하는 것이었으면 그리스도의 종이 아니니라"(갈 1:10) 합니다. 바울은, "거하게 하시든지 떠나게 하시든지 주를 기쁘시게 하는 자" 되기만을 바란다는 말씀입니다. 새 언약의 일군들은 이러한 사람들이라는 것입니다.

④ "이는 우리가 다 반드시 그리스도의 심판대 앞에 드러나 각각 선악간에 그 몸으로 행한 것을 따라 받으려 함이라"(10) 합니다. "심판대 앞에" 서게 될 것을 생각한다면, 그리고 진정 믿는다면, "거하든지 떠나든지 주를 기쁘시게 하는 자 되기를 힘쓰지"(9) 않을 수가 없다는 뜻입니다. 바울은 전서(前書)에서도, "그 날이 공력을 밝히리니 이는 불로 나타내고 그 불이 각 사람의 공력이 어떠한 것을 시험할 것임이니라"(고전 3:13) 말씀했습니다. "그 날에 많은 사람이 나더러 이르되 주여 주여 우리가 주의 이름으로 선지자 노릇하며 주의 이름으로 귀신을 쫓아내며 주의 이름으로 많은 권능을 행치 아니하였나이까 하리니 그 때에 내가 저희에게 밝히 말하되 내가 너희를 도무지 알지 못하니 불법을 행하는 자들아 내게서 떠나가라 하리라"(마 7:22-23), 이렇게 말씀하신 이 분이 다시 오십니다. "그리스도의 심판대 앞에 드러나" 평생에 행한 공력이 평가를 받게 될 것입니다.

둘째 단원(11-17) 그리스도의 사랑의 강권

"그리스도의 사랑이 우리를 강권하시는도다 우리가 생각건대 한 사람이 모든 사람을 대신하여 죽었은즉 모든 사람이 죽은 것이라"(14).

① 둘째 단원의 중심점은 새 언약의 일군들이 어떤 힘에 이끌려 이런 길을 가게 되는가를 말씀함에 있습니다. 그 대답은, "그리스도의 사랑이 우리를 강권하시는도다" 합니다. 그런데 바울은, ㉠ "우리가 주의 두려우심을 알므로 사람을 권하노니"(11상) 하고 "주의 두려우심"을 먼저 언급합니다. 이는 앞 절의 "그리스도의 심판대"와 결부가 되는 말씀입니다. 그렇다면 바울은 "주의 두려우심을 알므로", 누구에게 무엇을 권면하고 있는가? ㉡ "우리가 하나님 앞에 알리워졌고 또 너희의 양심에도 알리워졌기를 바라노라"(11하) 합니다. "알리워졌고" 라는 말은, 10절의 심판대 앞에 "드러나" 라는 말과 같은 단어입니다. 바울은 자신의 진심이 하나님 앞에는 물론, 고린도 성도들의 마음에도 분명하게 드러나 알려지기를 바란다는 것입니다. 그런데 이 말씀을 "주의 두려우심을 알므로"와 결부시켜 말씀하고 있다는 데서 그 진실성을 느끼게 합니다.

② 이런 뜻입니다. 바울이 기대하는 바는 "주 예수의 날에 너희가 우리의 자랑이 되는 것"(1:14)이라고 말씀했는데, 자신의 기대와는 정반대로 심판대 앞에 서서 벌을 받게 되지나 않을까 이를 두려워하고 있다는 것입니다. 무슨 벌인가? 주님께서 친히 불러 세우신 새 언약의 일군(바울)을 배척한다는 것은 그가 증거한 "그리스도의 영광의 복음"을 배척하는 것과 같기 때문입니다. 이렇게 말씀하는 바울은 자신이 주님으로부터 "사울아 사울아 어찌하여 〈나를〉 핍박하느냐" 하고 책망 받은 것을 상기했을 것입니다.

③ "우리가 다시 너희에게 자천하는 것이 아니요"(12상) 합니다. 바울을 괴롭히고 있는 이 "자천"(自薦)이라는 말이 어디서부터 이어져 내려오고 있는가? 3:1절에서 "우리가 다시 자천하기를 시작하겠느냐" 한 데서부터입니다. 본서를 상고할 때 이 갈등을 놓치지를 말아야만 합니다. 어떤 사람들이 고린도에 이르러 바울은 천거서가 없는 자칭 사도라

고 비난을 했고, 고린도 성도들도 이에 동조를 했던 것입니다. 누가 그랬는가? 오늘까지도 수건이 마음에서 벗어지지 아니한 자들입니다. 그러므로 이 문단의 바탕에는 수건이 마음에서 벗어지지 아니한 자와, 벗어진 새 언약의 일군들이 어떻게 다른가 하는 차별화가 계속적으로 깔려 있는 것입니다. 이를 놓치게 되면 본서의 생명력을 상실하게 됩니다.

④ "오직 우리를 인하여 자랑할 기회를 너희에게 주어"(12중) 합니다. 여기 ㉠ "자랑"이란 말이 등장하는데 본서에는 두 방면의 자랑이 부딪치고 있습니다. 새 언약의 일군들은 "육체의 지혜를 자랑하지 아니하고 하나님의 은혜를 자랑"(1:12)하고 있는 반면, 저들은 "육체의 지혜와 외모로 자랑"(12) 하고 있었던 것입니다. 그래서 바울은 고린도 성도들에게 "너희도 자랑하라" 하고 말하고 있는 셈입니다. 이것이 "자랑할 기회를 너희에게 주어"란 뜻입니다. 무엇을 자랑하란 말인가? 고린도 성도들은 지금 바울을 부끄러워하고 있는 것입니다. 그들을 향해 "지금까지 말한 것이 내가 "자천"하는 변명인 줄 아느냐? 아니다. 그리스도의 영광의 복음과, 이 복음을 전해주는 새 언약의 일군을 너희가 가졌다는 것이 얼마나 큰 "자랑"인지 이를 당당히 자랑하게 하기 위해서다". 누구에게 말입니까? "마음으로 하지 않고 외모로 자랑하는 자들을 대해서"(12하), "대하게 하려 함"이라는 뜻은 당당하게 맞서라는 말씀입니다.

외모로 자랑하는 자들

① "우리가 만일 미쳤어도 하나님을 위한 것이요 만일 정신이 온전하여도 너희를 위한 것이니"(13) 합니다. 여기 "미쳤다" 하는 말이 나오는데 혹시 저들은 바울이, "내가 사도다" 하고 주장하는 것을 미쳤다 한 것은 아닐까요? 아니면 다른 사람들이 자신을 바라볼 때 미쳤다 할 것

이라는 생각이 들었는지도 모릅니다. 우리도 "예수에 미친 사람"이라는 말을 듣기도 합니다. 그러나 바울은 담대히 말합니다. "만일 미쳤어도 하나님을 위한 것이요, 만일 정신이 온전하여도 너희를 위한 것이니" 합니다. 바울의 표현을 바꾸어서 "내가 미쳤어도 너희를 위한 것이라" 한다면 어떻게 되겠는가? 그것은 안 될 말입니다. 우리는 복음을 위해서 미쳐야 하고, 성도들을 위해서는 정신이 온전해야 하는 것입니다. 바울은 베스도 총독으로부터 "바울아 네가 미쳤도다" 하는 말을 들은 사람입니다. 그 때 바울은 "미친 것이 아니요 참되고 정신차린 말을 하나이다"(행 26:24-25) 하고 대답했습니다. 성도들을 향해서는 참되고 정신이 온전한 진리를 증거해야 하는 것입니다.

② "그리스도의 사랑이 우리를 강권하시는도다"(14상) 합니다. 앞에서, "우리가 만일 미쳤어도 하나님을 위한 것이요 만일 정신이 온전하여도 너희를 위한 것이니"(13) 하고 말씀했는데 왜 이렇게 살아야만 하는가? 그 대답은 "그리스도의 사랑이 우리를 강권"하시기 때문이라는 것입니다. "강권"이란 말은 "잡아당긴다"는 뜻입니다. 육신의 소욕대로 살고 싶어도 그리스도의 사랑이 잡아당겨서 자기 마음대로 할 수가 없다는 것입니다. 그러면 그리스도의 어떤 사랑이 강권하신 단 말인가?

③ "우리가 생각건대 한 사람이 모든 사람을 대신하여 죽었은즉 모든 사람이 죽은 것이라"(14하) 하고 설명을 해줍니다. 바울을 잡아당긴 그리스도의 사랑은 그리스도께서 나를 위하여 대신 죽으셨다는, "죽으심"을 통하여 나타난 "사랑"이라고 말씀합니다. 이 말씀은 오늘의 설교를 근본적으로 재검토하게 만듭니다. 현대교회 목회자들은 이 말씀을 깊이 생각해야 할 것입니다. 왜냐하면 오늘날은 성도들을 "강권"(이끄는)케 하는 동기의 원천을 "그리스도의 사랑", 즉 복음에 두고 있는 것이 아니라 "교훈이나 축복"으로 이끌려는 경향이 있기 때문입니다. 열심히 헌신 봉사하는 성도에게, 이처럼 하지 않을 수 없는 것이 "그리스도의 사

랑의 강권"으로 말미암은 것인지 묻고 싶은 것입니다. 이 사랑의 강권을 로마서에서는 "내가 빚진 자라"(롬 1:14) 말씀했고, 고린도전서에서는, "내가 복음을 전할지라도 자랑할 것이 없음은 내가 부득불 할 일임이라"(고전 9:16) 하고 말씀합니다. 새 언약의 일군들은 그리스도의 사랑의 줄에 매인바 된 자들이며, 이 사랑을 전해주어서 "사랑의 종노릇" 하는 제자들을 확장해 나가라는 사명을 맡은 자입니다.

④ 다시 주의를 환기시킵니다. 병을 고쳐주신 사랑이 아닙니다. 오병이어의 사랑이 아닙니다. 나사로를 살려주신 사랑이 아닙니다. 대신 죽어주신 사랑입니다. 이 사랑에 대한 설명이 로마서 5장에 기록되어 있습니다. 6절, 8절, 10절을 주목해보십시오. "죽으셨다"고 반복해서 말씀합니다. 누가 죽으셨다는 것인가? "그리스도께서(6), 그리스도께서(8), 그 아들의 죽으심으로"(10)라고 말씀합니다. 그렇다면 하나님의 아들 그리스도께서 누구를 위하여 죽으셨다는 말씀인가? "경건치 아니한 자를 위하여(6), 죄인을 위하여(8), 원수를 위하여"(10) 죽으셨다고 말씀합니다. 어찌하여 10절에서는 "그리스도"라는 호칭이 "그 아들의 죽으심"으로 바뀌었는지 아십니까? "원수 되었을 때에" 한 "원수"라는 말 때문입니다. 사람 중에서도 원수를 위하여 자기 아들을 대신 죽음에 내어줄 자가 없을 것입니다. 그런데 창조주 하나님께서 원수를 위하여 자기 아들을 화목제물로 내어주셨다는 것입니다. 바울을 강권하는 사랑은 이 사랑이었던 것입니다.

⑤ "우리가 아직 죄인 되었을 때에 그리스도께서 우리를 위하여 죽으심으로 하나님께서 우리에게 대한 자기의 사랑을 확증하셨느니라"(롬 5:8) 합니다. "확증"(確證)이란 확실하게 증명하여 보여주었다는 뜻입니다. 하나님께서 우리들을 얼마나, 어디까지, 어떻게 사랑하셨는지를 그리스도의 십자가 사건을 통해서 확증하여주셨다는 것입니다. 이 이상 보여줄 남겨놓으신 사랑이란 없습니다. 이를 믿지 못한다면 그에게는

심판이 있을 뿐입니다. 하나님은 우리를 말로만 사랑하신 것이 아닙니다. "하나님의 사랑이 우리에게 이렇게 나타난 바 되었으니 하나님이 자기의 독생자를 세상에 보내심은 저로 말미암아 우리를 살리려 하심이니라"(요일 4:9). 하나님은 이 사랑의 줄로 바울을 잡아당기셨던 것입니다.

마음에 부은바 된 하나님의 사랑

① 형제여, 이 말씀을 이해하셨습니까? 그리고 진정 믿으십니까? 그렇다면 로마서 5:5절을 보십시오. "우리에게 주신 성령으로 말미암아 하나님의 사랑이 우리 마음에 부은바 됨이니" 합니다. 무슨 뜻인가? 이 복음을 듣고 믿음으로 받아드린 사람에게는, 우리가 지금까지 상고한 하나님의 사랑을 성령께서 운반하여 그 마음에 "부어주셨다"는 것입니다. 바울을 잡아당긴 사랑은 허공을 떠도는 사랑이 아니라 성령님께서 바울의 마음속에 부어주신 사랑의 강권이었던 것입니다. 마틴은 이렇게 찬양합니다.

내게 성령임하고 그 크신 사랑
나의 맘에 가득 채우며
모든 공포 내게서 물리치시니
내 맘 항상 주 안에 있도다
나의 모든 것 변하고 그 피로 구속받았네
하나님은 나의 구원되시오니 내게 정죄함 없겠네

② 이는 바울 뿐만이 아니라 새 언약의 일군들이란 이 사랑이 동일하게 마음에 부어져서 "그리스도의 사랑의 강권"함을 받는 사람들이라는

말씀입니다. 그래서 "나"라고 하지 않고 "우리를 강권하시는도다" 하고 말씀하는 것입니다. 이 말씀은 즉각적으로 우리의 신앙을 검증하게 합니다. 과연 오늘날의 새 언약의 일군들 마음에도 그리스도의 사랑이 부은바가 된 것인가? 그것을 알 수 있는 방법은 간단합니다. "우리가 미쳤어도 하나님을 위한 것이요" 한 대로 복음에 미쳤는가? 강단에서 "그리스도의 영광의 복음"이 선포되고 있느냐 여부를 보면 됩니다. 다시 말하면, "내게는 우리 주 예수 그리스도의 십자가 외에 결코 자랑할 것이 없다"고 말하는가? 아니면 "외모로 자랑하는 자"(12)인가에 달려있다는 말씀입니다.

③ 그렇다면 주님의 죽으심이 우리에게 무엇을 가능케 하였는가? 그것은 지옥을 면하게 해주고, 사탄의 노예에서 해방만 시켜주신 것이 아닙니다. 하나님의 자녀로 호적(생명책)에 올려주셨습니다. 자녀만 된 것이 아니라 후사, 즉 내 것은 다 네 것이라고 말씀합니다. 이를 가리켜 "유업을 이을 자니라"(갈 4:7) 하십니다. 그리하여 우리 낮은 몸이 주님의 영광의 몸과 같이 영화 되어서 영원토록 영광(천국)에 참여케 해주셨습니다. 이를 묵상할 때 이 "사랑"이 강권하시는도다, 즉 잡아당긴다는 것입니다.

④ "저가 모든 사람을 대신하여 죽으심은 산 자들로 하여금 다시는 저희 자신을 위하여 살지 않고 오직 저희를 대신하여 죽었다가 다시 사신 자를 위하여 살게 하려 함이니라"(15) 합니다. 형제의 고백도 그러합니까? 이점을 로마서에서는 "우리 중에 누구든지 자기를 위하여 사는 자가 없고 자기를 위하여 죽는 자도 없도다 우리가 살아도 주를 위하여 살고 죽어도 주를 위하여 죽나니 그러므로 사나 죽으나 우리가 주의 것이로라"(롬 14:7-8) 합니다. "우리 중에는 …없다"는 말씀을 주목하시기를 바랍니다. 자기를 위해서 살고 자기를 위해서 죽는 사람이 우리 중에는 없다는 것입니다. 만일 있다면 그는 그리스도인이 아니거나, 아주

어린아이라는 것이 됩니다.

우리 중에 이런 사람은 없다

① "그러므로 우리가 이제부터는 아무 사람도 육체대로 알지 아니하노니"(16상) 합니다. 이를 현대인의 성경은 "세상 적인 관점"이라고 번역하고 있는데, 고린도 성도들은 가슴이 뜨끔했을 것입니다. 왜냐하면 그들은 "바울, 아볼로, 게바" 등을 세상 적인 관점으로 판단하고 평가하여 분열했기(고전 1:12) 때문입니다. "그리스도도 육체대로 알았으나 이제부터는 이같이 알지 아니하노라"(16하) 합니다. 모든 것은 그리스도를 아는 정도의 차이라고 말할 수가 있습니다. "너희는 나를 누구라 하느냐" 하시는 주님의 누구 되심과, 십자가상에서 "다 이루었다" 하신 죽으심으로 이루어주신 복음, 즉 "지식에 넘치는 그리스도의 사랑을 알아 그 넓이와 길이와 높이와 깊이가 어떠함을 깨달아 하나님의 모든 충만하신 것으로 충만케 하심을 받은"(엡 3:3:18-19) 정도의 차이라 할 수가 있습니다. "우리가 그리스도도 육체대로 알았으나" 하는 바울의 의중에는 이제까지 수건이 마음을 덮고 있어서 그리스도를 육체대로 알고 있는 의문의 직분 자들을 생각했을 것입니다. 그렇습니다. 현대교회 신학자, 목회자 중에도 그리스도를 "육체대로" 알고 이러쿵저러쿵 하는 자들은 있는 것입니다.

② 16절 속에는 "이제부터"라는 말이 두 번 나옵니다. "이제"가 언제부터인가? 그리스도의 사랑이 나의 마음에 부은바 된 날, 곧 거듭난 날부터입니다. "너희는 너희 것이 아니라 값으로 산 것"(고전 6:19-20)이 되었음을 고백한 날부터입니다. "이제부터"는 세계관, 인생관, 가치관, 결혼관 등 모든 것이 변한 사람이 그리스도인들이라는 뜻입니다. "그런즉 너희가 먹든지 마시든지 무엇을 하든지 다 하나님의 영광을 위하

여"(고전 10:31) 하는 사람들이라는 말씀입니다.

③ "그런즉 누구든지 그리스도 안에 있으면 새로운 피조물이라 이전 것은 지나갔으니 보라 새 것이 되었도다"(17) 하고 선언합니다. "새로운 피조물"이라 말씀합니다. 그리스도인들은 재창조함을 받은 새로운 피조물입니다. 언제부터 재창조의 역사가 시작이 되었는가? 계획은 이전부터이나 재창조의 문이 열린 것은 주님께서 죽으시고 다시 사셔서 "첫 열매"가 되신 때부터 시작이 되었다고 보아야만 합니다. 그리고 형제가 새로운 피조물이 된 것은 "허물과 죄로 죽었던" 영혼이 거듭났을 때 시작된 일입니다. 이는 복음으로만이 가능하여 짐을 명심하시기 바랍니다. 하나님은 첫 창조를 말씀으로 하셨습니다. 재창조는 "이는 하나님께서 그리스도 안에 계시사"(19상), 즉 말씀이 육신이 되어 죽으시고 다시 사신, "생명의 말씀"(빌 2:16)으로 하시는 것입니다.

④ 우리가 지금 중생을 통하여 새로운 피조물이 되었으나 완성이 된 것은 아닙니다. 주님께서 다시 오시는 날 우리 몸이 영화 될 때에야 완성이 될 것입니다. 이점을 "우리 몸의 구속을 기다리느니라(롬 8:23), 너희 속에 착한 일을 시작하신 이가 그리스도 예수의 날까지 이루실 줄을 우리가 확신하노라"(빌 1:6) 하고 말씀합니다. 이점에서 생각하게 되는 것은 첫 창조 때는 사람을 맨 마지막에 지으셨으나, 재창조를 이루시는 과정에서는 타락한 인간을 제일 먼저 "새로운 피조물"로 만드셨다는 사실입니다. 지금 다른 피조물들은 새 하늘과 새 땅이 임하기를 "탄식하며 고대"(롬 8:22)하고 있습니다. 이것이 무심한 일이 아닌 것은 이 새 언약의 일군들을 통하여 하나님의 나라를 확장시켜 나가시려는 계획이 있으시기 때문일 것입니다. 이를 인식한다면 "새 언약의 일군, 영의 직분, 살리는 직분"이 얼마나 영광스러운 직분이며, 그 입에 두신 그리스도의 영광의 복음이 얼마나 위대하고 능력이 있는가에 대해서 각성해야 마땅합니다.

⑤ 우리가 살펴본 바대로 고린도후서에서는 이 문단(2:14-7:4)이 심장과 같은 중심부입니다. 이 말씀은 "살았고 운동력이 있어 좌우에 날 선 어떤 검보다도 예리하여 혼과 영과 및 관절과 골수를 찔러 쪼개기까지 하며 마음의 생각과 뜻을 감찰"(히 4:12) 하여 우리를 벌거벗은 자처럼 드러내고 있습니다. 과연 너는 복음의 영광스러움을 알고 있느냐? 머리로만 알뿐 마음에는 여전히 수건이 덮여있는 것은 아니냐? 과연 너는 새 언약의 일군 되기에 만족케 하심을 입었느냐? 너는 진정 마음에 부은 바 된 그리스도의 사랑의 강권함을 받고 있느냐? 우리를 예리하게 검증을 합니다.

셋째 단원(18-21) 화목케 하는 말씀을 부탁하심

"이러므로 우리가 그리스도를 대신하여 사신이 되어 하나님이 우리로 너희를 권면하시는 것같이 그리스도를 대신 하여 간구 하노니 너희는 하나님과 화목하라"(20).

① 셋째 단원의 중심점은, "너희는 하나님과 화목하라"(20)는 말씀에 있습니다. 이는 새 언약의 일군들의 사명이 "화목하게 하는 직분이요, 화목하게 하는 말씀을 부탁"받은 자라는 것입니다. 스펄존 목사님은 어디를 가든지 하나님과 화목하라는 이 말씀을 전했다고 합니다. 죄로 말미암아 하나님과 단절 된 상태에 놓여있는 죄인들에게 "너희는 하나님과 화목하라"는 이 말씀보다 긴급하고 절실한 말씀이 달리는 없다 하겠습니다.

② 본문에는 하나님과 불화하게 된 원인과, 어떻게 해서 화목하게 되는 것이 가능하여졌는가 하는 복음의 내용이 요약되어 있습니다. 바울은 고린도 성도들에게 이 화목의 메시지를 이미 전해주었을 것이요, 그

들은 기쁨과 감사와 감격으로 받아 하나님과 화목을 했을 것입니다. 그런데 어찌하여 새삼스럽게 "너희는 하나님과 화목하라" 하는가? 바울은 2:14절에서 문맥을 중단한 이후 이 지점에 이르도록 새 언약의 직분 자들과, 의문의 직분 자들, 즉 자신과 고린도 교회에 침입한 어떤 자들과의 차별화를 말씀했을 뿐, 고린도 성도들에게는 권면이나 책망 한마디도 하지를 않았습니다. 이제는 분별하게 되었으리라 믿어졌기 때문일까요? 드디어, "너희는 하나님과 화목하라" 하고 핵심적인 권면을 합니다.

③ 신앙이란 하나님과의 관계와 이웃과의 관계, 이 두 관계성이 마치 날줄과 씨줄과 같이 되어서 짜여가게 됩니다. 그러므로 한 관계가 고장이 나면 다른 관계도 원만치가 못하게 됩니다. 고린도 성도들이 교회의 내분과, 바울과의 관계가 불화하게 되었다는 것은 하나님과의 관계가 잘못되어 있다는 증거입니다. 그리고 언제나 중요하고 우선적인 것은 하나님과의 관계입니다. 그래서 "너희는 하나님과 화목하라", 즉 하나님과의 관계를 점검해보라고 일깨우는 것입니다. 바울은 근본적인 원인을 복음을 상실했기 때문으로 보고 있는 것입니다.

④ 첫 말씀이, "모든 것이 하나님께로 났나니"(18상) 하고 하나님의 선수적인 사랑과 은혜를 말씀합니다. 하나님께서 화목하자고, 그리고 바울이 화해하지고 먼저 손을 내밀고 있다는 말씀입니다. 그러면 하나님과 백성간에 불화하게 된 원인이 무엇인가? 19절과 21절에 나오는 "죄" 때문입니다. "한 사람으로 말미암아 죄가 세상에 들어오고"(롬 5:12), 즉 인류의 시조가 죄를 범했기 때문입니다. 성경은 말씀합니다. "오직 너희 죄악이 너희와 너희 하나님 사이를 내었고"(사 59:2).

모든 것이 하나님께로 났나니

① 형제는 아담 하와가 죄를 범하자 그들을 에덴에서 추방한 것을 가

혹한 처사라고 생각하거나, 이에 불확실한 상태에 있는 것은 아닙니까? 그렇다면 다음 장(6:14-18)을 보시기 바랍니다. "의와 불법이 어찌 함께 하며 빛과 어두움이 어찌 사귀며"(6:14) 합니다. 빛과 어두움은 속성상 공존(共存)할 수가 없는 것입니다. 하나님은 빛이신 데 아담 하와는 어두움이 되고, 하나님은 의로우신 데 아담 하와는 불법이 되고 만 것입니다. 어둠에게 관용을 베풀어 빛 앞에 갖다 놓는다해도 어둠은 빛 앞에 설 수가 없는 것입니다.

② 그러므로 하나님과 화목하기 위해서는 "죄"가 해결이 되어야만 합니다. 그런데 이것이 단순한 "용서"로 가능해지는 것이 아닙니다. 왜냐하면 하나님은 "네가 먹는 날에는 정녕 죽으리라"(창 2:17), 즉 "죄의 삯은 사망이라"(롬 6:23) 하고 선언하셨기 때문입니다. 하나님은 이 법을 철회하실 수가 없으신 것입니다. 이 엄위에 대한 예가 에스더서에 나옵니다. 바사 국 아하수에로 왕은 이렇게 말합니다. "왕의 이름을 쓰고 왕의 반지로 인친 조서는 누구든지 취소할 수 없음이니라"(에 8:8). 왜 그러해야 하는가? 나라와, 왕과, 법의 권위를 세우기 위해서입니다. 하물며 만군의 여호와의 권위가 바사 왕의 권위만도 못할 수가 있단 말인가? 만에 하나라도 하나님이 이를 철회하셨다면 우리는 다른 언약의 말씀도 믿을 수가 없게 될 것입니다. 왜냐하면 언제 변경하실 지 불확실하기 때문입니다. 성경은 말씀합니다. 천지는 없어지겠으나 내 말은 없어지지 아니하리라"(마 24:35).

③ 그러면 하나님은 우리의 죄를 어떻게 처리하셨는가? "저희의 죄를 저희에게 돌리지 아니하시고"(19중) 합니다. 죄에는 책임이 따르는 법입니다. 그래서 "죄책감(罪責感)이 있습니다. 그리고 세상 법은 "네 죄는 네가 책임을 지라" 말합니다. 만일 하나님께서 우리들에게, "네 죄는 네가 책임을 지라" 하셨다면 구원에 이를 수 있는 자는 한 사람도 없을 것입니다. 그러면 우리에게 돌리지 않으시고 누구에게 돌리셨단 말인

가?

④ "하나님이 죄를 알지도 못하신 자로 우리를 대신하여 죄를 삼으신 것은"(21상) 합니다. "죄를 알지도 못하신 자란" 하나님의 아들 예수 그리스도를 가리킵니다. 그에게 "우리를 대신하여 죄를 삼으셨다"는 말씀 속에는, "말씀이 육신이 되어 우리 가운데 거하시매"(요 1:14) 한 "성육신"과, "인자가 온 것은, 자기 목숨을 많은 사람의 대속물로 주려함이니라"(마 20:28) 하신 "죽으심"이 함축이 되어 있는 것입니다. 이점을 이미 14절에서, "한 사람이 모든 사람을 대신하여 죽었은즉" 하고 말씀한 바입니다. 다시 강조합니다. 우리를 구원하신 것은 오병이어 석상에서 이루어진 것이 아닙니다. 나사로의 무덤에서도 아닙니다. 산상수훈이나 변화산상에서 되어진 일이 아닙니다. "우리를 대신 하여 죄를 삼으신", 오직 갈보리 십자가에서 대신 "죽으신" 것만이 구원을 가능케 한 것입니다.

우리를 대신하여 죄를 삼으심

① 그런데 많은 그리스도인들은 "우리를 대신하여 죄를 삼으신", 여기서 멈추는 경향이 있습니다. 복음은 우리 죄를 해결하여주셨다는 데서 한 걸음 더 나아갑니다. "우리로 하여금 저의 안에서 하나님의 의가 되게 하려 하심이니라"(21하) 합니다. "의가 되게 하려 하심"이란 "의롭다 여겨주심", 곧 칭의(稱義)를 가리킵니다. 불의(不義)한 자가 되어 의로우신 하나님 앞에서 추방당한 아담의 후예들에게 "의롭다함"을 얻을 수 있게 되었다는 이보다 더한 기쁜 소식이 달리 무엇이 있단 말인가? 의롭다함을 얻기만 하면 의로우신 하나님과 화목할 수가 있고 하나님 앞으로 돌아갈 수가 있기 때문입니다.

② 복음이 무엇인가? "하나님의 의가 나타났다"(롬 1:17, 3:21)는 소

식입니다. 로마서의 주제가 바로 이 칭의 교리입니다. 바울은 칭의교리를 "나의 복음"이라고까지 말하면서 생명을 걸고 이를 증거했습니다. 그런데 고린도교회에 침투한 의문의 직분 자들은 "칭의" 대신에 "할례와 율법준수"를 말했을 것입니다. 그리하여 충돌이 일어나게 된 것입니다. 오늘날도 "칭의교리"가 놓여있어야 할 자리에 "윤리"가 자리잡고 있습니다. 윤리는 칭의 안에 있습니다. 밖으로 나오게 되면 그것은 "의문"(儀文)노릇을 하여 정죄하게 됩니다. 그래서 "의의 직분은 영광이 더욱 넘치리라"(3:9) 말씀하는 것입니다.

③ 그렇다면 "하나님의 의"를 어떻게 받을 수가 있는가? ㉠ "곧 예수 그리스도를 믿음으로 말미암아 모든 믿는 자에게 미치는 하나님의 의니 차별이 없느니라"(롬 3:22) 합니다. 오직 "믿음"으로 받습니다. "차별"이 없습니다. 다만 믿느냐 믿지 않느냐의 차별이 있을 뿐입니다. 왜 "하나님의 의"가 필요하게 되었는가? ㉡ "모든 사람이 죄를 범하였으매 하나님의 영광에 이르지 못하더니"(롬 3:23), 하나님 앞에 나아갈 수가 없기 때문에, 즉 천국 갈 수가 없기 때문입니다. 그렇다면 "하나님의 의"를 의롭지도 못한 나에게 주신다는 것이 어떻게 가능하여졌는가? ㉢ "그리스도 예수 안에 있는 구속으로 말미암아"(롬 3:24), 즉 주님께서 우리대신 죄 값을 담당해주셨기 때문입니다. 이것이 "하나님이 죄를 알지도 못하신 자로 우리를 대신하여 죄를 삼으셨다"는 말씀 속에 함의되어 있는 뜻입니다.

④ 주님의 대신 죽으심을 통해서 우리가 크게 두 가지 은혜를 입게 되었는데 그것은, "칭의와, 중생"입니다. 앞에서 말씀드린 대로 중생하지 못하면 영화 될 수가 없고, 의롭다함을 얻지 못한다면 하나님께 나아갈 수가 없는 것입니다. 오직 주님이 입혀주신 이 의의 옷을 입고 은혜의 보좌 앞에 담대히 나아가는 것입니다. 이 "나아감"이, 이 땅에서는 예배와 기도를 통해서 이루어집니다. 그러므로 칭의교리에 굳게 서 있

지 못하면 정죄감에서 자유 할 수가 없고, 기도에 담대함도 가질 수가 없는 것입니다. 왜냐하면 이제도 우리는 실수하고 넘어지기 때문입니다. 마치 베드로가 주님을 바라볼 때는 성난 파도위로 걸어갈 수가 있었으나 자신을 바라보자 빠져 들어가고 만 것과 같습니다. 이를 알았기에 루터는 "그 교회가 서 있는 교회인가 넘어지는 교회인가를 알려면 칭의 교리에 서 있는 여부를 보면 알 수가 있다"고 말했던 것입니다.

하나님의 의가 나타났습니다

① 주님의 대속을 통해서 하나님도 의로우시고 "예수 믿는 자도 의롭다"(롬 3:26)함을 얻게 되었다면 하나님과 화목하는 일에 아무 장애가 없게 된 것입니다. ㉠ "이러므로 우리가 그리스도를 대신하여 사신이 되어 하나님이 우리로 너희를 권면하시는 것같이 그리스도를 대신하여 간구 하노니 너희는 하나님과 화목하라"(20) 합니다. 이렇게 권면하는, ㉡ "우리"가 누구라고 말씀하는가? 그리스도를 대신 한 "사신"(使臣), 즉 새 언약의 직분 자들입니다. 이는 고린도교회에 침투한 어떤 자들과의 차별화를 염두에 두고 하는 말씀입니다.

② 18절에서는, "우리에게 화목하게 하는 직책을 주셨다" 말씀하고, 19절에서는, "화목하게 하는 말씀을 부탁하셨느니라" 합니다. 교회 내에는 많은 직책이 있습니다. 그렇다해도 공통분모는 "화목하게 하는 직책" 뿐입니다. 여러 주제의 설교가 가능합니다. 그렇다해도 가장 중요하고 긴급하고 사활을 좌우하는 설교는 "화목하게 하는 말씀"입니다. 주님께 이 "직분"을 받고, 이 "말씀을 부탁 받은 사람들"이 "새 언약의 일군, 영의 직분, 살리는 직분"을 맡은 사람들입니다.

③ 14-21절 안에는 "대신하여" 라는 말이 6번 나옵니다. 그 중에서 4번은 그리스도께서 우리를 대신하여 죽어주심과 결부되어 있고 두 번

은, "이러므로 우리가 그리스도를 대신하여 사신이 되어, 그리스도를 대신하여 간구하노니"(20) 하고 새 언약의 직분 자들과 결부가 되어 있음을 명심해야만 합니다. 바울은 15절에서, "저가 모든 사람을 대신하여 죽으심은 산 자들로 하여금 다시는 저희 자신을 위하여 살지 않고 오직 저희를 대신하여 죽었다가 다시 사신 자를 위하여 살게 하려 함이니라" 하고 말씀합니다.

④ 그런데 우리가 "그리스도를 대신한다"는 점을 좀더 깊이 생각해야만 합니다. 왜냐하면 이는 우리 육의 사람이 대신한다는 뜻이 아니라, 죽으시고 다시 사신 주님께서 그리스도의 영으로 성도들에게 임하셔서 우리 몸을 도구로 삼아 복음 증거의 사역을 계속하고 계신다는 뜻이기 때문입니다. 이점을 바울은, "이를 위하여 나도 내 속에서 능력으로 역사하시는 이의 역사를 따라 힘을 다하여 수고하노라"(골 1:29) 하고 말씀합니다. 그러므로 기독교를 한마디로 요약한다면, "나는 주님 안에, 주님은 내 안에"(요 15:4, 5, 7, 6:56) 라고 말할 수가 있습니다. 우리 옛 사람이 주님 안에서 함께 죽고 함께 살리심을 받았고, 연후에는 주님이 내 안에 내주(內住)하셔서 나를 통하여 역사하시기 때문입니다.

나는 주님 안에, 주님은 내 안에

① 이점에서 잊어서는 아니 될 말씀이 있습니다. 그것은 "간구하노니" 하는 말씀입니다. 누가 누구에게 간구하고 있는가? 불화한 사이가 화목하기 위해서는 누가 먼저 간구해야만 되는가? 가해자(加害者) 편입니다. 형제가 교통사고를 저질렀다면 피해자를 찾아가서 선처를 사정한다해도 선 듯 화해하려 하지 않을 것입니다. 그런데 본문의 경우는 어떻게 되어있는가? 피해자 쪽에서 오만불손한 가해자를 찾아가서 "간구하노니 너희는 하나님과 화목하라" 하고 있는 것입니다. "모든 것이 하

나님께로 났나니"(18상) 했습니다. 이런 뜻입니다. 하나님은 자기 아들을 화목제물로 보내셔서 가해자가 저지른 죄 값을 대신 다 해결해 놓으시고는, "다 해결되었으니 염려하지 말고 돌아 오라" 하고, 사신들을 보내어 간구하고 있는 것입니다. 이것이 새 언약의 사신들이 증거해야 할 하나님의 선수적인 사랑입니다. 은혜입니다. 복음입니다. 그런데 형제는 무슨 말을 증거하는데 열을 올리고 있습니까?

② 이 말씀은 오늘의 설교를 검증하게 합니다. 형제가 "우리가 그리스도를 대신하여 간구하노니 너희는 하나님과 화목하라"는 설교를 하신 가장 최근의 일은 언제입니까? 형제가 섬기고 있는 성도들은 칭의교리에 굳게 서 있습니까? 그 동안에 행한 설교에 잘못된 말씀이 한마디도 없고, 유익한 설교를 했다해도 주님의 죽으심과 다시 사심을 통해서 이루어놓으시고, 우리에게 "화목케 하는 직책과, 화목하게 하는 말씀을 부탁"하신 이 복음을 등한이 여겼다면 수건이 마음에 덮여 있는 것은 아닌지 점검해보아야 할 것입니다. 한가지 부언할 점은 화목케 하는 직책과 말씀 부탁은 목회자에게만 주어진 사명은 아니라는 점입니다. "우리를 자기와 화목하게 하시고 또 우리에게 화목하게 하는 직책을 주셨으니"(18) 합니다. 즉 하나님과 화목한 그리스도인이라면 누구를 막론하고 이 직책과 말씀부탁을 받은 자입니다. 이 일에 목회자가 앞장서야 할 뿐입니다.

③ 이제 묵상해보십시다.

㉠ 자신이 그리스도의 사랑에 의하여 강권함을 받고 있는지.

㉡ 화목하게 하는 직분과 말씀에 충실하고 있는지.

㉢ 바울이 새삼스럽게 너희는 하나님과 화목하라 말씀하는 의도가 무엇인지.

㉣ 6번 등장하는 "대신"의 의미에 대해서.

고린도후서 6장 개관도표

주제 : 나는 아버지가 되고 너희는 자녀가 되리라

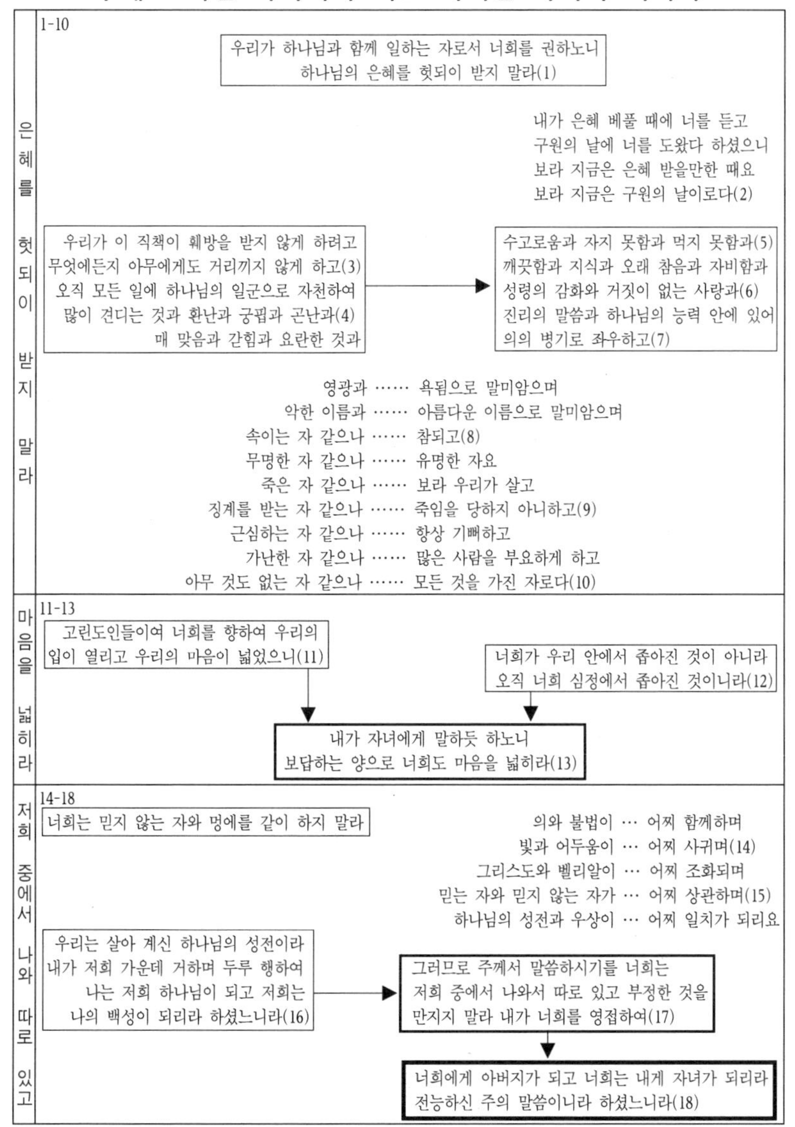

6장

나는 아버지가 되고 너희는 자녀가 되리라

[18]너희에게 아버지가 되고 너희는 내게 자녀가 되리라 전능하신 주의 말씀이라 하셨느니라.

6장에는, ㉠ "은혜를 헛되이 받지 말라(1), ㉡ 보답하는 양으로 너희도 마음을 넓히라(13), ㉢ 너희는 믿지 않는 자와 멍에를 같이 하지 말라(14), ㉣ 너희는 저희 중에서 나와서 따로 있고"(17) 하는 네 번의 권면이 나옵니다. 여기에 중심점이 있습니다. 바울은 문맥을 중단한 2:14절부터 이곳까지, 자신이 새 언약의 직분을 어떻게 수행해 왔는가를 묵묵히 말씀해왔습니다. 이는 고린도에 침투한 어떤 사람들과의 차별화를 보여주기 위해서입니다. 그런데 5:20절에 이르러 비로소, "그리스도를 대신하여 간구하노니 너희는 하나님과 화목하라" 하고, 최우선적으로 하나님과의 바른 관계를 회복할 것을 권면하고는, 6장에 이르러 여러 가지를 권면을 하는 문맥입니다. 바울은 이 권면을, "내가 자녀에게 말하듯 하노니"(13상) 하고 사랑하기 때문이라고 말씀합니다. 그런데 이 모든 말씀은, "내가 너희를 영접하여 너희에게 아버지가 되고 너희는 내 자녀가 되리라"로 귀결이 되고 있음을 놓치지 말아야 합니다. 왜냐하면 이것이 "하나님과 함께 일하는"(1) 궁극적인 목적, 즉 하나님의 나라건설이기 때문입니다. 이를 세 단원으로 나누어 상고하겠습니다.

첫째 단원(1-10) **은혜를 헛되이 받지 말라**
둘째 단원(11-13) **보답하는 양 마음을 넓히라**
셋째 단원(14-18) **저희 중에서 나와 따로 있고**

첫째 단원(1-10) **은혜를 헛되이 받지 말라**

"우리가 하나님과 함께 일하는 자로서 너희를 권하노니 하나님의 은혜를 헛되이 받지 말라"(1).

① 첫째 단원의 중심점은, "하나님의 은혜를 헛되이 받지 말라"는 말씀에 있습니다. 첫째로 "하나님과 화목하라" 한 바울은 둘째로, "하나님의 은혜를 헛되이 받지 말라" 하고 권면합니다. 어떻게 하는 것이 하나님의 은혜를 헛되이 받는 것인가? 즉각적으로 "헌신하라, 전도하라, 열심을 내라"는 독려가 떠오를 것입니다. 그것이 아닙니다. 그런 말은 고린도에 침투한 어떤 사람들이 한 말일 것입니다. 이렇게 생각하게 되는 것은 복음보다는 "교훈"을 귀에 못이 박이도록 들었기 때문입니다. 이어지는 말씀을 보십시오. "보라 지금은 전도할 때요, 보라 지금은 봉사할 날이라"(2하) 하고 말씀합니까?

② "은혜"가 무엇인가? 받을 자격이 없는 무가치한 자에게 하나님께서 그리스도를 통하여 값없이 거저 주시는 호의입니다. 그러므로 "하나님의 은혜를 헛되이 받지 말라"는 뜻은, 하나님의 은혜를 헛되게 만들

지 말라는 뜻입니다. 로마서에서는, "만일 은혜로 된 것이면 행위(行爲)로 말미암지 않음이니 그렇지 않으면 은혜가 은혜(恩惠)되지 못하느니라"(롬 11:6) 합니다. 갈라디아서에서는, "내가 하나님의 은혜를 폐하지 아니하노니 만일 의롭게 되는 것이 율법으로 말미암으면 그리스도께서 헛되이 죽으셨느니라"(갈 2:21) 말씀합니다. 한마디로 바울이 전하여준 복음 외에 "다른 복음"에 귀를 기울이지 말라는 경계입니다.

③ 바울은 5:18-21절에서 하나님과 화목하는 것이 어떻게 해서 가능하여졌는가를 말씀했습니다. "모든 것이 하나님께로 났나니(5:18), 하나님이 죄를 알지도 못하신 자로 우리를 대신하여 죄를 삼으신 것"(5:21)으로 말미암아 가능해졌다고 말씀했습니다. 이것이 "하나님의 은혜"입니다. 그런데 여기에다 의문의 직분 자들이 주장하는 "할례"를 첨부해야 한다면 어떻게 되는가? 그리스도께서 "헛되이 죽으신" 것이 되고(갈 2:21), 우리도 하나님의 "은혜를 헛되이" 여기는 것이 된다는 뜻입니다. 이런 우려는 이미 전서에 나타나 있습니다. "너희가 만일 나의 전한 그 말씀을 굳게 지키고 헛되이 믿지 아니하였으면 이로 말미암아 구원을 얻으리라"(고전 15:2) 말씀했습니다.

④ 이 권면은 "하나님과 함께 일하는 자"로써의 권면이라 말씀함으로 권위를 더합니다. 바울은 자신들을, "우리는 하나님의 동역자들(고전 3:9), 하나님의 비밀을 맡은 자(고전 4:1), 새 언약의 일군(고후 3:6), 그리스도의 사신"(5:20)이라 말씀합니다. 그렇다면 "하나님의 은혜를 헛되이 받지 말라"는 말씀은 더 이상 바울의 권면이 아니라 주님의 명령입니다. "가라사대 내가 은혜 베풀 때에 너를 듣고 구원의 날에 너를 도왔다 하셨으니"(2상), 이 말씀은 이사야 49:8절의 인용인데, "내가 또 너로 이방의 빛을 삼아 나의 구원을 베풀어서 땅 끝까지 이르게 하리라"(사 49:6) 하신 메시아예언의 문맥에서 주어진 말씀입니다. 바울은 이 말씀을 받아, "보라 지금은 은혜 받을만한 때요 보라 지금은 구원의

날이로다"(2) 합니다. 여기서 강조점은 "보라 지금은" 한 "지금", 즉 오늘에 있습니다. 은혜와 구원을 베푸시는 "오늘" 잘못 믿게 되면, "그 날"에 엄청난 결과를 초래하게 된다는 경종인 것입니다.

보라 지금은 은혜 받을 때요

① "우리가 이 직책을 받아 훼방을 받지 않게 하려고"(3상), 여기 바울의 논증을 이해하는데 중요한 요점이 있습니다. 바울이 여기까지, 그리고 다른 서신에서 자신의 사도권을 그토록 강력하게 변증하고 있는 것은 자신의 명예나 자존심을 위한 것이 아닙니다. 도리어 바울은, "내가 하나님의 교회를 핍박하였으므로 사도라 칭함을 받기에 감당치 못할 자로라"(고전 15:9), "내 육체에 가시 곧 사단의 사자"(12:7)를 주셨다 하고 자신의 약점을 숨김이 없이 드러냅니다. 바울이 옹호하고자 하는 것은 자신이 주께 받은 "직책"이 훼방을 받지 않으려 함에서입니다. "우리에게 화목하게 하는 직책을 주셨다, 우리가 그리스도를 대신하여 사신이 되어"(5:18, 20) 권한다고 말씀했습니다. 그런데 바울이 받은 직책이 가짜라고 훼방을 받게 되면 자신이 증거한 "그리스도의 영광의 복음"이 훼손될 것이 분명하기 때문입니다.

② 그래서 "무엇에든지 아무에게도 거리끼지 않게 하고"(3하) 합니다. 5:18-21절에서는 자신이 주님께 부탁 받은 "복음"의 내용을 말씀했습니다. 이제 6:3-10절에서는 이 직책이 훼방을 받지 않게 하려고 얼마나 조심했는가를 말씀하는 것입니다. 그가 전하는 "메시지"와, 그의 행동은 불가분의 관계이기 때문입니다.

㉠ "무엇이든지 아무에게도 거리끼지 않게 하고(3),

㉡ 오직 모든 일에 하나님의 일군으로 자천하여,

㉢ 많이 견디는 것과 환난과 궁핍과 고난과(4),

㉣ 매맞음과 갇힘과 요란한 것과 수고로움과 자지 못함과 먹지 못함과,

㉤ 깨끗함과 지식과 오래 참음과 자비함과 성령의 감화와 거짓이 없는 사랑과(6),

㉥ 진리의 말씀과 하나님의 능력 안에 있어 의의 병기로 좌우하고"(7),

이렇게 수행했노라고 말씀합니다. 다시 강조하지만 "직책이 훼방을 받지 않게 하려고", 달리 말하면 "그리스도의 복음에 아무 장애가 없게 하기 위해서"(고전 9:12) 얼마나 조심하고 있는가를 보게 됩니다.

③ 여기서 다시 눈에 띄는 것이 바울을 괴롭힌, "자천"(自薦)이라는 말(4)입니다. 천거서는 통상적으로 타천(他薦)입니다. 그런데 바울은 "하나님의 일군으로 자천"하기를 힘썼다고 말씀합니다. 4:2절에서도 "하나님 앞에서 각 사람의 양심에 대하여 스스로 천거하노라" 하고 자천하고 있습니다. 형제는 "자천(自薦)과, 타천"(他薦) 중 어느 편이 더 어렵다고 여겨지십니까? 이런 말이 있습니다. "사람은 속일 수가 있어도 하나님과 자신은 속일 수가 없다". 그렇습니다. 자신에게 정직하고, 진실코자 하는 자기와의 싸움이 더욱 힘겨운 것입니다. 바울은 이점을 "내가 내 몸을 쳐 복종하게 하기를 내가 남에게 전파한 후에 자기가 도리어 버림이 될까 두려워함이로라"(고전 9:27) 하고 말씀합니다.

④ 또 주목을 끄는 것은, "많이 견디는 것(4)과, 오래 참음"(6)이라는 "인내"에 대한 강조입니다. 12:12절에서도 사도의 표로 첫손에 꼽는 것이, "모든 참음"을 들고 있습니다. "하나님의 일군으로 자천"하기 위해서는 "인내" 없이는 불가능한 것입니다. 여기에 열거한 모든 덕목들은 모두가 인내의 열매라고 말해도 과언이 아닐 것입니다.

⑤ 8-10절에서는 새 언약의 일군들이 불가피 하게 당면하게 되는 양면성(兩面性)을 말씀합니다.

㉠ 영광과 … 욕됨으로 말미암으며,
㉡ 악한 이름과 … 아름다운 이름으로 말미암으며,
㉢ 속이는 자 같으나 … 참되고,
㉣ 무명한 자 같으나 … 유명한 자요,
㉤ 죽는 자 같으나 … 보라 우리가 살고,
㉥ 징계를 받는 자 같으나 … 죽임을 당하지 아니하고,
㉦ 근심하는 자 같으나 … 항상 기뻐하고,
㉧ 가난한 자 같으나 … 많은 사람을 부요하게 하고,
㉨ 아무 것도 없는 자 같으나 … 모든 것을 가진 자로다.

⑥ 이렇게 말씀하는 바울의 염두에는 자신에게 돌을 던지던 박해자, 자신을 모략하는 거짓 형제, 그리고 그 틈에 끼어있는 분별력이 없는 성도들을 생각했을 것입니다. ㉠ "무명한 자 같으나 유명한 자요, 죽는 자 같으나 우리가 살고" 등의 표현이 박해자들을 염두에 두고 한 말이라면, ㉡ "영광과 욕됨으로 말미암으며, 속이는 자 같으나 참되고" 등의 말씀은 자신을 거짓 사도라고 비방하는 어떤 사람들을 생각했을 것입니다. ㉢ "가난한 자 같으나 많은 사람을 부요하게 하고, 아무 것도 없는 자 같으나 모든 것을 가진 자로다" 한 묘사 등은 성도들을 생각하면서 한 말씀일 것입니다. 대부분의 그리스도인들은 실제로 가난합니다. 그러나 "은과 금은 내게 없으나 내게 있는 것으로 네게 주노니"(행 3:6) 하고, 많은 사람을 부요하게 해주는 사람들입니다. 그리스도인들은 아무 것도 없는 자 같으나 "모든 것을 가진 자"입니다. 하나님 우리 아버지께서 "만물이 다 너희 것임이라"(고전 3:21) 말씀하시기 때문입니다. 이러한 양면성이 있는 중에 우리가 어느 면을 바라보느냐에 따라 낙심하게도 되고 용기를 얻게도 되는 것입니다.

둘째 단원(11-13) 보답하는 양 마음을 넓히라

"고린도인들이여 너희를 향하여 우리의 입이 열리고 우리의 마음이 넓었으니"(11).

① 둘째 단원의 중심점은 본격적으로 "너희도 마음을 넓히라(13), 마음으로 우리를 영접하라"(7:2) 하고 바울과의 화해를 촉구함에 있습니다. 바울의 논리전개는 용의주도한 바가 있습니다. 바울은 편지를 쓰기 시작할 때부터 이 말을 하고 싶었을 것입니다. 그러나 마음에 담아둔 체 묵묵히, 굳게 닫혀있는 저들의 마음 문을 두드리는 말씀만을 전했습니다. 만일 서두에서 이렇게 말했다면 받아드리기는커녕 반발을 했을 것입니다.

② "고린도인들이여" 하고 부릅니다. 서신 중간에 이렇게 부르는 예는 극히 드문 일입니다. 갈라디아인들의 변절에 너무 기가 막혀서, "어리석도다 갈라디아 사람들아"(갈 3:1) 하고 부른 경우와, 이와는 대조적으로 빌립보교회 형제들의 변함 없는 애정에, "빌립보 사람들아"(빌 4:14) 하고 감격하여 부른 두 번의 예가 있을 뿐입니다. 이로 보건대 "고린도인들이여 너희를 향하여 우리의 입이 열리고 우리의 마음이 넓었으니"(11) 하는 바울의 마음이 그들을 향하여 얼마나 간절한가를 나타냅니다. 그렇다면 "우리의 입이 열리고"란 무슨 뜻일까? 바울은 무엇인가 숨기고 있는 것이 아니라 우리의 진정을 숨김없이 다 말해주었다는 의미일 것입니다.

③ "내가 자녀에게 말하듯 하노니"(13상) 합니다. 전서(前書)에서도, "내가 너희를 부끄럽게 하려고 이것을 쓰는 것이 아니라 오직 너희를 내 사랑하는 자녀같이 권하려 하는 것이라"(고전 4:14) 하고 말씀했습니다. 이렇게 말씀하는 바울의 심중에는 "그리스도 예수 안에서 복음으로써 내가 너희를 낳았음"을 생각했기 때문일 것입니다. "너희도 보답

하는 양으로 마음을 넓히라"(13하) 합니다. 이 말씀은 7:2절에서, "마음으로 우리를 영접하라" 한 말씀과 결부가 됩니다. "마음을 넓혀서, 영접하라"는 본의는 섬김을 받고자 해서하는 말이 아닙니다. 그 답을 주님의 말씀에서 구할 수가 있습니다.

④ "볼지어다 내가 문 밖에 서서 두드리노니 누구든지 내 음성을 듣고 문을 열면 내가 그에게로 들어가"(계 3:20), 아시겠습니까? 마음을 넓히면 주님 자신을 주시겠다는 것입니다. 바울 자신을 주겠다는 호소입니다. "보라 지금은 은혜 받을만한 때요" 한 은혜를, 마음을 넓게 열고 받으라는 말씀입니다.

셋째 단원(14-18) 저희 중에서 나와 따로 있고

"너희는 믿지 않는 자와 멍에를 같이 하지 말라 의와 불법이 어찌 함께 하며 빛과 어두움이 어찌 사귀며"(14).

① 바울은 "너희는 믿지 않는 자와 사귀지 말라" 말씀하는 것이 아닙니다. "만일 그리하려면 세상 밖으로 나가야 할 것이라"(고전 5:10) 한 것을 보면 그런 뜻이 아님이 분명합니다. 바울이 "멍에를 같이 하지 말라" 한 것은 신명기의 말씀을 염두에 두고 한 말씀입니다. 하나님께서는 "네 포도원에 두 종자를 섞어 뿌리지 말라, 너는 소와 나귀를 겨리하여 갈지 말며 양털과 베실로 섞어 짠 것을 입지 말지니라"(신 22:9-11) 하셨습니다. 이를 문자(의문)만 보아서는 아니 됩니다. 이는 선민(選民)으로써 성별(聖別)된 삶을 살아가라는 촉구입니다. 즉 이방인들과 "섞이지 말라, 참여하지 말라"는 말씀입니다. 사귀는 것과 "멍에를 같이 메는 것"과는 다른 것입니다. 배가 물 위에 떠 있지만 침수되어서는 아니 된다는 것과 같은 뜻입니다.

② 문제는 이렇게 말씀하고 있는 바울의 의도입니다. 고린도는 우상숭배가 성행하는 도시였습니다. 그런데 전서에서도 살펴본 바대로 고린도 교인 중에는 전에 하던 구습(舊習)을 끊어버리지 못한 사람이 있었던 모양입니다. 이점이, "그리스도와 벨리알이 어찌 조화되며, 하나님의 성전과 우상이 어찌 일치가 되리요"(15-16) 한 말씀에 나타납니다. 고린도에 침투한 의문에 속한 자들은 이것은 바울이 율법을 폐했기 때문이라고 공격했을 것입니다. 왜냐하면 바울은 가르치기를, "무릇 시장에서 파는 것은 양심을 위하여 묻지 말고 먹으라, 불신자 중 누가 너희를 청하매 너희가 가고자 하거든 너희 앞에 무엇이든지 차려 놓은 것은 양심을 위하여 묻지 말고 먹으라"(고전 10:25, 27) 하고 가르쳤던 것입니다. 이를 이방인 그리스도인들과 같이 먹는 것까지 불법으로 여기는 의문에 속한 자들의 눈에 곱게 보였을 리가 만무합니다.

③ 그러나 바울은 "대저 이방인의 제사하는 것은 귀신에게 하는 것이요 하나님께 제사하는 것이 아니니 나는 너희가 귀신과 교제하는 자 되기를 원치 아니하노라 너희가 주의 잔과 귀신의 잔을 겸하여 마시지 못하고 주의 상과 귀신의 상에 겸하여 참여치 못하리라"(고전 10:20-21) 하고 분명히 구분해서 가르쳤던 것입니다. "참여하지 말라", 이것이 "멍에를 같이 메지 말라"는 뜻입니다. 사회생활과 전도를 위해서도 불신자들과 어울리는 것은 불가피한 일입니다. 그러는 중에서도, "어찌 함께하며, 어찌 사귀며, 어찌 조화되며, 어찌 상관하며 어찌 일치가 되리요" 한 말씀을 생각하면서 분별력을 가지고 행동해야 할 것입니다.

멍에를 같이 메지 말라

① 어찌하여 하나님의 백성들은 이렇게 살아야만 하는가? "하나님께서 가라사대 내가 저희 가운데 거하며 두루 행하여 나는 저희 하나님이

되고 저희는 나의 백성이 되리라 하셨느니라"(16하) 말씀합니다. 이는 성경전체에 있어서 중심주제입니다. 우리가 하나님의 백성이 되고 하나님이 우리 하나님이신 때가 있었습니다. 그러나 그와 같은 친밀한 관계는 인류의 시조가 범죄함으로 파괴가 되고, 하나님의 백성들이었던 인간은 "죽기를 무서워하므로 일생에 매여 종노릇하는" 사탄의 노예가 되고 말았습니다. 하나님은 자기 백성을 잃어버리신 것입니다. 이를 회복하시려는 것이 구원계획입니다. 주님은 말씀하십니다. "인자의 온 것은 잃어버린 자를 찾아 구원하려 함이니라, 인자의 온 것은, 대속물로 주려 함이니라"(눅 19:10, 마 20:28).

② 이점을 바로의 노예로 있는 자들을 하나님의 백성으로 삼으신 출애굽 사건이 말씀해줍니다. "너희를 구속하여 너희로 내 백성을 삼고"(출 6:6-7) 하십니다. 성경은 이스라엘 백성들을 유월절 양의 피로 구속하여 구원해내신 목적을 분명히 말씀해주고 있습니다. "내가 이스라엘 중에 거하여 그들의 하나님이 되리니 그들은 내가 그들의 하나님 여호와로서 그들 중에 거하려고 그들을 애굽 땅에서 인도하여 낸 줄을 알리라 나는 그들의 하나님 여호와니라"(출 29:45-46). 레위기에서도, "나는 너희의 하나님이 되려고 너희를 애굽 땅에서 인도하여 낸 여호와라"(레11:45) 하십니다. 그런데 구약시대의 함께 거하심은 휘장이 가로막혀 있었던 것입니다. 왜냐하면 영적 출애굽에 대한 예표였기 때문입니다.

③ 성경의 중심주제가 되는 "나는 저희 하나님이 되고 저희는 나의 백성이 되리라" 하신 말씀이, "내가 이스라엘 집과 유다 집에 새 언약을 세우리라"(렘 31:31) 하신, "새 언약"과 결부하여 집중적(렘 30:22, 31:1, 33, 32:38)으로 말씀함을 주목해야만 합니다. 이는 "나의 하나님, 내 백성"이 새 언약을 통해서만이 가능하여짐을 나타냅니다. "곧 내가 나의 법을 그들의 속에 두며 그 마음에 기록하여(돌비가 아닌) 나는 그들

의 하나님이 되고 그들은 내 백성이 될 것이라"(렘 31:33)을 통해서 이루어지고, 성경의 마지막 책인 계시록에 이르러 "보라 하나님의 장막이 사람들과 함께 있으매 하나님이 저희와 함께 거하시리니 저희는 하나님의 백성이 되고 하나님은 친히 저희와 하께 계셔서 모든 눈물을 그 눈에서 씻기시매 다시 사망이 없고 애통하는 것이나 곡하는 것이나 아픈 것이 다시 있지 아니하리니 처음 것들이 다 지나갔음이러라"(계 21:3-4)에서 완성이 될 말씀입니다.

④ "그러므로 주께서 말씀하시기를 너희는 저희 중에서 나와서 따로 있고 부정한 것을 만지지 말라"(17) 하십니다. 이것이 성별(聖別)입니다. 성도의 성도다움은 "구별"됨에 있습니다. "또 내가 들으니 하늘로서 다른 음성이 나서 가로되 내 백성아, 거기서 나와 그의 죄에 참여하지말고 그의 받을 재앙을 받지 말라"(계 18:4, 렘 51:45) 하십니다. 이 말씀은 세속국가를 상징하는 바벨론의 멸망을 경고하는 중에 주어진 말씀입니다. "저희 중에서 나와서 따로 있지" 못한 예가 소돔 고모라가 심판을 당할 때의 롯의 처입니다. 그가 소금기둥이 되었다는 것은 일종의 비석(碑石)이 되었다는 뜻입니다. 성경은 이를 통해서 "저희 중에서 나와서 따로 있지" 아니하면 이와 같이 된다는 엄중한 경고를 하고 있는 셈입니다. 그런데 현대교회의 성별은 몇 점이나 될 것인가?

⑤ "내가 너희를 영접하여 너희에게 아버지가 되고 너희는 내게 자녀가 되리라"(18상) 합니다. 여기 표현이 "하나님과 백성"에서, "아버지와 자녀"로 바뀌고 있음을 주목해야 합니다. 바울은 바로 앞에서 한 말씀을 잊었단 말인가? "하나님과 백성"의 관계와, "아버지와 자녀"의 관계 중 어느 편이 더욱 친밀한 관계이며 다른 점이 무엇인가? 자녀는 "후사요, 유업을 이를 자"입니다. 그러므로 이렇게 말씀하는 바울의 심중에는 그리스도인이 된 "신분과 지위와 영광"을 생각하기를 원하는 것입니다. 구원계획은 아담 하와가 상실한 하나님의 나라를 회복하는 것이라 했습

니다. 그런데 그 회복이 단지 원상회복(原狀回復)이 아니라는 말씀입니다. 첫 창조와는 비교도 되지 않는, "우리가 다 수건을 벗은 얼굴로 거울을 보는 것같이 주의 영광을 보매 저와 같은 형상으로 화하여 영광으로 영광에 이르니 곧 주의 영으로 말미암음이니라"(3:18) 합니다. 이를 생각하면서 하나님의 자녀 된 신분이 "훼방을 받지 않게"(3) 모든 일에 자천하는 삶을 살아가라는 격려입니다.

⑥ 이제 묵상해보십시다.

㉠ 현대교회가 하나님의 은혜를 헛되이 만들고 있는 사례들이 무엇인지.

㉡ 하나님께 대하여 우리 안에서 좁아진 것이 무엇이 있는지.

㉢ 하나님과 백성, 아버지와 자녀의 관계의 다른 점이 무엇인지.

㉣ 많은 사람을 부요하게 하고, 모든 것을 가진 자라는 점에 대해서.

㉤ "어찌 함께 하며, 어찌 사귀며"(14)에 대해서.

고린도후서 7장 개관도표

주제 : 함께 죽고 함께 살고자 함이라

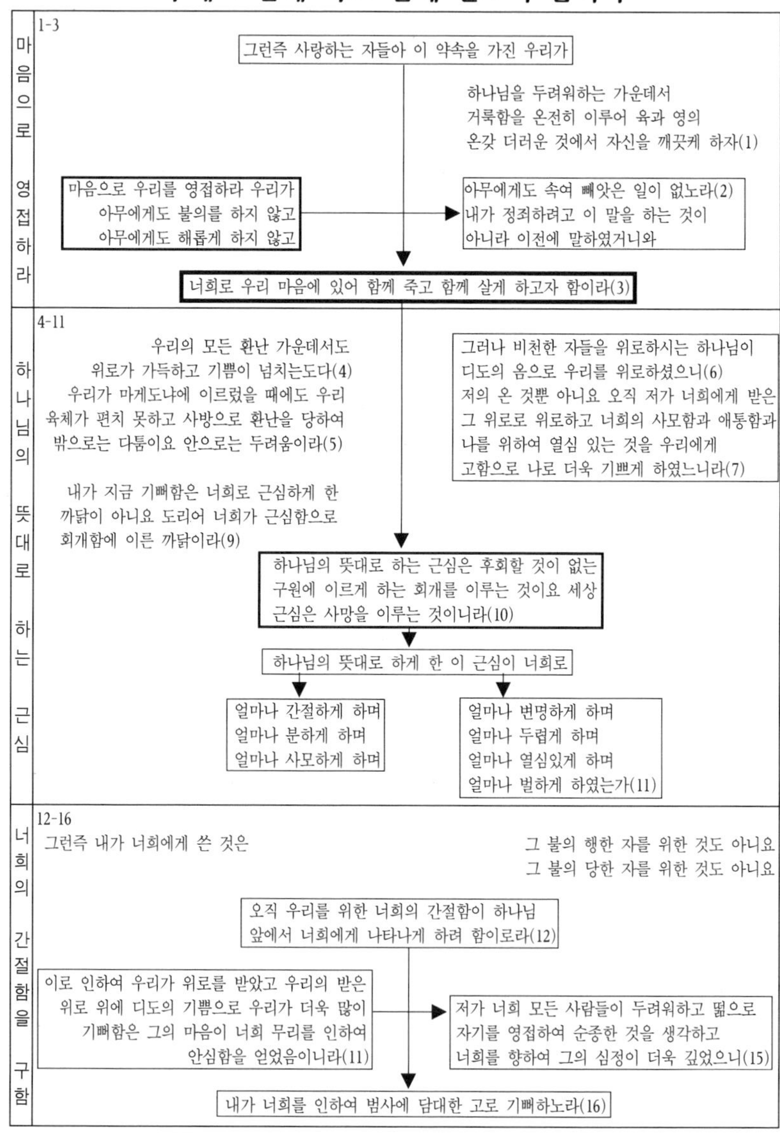

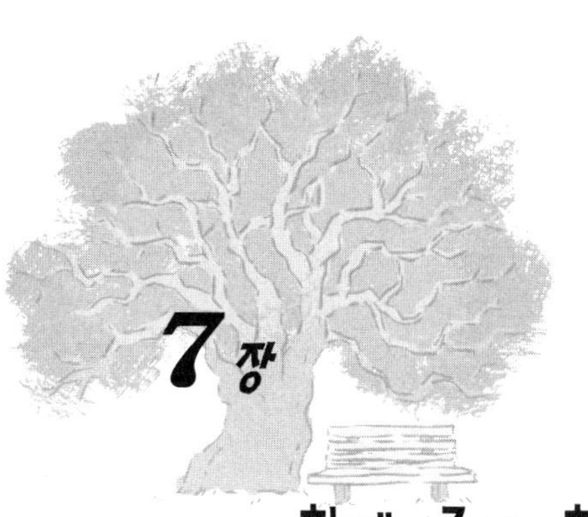

함께 죽고 함께 살고자 함이라

[6]그러나 비천한 자들을 위로하시는 하나님이 디도의 옴으로 우리를 위로 하셨으니.

7장은 첫째 문단(1-7장)의 결론이요, 2:14절에서 중단한 말씀이 5절에서 이어지는 문맥입니다. 이 문단은 근심(2:1)으로 시작하여 기쁨(7)으로 끝맺음을 하고 있습니다. 왜냐하면 디도가 고린도로부터 회개했다는 기쁜 소식을 가지고 돌아왔기 때문입니다. 그리하여 예루살렘교회와의 교제를 위한 연보를 부탁하는 둘째 문단(8-9장)으로 나아가게 됩니다. 첫째 문단의 주제는, 새 언약의 일군들과 오늘까지도 수건이 마음에서 벗어지지 아니한 의문에 속한 자들과의 차별화에 대한 논증이었습니다. 새 언약의 일군들이 바라는 바가 무엇인가? 한마디로 표현한다면 "너희로 우리 마음에 있어 함께 죽고 함께 살게 하고자 함"에 있다 하겠습니다. 이는 본서 전체를 압축한 표현이라 해도 과언이 아닙니다. 불신자들은 함께 살다가 함께 죽자 하고 죽음으로 끝나고 있으나 그리스도인들은 함께 죽고 영원히 함께 살자는 영생으로 나아가는 것입니다. 이를 세 단원으로 나누어 상고하겠습니다.

첫째 단원(1-3) **마음으로 우리를 영접하라**
둘째 단원(4-11) **하나님의 뜻대로 하는 근심**
셋째 단원(12-16) **우리를 위한 너희 간절함을 구함**

첫째 단원(1-3) 마음으로 우리를 영접하라

"마음으로 우리를 영접하라 우리가 아무에게도 불의를 하지 않고 아무에게도 해롭게 하지 않고 아무에게도 속여 빼앗은 일이 없노라"(2).

① 첫 절은 장(章)을 나눌 때에 6장으로 분류했더라면 좋았을 것입니다. "그런즉 사랑하는 자들아 이 약속을 가진 우리가"(1상) 합니다. 이 약속이란 "너희에게 아버지가 되고 너희는 내게 자녀가 되리라"(6:18) 하신 약속입니다. "하나님을 두려워하는 가운데서 거룩함을 온전히 이루어 육과 영의 온갖 더러운 것에서 자신을 깨끗케 하자"(1하) 합니다. 바울은 5:11절에서도 "우리가 주의 두려우심을 알므로 사람을 권하노니" 했습니다. "두려우심을 아는" 것의 반대가 무엇일까요? 그것은 경박(輕薄)함이라 할 것입니다. 오늘날은 두려워하는 경외심이 너무나 부족하지 않나 여겨집니다. 설교자들은 "하나님 앞에"(2:17) 서 있다는 경외(敬畏)심을 잊지 말아야만 할 것입니다. 하나님께 대한 경외심이 없게 되면 말씀의 순전함이나 거룩한 삶도 기대할 수는 없게 됩니다. "육과 영의 온갖 더러운 것"이란 전인격을 의미합니다. 이는 "음행, 우상숭배, 다른 복음"을 용납한 것을 염두에 두고 한 표현일 것입니다.

② 첫째 단원의 중심점은 "마음으로 우리를 영접하라"(2상)에 있습

니다. 이는 "보답하는 양으로 너희도 마음을 넓히라" 한, 6:11-13절과 결부되는 말씀입니다. 여기서 다시 한번 두 관계성을 생각하게 합니다. 바울은 먼저 "너희는 하나님과 화목하라"(5:20) 한 후에, "마음으로 우리를 영접하라" 하고 자신과의 화해를 촉구하고 있습니다. 교회는 열심히 다니면서 가족이나 이웃과는 불화 한 상태에 있는 것을 보게 됩니다. 그럴 경우 하나님과의 관계부터 점검해보아야만 하는 것입니다. "우리가 아무에게도 불의를 하지 않고 아무에게도 해롭게 하지 않고 아무에게도 속여 빼앗은 일이 없노라"(2하) 합니다. 이렇게 말하지 않을 수 없는 바울의 심정은 괴로웠을 것입니다. 12:17-18절에서, "내가 너희에게 보낸 자 중에 누구로 너희의 이를 취하더냐, 디도가 너희의 이를 취하더냐" 한 것을 보면, 바울의 사도권에 회의를 갖게 된 저들은 바울의 도덕성에 대해서도 의문을 품게 되었던 모양입니다. 마음이 좁아지게 되면 모든 것을 곡해하게 마련입니다.

③ "내가 정죄하려고 이 말을 하는 것이 아니라 이전에 말하였거니와 너희로 우리 마음에 있어 함께 죽고 함께 살게 하고자 함이라"(3) 합니다. 바울에게 묻기를 고린도 형제들에게 기대하는 바가 무엇인지 한마디만 말해달라고 한다면, "너희로 우리 마음에 있어 함께 죽고 함께 살게 하고자 함"이라고 대답하리라 여겨집니다. 주님과 그의 제자들 간에, 그리고 성도들과 목회자간에 "너희로 우리 마음에 있어 함께 죽고 함께 살게 하고자 함"만이 이루어진다면 무엇을 더 바랄 것이 있겠습니까? 그런 의미에서 이 말씀은 진한 감동으로 우리 마음에서도 그리움이 되어 울려 퍼집니다.

④ 바울은 유언과 같은 최후서신에서 "미쁘다 이 말이여 우리가 주와 함께 죽었으면 또한 함께 살 것이요 참으면 또한 함께 왕 노릇할 것이요 우리가 주를 부인하면 주도 우리를 부인하실 것이라"(딤후 2:11-12) 하고 말씀합니다. 새 언약의 일군들에게는 "함께 죽고 함께 살" 주님이

계십니다. 복음이 있습니다. 그렇다면 이웃 중에도 "함께 죽고 함께 살기"를 다짐하는 동역자들이 있어야 하는 것입니다. 바울은 고린도 성도와의 관계가 그렇게 되기를 열망하고 있습니다. 나에게도 그런 이웃이 있는가? 발걸음이 떨어지지 않게 하는 좋은 경치처럼 이 말씀은 우리 마음을 사로잡습니다.

둘째 단원(4-11) **하나님의 뜻대로 하는 근심**

"하나님의 뜻대로 하는 근심은 후회할 것이 없는 구원에 이르게 하는 회개를 이루는 것이요 세상 근심은 사망을 이루는 것이라"(10).

① 둘째 단원의 중심점은 "하나님의 뜻대로 하는 근심", 즉 "회개"에 있습니다. 고대하던 디도가, 고린도로부터 기쁜 소식, 즉 "회개"했다는 보고를 가지고 온 것입니다. 본 단원은 2:13절에서 "마게도냐로 갔노라" 하는 것으로 중단되었던 말씀이, "우리가 마게도냐에 이르렀을 때에"(5상) 하고 연결되는 문맥입니다. "우리의 모든 환난 가운데서도 위로가 가득하고 기쁨이 넘치는도다"(4) 합니다.

② 바울이 "마게도냐에 이르렀을 때에도 우리 육체가 편치 못하고 사방으로 환난을 당하여 밖으로는 다툼이요 안으로는 두려움이라"(5) 합니다. 밖으로부터의 "다툼"은 불신자들로부터의 다툼이었을 것이요, 안으로의 "두려움"은 고린도교회를 향한 염려를 의미하는 것일 겁니다. 11:28절에서 "날마다 내 속에 눌리는 일이 있으니 곧 모든 교회를 위하여 염려하는 것이라" 합니다.

③ "그러나 비천한 자들을 위로하시는 하나님이 디도의 옴으로 우리를 위로하셨으니 저의 온 것뿐 아니요 오직 저가 너희에게 받은 그 위로로 위로하고 너희의 사모함과 애통함과 나를 위하여 열심 있는 것을

우리에게 고함으로 나로 더욱 기쁘게 하였느니라"(7) 합니다. 첫째는 디도가 안전하게 돌아옴으로 위로를 받았고, 둘째는 디도로부터 "너희에게 받은 그 위로로 위로하고", 즉 지난 일을 애통해하며 바울에 대하여 사모함과 열심 있다는 보고를 받음으로 더욱 기쁘게 했노라는 말씀입니다.

④ "그러므로 내가 편지로 너희를 근심하게 한 것을 후회하였으나"(8상) 합니다. 이것이 어버이의 자식에게 대한 사랑입니다. "내가 지금 기뻐함은 너희로 근심하게 한 까닭이 아니요 도리어 너희가 근심함으로 회개함에 이른 까닭이라. 하나님의 뜻대로 하는 근심은 후회할 것이 없는 구원에 이르게 하는 회개를 이루는 것이요 세상 근심은 사망을 이루는 것이라"(9-10) 합니다. "근심"이라고 다 해로운 것만은 아닙니다. 요는 무엇을 위한 근심이냐에 있습니다. 에서와 야곱에게는 다 같이 갈급함이 있었습니다. 그러나 에서는 팥죽이었고 야곱은 장자권, 즉 주님의 족보에 오르는 일이었습니다.

⑤ 11절은 하나님의 뜻대로 하게 한 회개란 무엇을 수반하는지를 말씀해주고 있습니다. 하나님의 뜻대로 하는 회개는,

㉠ "간절하게" 합니다. "사모하게" 합니다. "열심 있게" 합니다.

㉡ "변명하게" 합니다. "두렵게" 합니다. "분하게" 합니다. "분하게 하며" 라는 표현은, "우리로 사단에게 속지 않게 하려 함이라"(2:11) 한 말씀을 생각나게 합니다. 사탄의 궤계에 속은 것을 분해하는 자만이 다시 속지 않게 될 것입니다.

㉢ 진정한 회개는, "벌하게" 합니다.

셋째 단원(12-16) **우리를 위한 너희 간절함을 구함**

"그런즉 내가 너희에게 쓴 것은 그 불의 행한 자를 위한 것도 아니요

그 불의 당한 자를 위한 것도 아니요"(12상).

① 셋째 단원의 중심점은 12절을 해석하는데 있습니다. 열쇠는 "불의 행한 자와, 불의 당한 자"가 누구인가 하는 점입니다. 전서에서 말씀한 "음행"(고전 5:1)이나, 고소사건(고전 6:1)을 가리키는가? 그런데 7절에서 "나를 위하여 열심 있는 것을 우리에게 고함으로 나로 더욱 기쁘게 하였느니라" 한 말씀과 결부시킨다면 불의를 행한 자는 바울을 배척한 자이고, "불의 당한 자"는 바울 자신이 됩니다. 이점이 이어지는 13절에서 "안심함을 얻었음이니라"는 말씀과도 조화를 이룹니다.

② 바울의 관심사는 "불의 행한 자, 불의 당한 자"에게 있는 것이 아니라고 말씀합니다. 그러면 누구 때문이란 말인가? 그 사이에 끼어있는 성도들에게 있다는 것입니다. 좀더 설명을 가한다면 미혹하게 하는 일이나, 전도자가 모함을 당하는 일은 없을 수는 없습니다. 그럴 경우 바울이 기대하는 바는 성도들이 분별력을 행사하여 불의(不義) 편이 아니라 의(義)의 편에 서게 되기를 바란다는 것입니다. 그렇게만 한다면 사탄은 발을 붙이지 못하게 되기 때문입니다. 그런데 실정은 번번이 불의 행하는 자 편에 가담하는 일이 허다합니다. 이것이 "오직 우리를 위한 너희의 간절함이 하나님 앞에서 너희에게 나타나게 하려 함이라"(12하)는 뜻입니다.

③ "이로 인하여 우리가 위로를 받았고 우리의 받은 위로 위에 디도의 기쁨으로 우리가 더욱 많이 기뻐함은 그의 마음이 너희 무리를 인하여 안심함을 얻었음이니라"(13) 합니다. 13-14절에는 바울의 세심한 배려가 나타나 있습니다. 디도의 보고를 통해서만 위로를 받은 것이 아니라, 디도의 기뻐하는 모습을 통해서 더욱 많이 기뻐하게 되었다는 것입니다. 이와 반대의 경우, 만일 디도가 고린도로부터 실망을 안고 낙심한 모습으로 돌아왔다면 고린도교회를 인해서만이 아니라 실망하는 디도를 인하여 더욱 마음이 아팠을 것이라는 뜻이 진하게 나타나 있습니다.

④ "내가 너희로 인하여 범사에 담대한 고로 기뻐하노라"(16) 합니다. 4절에서도, "내가 너희를 향하여 하는 말이 담대한 것도 많고" 합니다. "범사에 담대하다"는 말은 나는 너희를 믿는다는 신뢰를 나타내는 말입니다. 바울이, "편지로 너희(고린도 성도)를 근심하게 한 것"(8)은 중대한 모험일 수가 있습니다. 왜냐하면 가뜩이나 바울과 틈이 벌어진 저들이 이로 인하여 더욱 악화될 위험까지도 감수한 결단이기 때문입니다. 그렇게 된다면 피차간에 돌아올 수 없는 다리를 건너는 결과를 가져오게 될지도 모릅니다. 바울이 이처럼 담대할 수 있었던 것은 저들 심비에 기록된 복음의 능력을 신뢰한데서 온 담대함이라 할 것입니다. 바울은 저들의 믿음이 "사람의 지혜에 있지 아니하고 다만 하나님의 능력에 있게 하려 하였노라"(고전 2:5) 했습니다. 그 "믿음"의 진가는 이럴 경우 발휘될 것이기 때문입니다.

⑤ 그 믿음은, "하나님의 뜻대로 하는 근심", 즉 "회개"를 일으키게 하셨습니다. 바울은 9:1절에서 "연보"를 가리켜 하나님께서 교회들에게 주신 "은혜"라고 말씀합니다. 그렇다면 "회개"는 더욱 하나님의 은혜입니다. "비천한 자를 위로하시는 하나님"은 "애통하는 마음이 있어 많은 눈물로 너희에게 썼노니"(2:4) 하고 시작한 첫째 문단(1-7장)을 "위로가 가득하고 기쁨이 넘치는도다(4), 내가 너희를 인하여 범사에 담대한 고로 기뻐하노라"(16) 하고 "기쁨"으로 마치게 해주셨습니다.

⑥ 이제 묵상해보십시다.

㉠ "함께 죽고 함께 살게 하고자 함"의 연합에 대해서.

㉡ "비천한 자들을 위로하시는 하나님"에 대해서.

㉢ 세상 근심과 하나님의 뜻대로 하는 근심에 대해서.

㉣ "우리를 위한 너희 간절함을 구함"에 대해서.

고린도후서 8장 개관도표

주제 : 부요하신 자로서 가난하게 되신 그리스도

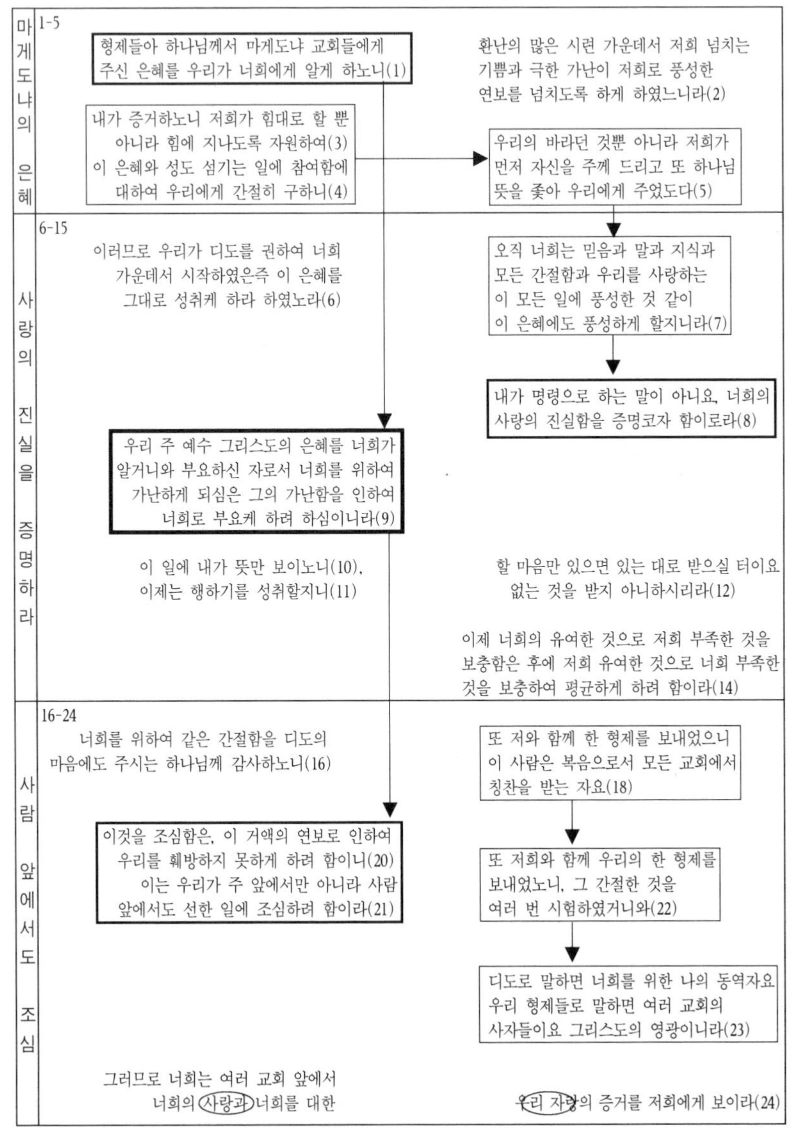

8장 부요하신 자로서 가난하게 되신 그리스도

[8]우리 주 예수 그리스도의 은혜를 너희가 알거니와 부요하신 자로서 너희를 위하여 가난하게 되심은 그의 가난함을 인하여 너희로 부요하게 하려 하심이니라.

8장의 중심점은 "연보"에 있습니다. 바울은 "예루살렘 성도 중 가난한 자들을 위한"(롬 15:25) 연보를 부탁합니다. 여기에는 두 가지 요점이 있습니다. 첫째는 가난한 형제를 도와야하는 원리(原理)입니다. 그것은 말로 다할 수 없이 부요하신 분이 말할 수 없이 가난하게 되심으로 본을 보이신 "그리스도의 은혜" 때문입니다. 그러므로 둘째 문단(8-9장)의 핵심어는 "은혜"입니다. 무려 9번(8:1, 4, 6, 7, 9, 19, 9:8, 14, 15)이나 강조되어 있습니다. 둘째는 동기(動機)입니다. 바울은 어찌하여 예루살렘 형제를 위한 연보에 이처럼 열을 올리고 있는가? "예루살렘에 대한 나의 섬기는 일을 성도들이 받음직 하게"(롬 16:31) 되기를 바란다는 그의 기도제목에 나타납니다. 이방인 그리스도인들의 구제 금을 예루살렘 성도들이 받아드린다는 것은 다름 아닌 그들을 형제로 받아준다는 증거가 되기 때문입니다. 바울은 지금 일부이기는 하지만 믿는 유대주의자들과 갈등하고 있습니다. 이것이 유대인 그리스도인들과 이방인 그리스도인들 간의 갈등으로 비화될 것을 우려하고 있는 것입니다. 화합을 위해서는 말로가 아니라 "사랑의 진실함을 증명"(8)하여 보여줄 필요를 느꼈기 때문입니다. 그 진실이 가난한 형제를 위한 연보로 나타났던 것입니다. 이를 세 단원으로 나누어 상고하겠습니다.

첫째 단원(1-5) **마게도냐교회에 주신 하나님의 은혜**
둘째 단원(6-15) **사랑의 진실을 증명하라**
셋째 단원(16-24) **사람 앞에서도 조심하려는 바울**

첫째 단원(1-5) 마게도냐교회에 주신 하나님의 은혜

"형제들아 하나님께서 마게도냐 교회들에게 주신 은혜를 우리가 너희에게 알게 하노니"(1).

① 첫째 단원의 핵심어는 "은혜"(1, 4)입니다. 바울은 연보를 "은혜"로 보고 있습니다. 그런데 그 은혜가 사람에게서 난 것이 아니라 근원(根源)을 "그리스도의 은혜"(9)에 두고 있다는 점입니다. 성경을 상고해보면 어떠한 경우에도 사람에게 감사하고 있는 것을 찾아볼 수가 없습니다. 즉 연보를 한 사람에게 감사하고 있지 아니합니다. 왜냐하면 그에게 은혜를 베푸시어 드릴 마음을 주신 분은 하나님이시기 때문입니다. 그러므로 감사는 하나님께만 돌려야 마땅합니다. 성경은, "또 새 영을 너희 속에 두고 새 마음을 너희에게 주되 너희 육신에서 굳은 마음을 제하고 부드러운 마음을 줄 것이며"(겔 36:26) 하십니다. 굳은 마음,

인색한 마음을 제하여주신 분은 하나님이십니다.

② 그렇다면, "환난의 많은 시련 가운데서 저희 넘치는 기쁨과 극한 가난이 저희로 풍성한 연보를 넘치도록 하게 하였느니라"(2)는 것은 하나님의 은혜임이 분명한 것입니다. "내가 증거하노니 저희가 힘대로 할 뿐 아니라 힘에 지나도록 자원하여"(3) 행했다고 말씀합니다. 그들에게는 연보를 할 수 없는 "환난, 시련, 극한 가난" 등 악조건이 많이 있었습니다. 그런데 복음을 통하여 하나님의 은혜를 입은 저들은 악조건 속에서 "넘치는 기쁨, 풍성한 연보"로 열매를 맺게 했던 것입니다.

③ "이 은혜와 성도 섬기는 일에 참여함에 대하여 우리에게 간절히 구하니"(4) 합니다. 저들이 억지로 한 것이 아니라 "참여시켜주기를 간절히 구한, 자원함으로 했다는 것입니다. 이 "참여함"이 귀하고 중요합니다. 바울은 사도로써의 권을 쓰지 아니하고 도리어 종으로 섬긴 것은 "복음에 참여하고자 함이라"(고전 9:23) 말씀합니다. 바울이 "참여함"을 얼마나 사모하고 있는지, "내가 그리스도와 그 부활의 권능과 그 고난에 참여함을 알려 하여 그의 죽으심을 본받아"(빌 3:10) 합니다. 사도 요한은 순회전도자들을 후원하는 것이 "우리로 진리를 위하여 함께 수고하는 자가 되게 하려 함이니라"(요삼 1:8) 합니다. 영광에 참여할 소망을 가진 자라면 고난에도 기꺼이 함께 참여하게 될 것입니다.

④ 바울 서신서에 나타난 마게도냐교회와 고린도교회의 양상은 판이한 바가 있습니다. 고린도교회는 "분쟁, 형제간에 소송, 빈궁한 자에 대한 무시" 등으로 인하여, "내가 너희에게 무슨 말을 하랴 너희를 칭찬하랴 이것으로 칭찬하지 않노라"(고전 11:22) 합니다. 반면 마게도냐교회, 즉 빌립보와 데살로니가교회에 보낸 서신을 보면 칭찬과 격려가 주를 이루고 있습니다. "믿음의 소문이 각처에 퍼지므로 우리는 아무 말도 할 것이 없노라" 합니다. "곧 너희 행하는 바라 더욱 많이 힘쓰라"(살전 1:8, 4:1) 하고 격려합니다. 빌립보 성도들에게도 "내가 마게도냐를 떠

날 때에 주고받는 내 일에 참여한 교회가 너희 외에 아무도 없었느니라 데살로니가에 있을 때에도 너희가 한 두 번 나의 쓸 것을 보내었도다"(빌 4:15-16) 합니다. 어떤 차이인가? 은혜를 입은 정도의 차이(눅 7:47)입니다.

⑤ "우리의 바라던 것뿐 아니라 저희가 먼저 자신을 주께 드리고 또 하나님의 뜻을 좇아 우리에게 주었도다"(5) 합니다. 여기 우선순위가 나타나고 있는데 "먼저 자신을 주께 드리고" 합니다. 이는 "너희는 너희의 것이 아니라 값으로 산 것이 되었으니"(고전 6:19-20)에 근거한 헌신입니다. 로마서 6:13절에서도, "오직 너희 자신(自身)을 죽은 자 가운데서 다시 산 자 같이 하나님께 드리며 너희 지체(肢體)를 의의 병기로 하나님께 드리라" 합니다. 그냥 자신을 드리라 말씀하지 않습니다. "죽은 자 가운데서 다시 산 자 같이" 라고 말씀합니다. 그리스도인들이란 아담 안에 있던 옛 사람이 그리스도와 함께 죽고 다시 산 자입니다. 그렇다면 이제 자신은 주의 것을 관리하는 청지기에 불과하다는 고백이 있게 되는 것입니다.

⑥ 다윗도 "기가 막힐 웅덩이와 수렁에서 끌어올림"을 받은 후에 감사예물을 드리려 했습니다. 그런데 하나님께서 그의 귀를 통하여 들리시기를 "제사와 예물을 기뻐 아니하시며 번제와 속죄제를 요구치 아니하신다 하신지라", 다윗은 즉각적으로 하나님이 나를 요구하심을 깨닫고는 "내가 왔나이다"(시 40:1-7) 하고 응답했습니다. 이 예표가 자신을 드리신 그리스도에게서 성취(히 10:5)되었던 것입니다. 먼저 자신을 드린 후에, "또 하나님 뜻을 좇아 우리에게 주었도다"(5하) 하고 연보를 드렸던 것입니다. 이런 고백이 있는 자에게는 연보도 내 것을 드리는 것이 아닌 것이 됩니다.

둘째 단원(6-15) 사랑의 진실을 증명하라

"이러므로 우리가 디도를 권하여 너희 가운데서 시작하였은즉 이 은혜를 그대로 성취케 하라 하였노라"(6).

① 본 단원에도 "은혜"라는 말이 3번(6, 7, 9)이나 등장하는 것을 간과해서는 아니 됩니다. 바울은 "헌금"을 계속 "은혜"라 말씀하고 있습니다. 즉 저들에게 내려주신 은혜의 단비가 맺은 결실로 보고 있다는 말씀입니다. 그 은혜는 예루살렘으로부터 시작이 되었습니다. 그러므로 "만일 이방인들이 그들의 신령한 것을 나눠 가졌으면 육신의 것으로 그들을 섬기는 것이 마땅하니라"(롬 15:27) 합니다. 이는 성도간의 교통을 의미합니다. 바울은 예루살렘 모 교회를 위한 연보를 자신이 설립한 모든 이방교회에 부탁했던 모양입니다. 그리하여 고린도교회에서도 "너희가 일 년 전에 행하기를 먼저 시작할 뿐 아니라 원하기도 하였은즉"(10하) 하고, 1년 전에 시작(始作)한 것을 보게 됩니다. 그런데 어떤 자들의 책동으로 인하여 "그리스도의 은혜"에서 멀어지게 되자 연보하는 일도 중단되었던 것 같습니다. 그래서 "이 은혜를 그대로 성취케 하라"(6) 합니다. 11절에서도, "이제는 행하기를 성취할지니 마음에 원하던 것과 같이 성취하되 있는 대로하라" 합니다.

② "오직 너희는 믿음과 말과 지식과 모든 간절함과 우리를 사랑하는 이 모든 일에 풍성한 것같이"(7상) 합니다. 고린도 성도들은, "모든 구변, 모든 지식, 모든 은사"(고전 1:5-7)가 풍족한 교회로 자부하고 있었습니다. 그런데 잎만 무성한 무화과나무와 같단 말인가? "이 은혜에도 풍성하게 할지니라(7하), 너희의 사랑의 진실함을 증명코자 함이로라"(8) 합니다. 이점을 사도 요한은, "자녀들아 우리가 말과 혀로만 사랑하지 말고 오직 행함과 진실함으로 하자"(요일 3:18) 합니다.

③ "내가 명령으로 하는 말이 아니요(8상), 이 일에 내가 뜻만 보이노

니 이것은 너희에게 유익함이라"(10상), "할 마음만 있으면 있는 대로 받으실 터이요 없는 것을 받지 아니하시리라"(11) 합니다. 여기 중요한 요점이 나타나는데 연보를 받으시는 분이 누구인가 하는 점입니다. 예루살렘 성도들이 아니라 주님이시라고 말씀합니다. 바울은 빌립보교회에서 보내온 선물도 "이는 받으실만한 향기로운 제물이요 하나님을 기쁘시게 한 것이라"(빌 4:18) 하고 하나님께 드린 예물로 보고 있습니다. 고린도 성도들이 예루살렘 형제들에게 직접 전달하는 것이 아닙니다. 이를 하나님이 받으셔서 하나님께서 때를 따라 도우시는 은혜로 그들에게 베푸시는 것입니다.

④ 이 원리를 인식하는 것이 중요합니다. 가난한 성도들이 하나님께 일용할 양식을 구하면, 하늘에서 쌀가마니가 내려와서 공급해주는 것이 아닙니다. 다른 성도의 마음에 감동을 주셔서 그를 통하여 공급해주시는 것입니다. 왜냐하면 그 부한 형제는 하나님의 청지기이기 때문입니다. 이를 알았기에 사도 요한은, "누가 이 세상 재물을 가지고 형제의 궁핍함을 보고도 도와줄 마음을 막으면 하나님의 사랑이 어찌 그 속에 거할까보냐"(요일 3:17) 말씀합니다. 이는 하나님의 지시를 소멸하는 행위이기 때문입니다.

마음만 있으면 있는 대로 받으심

① 언제나 그러하듯이 바울은 연보도 복음에 근거하여 권면합니다. 이것은 중요한 원리입니다. "우리 주 예수 그리스도의 은혜를 너희가 알거니와"(9상) 하고 "그리스도의 은혜"에 근거를 둡니다. 호칭을 주목해보시기 바랍니다. "우리 주 예수 그리스도"라 부르고 있습니다. "예수의 이름으로 기도합니다"에 비해 얼마나 영광스럽습니까? "예수"가 구약에서 언약하신 "그리스도"시오, 우리들을 값을 주고 사신 "주"가 되신

다는 고백이 담겨있는 호칭입니다.

② "부요하신 자로서 너희를 위하여 가난하게 되심은"(9중) 합니다. 형제는 "우리 주 예수 그리스도"께서 얼마나 부요하신 분인가를 알고 있습니까? ㉠ "이는 하나님의 영광의 광채시요 그 본체의 형상이시라, 저로 말미암아 모든 세계를 지으셨느니라"(히 1:2-3), 그렇게 부요하신 분이십니다. 그런 분이 형제를 위하여 어디까지 가난을 자초하셨는지도 알고 있습니까? "하나님과 동등 됨을 취할 것으로 여기지 아니하시고 오히려 자기를 비어 종의 형체를 가져 사람들과 같이 되었고 사람의 모양으로 나타나셨으매 자기를 낮추시사 죽기까지 복종하셨으니 곧 십자가에 죽으심이라"(빌 2:6-8), 그렇게까지 가난하여 지셨습니다. 하나님의 본체이신 주님은 마구간에서 태어나셨습니다. 주님은 "여우도 굴이 있고 공중의 새도 집이 있으되 인자는 머리 둘 곳이 없도다"(눅 9:58) 하셨습니다. 우리는 주님이 이른 아침 시장하셔서 무화과 열매를 찾으시다가 실망하시는 것을 알고 있습니다. 주님은 우리를 구원하시기 위해서 그렇게까지 가난하여지셨습니다.

③ "그의 가난함을 인하여 너희로 부요케 하려 하심이니라"(9하) 합니다. 그렇다면 형제는 그리스도의 가난함을 통해서 얼마나 부요해졌는가를 알아야 할 만큼 알고 있습니까? 지옥만 면한 것이 아닙니다. 하나님의 자녀로 생명책에 녹명이 되었습니다. 자녀가 끝이 아니라 자녀이면 "후사"라고 말씀합니다. 후사면 "유업"을 이을 자니라 합니다. 그리하여 낮은 몸이 주님의 영광의 몸과 같이 변화되어 영원토록 아버지의 영광에 참여하게 될 것입니다. "너희도 알거니와" 합니다. 형제도 알고 있습니까? 이 은혜를 아는 자라면, 믿는 자라면, 그리하여 이 은혜를 입은 자라면, "그리스도께서 위하여 죽으신 형제"(고전 8:11)에게 냉수 한 그릇 떠준 것이 그리스도에게 하는 것임을 인식하게 될 것입니다. 모든 일의 근거와 동기는 복음에 두어야 한다는 것, 이것이 새 언약의 일

군 된 자의 신앙원리입니다.

④ "이제 너희 유여한 것으로 저희 부족한 것을 보충함은 후에 저희 유여한 것으로 너희 부족한 것을 보충하여 평균하게 하려 함이라"(14) 합니다. 이 말씀의 요지는 그리스도인들은 한 몸의 여러 지체라는 것과, 지체간에는 상부상조의 기능이 있음을 말씀함입니다. 즉 공동운명체라는 뜻입니다.

셋째 단원(16-24) 사람 앞에서도 조심하려는 바울

"디도로 말하면 나의 동무요 너희를 위한 나의 동역자요 우리 형제들로 말하면 여러 교회의 사자들이요 그리스도의 영광이니라"(23).

① 셋째 단원의 중심점은, "주 안에서만 아니라 사람 앞에서도 선한 일에 조심하려 함"(21)에 있습니다. 어떤 오해를 받게 될 때에 "하나님은 아신다"는 말을 하는 것은 지혜로운 방법이 아닙니다. 오해의 소지가 없도록 사전에 조심하는 것이 현명합니다.

② 각 교회로부터 모았기 때문에 구제 금은 "거액"이었을 것입니다. "이것을 조심함은 우리가 맡은 이 거액의 연보로 인하여 아무도 우리를 훼방하지 못하게 하려 함이라"(20) 합니다. 그리하여 디도와 함께 다른 두 형제를 함께 고린도로 보내면서 그들을 천거하는 것입니다.

③ 디도는 16-17절에서 추천을 하고, 한 형제는 "또 저와 함께 한 형제를 보내었으니" 하고 18-19절을 통해서 추천을 하고, 다른 한 형제는 "또 저희와 함께 우리의 한 형제를 보내었으니" 하고 22절에서 추천을 하고 있습니다. 그리고 23절에서는 "디도로 말하면 나의 동무요 너희를 위한 나의 동역자요 우리 형제들로 말하면 여러 교회의 사자들이요 그리스도의 영광이니라" 하고 전체적으로 천거를 합니다.

④ 하나님의 물질을 분명하게 취급한 예가 에스라서에 있습니다. 에스라가 2차로 귀환할 때에 "왕과 모사들과 방백들과 또 그곳에 있는 이스라엘 무리가 우리 하나님의 전을 위하여 드린 은과 금과 기명들"을 어떻게 취급했는가? 제사장 12인을 세워 "달아서" 맡기면서 "예루살렘 여호와의 전 골방에 이르러 제사장, 레위인, 족장 앞에서 달기까지 삼가 지키라" 명합니다. 그리고 예루살렘에 이르러 "모든 것을 다 계수하고 달아보고 그 중수를 당장에 책에 기록하였느니라"(스 8:24-34) 합니다. 훼방할 여지를 조금도 주고 있지를 아니합니다. 사람의 훼방만이 문제가 아닙니다. 사탄에게 틈을 주지 않도록 해야만 하는 것입니다. 목회자는 물질과 이성문제로 인하여 사탄에게 말려들지 않도록 각별히 주의를 해야만 합니다.

⑤ "그러므로 너희는 여러 교회 앞에서 너희의 사랑과 너희를 대한 우리 자랑의 증거를 저희에게 보이라"(24) 합니다. 이 말씀은 8절에서, "너희의 사랑의 진실함을 증명코자 함이로라" 한 것과 맥을 같이 합니다. "너희 사랑의 진실함"과, 바울이 마게도냐교회 앞에서 칭찬한 "자랑의 증거"를 연보를 통해서 증명해달라는 것입니다. 형제여, 하나님께서도 우리들을 말로만 사랑하신 것이 아닙니다. "하나님의 사랑이 우리에게 이렇게 나타난 바 되었으니 하나님이 자기의 독생자를 세상에 보내심은 저로 말미암아 우리를 살리려 하심이니라"(요일 4:9) 합니다. 하나님은 자신의 사랑을 증명해 보여주셨습니다. 그렇다면 우리 사랑의 진실함도 증명해 보여드려야 할 것이 아니겠습니까?

⑥ 이제 묵상해보십시다.

㉠ "먼저 자신을 주께 드림"에 대해서.

㉡ 부요하신 자로서 가난하게 되신 주님에 대해서.

㉢ 주님의 가난함을 인하여 부요하게 된 우리에 대해서.

㉣ "사랑의 진실함을 증명코자 함"에 대해서.

고린도후서 9장 개관도표

주제 : 하나님께 감사, 하나님께 영광

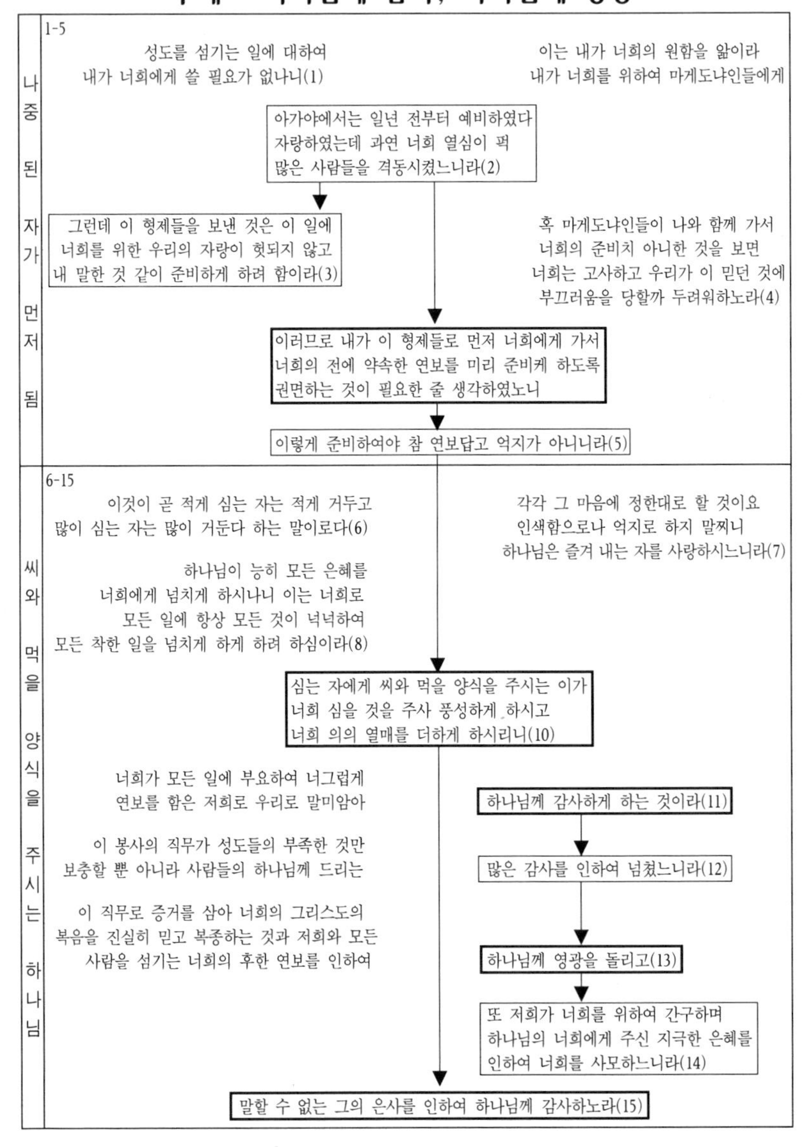

하나님께 감사, 하나님께 영광

[13]이 직무로 증거를 삼아 너희의 그리스도의 복음을 진실히 믿고 복종하는 것과 저희와 모든 사람을 섬기는 너희의 후한 연보를 인하여 하나님께 영광을 돌리고.

9장의 중심점은 "하나님께 감사(11), 하나님께 영광"(13)에 있습니다. "그 때에 너희는 그리스도 밖에 있었고 이스라엘 나라 밖의 사람이라 약속의 언약들에 대하여 외인이요 세상에서 소망이 없고 하나님도 없는 자"(엡 2:12)였던 이방인들이 그리스도의 복음으로 말미암아 후한 연보를 드리게 되었다는 것이 "하나님께 감사, 하나님께 영광"을 돌리는 일이요, 이 연보를 받는 예루살렘 가난한 형제들이, "하나님께 감사, 하나님께 영광"을 돌리게 된다는 말씀입니다. 그런데 늦게 시작한 마게도냐교회는 이미 성취하였는데, 먼저 시작한 고린도교회가 아직까지도 성취하지 못하고 있어서 이를 독려하기 위해서 디도와 다른 두 형제를 먼저 보내고 있는 것입니다. 이를 두 단원으로 나누어 상고하겠습니다.

첫째 단원(1-5) **나중 된 자가 먼저 됨**
둘째 단원(6-15) **씨와 먹을 양식을 주시는 하나님**

첫째 단원(1-5) 나중 된 자가 먼저 됨

"내가 너희를 위하여 마게도냐인들에게 아가야에서는 일년 전에 예비하였다 자랑하였는데 과연 너희 열심이 퍽 많은 사람들을 격동시켰느니라"(2).

① 9장은 8장의 계속입니다. 첫째 단원의 중심점은 바울이 가기 전에 연보를 미리 준비케 하려는데 있습니다. "성도를 섬기는 일에 대하여 내가 너희에게 쓸 필요가 없나니"(1) 합니다. 이는 고린도 성도들이 연보의 필요성을 알고 있음을 나타냅니다. 바울은 충분하리 만치 설명을 해주었고, 이미 일년 전에 시작을 했던 것입니다. 일년 전에 시작했다는 사실을 마게도냐교회 앞에서 자랑함으로 "많은 사람들을 격동시켰다"고 말씀합니다. 고린도교회의 "열심"이 퍽 많은 사람을 격동(2)시켰는데, 결과는 "믿던 일에 부끄러움을 당할"(4) 처지가 되었던 것입니다.

② "그런데 형제들을 보낸 것은 이 일에 너희를 위한 우리의 자랑이 헛되지 않고 내 말한 것같이 준비하게 하려함이라"(3) 합니다. 왜냐하면, "혹 마게도냐인들이 나와 함께 가서 너희의 준비치 아니한 것을 보면 너희는 고사하고 우리가 이 믿던 것에 부끄러움을 당할까 두려워하노라"(4) 합니다. 그래서 "미리 준비케 하도록" 디도와 다른 두 형제를 먼저 보낸다는 것입니다.

③ "이렇게 준비하여야 참 연보답고 억지가 아니니라"(5하) 합니다.

연보가 "참 연보"가 되기 위해서는 "준비"가 필요하다는 말씀입니다. 바울이 도착한 후에야 부랴부랴 한다면 그것은 강요에 의한 것이 될 수도 있고, 체면치레로 하는 것이 될 수도 있기 때문입니다. 연보는 동정과는 다른 것입니다. 그러므로 액수의 많고 적음에 있는 것도 아닙니다. 얼마만큼 참 마음과 온전한 믿음으로 "준비"했느냐에 있다는 말씀입니다.

④ 첫째 단원의 말씀은 고린도 성도들을 부끄럽게 만들었을 것입니다. 마게도냐 성도들에 비해 고린도 성도들은 부한 편이었을 것이요, 시작도 일년 전에 먼저 했습니다. 그러나 이를 성취하지 못하고 있다는 것은 무엇을 말해주고 있는가? 이렇게 된 원인은 거짓 교사들로 말미암아 "그리스도를 향하는 진실함과 깨끗함에서 떠나 부패"(11:3)하여졌기 때문입니다. 이점이 다음 장에서 바울을 격앙케 한 것으로 여겨집니다. 한마디로 "하나님의 은혜를 헛되이"(6:1) 만든 것이 되었던 것입니다. 주님 말씀대로 하면 먼저 된 자가 나중이 되고만 것입니다.

둘째 단원(6-15) **씨와 먹을 양식을 주시는 하나님**

"심는 자에게 씨와 먹을 양식을 주시는 이가 너희 심을 것을 주사 풍성하게 하시고 너희 의의 열매를 더하게 하시리니"(10).

① 둘째 단원의 중심점은, "심는 자에게 씨와 먹을 양식을 주시는 하나님"(10)에 있습니다. 바울은 연보를 농사에 비유해서 말씀합니다. 그리하여 "적게 심는 자는 적게 거두고 많이 심는 자는 많이 거둔다"고 말씀합니다. 이는 자연의 법칙이자 하나님의 법칙이기도 합니다. 그런데 강요한다는 오해를 염려해서였을까요, "각각 그 마음에 정한대로 할 것이요 인색함으로나 억지로 하지 말지니 하나님은 즐겨 내는 자를 사랑하시느니라"(7) 하고 균형을 잡아줍니다.

② "하나님께서 모든 은혜를 너희에게 넘치게 하시나니 이는 너희로 모든 일에 항상 모든 것이 넉넉하여 모든 착한 일을 넘치게 하게 하려 하심이라"(8) 합니다. 8절 안에는 "모든 은혜, 모든 일, 모든 것, 모든 착한 일" 하고 "모든"이란 말이 네 번이나 들어있습니다. 또한 "넘치게, 항상, 넉넉하여, 넘치게 하려 하심이라" 말씀합니다. 이를 관찰해보면 네 번의 "모든"과, "넉넉함"이 마지막 "모든 착한 일을 넘치게 하게 하려 하심"으로 모아지고 있음을 주목하게 됩니다. 이런 뜻입니다. 모든 것을 넉넉하게 넘치게 하여주심은 소유하게 하기 위해서가 아니라, "모든 착한 일을 넘치도록 하게" 하기 위해서라는 것입니다. 이는 주님께서 달란트 비유를 통해서 하신 말씀, "무릇 있는 자는 받아 풍족하게 되고 없는 자는 그 있는 것까지 빼앗기리라"(마 25:29)는 말씀과 같은 원리입니다. 여기 중요한 원리가 있습니다. 그것은 주시면 일하겠다는 것이 아니라, 비록 한 달란트 일지라도 내게 주어진 것을 활용하는 것입니다. 그러면 "착한 일을 더 할 수 있도록" 모든 것을 넉넉하게, 넘치게 하여주신다는 것입니다.

③ "심는 자에게 씨와 먹을 양식을 주시는 이가"(10상) 합니다. 여기 두 방면이 나타나는데 "씨도 주시고, 먹을 양식"도 주시는 하나님이시라는 것입니다. ㉠ "심는 자"란, "울며 씨를 뿌리는 자"(시 126:6), 즉 일군을 가리킵니다. 그에게 "씨를 주신다"는 것은 일을 할 수 있는 능력을 주신다는 뜻입니다. ㉡ "먹을 양식을 주신다"는 것은 주의 종들을 책임져주신다는 말씀입니다. 이는 연보에만 해당되는 것은 아닙니다. 바울은 복음 전한 것을 "나는 심었다"고 말씀했는데, 하나님은 바울에게 복음을 전할 수 있도록 은혜도 주셨고, 전하도록 돌보아도 주셨던 것입니다. 그러니까 "그의 나라와 그의 의"를 위하여 헌신코자 하는 자는 이 두 가지를 믿고 행할 수가 있는 것입니다.

④ 한 가지 부언할 말씀은, "의의 열매"(10중)라는 표현입니다. 그냥

"열매"라 하지 않고 어찌하여 "의의 열매"라 하는가? 그것은 하나님이 받으시기에 합당한 열매라는 뜻입니다. 불신자들의 수고에도 열매는 맺혀집니다. 그러나 그 열매는 자신을 위한 육신의 열매일 뿐 의의 열매로 취급을 받지는 못하는 것입니다. "의의 열매"는 그의 나라와 그의 의를 위한 모든 헌신을 의미합니다.

착한 일을 넘치게 하게 하렴

① "너희가 모든 일에 부요하여 너그럽게 연보를 함은 저희로 우리로 말미암아 하나님께 감사하게 하는 것이라"(11) 합니다. "큰 흉년"(행 11:28)으로 말미암아 예루살렘교회가 어려움에 처하게 되었습니다. 바울은 이 시련을, "선용하려는 것입니다. 즉 이 기회에 구제 금을 전달함으로 이방인 그리스도 형제들의, "그리스도의 복음을 진실히 믿고 복종하는 것과 저희와 모든 사람을 섬기는"(13중) "증거"를 예루살렘 형제들에게 보여주기를 원하는 것입니다. 예루살렘 모교회의 형제들이 거액의 구제 금을 받고는 얼마나 감격해했을 것인가! 그리하여 "하나님께 감사하고, 하나님께 영광"을 돌리게 되었을 것입니다.

② 12-14절에는 연보를 통해서 맺어지게 될 세 가지 열매를 말씀하는데, 이점이 9장의 중심부입니다. 첫째는, ㉠ "성도의 부족한 것만 보충할 뿐 아니라 사람들의 하나님께 드리는 많은 감사를 인하여 넘쳤느니라"(12) 하고 "감사"의 열매요, 둘째는, ㉡ "증거를 삼아 너희의 그리스도의 복음을 진실히 믿고 복종하는 것과 저희와 모든 사람을 섬기는 너희의 후한 연보를 인하여 하나님께 영광을 돌리고"(13) 한 "영광"의 열매요, 셋째는, ㉢ "또 저희(예루살렘 형제)가 너희를 위하여 간구하며 하나님의 너희에게 주신 지극한 은혜를 인하여 너희를 사모하느니라"(14) 한 "간구와 사모"의 열매입니다.

③ "하나님께 감사(12), 하나님께 영광(13), 간구하며, 사모함"(14) 이라는 말씀을 주목하시기를 바랍니다. 바울이 기대하는 바가 이것입니다. 예루살렘 형제들이 이방인 형제들을 위하여 하나님께 간구하고, 사모하게 되기를 바라는 것입니다. 그리하여 감사와 영광을 하나님께 돌리게 된다면 무엇을 더 바랄 것이 있겠는가? 생각이 이에 이르자, "말할 수 없는 그의 은사를 인하여 하나님께 감사하노라"(15) 하고 바울 자신이 감격해서 감사를 드립니다.

④ 이제 묵상해보십시다.

㉠ 한 사람의 행동이 많은 사람을 격동시키는(2) 일에 대해서.

㉡ 심는 자에게 씨와 먹을 양식을 주시는 하나님에 대해서.

㉢ "모든 일을 넘치게 하게 하려 하심"에 대해서.

㉣ 연보가 맺어주게 될 간구와 사모함에 대해서.

고린도후서 10장 개관도표

주제 : 바울에게 주어진 파하고 세우는 권세

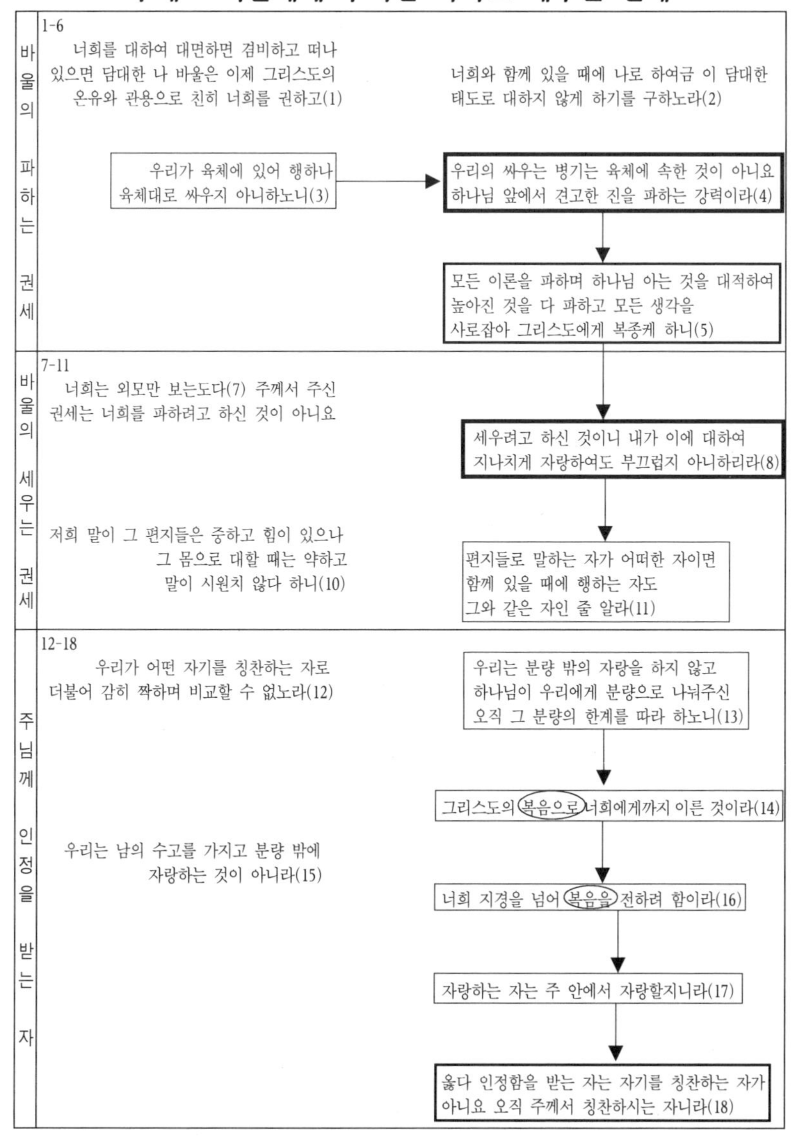

10장

바울에게 주어진 파하고 세우는 권세

[4]우리의 싸우는 병기는 육체에 속한 것이 아니요 오직 하나님 앞에서 견고한 진을 파하는 강력이라.

10-13장은 본서의 셋째 문단입니다. 고린도후서 파노라마에서 본서의 주제를, "견고한 진을 파하는 강력"이라고 정의한 바 있습니다. 10장에는 "파한다"는 말과 "세운다"는 말이 나옵니다. 주께서 박해자 바울을 사도로 세우심은 특별한 임무를 위해서였는데, 그 임무는 "파하는 것(4-5)과, 세우는"(8, 13:10) 사명입니다. 파해야할 것은, "하나님 아는 것을 대적하여 높아진 것", 즉 1500년이나 내려온 왜곡된 유대주의요, 세워야 하는 것은 아브라함 이후로 2천년 동안이나 "자기 길들을 다니게 묵인하셨던"(행 14:16) 이방인들에게 복음을 전하는 일입니다. 이는 주님이 말씀하신 바, "하나님의 나라를 너희는 빼앗기고 그 나라의 열매맺는 백성이 받으리라"(마 21:43) 하신 말씀의 성취입니다.

바울은 이 두 가지 임무를 위해서 세움을 받았는데 이는 혁명을 일으키는 것과 같은 엄청난 사명이었던 것입니다. 그러므로 유대주의자들의 거센 저항에 부딪칠 수밖에 없었던 것입니다. 바울은 첫째 문단(1-7장)에서도 "견고한 진"이 무엇인가를 간접적으로 언급했습니다. 그런데 탐색을 하듯 조심스럽게 접근을 한 그는 셋째 문단에 이르러서는 본격적으로 이를 드러내어 파하는 공세를 취합니다.

학자들은 8-9장에서 연보를 권하던 바울이, 10-13장에서 돌변한 것에 대해서 고심을 합니다. 바울에게는 풀어야할 난제(難題)가 있었기 때문입니다. 그것은 유대주의의 견고한 진을 파하면서도, 동시에 유대인 그리스도인과 이방인 그리스도인의 하나 됨을 훼손하지 않는 일입니다. 이에 장애를 준다는 것은 주님의 죽으심으로 둘을 하나되게 하신(엡 2:14) 복음을 훼손하는 일이 되기 때문입니다. 이를 위해서 첫째 문단과 셋째 문단 사이에 둘 사이의 유대를 맺어주는 "연보"를 말씀하게 된 것입니다. 이를 세 단원으로 나누어 상고하겠습니다.

첫째 단원(1-6) **바울에게 주어진 파하는 권세**
둘째 단원(7-11) **바울에게 주어진 세우는 권세**
셋째 단원(12-18) **주님께 옳다 인정함을 받는 자**

첫째 단원(1-6) 바울에게 주어진 파하는 권세

"너희를 대하여 대면하면 겸비하고 떠나 있으면 담대한 나 바울은 이제 그리스도의 온유와 관용으로 친히 너희를 권하고"(1).

① 첫째 단원의 중심점은 "바울에게 주어진 파(破)하는 권세"에 있습니다. 본 단원에는 "파한다"는 말이 세 번 강조되어 있습니다. 8절에서 "주께서 주신 권세"라고 말씀하는데, 주님께서 박해자 바울을 특이한

방법으로 불러 세우심은 "파하고, 세우는" 임무를 맡기시기 위해서였습니다. 이는 거짓 선지자에 대항하여 세움 받은 참 선지자의 사명하고도 일치합니다. "보라 내가 오늘날 너를 열방 만국 위에 세우고 너로 뽑으며 파괴하며 파멸하며 넘어뜨리며 건설하며 심게 하였느니라"(렘 1:10) 하십니다.

② 어찌하여 바울은 마지막 문단에 이르러 과격한 말씀을 하고 있는가? 그 의도가 13:20절에 나타나 있습니다. "내가 갈 때에 너희를 나의 원하는 것과 같이 보지 못하고 또 내가 너희에게 너희의 원치 않는 것과 같이 보일까 두려워했기" 때문입니다. 그러므로 가기 전에 파해야할 것들을 확실히 밝혀 이를 깨끗이 청산하려는 의도에서입니다. 이점이, "너희와 함께 있을 때에 나로 하여금 이 담대한 태도로 대하지 않게 하기를 구하노라"(2하)의 뜻입니다. 바울이 이처럼 강경한 태도로 나오는 이유가, "수건이 마음에서 벗어지지 아니한" 어떤 사람들이 아직까지 고린도교회에 머물고 있기 때문이란 말인가? 아니면 물러갔던 그들이 언제 다시 "저보다 더 악한 귀신 일곱을 데리고"(눅 11:26) 공세를 취할는지 모르는 상황이기 때문인가?

③ "우리가 육체에 있어 행하나 육체대로 싸우지 아니하노니"(3) 합니다. 이는 "사람"과의 싸움이 아니라 영적 싸움이라는 뜻입니다. 이점을 에베소서에서는, "우리의 씨름은 혈과 육에 대한 것이 아니요 정사와 권세와 이 어두움의 세상 주관자들과 하늘에 있는 악의 영들에게 대함이라"(엡 6:12) 합니다. 그러므로 성경이 말씀하는 영적 싸움의 배후에는 "성령과, 악령"의 싸움임을 유념해야만 합니다.

④ 그래서 "우리의 싸우는 병기는 육체에 속한 것이 아니요"(4상) 합니다. 우선적으로 주목할 점은, "병기"(兵器), 즉 무기라는 표현입니다. 6:7절에서도 "하나님의 능력 안에 있어 의 의 병기로 좌우하고" 합니다. 로마서에서도, "또한 너희 지체를 불의의 병기로 죄에게 드리지 말고

오직 너희 자신을 죽은 자 가운데서 산 자같이 하나님께 드리며 너희 지체를 의의 병기로 하나님께 드리라"(롬 6:13) 합니다. 여기 "불의의 병기와, 의의 병기"가 등장하는데, 심각한 문제는 그리스도인이 된 우리의 지체가 의기 병기로만 사용되는 것이 아니라 부지중에 "불의의 병기"로도 악용 당할 수도 있다는 점입니다. 지금 고린도에 온 어떤 자들이 불의의 병기가 되어 사탄의 하수인 노릇을 하고 있는 것입니다.

⑤ "오직 하나님 앞에서 견고한 진을 파하는 강력이라"(4하) 합니다. 그렇다면 "하나님 앞에서 견고(堅固)한 진"(陣)이란 무엇인가? "사탄의 진"이라고 말할 것입니다. 맞습니다. 그런데 이를 구체적으로 적시(摘示)해야만 합니다. 그렇지 않으면 핵심을 놓치게 되기 때문입니다. 바울이 우리에게 전해준 서신들을 통해서 볼 때 바울에게 파하라는 특명이 내린 "견고한 진"은 다름 아닌 유대주의라는 결론에 이르게 됩니다. 그 한 예가 안디옥에서 바울이 기둥 같은 베드로를 면책한 사건(갈 2:11-16)입니다. 또한 견고한 진의 심각성을 사도행전 21장을 통해서 볼 수가 있는데 바울 일행이 예루살렘에 이르러 야고보와 장로들을 만나자 이렇게 말합니다. "형제여 그대도 보는 바에 〈유대인 중에 믿는 자〉 수만 명이 있으니 다 율법에 열심 있는 자라 네가 이방에 있는 모든 유대인을 가르치되 모세를 배반하고 아들들에게 할례를 하지말고 또 규모를 지키지 말라 한다함을 저희가 들었도다 그러면 어찌할꼬 저희가 필연 그대의 온 것을 들으리니", 그리하여 생각해낸 궁여지책이 저들에게 율법준수를 보이기 위하여 결례를 행하라(행 21:17-24)는 것이었습니다. 바울은 화목을 위해서 이 제의를 받아드렸으나 결국 유대인들에게 체포되어 죄인의 몸으로 로마에까지 가게 되는 것을 봅니다. 여기서 유대주의의 견고한 진을 대하게 됩니다.

파해야할 견고한 진

① 물론 유대주의, 즉 "율법, 할례" 등은 하나님이 세워주신 것입니다. 그런데 이는 "육체의 예법만 되어 개혁(改革)할 때까지 맡겨 둔 것이니라"(히 9:10) 합니다. 그러나 저들은 이를 거부하고 새 언약의 사자 그리스도를 십자가에 못 박아 죽였던 것입니다. 더욱 심각한 문제는 이 견고한 진이 밖에만 있는 것이 아니라 교회 내부에 있다는 점입니다. 믿는다는 유대인 가운데는 수건이 마음에서 벗어지지 않고 있어서 그리스도의 영광의 복음의 광채를 보지 못하고 있었던 것입니다. 이것을 가리켜 "하나님 아는 것을 대적하여 높아진 것"(5중)이라고 말씀하고 있는데 얼마나 높아졌는가? "내가 증거하노니 저희가 하나님께 열심이 있으나 지식을 좇은 것이 아니라 하나님의 의를 모르고 자기 의를 세우려고 힘써 하나님의 의를 복종치 아니하였느니라"(롬 10:2-3) 합니다. 즉 유대주의자들은 율법을 지키고 할례를 행함으로 의롭다함을 얻는 것으로 여겼던 것입니다. 그리스도를 배척한 자들은 말할 것도 없고, 믿노라 하는 수만 명의 마음에서도 이 의문의 수건이 벗어지지 아니하고 있었던 것입니다.

② "모든 이론을 파하며 하나님 아는 것을 대적하여 높아진 것을 다 파하고 모든 생각을 사로잡아 그리스도에게 복종케 하니"(5) 합니다. 이는 군사적(軍事的)인 묘사입니다. 파해야할 적진(敵陣)에는 견고한 진(陣)과, 높은 망대(望臺), 사로잡아야할 많은 군사(軍士)가 있다는 것입니다. 이는 물리적인 것이 아니라 사람의 "생각과 마음"에 세워져 있는, "모든 이론, 모든 생각", 즉 하나님 아는 것을 대적하여 높아진 인본주의 사상을 가리킵니다. 복음은 이론도 학설도 아닙니다. 그리스도께서 우리 대신 죽으셨다는 미련한 십자가의 도, "모든 믿는 자에게 구원을 주시는 하나님의 능력"(롬 1:16)입니다. 그런데 당시나 오늘이나

유식하고 지혜 있다 하는 자들이 복음을 미련한 것으로 취급하면서 온갖 이론과 학설을 세우려고 합니다. 그래서 바울은, "누가 철학과 헛된 속임수로 너희를 노략할까 주의하라 이것이 사람의 유전과 세상의 초등학문을 좇음이요 그리스도를 좇음이 아니니라"(골 2:8) 합니다.

③ 주목해야할 점은, "모든 생각을 사로잡아 그리스도에게 복종케 하니"(5하) 하는 표현입니다. 이는 견고한 진이 "생각과 마음"에 자리잡고 있다는 것과, 선한 싸움은 인간의 "생각과 마음"을 차지하기 위한 싸움이라는 뜻입니다. 설교자들의 마음과 생각이 "예수 그리스도와 그의 십자가"로 가득 차 있어야 하고, 성도들의 생각이 "위엣 것"(골 3:1)을 구해야하는데 땅엣 것에 빼앗기고 있는 것은 아닌가? 이 생각을 "사로잡아 그리스도에게 복종케" 할 수만 있다면 우리는 견고한 진을 파한 이 시대의 승리자들이 될 것입니다. 그러면 무엇으로 사로잡아 복종케 하는가? 그것은 강압적인 복종이 아닙니다. 복음을 통한 "사랑의 강권"(5:14)으로만이 가능한 것입니다. "이러므로 하나님이 그를 지극히 높여 모든 이름 위에 뛰어난 이름을 주사 하늘에 있는 자들과 땅에 있는 자들과 땅 아래 있는 자들로 모든 무릎을 예수의 이름에 꿇게 하시고 모든 입으로 예수 그리스도를 주라 시인하여 하나님 아버지께 영광을 돌리게 하셨느니라"(빌 2:9-11) 한 말씀은 복음전도를 통해서만 가능하여 지는 것이요, 선한 싸움이 목적하는 바입니다.

마음과 생각에 자리잡고 있는 견고한 진

① 다시 강조합니다만 이처럼 견고한 진을 파하는 무기는 무엇인가 하는 점입니다. "성령의 검 곧 하나님의 말씀"(엡 6:17), 곧 복음뿐입니다. 이를 상징적으로 보여주는 것이 "그의 입에서 이한 검이 나오니 그것으로 만국을 치겠고"(계 19:15) 한 말씀과, "그가 철장을 가지고 저희

를 다스려 질그릇 깨뜨리는 것과 같이 하리라 나도 내 아버지께 받은 것이 그러하니라"(계 2:27) 한 말씀입니다. 바울은 복음진리로 견고한 진을 파하고 있는 것입니다. "나 여호와가 말하노라 내 말이 불같지 아니하냐 반석을 쳐서 부스러뜨리는 방망이 같지 아니하냐"(렘 23:29) 하십니다.

② 바울은 순교를 앞두고 기록한 마지막 서신에서, "그러나 하나님의 견고한 터는 섰으니"(딤후 2:19) 하고 선언하는 것을 보게 됩니다. 자신에게 주어진 사명, 곧 "하나님 아는 것을 대적하여 높아진 견고한 진"(4-5)을 파하고, "할례자도 믿음으로 말미암아 또는 무할례자도 믿음으로 말미암아 의롭다 하실 하나님은 한 분이시니라"(롬 3:30)는 "복음의 견고한 터"를 세우는데 승리를 거뒀다는 선언인 것입니다. 복음의 바통을 계승할 디모데에게, "이 집은 살아 계신 하나님의 교회요 진리의 기둥과 터이니라 크도다 경건의 비밀이여"(딤전 3:15-16) 하고 말씀합니다. 주님은 이를 위하여 "율법의 의로는 흠이 없노라"고 자부하던 박해자 바울을 강권적으로 택하여 세우셨고 바울은 이 사명을 잘 감당했던 것입니다.

③ 본문은 우리에게 현대교회 내에는 파해야할 견고한 진은 없는가 묻고 있습니다. 고린도교회에 어떤 자들이 내려왔다는 그 자체에 문제가 있는 것은 아닙니다. 근본적인 원인은 그 교사들의 마음에 "오늘까지 수건이 벗어지지 않고 있다"는 데 있음을 잊어서는 아니 됩니다. 그러므로 중요한 점은 현대교회 목회자들의 마음에서 수건이 벗어졌는가 하는 점입니다. 그에 대한 시금석은 간단합니다. "오늘까지라도 구약을 읽을 때에, 오늘까지 모세의 글을 읽을 때에"(3:14-15) 한, 구약성경을 설교할 때에 그 초점이 어디에 맞춰져 있는가를 보면 알 수가 있습니다. 주님께서 "이 성경이 내게 대하여 증거한 것이라"(요 5:39) 하신 대로 그리스도에게 맞춰져있다면 그 설교자는 수건이 벗어진 설교자요, 그렇

지 않고 축복이나 교훈만을 말한다면 그곳에는 파해야할 견고한 진이 있다고 보아야만 합니다.

④ 6절은 첫째 단원의 결론으로 이제까지 한 말씀을 고린도 성도들에게 적용을 시킵니다. "너희의 복종이 온전히 될 때에"(6상) 합니다. 이로 보아 고린도교회 내에는 바울을 거역하는 잔존세력이 아직도 있음을 알 수가 있습니다. "모든 복종치 않는 것을 벌하려고 예비하는 중에 있노라"(6하) 합니다. 이 편지를 통해서도 "항복"하지 않는다면 파할 수밖에 없다는 말씀입니다. 바울은 그렇게 되는 것을 원치 아니하여 미리 경고의 말씀을 보내는 것입니다. 또한 이 말씀은 종말적인 뜻으로도 다가옵니다. 이 지구촌에는 복음에 복종하는 자와 복종치 아니하는 자들이 있게 될 것이고, 주님의 재림은 "복종치 않는 것을 벌하려고" 예비하는 중이라는 말씀입니다.

둘째 단원(7-11) **바울에게 주어진 세우는 권세**

"주께서 주신 권세는 너희를 파하려고 하신 것이 아니요 세우려고 하신 것이니 내가 이에 대하여 지나치게 자랑하여도 부끄럽지 아니하리라"(8).

① 둘째 단원의 중심점은 "세우는 권세"에 있습니다. 이점을 13:10절에서도, "너희를 파하려 하지 않고 세우려 하여" 하고 재차 말씀합니다. 묵은 것을 파할 권세를 주신 것은 새것을 세우기 위해서입니다. 바울에게 맡겨진 세우는 영역은, "속히 예루살렘에서 나가라 저희는 네가 내게 대하여 증거하는 말을 듣지 아니하리라, 떠나가라 내가 너를 이방인에게로 보내리라"(행 22:18, 21) 하신 "이방인의 사도"입니다. 그런데 유대주의자들은 바울이 세워놓은 이방인 교회까지 내려와서 파괴하려

책동하고 있는 것입니다.

② 만일 주께서 바울을 이방인의 사도로 부르셔서 "파하고, 세우는 권세"를 주심이 아니었다면 복음은 변질이 되고, 구속사역에는 큰 위기가 닥치게 되었을 것입니다. 그리고 이방인들인 우리의 구원도 불가능했을는지도 모릅니다. 하나님 아는 것을 대적하여 높아진 유대주의는 그토록 견고한 진이었습니다. 어떤 의미에서는 아직까지도 그 아성은 무너지지 않고 있는 것입니다.

③ "너희는 외모만 보는도다"(7상) 합니다. 이로 보건대 고린도교회에 침투한 거짓 교사들은 "외모", 또는 "육적"으로는 바울보다 월등한 조건 하에 있었음을 알 수가 있습니다. 고린도 성도들이 본 "외모"는 어떠한 것들이 있었는가? 첫째는 "천거서"(3:1)였을 것입니다. 둘째는, 언변(10)이었을 것입니다. 셋째는, 수사학적인 지혜였을 것입니다. 넷째는, 외모의 준수함이었을 성싶습니다. 거짓 교사들은 이런 것들을 자랑하면서 자신들이 진짜, "그리스도에 속한 자"(7하)라 주장했을 것입니다.

④ 그렇다면 바울에게는 어떤 자랑이 있는가? "주께서 주신 권세는 너희를 파하려고 하신 것이 아니요 세우려고 하신 것이니 내가 이에 대하여 지나치게 자랑하여도 부끄럽지 아니하리라"(8) 하고 저들을 영적으로 "세웠음"을 자랑합니다. 허물과 죄로 죽었던 심령을 복음으로 거듭나게 하여 양육하는 해산의 수고는 복음전도자만이 알 수가 있을 것입니다. 바울의 자랑은, "그리스도 안에서 일만 스승이 있으되 아비는 많지 아니하니 그리스도 예수 안에서 복음으로써 내가 너희를 낳았음이라"(고전 4:15) 한 복음입니다.

⑤ 목회자의 사명은 세우는 일입니다. "우리가 그를 전파하여 각 사람을 권하고 모든 지혜로 각 사람을 가르침은 각 사람을 그리스도 안에서 완전한 자로 세우려함이니 이를 위하여 나도 내 속에서 능력으로 역

사하시는 이의 역사를 따라 힘을 다하여 수고하노라"(골 1:28-29) 합니다. 목회자에게 맡겨진 "세우는 권세"는 현대교회의 목회를 점검하게 합니다. 왜냐하면 "어떻게 그 위에 세우기를 조심할지니라"(고전 3:10) 하고 말씀하고 있기 때문입니다. 모세는 성막을 하나님이 명하신 식양대로 세웠습니다. 과연 우리는 세우기를 조심하여 성도들을 "금, 은, 보석"으로 세우고 있는가? 아니면 불타버릴 "나무나 풀이나 짚"으로 세우고 있는 것은 아닌가 고민해보아야 할 것입니다.

셋째 단원(12-18) **주님께 옳다 인정함을 받는 자**

"우리는 남의 수고를 가지고 분량 밖의 자랑하는 것이 아니라 오직 너희 믿음이 더할수록 우리의 한계를 따라 너희 가운데서 더욱 위대하여지기를 바라노라"(15).

① 셋째 단원의 중심점은, "자랑"에 있습니다. 자랑이라는 말이 5번이나 등장합니다. 거짓 교사들은 외모를 자랑했고, 육적인 것들을 자랑했으며, 천거서를 자랑했고, 결정적인 잘못은 "남의 수고(바울이 개척한 곳에 내려와)를 가지고 분량 밖의 자랑"을 했던 것입니다. 바울은 "내가 그리스도의 이름을 부르는 곳에는 복음을 전하지 않기로 힘썼노니 이는 남의 터 위에 건축하지 아니하려 함이라"(롬 15:20) 합니다. 어찌하여 저들은 "남의 수고를 가지고 분량 밖의 자랑"을 하려 한단 말인가?

② "우리가 어떤 자기를 칭찬하는 자로 더불어 감히 짝하며 비교할 수 없도다"(12) 합니다. 즉 자신을 그들과 비교하지 말라는 차별화를 의미합니다. 본 단원에는 "분량, 한계"라는 말이 강조되어 있는데 저들은 한계를 넘어 분량 밖의 것들을 자랑하고 있었기 때문입니다. 바울의 관심은 자랑이나 칭찬에 있지 아니하고, "그리스도의 복음으로 너희에

게 이른 것이라"(14하), 즉 "예루살렘으로부터 두루 행하여 일루리곤까지 그리스도의 복음을 편만하게 전하여"(롬 15:19) 고린도에까지 이르렀고, "너희 지경을 넘어 복음을 전하려 함이라"(16), 즉 서바나까지(롬 15:23) 전하여 확장시켜나가는 것입니다. 그런데 저들은 미개척지에 복음을 전할 생각은 하지 않고 남의 수고를 가지고 분량 밖의 자랑을 하고 있다는 것입니다.

③ "자랑하는 자는 주 안에서 자랑할지니라"(17) 합니다. 전서 1:31절에서도 "기록된 바 자랑하는 자는 주 안에서 자랑하라 함과 같게 하려 함이니라" 했습니다. 바울의 자랑과 저들의 자랑은 차원이 다른 것이며 질적인 면에서 달랐습니다. 저들은 분량 밖의 자랑, 남의 한계를 범한 자랑, 결국 "주 밖에서" 하는 자랑입니다. 그렇다면 결론은, "옳다 인정함을 받는 자는 자기를 칭찬하는 자가 아니요 오직 주께서 칭찬하시는 자니라"(18)에 이르게 되는 것입니다. 심판장 되시는 주님께서 누구의 손을 들어주실 것인가에 있다는 말씀입니다.

④ 이제 묵상해보십시다.

㉠ 바울에게 주어진 파하는 권세를 통하여 현대교회 내의 파해야할 것이 무엇인지.

㉡ 바울에게 주어진 세우는 권세를 통해서 세워야할 일이 무엇인지.

㉢ 사람들과 주님 중, 어느 편 인정과 칭찬 받기를 원하고 있는가에 대해서.

고린도후서 11장 개관도표

주제 : 정결한 신부로 드리려는 중매인

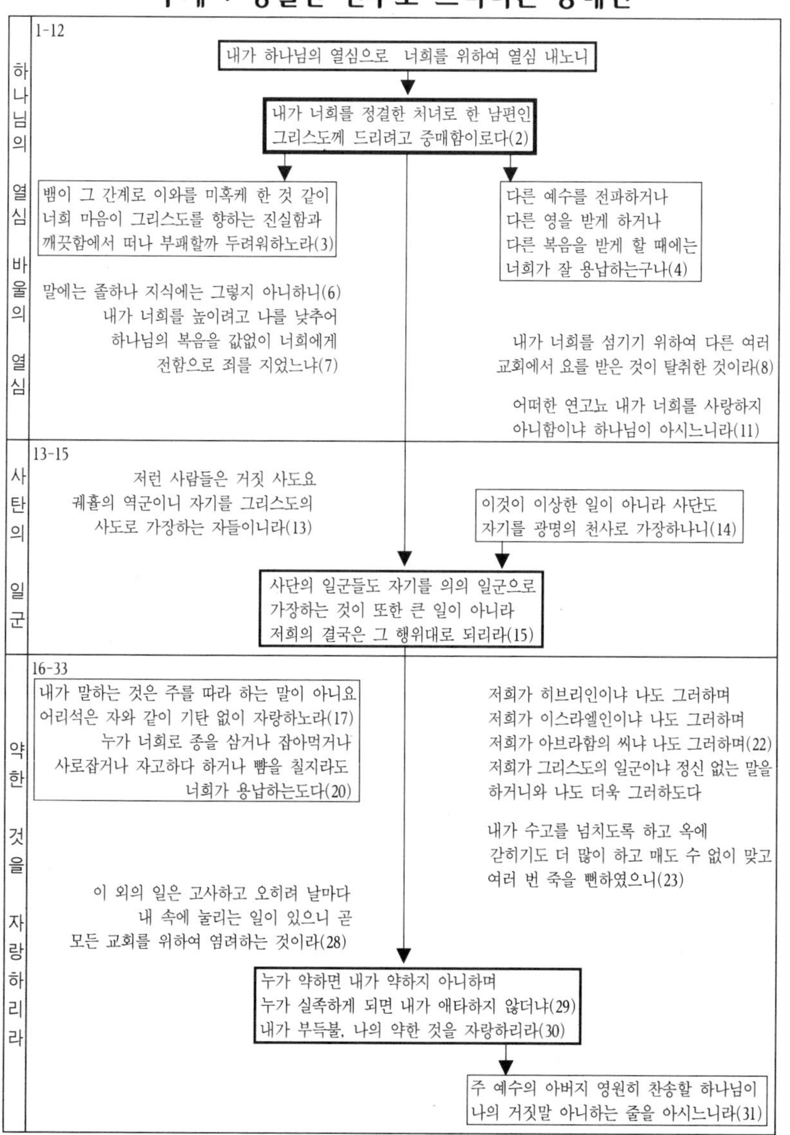

11장

정결한 신부로 드리려는 중매인

[3]뱀이 그 간계로 이와를 미혹케 한 것같이 너희 마음이 그리스도를 향하는 진실함과 깨끗함에서 떠나 부패할까 두려워하노라.

11장의 중심점은, "내가 너희를 정결한 처녀로 한 남편인 그리스도께 드리려고 중매함이로다"(2)에 있습니다. 그런데 "뱀이 그 간계로 이와를 미혹케 한 것같이"(3) 미혹하려는 자가 고린도교회에 침입함으로 바울의 마음은 뜨거워져 있는 것입니다. 10장에서 "견고한 진"이 무엇인가를 말씀한 바울은, 11장에서는 불의의 병기 노릇을 하고 자들의 정체를 밝히 드러냅니다. "저런 사람은 거짓 사도요 궤휼의 역군이니 자기를 그리스도의 사도로 가장하는 자들이니라"(13) 합니다. 그들이 어디서 누구의 추천서를 가지고 왔느냐 하는 점은 중요하지가 않습니다. 중요한 것은 고린도교회에 와서 무엇을 가르쳤느냐에 있습니다. 바울은 지금 저들과 인기경쟁을 하고 있는 것이 아니라, "다른 복음"(4)과 투쟁

하고 있는 것입니다. 그 점이 "누가 너희로 종을 삼거나 잡아먹거나 사로잡거나 자고하다 하거나 뺨을 칠지라도 너희가 용납하는도다"(20)에 나타납니다. 미혹하는 자는 어느 시대나 있어왔습니다. 이에 대한 대비책은 성도들로 하여금 분별력을 행사하도록 하는 일입니다. 바울은 이 작업을 하고 있는 것입니다. 이를 세 단원으로 나누어 상고하겠습니다.

첫째 단원(1-12) **하나님의 열심, 바울의 열심**
둘째 단원(13-15) **사탄의 일군노릇 하는 자들**
셋째 단원(16-33) **약한 것을 자랑하리라**

첫째 단원(1-12) **하나님의 열심, 바울의 열심**

"내가 하나님의 열심으로 너희를 위하여 열심 내노니 내가 너희를 정결한 처녀로 한 남편인 그리스도께 드리려고 중매함이로다"(2).

① 첫째 단원의 중심점은, "바울의 열심"에 있습니다. 그런데 바울의 "열심"이 그냥 "열심"이 아니라 "하나님의 열심"이라는 것입니다. "열심"이라는 헬라어는 "질투, 분개, 열렬한 마음" 등의 뜻이 있습니다. 이것이 우리를 향한 하나님의 열심입니다. 하나님은 태초에 하나님의 형상대로 사람을 만드셨습니다. 이는 사랑을 나누기 위한 교제의 대상으로 지으셨음을 의미합니다. 그런데 이들을 사탄이 유혹하여 자기 노예로 만든 것입니다. 이에 대한 하나님의 "질투, 분개"가 호세아서를 통해서 계시되어 있습니다. 호세아 선지자에게 "너는 또 가서 타인에게 연애를 받아 음부 된 그 여인을 사랑하라"(호 3:1) 하십니다. 하나님은 음부 된 자들을 구속하셔서, "내가 네게 장가들어 영원히 살되 의와 공변됨과 은총과 긍휼히 여김으로 네게 장가들며 진실함으로 네게 장가들리

니"(호 2:19-20) 하십니다.

② 구속사역이란 이를 이루시는 일입니다. "이는 한 아기가 우리에게 났고 한 아들을 우리에게 주신 바 되었는데, 만군의 여호와의 〈열심〉이 이를 이루시리라"(사 9:6-7), "이는 남은 자가 예루살렘에서 나오며 피하는 자가 시온에서 나올 것이라 만군의 여호와의 〈열심〉이 이를 이루시리라"(사 37:32) 하십니다. "에브라임이여 내가 어찌 너를 놓겠느냐 이스라엘이여 내가 어찌 너를 버리겠느냐 내가 어찌 아드마같이 놓겠느냐 어찌 너를 스보임같이 두겠느냐 내 마음이 내 속에서 돌아서 나의 긍휼이 온전히 불붙듯 하도다"(호 11:8) 하십니다. 바울은 이러한 하나님의 "열렬한 마음"으로 "질투와 분개"를 하고 있는 것입니다. 그것은 마치 "너희를 정결한 처녀로 한 남편인 그리스도께 드리려고 중매" 하는 것과 같다고 말씀합니다.

③ "뱀이 그 간계로 이와를 미혹케 한 것같이"(3상) 합니다. 14절에서는 "사단"이라 말하면서 어찌하여 "사탄"이라 하지 않고 "뱀"이라 하고 있는가? 그것은 "뱀"이 그러했듯이 저들 거짓 교사들이 사탄의 하수인 노릇을 하고 있기 때문입니다. 경각심을 가져야 할 것은 여기서 "나는 사탄의 하수인이 아니라" 만심(慢心)할 자는 아무도 없다는 사실입니다. 주님께서 "네가 복이 있도다" 하신 베드로가 잠시 후에, "사단아 내 뒤로 물러가라"(마 16:23)는 책망을 받은 데서 알 수가 있습니다. "너희 마음이 그리스도를 향하는 진실함과 깨끗함에서 떠나 부패할까 두려워하노라"(3하) 합니다.

④ "만일 누가 가서 우리의 전파하지 아니한 다른 예수를 전파하거나 혹 너희의 받지 아니한 다른 영을 받게 하거나 혹 너희의 받지 아니한 다른 복음을 받게 할 때에는 너희가 잘 용납하는구나"(4) 합니다. 저들이 전파한 "다른 예수, 다른 영, 다른 복음"이 무엇인지 구체적으로 언급하고 있지 아니합니다. 그렇다해도 이를 추측하기에는 어렵지 않습니

다. 왜냐하면 "저희 마음이 완고하여 오늘까지라도 구약을 읽을 때에 그 수건이 오히려 벗어지지 아니하고 있는"(3:14) 자들이 무엇을 주장했을 것인가는 분명하기 때문입니다.

⑤ 그러므로 여기서 주목해야할 점은 세 번이나 강조하고 있는 "다른"이란 말입니다. 분명한 것은 그들도 "예수, 영, 복음"을 전했다는 것입니다. 다만 변질된 "다른 예수, 다른 영, 다른 복음"을 전했을 뿐입니다. 뜻이 있는 설교자라면 이 말씀을 상고하면서 현대교회의 메시지에는 "다른 예수, 다른 복음"은 없는가 하는 위기감이 들 것입니다. 오늘날은 "예수, 복음"만 말하면 "다른" 것쯤은 문제시하지 않을 정도로 둔감해져 있습니다. 만일 바울이 오늘의 설교를 듣는다면 무엇이라 평가할 것인가를 생각하면 두려운 마음이 듭니다. 그런데도 우리는 아무렇지도 않게 여기고 있단 말인가?

다른 예수, 다른 영, 다른 복음

① "내가 지극히 큰 사도들 보다 부족한 것이 조금도 없는 줄 생각하노라"(5) 합니다. 문제는 "지극히 큰 사도들"이 누구를 가리키는가 하는 점입니다. 본문에는 "지극히 큰 사도들"(5)과, 바울 사도와, "거짓 사도"(13)가 있습니다. 바울은 지금 자칭 사도(13)라 하면서 자신의 사도됨을 부정하는 자들을 염두에 두고 말씀하고 있습니다. 그렇다면 저들은 자신을 소개하기를 "지극히 큰 사도들"로부터 보냄을 받은 "사도"라 하면서 바울은 천거서가 없는 가짜 사도라고 말한 것이 아닐까 하고 추정할 수가 있습니다. 왜냐하면 저들이 내세우고 있는 것이 추천장이기 때문입니다.

② "비록 말에는 졸하나 지식에는 그렇지 아니하니"(6상) 합니다. 바울은 우리가 생각하는 것보다는 말재주가 없었단 말인가? 아니면, 있었

다해도 “내 말과 내 전도함이 지혜의 권하는 말로 하지 아니하고”(고전 2:4)를 가리키는 것일 수도 있습니다. 그러나 “지식에는 그렇지 아니하니” 합니다. 바울은 에베소교회에 보낸 편지에서 “곧 계시로 내게 비밀을 알게 하신 것은 내가 이미 대강 기록함과 같으니 이것을 읽으면 그리스도의 비밀을 내가 깨달은 것을 너희가 알 수 있으리라”(엡 3:3-4) 합니다. 이점은 고린도 성도들도 인정하는 바였을 것입니다. 그래서 “이것을 우리가 모든 사람 가운데서 모든 일로 너희에게 나타내었노라”(6하) 합니다.

③ “내가 너희를 높이려고 나를 낮추어 하나님의 복음을 값없이 너희에게 전함으로 죄를 지었느냐”(7) 합니다. 반대의 경우를 생각해봅니다. 요를 받았다면 거짓 교사들은 무엇이라 비난했을 것인가? “다른 여러 교회에서 요를 받은 것이 탈취한 것이냐”(8), “탈취했다”고 말했을 것입니다. 그렇다면 바울은 다른 교회로부터는 요를 받으면서 어찌하여 고린도교회로부터는 받지 않았는가?

④ “어떠한 연고뇨 내가 너희를 사랑하지 아니함이냐 하나님이 아시느니라”(11) 합니다. 그것은 사랑의 문제가 아니라, “또 내가 너희에게 있어 용도가 부족하되 아무에게도 누를 끼치지 아니함은 마게도냐에서 온 형제들이 나의 부족한 것을 보충하였음이라 내가 모든 일에 너희에게 폐를 끼치지 않기 위하여 스스로 조심하였거니와 또 조심하리라”(9) 한 “조심”(操心)의 문제였던 것입니다. 이로 보건대 바울이 고린도에서는 극도로 조심했음을 알 수가 있습니다. 그렇게 조심했음에도 예감은 빗나가지 않고 문제는 고린도에서 벌어졌던 것입니다.

⑤ 보십시오. “내가 하는 것을 또 하리니 기회를 찾는 자들의 그 기회를 끊어”(12) 합니다. 고린도에는 “기회”를 엿보고 있는 자들이 있었던 것입니다. 바울은 목회서신에서 “대적에게 훼방할 기회를 조금도 주지 말기를 원하노라”(딤전 5:14) 하고 말씀합니다. “마귀에게 틈을 타지

못하게 하라"(엡 4:27) 권면합니다. 바울은 "이 직책이 훼방을 받지 않게 하려고"(6:3) 얼마나 조심하고 있었던가, "스스로 조심하였거니와 또 조심하리라"(9하) 말씀합니다.

둘째 단원(13-15) **사탄의 일군노릇 하는 자들**

"저런 사람들은 거짓 사도요 궤휼의 역군이니 자기를 그리스도의 사도로 가장하는 자들이니라"(13).

① 둘째 단원의 중심점은, "대적자의 정체를 폭로"함에 있습니다. 그들의 정체를,

㉠ 거짓 사도요,

㉡ 궤휼의 역군,

㉢ 사단의 일군이라고 규정합니다.

② 어떻습니까? 너무 과격하고, 요즘 말로 하면 극단주의자란 생각이 들지 않습니까? 이들이 도대체 누구란 말인가? 바울은 참으로 용의주도한 바가 있습니다. 바울은 이 말을 진작하고 싶었을 것이지만 가슴에 묻어두고는 묵묵히 "저들과, 우리"의 다른 점(1-7장)을 말씀했을 뿐입니다. 그리고 연보라는 매개를 통해서 고린도 성도들을 예루살렘교회와 유대를 맺게 해주었습니다. 이제는 고린도 성도들이 분별력을 행사하게 되었으리라는 판단과 확신을 갖게 되자 노골적으로 저들의 정체를 폭로하는 것입니다.

③ 이제까지는 간접적으로만 말씀했습니다.

㉠ 1장에서는 하나님의 은혜가 아니라 "육체의 지혜"(12)로 하는 자들로,

㉡ 2장에서는 하나님의 말씀을 혼잡하게 하는 수다한(17) 사람으로,

㉢ 3장에서는 천거서를 자랑(1)하는 자, 또는 수건이 마음에서 벗어지지 아니한(14-15) 자들로,

㉣ 4장에서는 그리스도의 영광의 복음의 광채를 비취지 못하게(4) 하는 자들로,

㉤ 5장에서는 외모로 자랑하는(12) 자, 그리스도를 육체대로 알고 있는(16) 자들로,

㉥ 6장에서는 타천(他薦)자냐, 자천(自薦)자냐(4) 등을 들어서 거짓 교사들과의 차별화를 간접적으로 말씀했습니다. 그런데 11장에 이르러, "저런 사람들은 거짓 사도요, 궤휼의 역군이요, 사단의 일군"이라고 직격탄을 날리고 있는 것입니다.

④ 그렇다면 이런 의구심이 들만합니다. 이상에서 열거(육체의 지혜나 외모 자랑, 말씀혼잡, 마음에 수건이 벗어지지 아니함 등)한 자들을 통틀어 "사단의 일군"으로 매도할 수 있단 말인가? 할례를 주장하는 "바리새파 중에 믿는 어떤 사람"(행 15:5), 율법에 열심 있는 "유대인 중에 믿는 자 수만 명"(행 21:20)이 모두 사탄의 일군들이란 말인가? 아닙니다. 여기 구분(區分)이 있습니다.

⑤ 누구나 복음을 받아드리게 되면 어린아이로 태어납니다. 그러므로 젖이나 먹고 단단한 식물은 먹지를 못하게 됩니다. 다시 말하면 양육을 통해서 장성한 자, 즉 수건이 마음에서 벗어지게 된다는 말씀입니다. 바울은 고린도 성도들에게, "내가 너희를 젖으로 먹이고 밥으로 아니하였노니 이는 너희가 감당치 못하였거니와 지금도 못하리라"(고전 3:2) 말씀합니다. 바울은 그들을 향해서 "사탄의 일군"이라 말하고 있는 것이 아닙니다. 문제는 그런 수준에 있는 자들이 천거서를 가지고 고린도교회에 내려와서 사도로 자처하면서 바울의 사도권과, 그가 증거한 복음을 부정하면서, "다른 예수, 다른 복음"을 가르치고 있기 때문입니다. 이렇게 한다면 이는 변명의 여지가 없는 "거짓 사도요, 사단의 일군",

즉 사탄의 하수인 노릇을 하고 있는 것이란 말씀입니다.

사탄의 일군 노릇 하는 지도자

① 주님이 진노하신 바가 이것입니다. 백성들을 향해서, "뱀들아 독사의 새끼들아 너희가 어떻게 지옥의 판결을 피하겠느냐"(마 23:33) 하신 것이 아닙니다. "천국 문을 사람들 앞에서 닫고 너희도 들어가지 않고 들어가려 하는 자도 들어가지 못하게 하는"(마 23:13) 지도자들을 향한 책망입니다. 현대교회 지도자들 중에도 "수건이 마음에서 벗어지지 아니한" 자들은 많이 있는 것입니다. 어떤 경우는 성령으로 거듭나지도 못한 것이 아닌가 하는 의구심이 들게 합니다. 왜냐하면 성경이, "육에 속한 사람은 하나님의 성령의 일을 받지 아니하나니 저에게는 미련하게 보임이요 또 깨닫지도 못하나니"(고전 2:14) 하고 말씀하고 있는데, 저들은 성령의 일을 받지 않고 있기 때문입니다. 그렇다면 현대교회 내에도 "사단의 일군"들이 있다는 것이 됩니다.

② 소정의 과정을 거치고 "졸업장"만 있으면 누구나 목회자가 될 수 있는 것은 아닙니다. 그것은 마치 천거서로 자랑하는 것과 같은 것입니다. 최우선적으로 "그리스도의 영광의 복음의 광채"(4:4)에 비췸을 받았는가가 문제입니다. 다음으로 자신의 마음에서 수건이 벗어졌는가를 살펴보아야만 할 것입니다. 그리고 "눈을 감았던 자가, 엎드려서 눈을 뜬 자가"(민 24:15-16) 되었는가를 심각하게 고민해야할 것입니다. "소경이 되어서 소경을 인도"한다면 그를 따르는 무리들과 함께 구덩이에 빠지게 될 것은 필연적인 사실입니다. 이보다 비극적이고 가공스러운 일이란 없습니다. 이사야서에는 "진실로 이 죄악은 너희 죽기까지 속하지 못하리라"(사 22:14)는 말씀이 있는데, 이 죄악은 세세토록 "슬피 울며 이를 갈게 될" 죄악이라 할 것입니다. 그러므로 목회자들은, "내 형

제들아 너희는 선생 된 우리가 더 큰 심판 받을 줄을 알고 많이 선생이 되지 말라"(약 3:1) 하신 말씀을 심각하게 생각해보아야만 할 것입니다.

③ 한가지 생각하고 넘어가야 할 점은 고린도교회에 침투한 저들이, 그리고 주님을 십자가에 못을 박은 지도자들이, 더 거슬러 올라가 구약시대 그 많은 거짓 선지자들이 자신이 사탄의 하수인 노릇을 하고 있다는 사실을 알고 있었을까 하는 점입니다. 모르고 있었을 것이라는 생각이 듭니다. 왜냐하면 그들 자신도 사탄에게 속고 있기 때문입니다. 이점이 바울의 고백을 통해서 드러나는데, "우리도 전에는, 속은 자"(딛 2:3)라고 말합니다. 그런데 "열심으로는 교회를 핍박하고"(빌 3:6) 라고 말하고 있다는 것은 속고 있으면서도 자기 딴에는 하나님을 일을 열심히 하고 있는 줄로 기만당하고 있었다는 것입니다. 얼마나 가공스러운 일인가?

셋째 단원(16-33) 약한 것을 자랑하리라

"내가 말하는 것은 주를 따라 하는 말이 아니요 오직 어리석은 자와 같이 기탄 없이 자랑하노라"(17).

① 셋째 단원의 중심점은, "자랑"에 있습니다. "자랑"이라는 말이 6번(16, 17, 18, 18, 30, 30)이나 나옵니다. 자랑이란 주님 앞에서는 가당치 않은 것입니다. 그러므로 "어리석은 자"라는 말도 4번(16, 17, 19, 21)이나 나옵니다. 바울도 이를 알았기에 자랑하는 말이 "주를 따라 하는 말이 아니요 오직 어리석은 자와 같이 기탄 없이 자랑"(17)하는 것이라 말씀합니다.

② 이를 알면서 어찌하여 자랑을 열거하고 있는가? "내가 어리석은

자가 되었으나 너희가 억지로 시킨 것이니"(12:11) 합니다. 즉 바울로 하여금 자랑하지 않을 수 없게끔 고린도 성도들이 원인을 제공했다는 것입니다. 다시 말하면 거짓 사도들이 자랑을 늘어놓고 있는데 침묵하고 있다면 꼼짝없이 거짓 사도로 몰릴 지경이 되었기 때문이라는 뜻입니다. 바울은 고린도 성도들과 복음을 위해서라면 "어리석은 자" 되는 것도 감수하겠다는 그런 심정으로 자랑을 하고 있는 것입니다.

③ 이와 결부하여 "용납한다"는 말도 3번(4, 19, 20)이나 나옵니다. 만일 고린도 성도들이 분별력을 행사하여 거짓 선생들을 용납하지 않고 발을 붙이지 못하게 했다면 얼마나 좋았을 것인가? 그런데, "누가 너희로 종을 삼거나 잡아먹거나 사로잡거나 자고하다 하거나 뺨을 칠지라도 너희가 용납하는도다"(20) 하고 탄식합니다. 이는 육적인 이야기가 아닙니다. 주님 말씀대로 하면 "차라리 연자 맷돌을 그 목에 메이우고 바다에 던지우는 것이 나으리라"(눅 17:2) 하신 더욱 비극적인 영적인 상황을 말씀함입니다.

④ 이런 일은 구약시대에도 있었습니다. 에스겔 13장은 전부가 선지자들을 책망하는 내용입니다. "영혼을 사냥"하는 자라는 말이 4번(겔 13:18, 18, 20, 20)이나 강조되어 있습니다. "두어 웅큼 보리와 두어 조각 떡을 위하여" 영혼을 사냥한다는 것입니다. 그들을 가리켜 "황무지에 있는 여우(4), 백성을 유혹하는 자(10), 담에 회칠하는 자"(14-15)라고 말씀합니다. 미가 선지자는 지도자들을 향하여, "내 백성의 가죽을 벗기고 그 뼈에서 살을 뜯어 그들의 살을 먹으며 그 가죽을 벗기며 그 뼈를 꺾어 다지기를 남비와 솥 가운데 담을 고기처럼 하는도다"(미 3:2-3) 책망하고 있습니다. 이런 일은 바울 당시에도 있었고 오늘날도 있는 것입니다.

종을 삼거나 잡아먹는 자들

① "저희가 히브리인이냐 나도 그러하며 저희가 이스라엘인이냐 나도 그러하며 저희가 아브라함의 씨(자손)냐 나도 그러하며 저희가 그리스도의 일군이냐 정신 없는 말을 하거니와 나도 더욱 그러하도다"(22-23상) 합니다. 여기서 저들의 정체가 유대인이면서, 그리스도의 일군임이 드러납니다. 그들이 고린도에 내려와서 무슨 설교를 했기에 너희로 "종을 삼고, 잡아먹고, 사로잡는다"(20)고 말씀하는가를 심각하게 생각해보아야만 할 것입니다. 왜냐하면 오늘의 설교 가운데도 이런 유의 설교가 얼마든지 행해지고 있을 것이기 때문입니다.

② 바울은 23-27절을 통해서 저들보다 얼마나 수고를 넘치도록 했는가를 진술합니다. 그렇다면 바울은 저들하고 "자랑" 경쟁이라도 벌리고 있단 말인가? 아닙니다. "내가 부득불 자랑할진대 나의 약한 것을 자랑하리라" 말씀합니다. 이는 의미심장한 표현입니다. 바울이 열거한 23-29절까지의 진술, 즉 "옥에 갇힘, 매 맞음, 죽을 뻔함, 태장으로 맞음, 돌로 맞음, 파선을 당함" 등이 강한 자의 모습인가 아니면 약한 자의 모습인가를 생각해보시기를 바랍니다. 이런 사람을 세상은 강한 자라 말하지 않습니다. "우리가 지금까지 세상의 더러운 것과 만물의 찌끼같이 되었도다"(고전 4:13) 한 그런 비참한 모습입니다. 구약시대에도 참 선지자들이 이런 모습을 하고 있지, 거짓 선지자들은 "배부르고 칭찬"(눅 6:26)받는 인기 있는 자들이었습니다. 그래서 바울은 "나의 약한 것을 자랑하리라" 하는 것입니다. 그리고 12장에서 자신의 약점을 말합니다.

③ "이 외의 일은 고사하고 오히려 날마다 내 속에 눌리는 일이 있으니 곧 모든 교회를 위하여 염려하는 것이라"(28) 합니다. "오히려" 라는 말은 육신적으로 당한 고난보다는 심적인 고통이 더 컸음을 나타냅니다. 어떤 점이 그러했을까? "뱀이 그 간계로 이와를 미혹케 한 것같이

너희 마음이 그리스도를 향하는 진실함과 깨끗함에서 떠나 부패할까 두려워하는"(3) 마음에서입니다. "이는 가만히 들어온 거짓 형제 까닭이라(갈 2:4), 저희 중에 남의 집에 가만히 들어가 어리석은 여자를 유인하는 자들이 있으니(딤후 3:6), 이는 가만히 들어온 사람 몇이 있음이라"(유 1:4) 한 에덴에 침입한 사탄과 같은 존재 때문입니다. "누가 약하면 내가 약하지 아니하며 누가 실족하게 되면 내가 애타하지 않더냐"(29) 합니다. 이것이 신구약을 막론한 참 선지자의 심정이요, 참 목자의 심정인 것입니다.

④ "나를 잡으려고 다메섹 성을 지킬새 내가 광주리를 타고 들창 문으로 성벽을 내려가 그 손에서 벗어났노라"(32-33) 합니다. 이렇게 말씀하는 바울의 심중은 무엇인가? 바울의 진실성이 고린도 성도들에게 전해지기를 바라는 마음에서입니다. 다시 강조합니다만 저들 거짓 선생들의 위풍당당한 모습 앞에 자신의 초라한 모습을 보여주고 있는 것은, "내가 너희를 정결한 처녀로 한 남편인 그리스도께 드리려고 중매" 하기 위해서 이런 고난을 자초하고 있음을 고린도 성도들에게 말해주고 싶은 것입니다. 그래서 "주 예수의 아버지 영원히 찬송할 하나님이 나의 거짓말 아니하는 줄을 아시느니라"(31) 합니다. 이 사람을 향해서 누가 돌을 던질 수가 있단 말인가?

⑤ 이제 묵상해보십시다.

㉠ 하나님의 열심, 바울의 열심에 대해서.

㉡ 어찌하여 저들을 사탄의 일군이라 말하는가에 대해서.

㉢ 나의 약한 것을 자랑하리라는 의미에 대해서.

고린도후서 12장 개관도표

주제 : 약한데서 온전하여지는 하나님의 능력

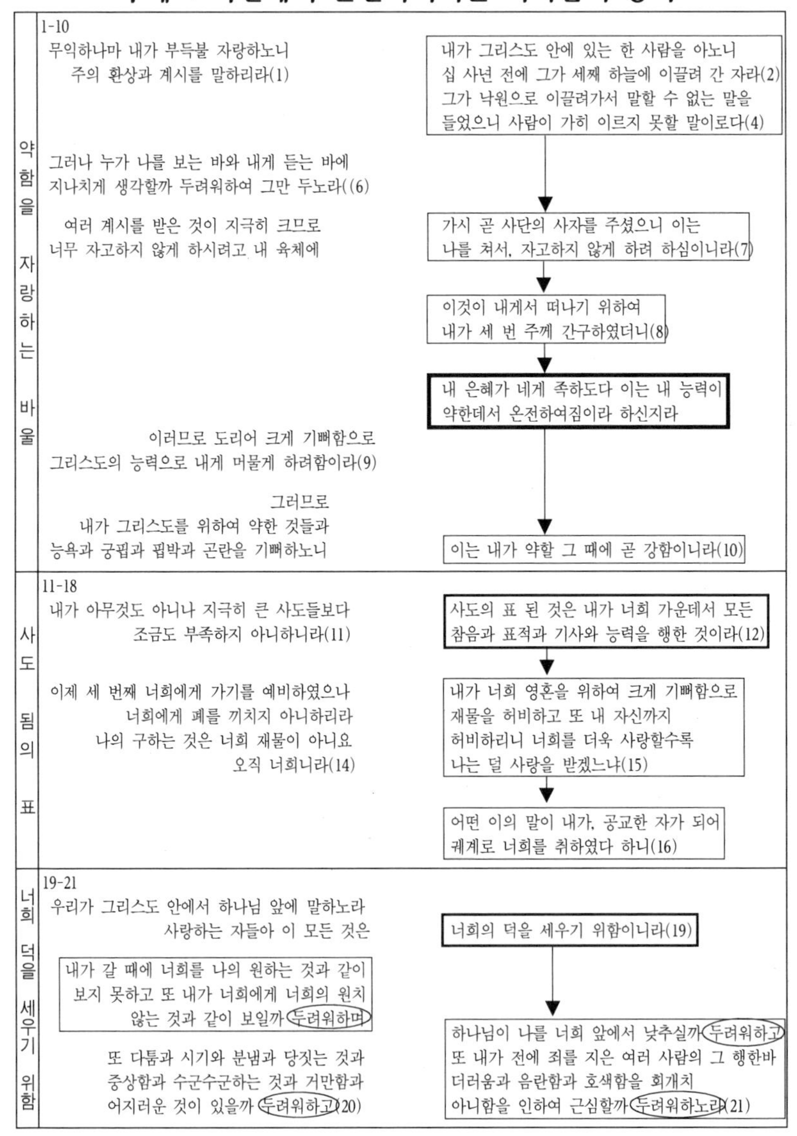

12장

약한데서 온전하여지는 하나님의 능력

[9]내게 이르시기를 내 은혜가 네게 족하도다 이는 내 능력이 약한데서 온전하여짐이라 하신지라 이러므로 도리어 크게 기뻐함으로 나의 여러 약한 것들에 대하여 자랑하리니 이는 그리스도의 능력으로 내게 머물게 하려함이라.

12장의 중심은 바울의 약한 것을 자랑하는데 있습니다. 우리는 바울이 보았다는 "환상과 계시"에 초점을 맞추려하지만 바울은 이내 "내 육체에 사단의 사자"를 주셨다 하고 자신의 연약함을 드러냄으로 이를 거부합니다. 그리고는 "내 은혜가 네게 족하도다" 하신 "은혜"에 시선을 집중하게 합니다. 거짓 교사들은 강한 것들이라 여겨지는 것들을 자랑했을 것입니다. 그리고 이를 통해서 바울을 공격했을 것입니다. 그런데 바울은 "나의 여러 약한 것들에 대하여 자랑하리니" 합니다. 왜 이렇게 하고 있는가? 주님께서 "내 능력이 약한데서 온전하여 짐이라" 말씀하시기 때문입니다. 이는 위대한 역설입니다. 바울은 "내가 약할 그 때에 곧 강함이라"(10)를 통해서 승리할 수가 있었던 것입니다. 그리하여

"보라 이제 세 번째 너희에게 가기를 예비하였으나"(14) 하고 자신 만나기를 예비케 하고 있습니다. 이를 세 단원으로 나누어 상고하겠습니다.

첫째 단원(1-10) **약함을 자랑하는 바울**
둘째 단원(11-18) **사도 됨의 표**
셋째 단원(19-21) **너희의 덕을 세우기 위함이라**

첫째 단원(1-10) 약함을 자랑하는 바울

"내가 이런 사람을 위하여 자랑하겠으나 나를 위하여 는 약한 것들 외에 자랑치 아니하리라"(5).

① 첫째 단원은, "무익하나마 내가 부득불 자랑하노니 주의 환상과 계시를 말하리라"(1) 하고 "환상과 계시"로 시작을 합니다. 그런데 단원의 결론은 "내가 약할 그 때에 곧 강함이니라" 하고 역설로 끝을 맺고 있음을 유념해야만 합니다. 바울은 자신이 체험한 "환상과 계시"를, "내가 그리스도 안에 있는 한 사람을 아노니 십 사 년 전에 그가 셋째 하늘에 이끌려 간 자라"(2) 하고 다른 사람의 이야기를 하듯이 삼인칭으로 말씀합니다. 이는 매우 조심스럽게 말하고 있다는 증거입니다. "십 사 년 전에", 하는 표현을 통해서 드러나는 것은, 14년 동안이나 이를 말하지 않고 있었다는 것이 됩니다. 그런데 이 시점에서 간직했던 비밀을 말씀하는 의도가 무엇인가?

② "무익하나마 내가 부득불 자랑하노니"(1상) 라는 말에 그의 심정이 나타납니다. 무익한 줄, 즉 어리석은 일인 줄을 알지만 "부득불", 즉 말하지 않을 수가 없어서 말한다는 것입니다. 그래서 11절에서는, "내가

어리석은 자가 되었으나 너희가 억지로 시킨 것이니" 하고 말씀하는 것입니다. "이 모든 것이 너희의 덕을 세우기 위함이니"(19하) 합니다. 즉 너희 덕을 세우기 위해서라면 내가 어리석은 자가 되는 것도 감수하리라는 뜻입니다.

③ "그가 낙원으로 이끌려가서 말할 수 없는 말을 들었으니 사람이 가히 이르지 못할 말이로다"(5상) 합니다. 여기까지 듣게 되면 사람들은 호기심이 발동하여 다음 말에 귀를 기울이게 마련입니다. 이를 알았기에, "내가 만일 자랑하고자 하여도 어리석은 자가 되지 아니할 것은 내가 참말을 함이라 그러나 누가 나를 보는 바와 내게 듣는 바에 지나치게 생각할까 두려워하여 그만두노라"(6) 하고 입을 다뭅니다.

④ 이 감추었던 비밀은 반대자들에게 치명타를 가하는 것이라 할 수가 있습니다. 전서에서도 그런 장면을 대하게 됩니다. 바울은 "남을 가르치기 위하여 깨달은 마음으로 다섯 마디 말을 하는 것이 일만 마디 방언으로 말하는 것보다 나으니라" 말씀합니다. 이런 말을 듣게 되면 방언을 선호하는 자들은 속으로 "방언을 못하니까 저런 말을 한다" 생각하기 마련입니다. 그들을 향해서, "내가 너희 모든 사람보다 방언을 더 말하므로 하나님께 감사하노라"(고전 14:18-19) 하고 결정타를 날립니다. 덜 떨어진 사람들은 환상을 보았느니, 계시를 받았느니 말했을 것입니다. 그들을 향해서 "내가 낙원으로 이끌려 가서 말할 수 없는 말을 들었다" 하고 저들의 입을 다물게 만듭니다.

환상과 계시

① 그런데 바울은 여기서 멈추는 것이 아니라, "내 육체에 가시 곧 사단의 사자를 주셨으니"(7) 하고 자신의 약점을 드러냅니다. 이런 말은 되도록 하지 않는 것이 도움이 되는 것이 아닙니까? 그러나 바울은,

"나는 이처럼 연약한 질그릇에 불과하다 비난하려면 비난을 퍼부어라" 하고 말하고 있는 셈입니다. 이 말을 하지 않았다면 모든 시선이 바울에게 집중이 되어 "나를 보는 바와 내게 듣는 바에 지나치게 생각"(6)하게 되었을 것입니다. 바울은 자신을 바라보려는 시선을 "내 은혜가 네게 족하다"(9) 말씀하시는 주님께로 향하게 하는 것입니다.

② 자고(自高)하지 않게 하시려고 바울의 몸에 허용하셨다는 "사단의 사자"가 무엇일까? 많은 추측이 가해지고 있으나 부질없는 일입니다. 그냥 "사단의 사자"로 족한 것입니다. 왜냐하면 이 "사자"는 바울에게 국한된 것도 아니요, 또한 "사단의 사자"는 각자에 따라 다양한 모양으로 나타나기 때문입니다. 바울이 낙원에 이끌려 가서 들었다는 "말할 수 없는 말"도 그대로 둔 것이 신비스럽고 여운이 있어서 좋은 것입니다. 바울은 사탄의 사자, "이것이 내게서 떠나기 위하여 내가 세 번 주께 간구하였더니"(8) 합니다. 그는 의외의 응답을 듣게 됩니다.

③ "내게 이르시기를 내 은혜가 네게 족하도다"(9상) 하십니다. 얼마나 족한 말씀인가? 우리에게 베푸신 은혜는 얼마나 족한 은혜인가! 이를 모르고 구하고 있었다니. 여기 원리가 있습니다. 그것은, "이는 내 능력이 약한데서 온전하여짐이라"(9중)는 말씀입니다. 이 말씀은 우리의 철없음을 부끄럽게 합니다. 그래서 마음을 숙연케 합니다. 왜냐하면 우리는 약해지려 하기보다는 "강해지려" 안간힘을 썼고, 초능력의 사람이 되려고 자고(自高)했기 때문입니다. "내 능력이 약한데서 온전하여 진다"는 은혜의 원리를 망각하고 있었던 것입니다. 강한 자를 강하게 하시는 것은 은혜를 은혜 되지 못하게 하는 일임을 모르고 있었던 것입니다. 이는 나를 내세우려는 교만이 내 속에 도사리고 있다는 증거이기도 합니다.

④ "이러므로 도리어 크게 기뻐함으로 나의 여러 약한 것들에 대하여 자랑하리니"(9중) 합니다. 사람들은 강한 것은 자랑하고 약점은 숨기려

합니다. 누군가 약점을 건드리면 참지를 못합니다. 그런데 "도리어 크게 기뻐함으로 나의 여러 약한 것들에 대하여 자랑하리니" 하는 이 사람은 도대체 어떤 사람이란 말인가? "이는 우리로 자기를 의뢰하지 말고 오직 죽은 자를 다시 살리시는 하나님만 의지하게 하심이라"(1:9)는 연단을 받은 사람입니다. 자신이 질그릇 조각 중 한 조각 같은 자(4:7, 사 45:9)임을 아는 사람, 그리하여 부서지고 깨어진 사람입니다. 그러므로 "이는 그리스도의 능력으로 내게 머물게 하려함이라"(9하) 합니다.

⑤ 바울은 이렇게 말씀하고 있는 셈입니다. 가시와 능력이 떠나는 편보다는, 가시와 함께 그리스도의 능력으로 내게 머물게 하는 이 편을 택했노라. "이러므로 내가 그리스도를 위하여 약한 것들과 능욕과 궁핍과 핍박과 곤란을 기뻐하노니 이는 내가 약할 그 때에 곧 강함이니라"(10) 합니다. 얼마나 큰 깨달음인가! 얼마나 위대한 선언인가! 이는 모든 복음전도자들의 구호가 되어야 할 선언입니다.

둘째 단원(11-18) **사도 됨의 표**

"사도의 표된 것은 내가 너희 가운데서 모든 참음과 표적과 기사와 능력을 행한 것이라"(12).

① 둘째 단원의 중심점은 "사도 됨의 표"에 있습니다. 바울은 다시 한번 "내가 아무것도 아니나 지극히 큰 사도들보다 조금도 부족하지 아니하니라"(11) 합니다. 이 말은 자신을 내세우는 것이 결코 아닙니다. "나의 나 된 것은 하나님의 은혜로 된 것이니, 내가 모든 사도보다 더 많이 수고하였으나 내가 아니요 오직 나와 함께 하신 하나님의 은혜로라"(고전 15:10) 는 말씀입니다. 그렇다면 바울의 사도 됨의 "표"가 무엇이라고 말씀하는?

② 의외라 싶게 첫째가, "내가 너희 가운데서 참음과" 하고 "참음"을 들고 있습니다. "의외"(意外)라는 말을 했지만 실은 의외가 아니라 가장 핵심적인 "표"라 할 수가 있습니다. 참 목자와 거짓 목자의 본색(本色)은 시련과 환난의 때에 드러납니다. 거짓 목자는 위험하고 불리하다 싶으면 도망을 갑니다. 주님은 말씀하십니다. "삯군은 목자도 아니요 양도 제 양이 아니라 이리가 오는 것을 보면 양을 버리고 달아나나니"(요 10:12). 목회에 있어서 인내는 승패를 좌우합니다. "우리가 선을 행하되 낙심하지 말지니 피곤하지 아니하면 때가 이르매 거두리라"(갈 6:9) 합니다. "그러므로 형제들아 주의 강림하시기까지 길이 참으라 보라 농부가 땅에서 나는 귀한 열매를 바라고 길이 참아 이른 비와 늦은 비를 기다리나니 너희도 길이 참고 마음을 굳게 하라"(약 5:7-8) 합니다.

③ 참을 수 있는 원동력이 어디서 오는가? 다시 말하면 참는 자와, 참지 못하는 자의 차이가 무엇인가? 그것은 언약에 대한 믿음입니다. 수건이 마음에서 벗어진 복음의 능력입니다. 그리스도에 대한 사랑입니다. 바울은 사랑 장에서 첫마디가 "사랑은 오래 참고" 합니다. 그리고 "모든 것을 참으며 모든 것을 믿으며 모든 것을 견디느니라" 합니다. 복음을 믿기에, 그 복음을 주신 주님을 사랑하기 때문에 참을 수가 있는 것입니다.

첫째 사도의 표, 참음

① 그러면 바울의 "참음"이 어떻게 나타났는가? 11:23-27절에서 열거한 고난들, "옥에 갇히기도 더 많이 하고 매도 수 없이 맞고 여러 번 죽을 뻔하였으니, 사십에 하나 감한 매를 다섯 번 맞았으며 세 번 태장에 맞고 한 번 돌로 맞고 세 번 파선하는데 일 주야를 깊음에서 지냈으며" 등을 "참음"이 없이 감당할 수가 있었단 말인가? 이는 다음으로 들고 있

는 "표적과 기사와 능력"으로 극복할 수 있는 것도 아닙니다. 오직 참음입니다. 오직 믿음입니다. 오직 사랑입니다.

② 또한 바울의 참음은, ㉠ "폐를 끼치지"(13-14) 아니했다, 즉 자급선교로 드러납니다. 바울은 전서에서, "이 권을 쓰지 아니하고 범사에 참는 것은 그리스도의 복음에 아무 장애가 없게 하려 함이로라"(고전 9:12) 했습니다. 이는 작은 일 같지만 큰 일입니다. 오늘의 목회자들이 바울처럼 자급목회를 해야한다면 몇 사람이나 참고 견딜 수 있을까 생각하게 합니다. 바울의 참음은 한 걸음 더 나아갑니다. "내가 너희 영혼을 위하여 크게 기뻐함으로 재물을 허비하고 또 자신까지 허비하리니"(15) 합니다. 부끄러운 말을 해야하겠습니다. 한국교회가 "개혁"이 되어야한다고 이구동성으로 말합니다. 교회개혁은 말씀개혁으로부터 일어나는 것입니다. 이는 구호로 되는 것이 아니라 실천적이어야 합니다. 방법 중 하나가 "봉투 안 주고 안 받기" 운동을 펼치는 일입니다. 복음을 팔아먹듯이 하지 말자는 것입니다. 이 한가지만이라도 실천에 옮긴다면 말씀개혁은 일어날 것이요, 참으로 복음을 사랑하는 자와 아닌 자가 드러나게 될 것입니다.

③ 둘째로, "표적과 기사와 능력을 행한 것이라"(12하) 합니다. 이런 말을 대하면 곧장 기사이적을 생각합니다. 바울 사도의 사역에는 사도행전에서 보는 바대로 "표적, 기사, 능력"이 수반된 것이 사실입니다. 그렇다해도 바울이 사도의 표로 "능력"을 꼽고 있는 것은 기사이적만을 가리키는 것은 아닐 것입니다. "다른 사람들에게는 내가 사도가 아닐지라도 너희에게는 사도니 나의 사도 됨을 주 안에서 인친 것이 너희라"(고전 9:2) 한 "복음의 능력"을 염두에 두고 한 말씀일 것입니다. 바울은 전도를, "지혜의 권하는 말로 하지 아니하고 다만 성령의 나타남과 능력"(고전 2:4)으로 하였다고 말씀합니다. 그러므로 구속사에 있어서 최고의 능력은 "중생의 능력"임을 망각해서는 아니 됩니다. 바울은 이

능력을 "그의 힘의 강력으로 역사하심을 따라 믿는 우리에게 베푸신 능력의 지극히 크심"(엡 1:19)이라고 표현하고 있습니다. 그렇다면 형제여, 복음을 사랑하는 형제는 최고 최대의 능력을 가진 자입니다.

참음과 표적과 기사와 능력

① "보라 이제 세 번째 너희에게 가기를 예비하였으나"(14상) 합니다. 첫 번 방문은 제2차 선교여행 당시 처음 복음을 전하러 간(행 18:1-17) 것이고, 제2차 방문은 "내가 다시 근심으로 너희에게 나아가지 않기로 스스로 결단하였노니"(2:1) 한 "근심으로 나아간" 방문일 것입니다. 이런 맥락에서 세 번째 방문은 고린도교회를 보수하느냐 빼앗기느냐 하는 중요한 분기점이 된다 하겠습니다.

② "너희에게 폐를 끼치지 아니하리라 나의 구하는 것은 너희 재물이 아니요 오직 너희니라"(14중) 합니다. 지당한 말씀이요 하고 지나칠 것이 아니라 깊이 새겨보고 반성해야 할 말씀입니다. 오늘의 목회가 구하는 것은, "너희가 아니라 오직 예배당이요, 성장이니라"가 아닌지 자문해보아야만 할 것입니다. 주님은 예배당 건물을 피로 값을 주고 사신 것이 아닙니다. "어린 아이가 부모를 위하여 재물을 저축하는 것이 아니요 이에 부모가 어린아이를 위하여 하느니라"(14하) 합니다. 바울의 눈에는 고린도 성도들이 "복음으로써 내가 너희를 낳았음이라"(고전 4:15) 한 사랑스런 자녀, 곧 주의 신부로만 보였던 것입니다.

③ 본 단원을 마치기 전에 나의 목회자로써의 "표"는 과연 무엇인가를 생각하게 합니다. 참음이라고 말할 수 있는가? 자신까지 허비하고자 하는 희생인가? "부모가 어린아이를 위하여 하느니라" 한 사랑인가? 그 외에 일은 고사하고 "복음의 능력"을 나타내고 있는가?

셋째 단원(19-21) **너희의 덕을 세우기 위함이라**

"이 때까지 우리가 우리를 너희에게 변명하는 줄로 생각하는구나 우리가 그리스도 안에서 하나님 앞에 말하노라 사랑하는 자들아 이 모든 것은 너희의 덕을 세우기 위함이니라"(19).

① 셋째 단원의 중심점은, "이 모든 것이 너희의 덕을 세우기 위함이니라"에 있습니다. "이 모든 것"이란, 이제까지 말한 어리석은 자기 자랑을 가리킵니다. 이렇게 한 것은 바울 자신의 체면이나 명예를 위해서가 아니라 전적으로 "너희의 덕을 세우기 위함이라"는 것입니다. 좀더 구체적으로 말한다면 "뱀이 그 간계로 이와를 미혹케 한 것같이" 고린도 성도들이 거짓 교사들에 미혹이 되어서 "그리스도를 향한 진실함과 깨끗함에서 떠나 부패할까 두려워했기"(11:3) 때문이라는 것입니다.

② 다시 말하면 저들은 바울의 사도 됨을 지켜주지를 못하고 거짓 교사들에게 넘어갔지만 바울은 바보짓을 해서라도 저들을 거짓 사도들로부터 지켜주기 위해서라는 말씀입니다. 바울은 용어 하나에도 세심한 주의를 기울이고 있는 것을 보게 되는데 그 점이 "너희의 덕을 세우기 위함이라"는 표현에 나타납니다. 바울은 너희 "믿음"을 세우기 위함이라 말씀하고 있지 아니합니다. 왜냐하면 믿음은 오직 "복음"을 통해서만 세워지기 때문입니다. 간증, 예화를 통해서 세우려는 사람들이 있습니다. 그런 믿음은 사람의 지혜로 세워진 믿음은 될지라도 "하나님의 능력에 의한 믿음"(고전 2:5)은 아닌 것입니다.

③ 바울은 "내가 갈 때에"(20상) 합니다. 바울 서신을 보면 "내가 간다"고 통고하는 그런 대목이 여러 번(롬 15:29, 고전 16:2, 4-5, 고후 13:1-2, 빌 2:24, 살전 2:18, 딤전 3:14, 등) 나옵니다. 빌레몬에게도 오네시모를 부탁하면서 "오직 너는 나를 위하여 처소를 예비하라"(몬 1:22) 합니다. 이런 말씀을 대하게 되면, 주님께서 "내가 갈 때에" 하시

는 말씀으로 다가온다는 사실입니다. 바울은 그 날에 일어날 수도 있는 "두려워할" 네 가지 상황에 대해서 말씀합니다. 첫째가, "너희를 나의 원하는 것과 같이 보지 못하고" 합니다. 바울이 저들을 원하는 것같이 보지 못하게 될 상황이 벌어진다면, "또 내가 너희에게 너희의 원치 않는 것과 같이 보이게 될"(20상) 것도 분명합니다. 이는 미혹에 빠져 여전히 바울을 배척하는 무리가 있어서 징계하게 될 것을 두려워한다는 뜻입니다.

네 가지 두려움

① 둘째는, "또 다툼과 시기와 분 냄과 당 짓는 것과 중상함과 수군수군하는 것과 거만함과 어지러운 것이 있을까 두려워하고"(20하) 합니다. 여기서 분명히 해두어야 할 점이 있습니다. 수건이 마음에서 벗어지지 아니한 어떤 자들은 분명 율법을 강조했을 것입니다. 그런데 고린도교회의 형편은 어떠한가? "다툼, 시기, 분 냄, 당 짓는 것, 중상, 수군수군, 거만, 어지러움" 상태로 혼란에 빠져 있다는 점입니다. 그 원인이 어디에 있는가? "그리스도를 향하는 진실함과 깨끗함에서 떠난", 즉 복음을 상실했기 때문입니다. 이것이 한국교회의 양상이라면 화를 내시겠습니까?

② 셋째는, "또 내가 다시 갈 때에 내 하나님이 나를 너희 앞에서 낮추실까 두려워하고"(21상) 합니다. 무슨 뜻인가? 두 가지 면을 생각할 수 있습니다. 하나는, ㉠ 성도들의 타락(낮아짐)이 곧 목회자의 부끄러움이라는 뜻이 있습니다. 다음은, ㉡ 앞 절과 연결하여 "너희를 나의 원하는 것과 같이 보지 못하고" 돌아올 경우를 생각한 것이라 할 수가 있습니다. 이럴 경우 얼굴을 들지 못하고 돌아서게 될 것이 아닌가? 결국 이 둘은 하나입니다.

③ 넷째는, "또 내가 전에 죄를 지은 여러 사람의 그 행한 바 더러움과 음란함과 호색함을 회개치 아니함을 인하여 근심할까 두려워하노라"(21) 합니다. 이 두려움은 파하게 될 것에 대한 두려움입니다. 목회자가 사랑하는 성도들을 징벌하고 심지어 출교 조치를 취해야한다는 것은 사형집행을 하는 것만큼이나 마음 아픈 일입니다. 바울의 두려움은 크게 신학적으로 타락하는 두려움과, 윤리적으로 부패할까하는 두 가지입니다. 이 두 가지는 동전 앞뒤와 같은 하나입니다. 복음을 상실하게 되면 윤리적으로도 부패하여진다는 사실을 교회역사가 증명하고 있음을 명심해야만 합니다. 율법은 구원만을 주지 못한 것이 아니라 성화도 주지를 못했던 것입니다. 복음을 상실한 현대교회의 윤리수준은 어떠한가?

④ 이제 묵상해보십시다.

㉠ 그리스도의 능력이 머물게 하기 위해서 가시를 감수할 수 있는지에 대해서.

㉡ 자신에게 목회자, 성도 됨의 표가 있는지에 대해서.

㉢ 주님을 만나게 될 때 어떤 상황이 두려움이 될 수 있는지에 대해서.

고린도후서 13장 개관도표

주제 : 온전하게 되기를 구하노라

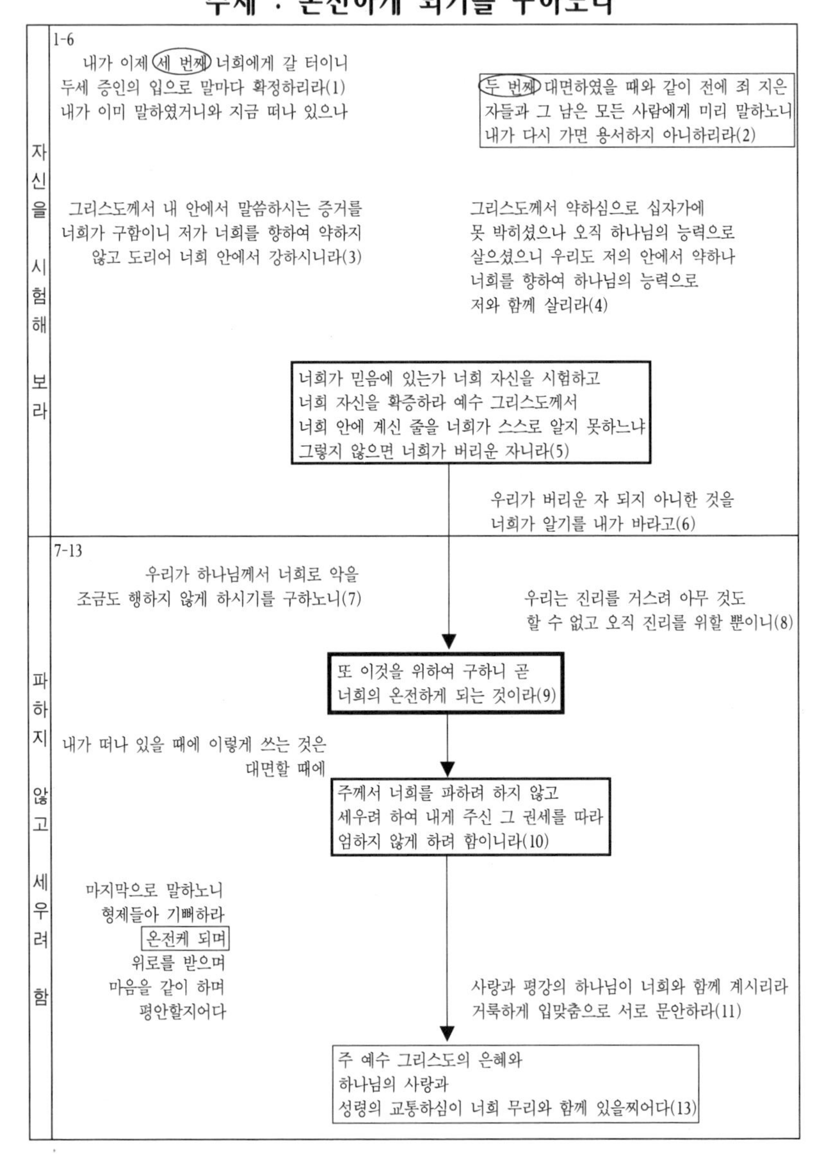

온전하게 되기를 구하노라

[5]너희가 믿음에 있는가 너희 자신을 시험하고 너희 자신을 확증하라 예수 그리스도께서 너희 안에 계신 줄을 너희가 스스로 알지 못하느냐 그렇지 않으면 너희가 버리운 자니라.

마지막 장에 이르렀습니다. 바울 사도가 마지막으로 당부하고 싶은 말씀이 무엇이겠습니까? "온전케 되라"(9, 11), 즉 성숙한 그리스도인이 되라는 말씀일 것입니다. 이는 이제까지 말씀한 고린도후서 전체를 한마디로 요약한 것이라 해도 과언이 아닙니다. 이제까지는 너무나 철이 없는 어린아이(고전 3:1-2)와 같은 상태에 머물러 있으면서 영적 아버지인 바울의 마음을 많이 아프게 한 것이 사실입니다. 세 번째 가기를 예비하는 바울의 심정이 마지막 장에서 "아버지"와 같은 엄한 경고(1-11)와, 어머니와 같은 자애로운 말씀(11-13)으로 나타나고 있습니다. 왜냐하면 이번이야말로 고린도교회 문제가 확실하게 매듭이 지어지기를 바라는 마음에서 일 것입니다. 이를 두 단원으로 나누어 상고하겠습니다.

첫째 단원(1-6) **자신을 시험하고 자신을 확증하라**
둘째 단원(7-13) **파하지 않고 세우려함이라**

첫째 단원(1-6) 자신을 시험하고 자신을 확증하라

"내가 이제 세 번째 너희에게 갈 터이니 두세 증인의 입으로 말마다 확정하리라"(1).

① 첫째 단원은 바울이 가기 전에 미리, "만날 준비를 하라"는 그런 내용입니다. 세 번째 가려고 하는데 이번에는 ㉠ "두세 증인의 입으로 말마다 확정하리라"(1) 합니다. 이는 재판을 하겠다는 뜻입니다. ㉡ "전에 죄 지은 자들과 그 남은 모든 사람에게 미리 말하노니 내가 다시 가면 용서하지 아니하리라"(2) 합니다. 이는 전과는 달리 정죄하겠다는 말씀입니다. 이는 전에 없는 강경한 어조(語調)입니다. 왜 이렇게 강하게 말씀하는가?

② 바울은 데살로니가교회에 보낸 서신에서, "우리가 너희 가운데서 유순한 자되어 유모가 자기 자녀를 기름과 같이" 하기도 했고, "우리가 너희 각 사람에게 아비가 자기 자녀에게 하듯 권면하고 위로하고 경계하노니"(살전 2:7, 11-12) 하고 엄한 아비같이도 했음을 말씀합니다. 즉 바울은 목회하기를 어머니와 같은 자애와, 아버지와 같은 엄격함의 조화로 하였다는 뜻입니다. 바울은 이제까지 고린도교회를 젖을 먹이는 어머니같이 대했습니다. 그러했더니 저들은 그런 바울을 "약한 자"로 보고 상투 끝까지 잡고 흔들었던 것입니다. 그래서 이제 아버지와 같은 엄격함으로 대하려는 것입니다.

③ 이점이, "이는 그리스도께서 내 안에서 말씀하시는 증거를 너희가 구함이니 저가 너희를 향하여 약하지 않고 도리어 너희 안에서 강하시니라"(3)는 말씀에 나타납니다. 3-4절 안에는 "약하다"는 말이 세 번 나오고 "강하다, 능력"이라는 말도 세 번 나옵니다. 주님께서 십자가에 달리신 모습은 비할 수 없는 약한 모습이었을 것입니다. 그렇다면 우리 주님이 약하신 분인가? 사망권세를 이기고 살아나심으로 강하심을 보여주셨습니다. 그런 주님을 본받고자하는 바울의 모습이 고린도 성도들의 눈에는 거짓 교사들에 비해 약한 모습으로 보였던 모양입니다.

④ "너희가 믿음에 있는가 너희 자신을 시험하고 너희 자신을 확증하라 예수 그리스도께서 너희 안에 계신 줄을 너희가 스스로 알지 못하느냐 그렇지 않으면 너희가 버리운 자니라"(5) 합니다. 바울이 가서 저들을 판단하기 전에 자신들 스스로가 점검해보라는 경고입니다. 여기 중요한 점검목록이 나옵니다. ㉠ 자신이 믿음에 있는가? ㉡ 예수 그리스도께서 내 안에 계시다는 확신이 있는가? ㉢ 그렇지 않으면 버리운 자니라. ㉣ 이점을 스스로 시험하고 확증하라는 것입니다.

⑤ "예수 그리스도께서 너희 안에 계신 줄을 너희가 스스로 알지 못하느냐" 하는 뜻은 "거듭남"을 가리킵니다. 그렇다면 거듭난 여부를 어떻게 알 수가 있는가? "성령이 친히 우리 영으로 더불어 우리가 하나님의 자녀인 것을 증거하시나니"(롬 8:16), 즉 거듭난 자는 자기 안에 증거(확신)가 있다고 말씀합니다. 좀더 구체적으로, "육신을 좇는 자는 육신의 일을 영을 좇는 자는 영의 일을 생각하나니"(롬 8:5), 즉 그가 추구하는 생각을 보면 알 수가 있다는 것입니다. 예를 들어 "팥죽이냐, 장자냐"(그리스도의 족보에 오르는 것), 육신의 일이냐, 영의 일이냐, 추구하는 생각이 다르다는 것입니다. 그의 안에, "그리스도의 영"(롬 8:9)을 모신 자는 영의 일을 추구하게 되어 있습니다. 바울은 고린도교회의 문제에 미봉책(彌縫策)을 쓰려는 것이 아니라 근원으로부터 재점검을

하려는 것입니다.

⑥ "우리가 버리운 자되지 아니한 것을 너희가 알기를 내가 바라고"(6) 합니다. 이런 뜻입니다. "우리를 버리운 자라, 사도가 아니라" 말할 것이 아니라, "예수 그리스도께서 너희 안에 계신지", 즉 버림을 당한 자가 아닌지 자신이나 점검해보라는 말씀입니다.

둘째 단원(7-13) 파하지 않고 세우려함이라

"이를 인하여 내가 떠나 있을 때에 이렇게 쓰는 것은 대면할 때에 주께서 너희를 파하려 하지 않고 세우려 하여 내게 주신 그 권세를 따라 엄하지 않게 하려 함이니라"(10).

① 둘째 단원의 중심점은 바울의 마지막 당부하는 바와 간구에 있습니다. 앞 단원의 어조가 아버지의 엄격함이라면 본 단원의 어조는 어머니와 같은 사랑의 손으로 어루만져주는 어조입니다. 그래서 바울은 명령만 하고 있는 것이 아니라 하나님께 간구를 하고 있습니다. 바울이 간절히 구하는 바는 ㉠ "악을 조금도 행치 않게 하시기를"(7), 즉 악에서 떠나게 되기를 구하고, ㉡ "구하노니 곧 너희의 온전하게 되는 것이라"(9), 즉 성숙한 그리스도인이 되는 것입니다. 목회자의 사명은 "이는 성도를 온전케 하며 봉사의 일을 하게 하며 그리스도의 몸을 세우는"(엡 4:12)데 있기 때문입니다.

② "오직 우리는 버리운 자 같을지라도 너희로 선을 행하게 하고자 함이라"(7하) 합니다. 이런 뜻입니다. 나를 버림받은 자라 해도 좋다 그러나 너희는 그리스도께 인정을 받는 자되기를 바란다는 모성애와 같은 마음에서입니다. "우리는 진리를 거스려 아무 것도 할 수 없고 오직 진리를 위할 뿐이니라"(8) 합니다. 진리를 행하는 자를 벌할 수도 없거니

와 반대로 진리대로 행치 아니하는 자를 방관할 수도 없는 자라는 뜻입니다. 그래서 비진리의 세력과 타협할 수가 없다는 말씀입니다.

③ 세 번째 가려는 바울의 기대하는 바가 무엇인가? 10절이 말씀해주고 있습니다. "이를 인하여 내가 떠나 있을 때에 이렇게 쓰는 것은 대면할 때에 주께서 너희를 파하려 하지 않고 세우려 하여"(10상), 즉 징벌하는 것이 아니라 성숙한 그리스도인으로 세우려는 것이라는 말씀입니다. "내게 주신 그 권세를 따라 엄하지 않게 하려 함이니라"(10하) 합니다. 전서에서도, "너희가 무엇을 원하느냐 내가 매를 가지고 너희에게 나아가랴 사랑과 온유한 마음으로 나아가랴"(고전 4:21) 합니다. 만일 저들이 이 마지막 경고를 통해서도 기대에 미치지 못한다면 징벌은 불가피하다는 것입니다.

④ "마지막으로 말하노니 형제들아",

㉠ "기뻐하라,

㉡ 온전케 되며,

㉢ 위로를 받으며,

㉣ 마음을 같이 하며,

㉤ 평안할지어다.

㉥ 또 사랑과 평강의 하나님이 너희와 하께 계시리라.

㉦ 거룩하게 입맞춤으로 서로 문안하라"(11) 합니다. 이것이 자애로운 어머니와 같은 바울의 마음입니다.

⑤ 그 후에 고린도교회는 어찌되었는가? 학자들은 사도행전 20:2-3절의 언급, 즉 "헬라(고린도)에 이르러 거기 석 달을 있다가" 한 기사를 바울의 세 번째 방문으로 보고 있습니다. 이것이 맞는다면 고린도교회는 안정을 되찾고 온전케 되었음을 알 수가 있습니다. 그리하여 바울은 평안한 마음으로 석 달을 유하면서 이 때에 로마서를 기록하였던 것입니다. 성령으로 거듭난 자들도 때로는 요동할 때가 있습니다. 그러나 나

침반이 요동을 하다가도 정북(正北)을 가리키듯이 그 중심이 그리스도를 향하게 되는 것입니다.

⑥ "주 예수 그리스도의 은혜와, 하나님의 사랑과, 성령의 교통하심이 너희 무리와 함께 있을지어다"(13). 구원사역은 "성부, 성자, 성령" 삼위 하나님의 사역입니다. 신앙의 근거는 오직 "주 예수 그리스도의 은혜"에 있고, 기원은 오직 "하나님의 사랑"에 있으며, "은혜와 사랑"을 우리 마음에 운반하여 부어주심은 오직 "성령의 교통"(交通)하심으로 되어 지는 일입니다. 그래서 13절을 가리켜 완전한 형태의 축도라고 말합니다.

⑦ 이제 묵상해보십시다.

㉠ "자신을 시험하고 자신을 확증함"에 대해서.

㉡ 파하지 않고 세우려함에 대해서.

㉢ 그리스도의 은혜와 하나님의 사랑과 성령의 교통하심에 대해서.

㉣ 본서 전체를 통해서 도전을 받은 말씀에 대해서.

구속사의 관점에서 본
구약성경 파노라마
고린도전 · 후서

초판 1쇄 발행 2008년 01월 25일
초판 3쇄 발행 2017년 04월 25일

지은이 유도순
펴낸이 유효성
펴낸곳 도서출판 머릿돌

등록번호 제17-240호
등록일자 1997년 5월 20일
주소 경기도 성남시 분당구 구미로 100
Mobile. 010-94728327
http://cafe.daum.net/gusoksa
E-mail yoodosun@hanmail.net / yoohs516@hanmail.net

총판 기독교출판유통
경기도 고양시 일산동구 장대길 74-6
(031) 906-9191

ISBN : 978-89-87600-44-4 (03230)